सुधीर कक्कड़

अंग्रेज़ी के महत्त्वपूर्ण लेखक और मनोविश्लेषक सुधीर कक्कड़ का जन्म 25 जुलाई, 1938 को हुआ। उन्होंने भारत, यूरोप और अमेरिका के अनेक विश्वविद्यालयों में अध्यापन किया।

उनकी प्रमुख पुस्तकें हैं—'द इनर वर्ल्ड', 'शमन्स, मिस्टीक्स एंड डॉक्टर्स', 'वेल्स ऑफ़ लव, सेक्स एंड डेंजर', 'इंटीमेट रिलेशंस', 'द एनालिस्ट एंड द मिस्टीक', 'द कलर्स ऑफ़ वायलेंस', 'कल्चर एंड साइके', चुनी हुई रचनाओं का संकलन 'द इंडियन साइके' तथा 'मीरा एंड महात्मा'। 'द एसेटिक ऑफ़ डिज़ायर' उनका प्रथम उपन्यास है जिसका हिन्दी में 'कर्मयोगी' शीर्षक से अनुवाद प्रकाशित हो चुका है। हिन्दी में अनूदित उनकी अन्य कृतियाँ हैं—'आनन्द वर्षा' (द एक्सटेसी) और 'मीरा और महात्मा' (मीरा एंड महात्मा)।

उन्हें देश-विदेश के विभिन्न पुरस्कारों से सम्मानित किया जा चुका है।

निधन : 22 अप्रैल, 2024

कामयोगी

सुधीर कक्कड़

अनुवाद
कृष्ण मोहन

राजकमल पेपरबैक्स

पहला पुस्तकालय संस्करण
राजकमल प्रकाशन प्राइवेट लिमिटेड द्वारा
2000 में प्रकाशित

राजकमल पेपरबैक्स में
पहला संस्करण : 2004
छठा संस्करण : 2026

राजकमल पेपरबैक्स : उत्कृष्ट साहित्य के जनसुलभ संस्करण

राजकमल प्रकाशन प्रा.लि.
1-बी, नेताजी सुभाष मार्ग, दरियागंज
नई दिल्ली-110 002
द्वारा प्रकाशित

शाखाएँ : अशोक राजपथ, साइंस कॉलेज के सामने, पटना-800 006
पहली मंजिल, दरबारी बिल्डिंग, महात्मा गांधी मार्ग, प्रयागराज-211 001
1, अनमोल सोराबजी सन्तुक लेन, धोबी तलाव, मरीन लाइंस, मुम्बई-400 002
वेबसाइट : www.rajkamalprakashan.com
ई-मेल : info@rajkamalprakashan.com

बी.के. ऑफसेट
नवीन शाहदरा, दिल्ली-110 032
द्वारा मुद्रित

मूल्य : ₹350

KAAMYOGI
Novel by Sudhir Kakkar

ISBN : 978-81-267-0865-9

अपनी पत्नी कथा को,
जो एक नई कथा की शुरुआत है

लेखकीय

'कामसूत्र' के रचयिता वात्स्यायन के विषय में हम केवल इतना जानते हैं कि वह वर्तमान युग की पहली और छठी शताब्दी के बीच उत्तर भारत में कहीं हुए थे। इस प्रकार उनका जीवन और काल गुप्तकाल से जुड़ता है जिसे कला, साहित्य और विज्ञान की उपलब्धियों, तथा एक शिष्ट व सांस्कृतिक जीवन के विकास के लिए भारतीय इतिहास के 'स्वर्ण युग' के रूप में जाना जाता है।

।। एक ।।

सदाचरण का क्या लाभ, जबकि उसके फल इतने अनिश्चित हों ?

—कामसूत्र 1.2.21

जब कभी मैं सड़कों पर या नदी किनारे चहलकदमी करती वेश्याओं के किसी झुंड के पास से गुजरता हूँ, उलझन-भरे अनेक भावावेगों से भर उठता हूँ, उनका कुल असर यह होता है कि मैं घबरा उठता हूँ। मुझे लगता है कि मैं उनकी चमकदार त्वचा, चमेली के गजरों के साथ गूँथकर बनाए गए ऊँचे जूड़ों और लहरों की तरह मचलती हुई उनकी काया को घूरने से खुद को रोक नहीं पाऊँगा। और न ही उनके गर्वोन्नत स्तनों को मुट्ठी में भरने या नितंबों को सहलाने के प्रबल आकर्षण से अपने को बचा सकूँगा। जैसे-जैसे उनसे दूर जाता हूँ, उलझन और शर्म के मिले-जुले भावों से भर उठता हूँ। मेरे कान की लवें दहकने लगती हैं, गरदन में झुरझुरी-सी उठती है, और मैं सहम जाता हूँ कि वे मेरी लज्जाजनक लालसा को भाँपकर अभी ठहाका लगा देंगी। मुझे स्त्रियों से आक्रांत होना बुरा लगता है। मैं अपनी इंद्रियों पर पड़नेवाले उनके अनाहूत प्रभावों से घृणा करता हूँ। उनके कारण अपने अंदर उठनेवाली उत्तेजना की लहरों के प्रति मैं विक्षोभ से भर उठता हूँ। अपने स्फुरण को उनसे छिपाने के लिए मैं अपने उत्तेजित शिश्न को गुपचुप ढंग से, अपनी कमर से बँधे कंचुक में दबा देने की जरूरत महसूस करता हूँ। अतृप्त आकांक्षा की पीड़ा से भर उठने के साथ-साथ मुझे इस बात पर क्रोध भी आता है कि ऐसी तीव्र अनुभूति का स्रोत, मेरा यह अंग मुझसे अधिक उनसे जुड़ा हुआ प्रतीत होता है। मैं विस्मय करने लगता हूँ कि मेरी उम्र के अधिकांश युवा भी क्या ऐसा ही अनुभव करते हैं।

मेरे दोस्त चतुरसेन ने मुझे अपने साथ एक वेश्यालय चलने के लिए तैयार किया, ताकि वह मेरी कुछ मदद कर सके। उसने मुझे आश्वस्त किया कि कुँआरों की हिचक को दूर करने में सक्षम और चौंसठ कलाओं में निपुण कोई वेश्या युवतियों के प्रति मेरे भय को दूर कर देगी। लेकिन वेश्या के यहाँ का परिणाम निराशाजनक ही रहा। पहली बात यह कि मैं उस स्थान के वैभव से भयभीत हो गया था। चतुरसेन ने उस संध्या के हमारे मनोरंजन के लिए नगर के सर्वश्रेष्ठ वेश्यालयों में से एक को चुना था। गरमियों

में उनकी दरें घट जाती हैं, फिर भी उसे इसके लिए एक पूरी स्वर्णमुद्रा खर्च करनी पड़ी थी। उद्यान में कमल के फूलों से भरा कलात्मक तालाब और फव्वारे, बरामदों में टँगे पक्षियों के रुपहले पिंजरे, कमरों में लगे रेशमी परदे और फर्श पर बिछे मखमली गलीचे किसी गरीब ब्राह्मण छात्र को हतोत्साहित करने के लिए पर्याप्त थे। लेकिन भीतर तक मैं जिनसे काँप उठा वे स्त्रियाँ ही थीं। उनके सौंदर्य में शृंगार और नैसर्गिकता का चमत्कृत कर देनेवाला मेल था। गरमियों में पहने जानेवाले झीने सूती परिधानों से अपनी मादक काया का एहसास कराती स्त्रियों ने फूलों के इत्र और नारी-स्वेद की मादक गंध से युक्त अपनी कोमल उपस्थिति मात्र से मेरी इंद्रियों को वशीभूत कर लिया था। मेरा ध्यान मोल-भाव करते चतुरसेन पर नहीं था। उसने एक स्त्री को फुसफुसाते हुए कुछ निर्देश दिया और वह अपने झुंड से निकलकर मेरी ओर आई। उसकी पलकें झुकी हुई थीं। शर्मीली मुसकान के साथ उसने मुझे चमेली के फूलों की एक माला दी और अपने साथ आने के लिए कहा। उसके लहजे से यही लग रहा था कि वह बड़े यत्नपूर्वक सम्मान का भाव प्रदर्शित कर रही है।

अपने कमरे की तरफ ले जाते हुए उसने अत्यंत नरम लहजे में मेरा हाल-चाल पूछा। सिर्फ हाँ-ना में दिए गए मेरे जवाबों से वह कतई असंतुष्ट नहीं दिखी। कमरे में प्रवेश करने से पहले वह मुझे रास्ता देने के लिए एक ओर हट गई। उसने कहा, "मैं हमेशा आपके कहे मुताबिक करूँगी।" इसके बाद पहली बार कुछ कामुक हाव-भाव दिखाते हुए उसने कहा, "मैं वही करूँगी जो आप चाहेंगे।" फिर हमने कामक्रीड़ा के लिए वेश्यालय द्वारा उपलब्ध कराए गए वस्त्र पहन लिये और बिस्तर पर लेट गए। इसके बाद सुपारी पेश करने की परंपरागत उत्तेजक प्रथा भी उसने कुछ ऐसे संकोच के साथ निभाई कि मैं तनावमुक्त होता गया। अब मैं यह महसूस करता हूँ कि उसका संकोच तो बस एक दिखावा था। उस समय यह बात जानते हुए भी मैं अपने आपसे छिपा गया था। उसकी शिथिल दृष्टि और उसके कोमल शब्द अलग-अलग तरह के प्रेमियों के लिए तैयार किए गए काम-बाण सरीखे थे, जो मुझ-जैसे आत्मसंशयी शिकार के लिए काफी थे।

वह अपने मकसद में सफल हुई। उस रात जो कुछ होनेवाला था, उसके लिए मैं पर्याप्त तनावमुक्त और शांत हो चुका था। अंततः उसने मुझसे दीया बुझाने को कहा। फिर मेरे हाथों को अपने हाथों में लेकर सहलाते हुए उसने कहा, "मैं केवल अँधेरे में अपने वस्त्र उतार सकती हूँ।" मेरे हाथों को उसने अपने घाघरे के बंद खोलने और गले का हार और बाजूबंद उतारने में लगा दिया। वह पूरी तरह निर्वसन होकर बिस्तर पर लेट गई थी। उसके बदन पर उस समय चाँदी के छोटे-छोटे घुँघरुओंवाली पायल के सिवा और कुछ नहीं था। जालीदार खिड़की से छनकर आती चाँदनी में उसका जिस्म मानो पिघल रहा था। सिसकियों और घुँघरुओं की मिली-जुली ध्वनियों के बीच चीत्कार करती मेरी इंद्रियों ने मुझे स्पर्श-सुख के उस उत्तेजक महोत्सव में धकेल दिया, जो अब तक मेरे लिए अनजाना था। मैंने उसके बालों को छुआ, उसकी पलकों को चूमा, उसके

कंधों को सहलाया और उसकी पलकों को फिर चूमा। मेरे होंठ और हाथ उसके चेहरे पर ऊपर-नीचे फिसलते रहे। लेकिन वे उसके गले के नीचे की घाटियों में उतरने का साहस न कर सके। मेरा समर्पण अधूरा था। मैं अपनी समस्त उत्तेजना के बावजूद अपने शरीर के निचले भाग को गद्दे के साथ मजबूती से चिपकाए रखना नहीं भूला था। अपने सीने पर उसके उरोजों के दबाव की अनदेखी का बहाना करने के बावजूद मैं इस बात के लिए भी सचेत था कि मेरा उत्तेजित शिश्न कहीं उसकी कमर या जाँघों से असावधानीवश टकराकर मेरे असुविधाजनक पौरुष की पोल न खोल दे।

तभी उस स्त्री ने तय किया कि वह मेरे आत्मसंशय को और बढ़ावा नहीं देगी। उसने मेरे हाथों को उठाकर अपने गोल और कठोर कुचों पर रख लिया। अपने शिश्न की उत्तेजना को छिपाने के साथ-साथ मेरे सामने यह दूसरी समस्या आ खड़ी हुई कि अब मैं उसके इन रसीले कुचों का क्या करूँ। इस दुविधा से उबरने के लिए मैंने उन्हें चूसना शुरू कर दिया। वह हर्षविभोर हो उठी। मैं आगे कुछ करने का साहस जुटा सकूँ, इसकी प्रतीक्षा करने के बजाय वह अपनी अपेक्षाओं के साथ उग्र हो उठी। अपने एक हाथ से मेरे शिश्न को सख्ती से पकड़कर दूसरे से वह मेरे एक हाथ को अपनी जाँघों के बीच ले गई। वहाँ अजीब प्रकार का गरम-गरम-सा गीलापन पाकर चौंकने के बावजूद मैं घबराया नहीं। हालाँकि मैं बिलकुल नहीं समझ पा रहा था कि वह क्या है। क्या उसने मारे उत्तेजना के पेशाब कर दिया है ? ऐसा नहीं लगा, क्योंकि उसकी जाँघों के अंदर फैले उस लिसलिसे पदार्थ की चिकनाई पानी जैसी न होकर तेल जैसी थी। क्या स्नान करते समय उसने अपनी जाँघों में तेल लगाया था ? एक पल को मुझे लगा कि अपनी घटिया कामुकता के आवेश में मैंने उसे घायल कर दिया है और यह उसी से बहनेवाला खून है।

मेरी हिचकिचाहट से धैर्य खोकर अंततः उसी ने कमान सँभाली। उसने झटके से मुझे अपने ऊपर खींचा और मेरे शिश्न को अपने अंदर प्रविष्ट करा दिया। मैं यह देखकर दंग रह गया कि अंदर जाते ही यह स्खलित होकर बाहर निकल आया, मानो इसे वहाँ से बलपूर्वक निष्कासित कर दिया गया हो। उसकी जाँघों के बीच उगे बालों पर अशक्त पड़ा यह राल टपकाने लगा। वह खामोश थी, मगर लंबी साँसें ले रही थी। मेरी बंद आँखों के सामने, छलाँग लगाने के लिए बदन सिकोड़े शेरनी का बिंब आ गया। धीरे-धीरे उसकी साँसें सामान्य हुईं और घबराहट के मारे जकड़-सी गईं। मेरे पेट की पेशियाँ भी ढीली पड़ गईं। चौंसठ कलाओं में उसकी दीक्षा यहाँ काम आई।

"तुम्हारे अंदर बहुत ताकत है। मेरे पूरे बदन पर नाखूनों के निशान पड़ गए हैं।" उसने शोखी-भरे अंदाज में कहा।

"मैं शर्मिंदा हूँ ।" अभी तक स्तब्ध मैं फुसफुसाया।

"चिंता मत करो। स्त्री को इन्हीं चीजों से सुख मिलता है। प्यार करते समय उसके अंदर मांसल लिंग डाल देना ही सब कुछ नहीं होता।"

उस स्त्री को मैं वेश्या नहीं कहना चाहता। उसका नाम लेना चाहता हूँ, मगर

अफसोस है कि अपनी शुरुआती हड़बड़ी के चलते मैं उसका नाम याद न रख सका। वह किसी पुरुष की मनःस्थितियों की बारीकियों के प्रति बेहद संवेदनशील थी, जिन्हें शायद भाषा की सूक्ष्मताएँ भी व्यक्त न कर पाएँ।

इसके बाद हम लोगों ने स्नान किया और वस्त्र पहने। उसने मुझे बारजे पर बैठने और चाँद को देखने के लिए आमंत्रित किया। गरमी के मौसम में, विशेषकर पूर्णमासी की रातों में सहवास के बाद इसका प्रचलन था। बारजे के एक किनारे पतले तोशक पर गोलमटोल और मुलायम तकिए का सहारा लेकर बैठे हुए मैंने परंपरागत रूप से प्रचलित पौष्टिक खाद्य पदार्थों का सेवन किया। एक दासी द्वारा लाए गए ये पदार्थ थे : मांस का ठंडा शोरबा, भुना हुआ मांस, इमली के कटे हुए टुकड़ों के साथ गन्ने का रस और मिस्री की डली के साथ छिलका और बीज हटाकर निकाले गए नींबू का शर्बत।

बारजे के दूसरे हिस्सों से बातचीत की धीमी आवाजें आ रही थीं, जहाँ दो वेश्याएँ अपने ग्राहकों का इसी प्रकार मनोरंजन कर रही थीं। खाने के बाद जब हमने सुपारी चबाना शुरू किया तो वह मेरे सीने पर अपनी पीठ टेकती हुई और करीब आ गई। वह विभिन्न तारामंडलों की पहचान कर रही थी, जबकि मेरे नथुनों में उसके बालों की मीठी खुशबू समाती जा रही थी।

"वह अरुंधती है जिसे देखना कठिन है, लेकिन कहा जाता है कि अगर कोई उसे नहीं देख पाता तो छः महीने के अंदर उसकी मृत्यु हो जाएगी। वह अटल तारा ध्रुव है। अगर तुम उसे दिन में देख लो तो तुम्हारे सारे पाप धुल जाएँगे। और देखो, उधर सप्तर्षि-मंडल है।"

मैं पूरी एकाग्रता के बिना यह सब सुन रहा था। मैं जानता था कि मैं उसे संतुष्ट कर पाने में असफल रहा हूँ। मुझे यह जानने की उत्सुकता हो रही थी कि जब हम बिस्तर में गुँथे हुए थे तब उसने क्या महसूस किया था। एक स्त्री की आनंदानुभूति कैसी होती है, जिसे मुझे उसको प्रदान करना चाहिए था ?

मैं उस समय बमुश्किल इक्कीस वर्ष का था, लेकिन धर्मदर्शन की अपनी शिक्षा पूरी करके घर लौटने के बाद गुजरे पिछले एक वर्ष में कभी अपने को बिलकुल बच्चे जैसा महसूस करता तो कभी पुनर्यौवन की किसी भी संभावना से परे जर्जर बूढ़े जैसा। आश्रम के अंतिम वर्ष में वेदों के अध्ययन के प्रति अपने अधैर्य को मैंने उत्तरोत्तर बढ़ता पाया। वास्तव में मैं हृदय से उनकी उपेक्षा करता था, हालाँकि मैं जानता हूँ कि धर्मदर्शन के अध्ययन से मेरे अंदर श्रेष्ठता का अहं इस कदर पैठ गया था कि मैं उपयोगी कलाओं, विशेषकर कामोद्दीपक कलाओं के अध्ययन को तुच्छ समझने लगा था। यह दंभी प्रवृत्ति दूसरे विद्यार्थियों में हो या खुद मेरे अंदर, मैं उसे नापसंद करता हूँ। दरअसल, चतुरसेन से मेरी मित्रता भी कुछ हद तक, इसी असंतोष की वजह से हुई। वह एक व्यापारी का पुत्र था। उसमें धनार्जन की भूख तो अत्यल्प थी लेकिन काव्य और कला में गहरी रुचि थी। मैं विद्वान ब्राह्मण का पुत्र था, जो विपरीत दिशा की ओर चल पड़ा

था। मैं अपने बौद्धिक उत्तराधिकार और साधक की पूर्वनिर्धारित जीवन-शैली के बोझ को ऐंद्रिय सुखों के हिचक-भरे उद्घाटन से हल्का करना चाहता था। मैं जो बनने की कोशिश कर रहा था, उसकी स्वाभाविक प्रतिभा मुझमें नहीं थी। मेरे अंतर में जो अवहेलना का भाव था वह मेरे अत्यंत कष्टदायक रूप से उचित मुखौटे को भेद नहीं पाता था। मेरी प्रायः उभर आनेवाली स्वतःस्फूर्तता और अतिरेकोन्मुख आवेग भी मेरी बनावटी चाल-ढाल तथा रूखी और आडंबरयुक्त वक्तृता में कोई गिरावट न ला सके। जब चतुरसेन ने अपने अन्य मित्रों से मेरा परिचय एक कवि के रूप में कराया तो मैं चौंक गया। वैसे, मैं जानता था कि यदि साहित्यिक प्रतिभासंपन्न व्यक्ति के रूप में मेरा परिचय कराया जाए तो मुझे अच्छा लगेगा, भले ही मैंने कभी कुछ लिखा न हो। मैं जानता था कि किसी व्यक्ति के लिए कवि से बढ़कर कोई दूसरा विशेषण नहीं हो सकता। तभी तो राजे-महाराजे तक इस उपाधि की आकांक्षा रखते हैं। लेकिन मैं साहित्यिक जीवन में मिलनेवाले सम्मान की आकांक्षा नहीं रखता था और इस जीवन को शुरू करने से पहले ही खत्म कर दिया था। मैंने यह निश्चय किया कि मुझे साहित्यिक कृतियों का उत्पादक बनने के बजाय उनका उपभोक्ता बनना है।

मेरे पिता राजपुरोहित के प्रमुख सहायक थे। स्वभावतः वे चाहते थे कि मैं उनके पदचिह्नों पर चलूँ। सभी अनुष्ठानों की सूक्ष्मताओं के साथ-साथ मैं उन्हें संपन्न कराने की सही विधियाँ सीख लूँ और इस प्रकार उन चीजों को व्यवहार में लागू कर सकूँ जिनका मैंने केवल सिद्धांत में अध्ययन किया है। राजपुरोहित की कोई संतान न होने के कारण एक-न-एक दिन मुझे राज-दरबार में उनका स्थान प्राप्त होने की भी संभावना थी। मेरे पिता कल्पना किया करते थे कि एक दिन मैं राज्य के महत्त्वपूर्ण लोगों में सबसे अगली पाँत में हूँगा। जैसे, पुरोहित के रूप में मैं राजकुमारों को शिक्षा दूँगा, सांसारिक और आध्यात्मिक दोनों ही मामलों में राजा को परामर्श दूँगा, राजा की अनुपस्थिति में महल के प्रशासन का संचालन करूँगा और शतरंज तथा द्यूत क्रीड़ा में राजा का प्रतिद्वंद्वी होने का गौरव प्राप्त करूँगा।

यद्यपि मैंने उनकी योजना में दिलचस्पी दिखाने की भरपूर कोशिश की, लेकिन मेरे पिता मेरी अरुचि को भाँप गए। उनकी निराशा स्पष्ट थी और वह मुझ पर बहुत भारी पड़ी। ऐसा नहीं था कि मैंने प्रयास नहीं किया। कुछ हफ्तों तक मैं उनके साथ प्रतिदिन राजमहल जाता था और अनुष्ठान विशेषज्ञों के लिए आरक्षित कमरों में काम करता था। वहाँ भारी संख्या में होनेवाले अनुष्ठानों की तैयारी में मैं मदद करता था। उन अनुष्ठानों में राजपुरोहित और मेरे पिता के अतिरिक्त छह सहायक प्रातःकाल से देर शाम तक व्यस्त रहते। राजा, तीन रानियों और उनके ग्यारह बच्चों के लिए अनेक मंत्रों पर आधारित अनुष्ठान होते थे। उत्सवों के अवसर पर दरबारी अनुष्ठानों के अतिरिक्त विभिन्न मौसम में पूजे जानेवाले देवताओं को नैवेद्य अर्पित करने के लिए जन-समारोह होते थे, जिनका नेतृत्व स्वयं राजा करता था। अपने पिता के पेशे में बहुत कम समय तक रहने के कारण मैं सबसे पवित्र अवसरों पर, जैसे राजा के युद्ध में जाने,

युवराज्याभिषेक और अश्वमेध के समय किए जानेवाले अनुष्ठानों से वंचित रह गया। मैंने दूर्वादल की गुणवत्ता पहचानना और विभिन्न आहुतियों के अनुरूप सही प्रकार के कमल, चावल, रोटी, घी और भुने हुए अन्न जैसी सामग्रियों का चयन करना सीख लिया था। कमल का रंग, अन्न के प्रकार, मालपुए में पड़नेवाली चीजें, और घी की चिकनाई अनुष्ठान और उसमें पूजे जानेवाले देवी-देवताओं पर निर्भर होते थे। शिशु के अन्नप्राशन के अवसर पर अग्नि देवता और वाग्देवी को अर्पित किए जानेवाले पदार्थ अलग होते थे और बच्चे के विद्यारंभ के अवसर पर विघ्नविनाशक गणेश, देवताओं के गुरु बृहस्पति और ज्ञान, संगीत और काव्य की देवी सरस्वती को अर्पित किए जानेवाले पदार्थ अलग। दैनिक, मौसमी और वार्षिक अनुष्ठानों में गंगा का पानी अन्य पवित्र नदियों, समुद्र, कुओं और तालाबों के पानी में मिलाया जाता था। पानी के स्रोत की विशिष्टता और सही अनुपात का पूरे विस्तार से वर्णन होता था और उन्हें याद रखना पड़ता था। बहरहाल, इन गतिविधियों में मैं दक्ष न हो सका। इसी तरह, अपने पिता के छोटे भाई, जो वाराणसी के जाने-माने ज्योतिषी थे, के साथ कुछ दिन काम करने का मेरा अनुभव भी इसी तरह असंतोषजनक रहा। वे जन्म-कुंडलियों में गणना के लिए जो रेखाकृतियाँ बनाते थे, उनमें रंग भरना तो मैं सीख गया लेकिन मेरी आत्मा और उस परिवेश के बीच की आंतरिक दूरी बढ़ती गई। मुझे यह जीवन अपने ऊपर थोपा हुआ लगता था। मैं उसे सहजतापूर्वक जी नहीं पाता था। मैं किसी दिन उन चीजों के प्रति आकस्मिक उत्तेजना से भर उठता था, जो अनायास मेरा ध्यान आकर्षित कर लेती थीं। अपरिचितों से मिलने और अधकचरी योजनाओं को पूरा करने की उत्कंठा मुझे घेर लेती, जबकि शेष दिनों में ऐसा लगता था कि समय जैसा कोई आयाम मेरे अस्तित्व में शामिल ही नहीं है। कुछ हफ्तों तक मैं दिन-रात, अंधा होने की हद तक पढ़ता रहा, हालाँकि पढ़ाई पर न तो मैं ध्यान केंद्रित कर पाता था और न ही कुछ याद रख पाता था। रात को बिस्तर में जाकर सो रहना मुझे मुश्किल जान पड़ता था, लेकिन सुबह उठना या जागने की संभावना का सामना करना भी कुछ आसान न था।

अकेलेपन की इस अंतहीन पीड़ा ने मुझे पूर्वजों के समय से चली आ रही पारिवारिक अपेक्षाओं के बंधन को तोड़ने के लिए बाध्य किया। मैं अपना अधिक से अधिक समय चतुरसेन और उसके मित्रों के साथ बिताने लगा। वे मौज-मजे और जवानी के उल्लास से भरे हुए उदार लोग थे। उन्होंने बिना किसी हीला-हवाला के मुझे अपने साथ शामिल कर लिया। यहाँ तक कि मेरे अध्ययन को श्रेष्ठ मानते हुए भी वे उससे असहमत होने लगे। आनंद की अकुंठ तलाश को समर्पित उनका अधिकांश जीवन किसी प्रकार की आत्म-समीक्षा से मुक्त था। वे मेरी परेशानियों से मुझे छुटकारा तो न दिला सके, लेकिन उन्होंने कुछ समय के लिए उन्हें शांत अवश्य कर दिया; यद्यपि बाद में मैंने फिर अपने आपको बेचैन पाया।

इसी बीच, जब मेरे दोस्त चतुरसेन ने मुझसे कहा कि वात्स्यायन मुनि नदी के उस पार सप्तपर्णी आश्रम में निवास करने के लिए पधारे हैं और हमें उनसे मिलने के लिए

वहाँ चलना चाहिए, तो मैं तुरंत तैयार हो गया। स्त्रियों को लेकर मेरे मन में उठनेवाले संशयों के अलावा मुझे अपनी इस व्याकुल करनेवाली जिज्ञासा के समाधान की भी आशा थी कि वात्स्यायन जैसे व्यक्ति ने ऐश्वर्य और प्रभुत्व के जीवन को छोड़कर पेड़ की छाल से आच्छादित और प्रायः दुर्गंधित आश्रम में रहने का निर्णय क्यों किया।

मध्यवर्ती राज्यों या यूँ कहें कि पूरे गुप्त साम्राज्य में कोई व्यक्ति अगर स्त्रियों के सुख की प्रकृति और उनकी अपेक्षाओं की जटिलता के बारे में जानता था, तो वह वात्स्यायन थे। मैं यह सुनकर हैरान रह गया कि उन्होंने वाराणसी आने और यहाँ के एक गुमनाम-से आश्रमों में रहने का फैसला किया है। मैं कौशाम्बी की राज्यसभा में उनकी सम्मानजनक हैसियत और राजा उदयन तथा रानियों पर उनके जबरदस्त प्रभाव के बारे में जानता था। हमने ये अफवाहें सुनी थीं कि वात्स्यायन तपस्वी हैं और उनका किसी स्त्री से कभी कोई रिश्ता नहीं रहा। व्यापक तौर पर यह मान्यता थी कि काम के बारे में उनका ज्ञान उनके वर्षों के कठोर आत्मसंयम और दीर्घ अवधियों की समाधि का परिणाम है। कौशाम्बी में यह भोला विश्वास प्रचलित था कि उन्होंने अपना प्रसिद्ध ग्रंथ देवी रति के लिखवाने पर पूरा किया है। वह उनसे इतनी प्रभावित हो गई थीं कि उन्होंने अपने पति, प्रेम के देवता काम द्वारा प्रदत्त गुप्त ज्ञान को उनके सामने प्रकट कर दिया था। यह अफवाह निश्चय ही बकवास है। किसी ग्रंथ की प्रामाणिकता दैवी वरदान, लेखक की प्रसिद्धि या उसमें दी गई सूचनाओं की मात्रा से नहीं स्थापित होती बल्कि उसका कारण होता है—लेखक का अपने विषय से गहरा जुड़ाव, जो कृति में हजारों तरह से प्रतिबिंबित होता है। 'कामसूत्र' की खूबियाँ और खामियाँ, जिन पर हर तरह के विद्वानों ने तीखी बहस की है, चाहे जो हों, पर काम-जीवन से वात्स्यायन की अंतरंगता निर्विवाद है।

अपनी महान लोकप्रियता के बावजूद 'कामसूत्र' सभी जातियों को दी जानेवाली शिक्षा की पाठ्यपुस्तक नहीं बन सका था। कामशास्त्र पर लिखी गई बभ्रु की प्राचीन कृति ही अब भी स्तरीय मानी जाती थी, यद्यपि मेरे जैसे असावधान छात्र इसके एक सौ पचास अध्यायों को बोझिल समझते थे। लेकिन कामशास्त्र के युवतर और अधिक प्रबुद्ध पाठकों के बीच वात्स्यायन पहले ही उपास्य व्यक्तित्व का दर्जा हासिल कर चुके थे। शायद उसके पीछे एक वजह हमारे श्रद्धेय शिक्षकों का उनके प्रति अवमानना भरा दृष्टिकोण भी था। मेरे अपने गुरु ब्रह्मदत्त अपवाद थे। प्रातःकालीन शिक्षा का कार्यक्रम समाप्त हो जाने के बाद अपराह्न को थोड़ी देर से जब छात्र आग जलाने और रात के खाने की तैयारी करने लगते थे और गुरु ब्रह्मदत्त विश्राम करते थे, तब कभी-कभी उनसे वार्तालाप के लिए दूसरे आश्रमों से आगंतुकों का आगमन होता था। वर्षों पहले मैं अपने गुरु और उनके अतिथियों को पंखा झलता हुआ हफ्तों तक ऐसे ही वार्तालाप के दौरान उपस्थित रहा था, जिसमें कामसूत्र की खूबियों का व्यापक विश्लेषण किया गया था। मैं इस चर्चा में भाग नहीं ले सका था, लेकिन इसका कारण केवल श्रद्धेय गुरुजन के बीच राय देने की अधिकारहीनता ही नहीं, विषय के प्रति मेरा अज्ञान भी था।

मुझे याद है कि मेरे गुरु के मित्र इस पुस्तक से क्षुब्ध थे। वात्स्यायन के कुछ विचार कामशास्त्र के सभी स्थापित सिद्धांतों के विरुद्ध जाते थे। यह अनिच्छापूर्वक स्वीकार किया जाता था कि वात्स्यायन का रवैया इस विषय के पुराने विद्वानों के प्रति सम्मानजनक था। इसके अलावा वात्स्यायन की विद्वत्ता पर अँगुली नहीं उठाई जा सकती थी। वे ऋषिगण उस ग्रंथ के स्वर से चिढ़ गए थे। वात्स्यायन का विद्रोही इरादा पारदर्शी था। उदाहरण के लिए, वेश्याओं पर दत्तक की स्तरीय कृति के विपरीत वात्स्यायन का मत था कि अपने संबंधों में गणिकाएँ धन के अलावा दूसरी बातों से भी प्रभावित होती हैं।

पालक ने उत्तेजित होकर अपनी फहराती हुई सफेद दाढ़ी के साथ-साथ सामने बैठे श्रोताओं पर थूक की फुहार-सी छोड़ते हुए अपनी आग्रही आवाज में कहा, "यह विकृत लोकप्रियतावाद है, जो केवल मंदबुद्धि राजकुमारों और वणिक-पुत्रों के लिए ही उपयुक्त है।" स्त्रियों की कामुकता के बारे में वात्स्यायन के विचार विशेष रूप से पालक की कोपदृष्टि का निशाना बने थे।

"प्राचीन काल से प्रत्येक ऋषि ने इसकी पुष्टि की है कि स्त्री की कामेच्छा पुरुष के मनोभाव का प्रतिबिंब होती है। पुरुष में उत्तेजना की सघनता स्त्री में तदनुरूप आवेग का संचार करती है। वह केवल काष्ठ है, जिसे पुरुष अग्नि प्रदान करता है। मगर यह व्यक्ति कहता है कि पुरुष और स्त्री की कामेच्छा में कोई अंतर नहीं है, कि दोनों अपनी अलग राह पकड़ते हैं। मैं आपसे पूछता हूँ कि क्या यह अराजकता का नुस्खा नहीं है ? क्या यह विश्व को एकजुट रखनेवाले धर्म का, जिसे यह व्यक्ति भी काम से श्रेष्ठ मानता है, अवमूल्यन नहीं करेगा ?"

दूसरे अधिकांश लोग इस विचार से सहमत दिखे।

किसी ने कहा, "शीघ्र भुला दिया जाना ही इसकी नियति है। यह पुस्तकालयों में सिमटकर रह जाएगा, जहाँ 'कामसूत्र' को सँभालनेवाले हाथ सिर्फ पुस्तकों की देखभाल करनेवालों के होंगे, जो कभी-कभी उस कपड़े को नम कर दिया करेंगे, जिसमें ताड़पत्रों को बाँधकर रखा गया होगा।"

मेरे गुरु ब्रह्मदत्त असहमत थे।

"मैं नहीं कहता कि यह महान ग्रंथ है जो बाभ्रव्य की कृति की जगह ले लेगा। लेकिन इसे पढ़ा जाएगा, क्योंकि यह रोचक तरीके से लिखा हुआ है, और इसमें सूचनाओं का विशाल भंडार है। बहुत कम विद्वान ऐसे हैं जो किसी पुस्तक से इससे अधिक की अपेक्षा करते हैं।"

मुझे याद है कि मेरे श्रद्धेय शिक्षकों ने वात्स्यायन के उलटे विचारों की चर्चा कुछ इस तरह की कि मैं उसे पढ़ने का इच्छुक हो गया। मैंने अपने आपसे यह वायदा किया कि मैं शीघ्र ही इसे पढ़ डालूँगा लेकिन दूसरे वायदों के साथ यह भी ठंडे बस्ते में चला गया, जबकि मेरे मस्तिष्क में अपठित पुस्तकों का ढेर लगातार ऊँचा होता चला गया।

सप्तपर्णी आश्रम जाने की हमारी योजना एक महीने से कुछ अधिक समय तक

योजना ही बनी रही। हमारे इरादों की याद चतुरसेन मुझे दिलाता रहता था, लेकिन मेरी इच्छा और उत्सुकता ने लगातार बढ़ रही मेरी हिचक का सामना करना शुरू कर दिया था। धार्मिक शिक्षा में व्यक्ति की स्वतःस्फूर्तता को नष्ट करने और भाषा को भावनाशून्य बना देने की प्रवृत्ति होती है। मुझे यह कहने के लिए सचेत प्रयास करना पड़ रहा है कि 'कामसूत्र' के लेखक से मिलने के विचार ने मेरे अंदर आकर्षण और भय दोनों को जन्म दिया। इस उद्देश्य के प्रति मेरी रुचि ने घबराहट को जन्म दे दिया था। वात्स्यायन के बारे में मेरी धारणा पालक जैसे ही लंबी सफेद दाढ़ीवाले क्रोधी, वृद्ध ऋषि की थी, जिसके कानों में सफेद बालों के गुच्छे उग आए हों। उनके ललाट के मध्य में मैंने सीधी चढ़ी हुई त्यौरी, घनी भौंहों और भेदती हुई आँखों की कल्पना की थी, जो मेरे मस्तिष्क में गहरे धँसकर उसमें छिपी सबसे शर्मनाक लालसा को खोज निकालेंगे। मैं तब तक प्रतीक्षा करना चाहता था जब तक उनकी उपस्थिति मेरे धैर्य को इतनी बुरी तरह आतंकित न करे। मैंने चतुरसेन से कहा कि कामशास्त्र के क्षेत्र में वात्स्यायन की प्रतिष्ठा को देखते हुए मुझे 'कामसूत्र' का गहन अध्ययन करना चाहिए, ताकि मैं इस मुलाकात के लिए अपने को तैयार कर सकूँ।

॥ दो ॥

कामशास्त्र ही नहीं, तमाम दूसरे क्षेत्रों के भी सैद्धांतिक पहलू को कुछ ही लोग जानते हैं। सिद्धांत ही मूल है, भले ही व्यावहारिकता से उसका रिश्ता न हो।

—कामसूत्र 1.3.5-6

वाराणसी में 'कामसूत्र' की एक प्रति तलाश करना कोई कठिन काम नहीं था। अपने पिता के माध्यम से राजमहल तक अपनी पहुँच के कारण मैं उस पुस्तक को राजकीय पुस्तकालय से निकालकर अपने घर तक ला सका। लंबे समय तक एकाग्रचित्त होने और कभी-कभार अनिश्चितता का शिकार होनेवाली अपनी क्षमता का प्रयोग करके मैंने इस पुस्तक के पहले श्लोक—'जीवन के तीन लक्ष्यों : सद्‌गुण, समृद्धि और रत्यात्मक प्रेम की प्रशंसा करें। (ये तीनों ही इस ग्रंथ के मुख्य विषय हैं)'—से लेकर अंतिम श्लोक तक का संपूर्ण पाठ हृदयंगम कर लिया। इसके अंतिम श्लोक में कहा गया है : 'सभी चीजों में पारंगत किसी बुद्धिमान पुरुष को हमेशा कामसुख के लिए लालायित रहनेवाला ऐंद्रियतावादी नहीं बनना चाहिए, बल्कि नीतिशास्त्र और भौतिक लाभों को ध्यान में रखते हुए टिकाऊ वैवाहिक संबंध कायम करना चाहिए।' आगे चलकर अधिक ध्यानपूर्वक अध्ययन करने के बाद ही मैंने यह समझना शुरू किया कि यद्यपि वात्स्यायन ने धर्म के मूलभूत ढाँचे को चुनौती नहीं दी है, किंतु अपने एक लक्ष्य को निरंतर रेखांकित करते रहे हैं। वह लक्ष्य है—आनंदोत्सव मनाते रहो !

मेरे कमरे के पास से गुजरते समय मेरे पिता मुझे इसके श्लोकों को याद करने के लिए निर्धारित स्वर में गाता हुआ पाकर मुझ पर उलाहना भरी दृष्टि डालते, लेकिन कोई टिप्पणी नहीं करते थे। हमारे राज्य के अधिकांश शिक्षित ब्राह्मणों की तरह वे कामशास्त्र को ऐसा खेदजनक विषय मानते थे, जिसका अध्ययन और व्यवहार युवावस्था में हर व्यक्ति करता है, लेकिन जो ज्ञान की दूसरी शाखाओं विशेषकर आचारसंहिता, धर्म, विधि और नीतिशास्त्र से निश्चय ही हीनतर है। वात्स्यायन के इस सुझाव ने उन्हें भयभीत कर दिया था कि किसी व्यक्ति के कार्य को केवल सद्‌गुणों की वृद्धि की संभावना से नहीं, बल्कि सुख की प्रत्याशा से भी निर्धारित होना चाहिए।

'कामसूत्र' की शैली स्मृति के अनुकूल है, इसलिए मैंने उसके पाठ को तीन दिन

में कंठस्थ कर लिया। यह जितना प्रतीत होता है, उतना कठिन काम नहीं है क्योंकि वाराणसी के गुरुकुलों में स्मरण करने की तकनीकों पर विशेष ध्यान दिया जाता है। अपने वेदाध्ययन के प्रारंभ में मैंने स्मरण की आधारभूत पद्धति को सीख लिया था, जिसके मुताबिक पहले हर शब्द को अकेले, फिर उसके बादवाले शब्द के साथ, फिर दोनों के क्रम को उलटकर, और फिर अगले श्लोक पर आने से पहले वर्तमान श्लोक को दोहराया जाता था। मेरे गुरु ब्रह्मदत्त ने, जो स्मृति को बहुत मूल्यवान मानते थे, प्रशिक्षण की अपनी प्रिय पद्धति में दिन के कार्यक्रम में एक विशेष समय निर्धारित किया था। किसी विषय की पाठ्यसामग्री से एक अनुच्छेद की व्याख्या और उस पर बहस के बाद वे मुझसे अगले दिन वह सब कुछ शब्दशः दोहराने को कहते थे, जो हमारी पिछली मुलाकात में हुए वार्तालाप में घटित हुआ था। वे मेरी भूलों को बताते, उन्हें सही करते और अगले दिन मुझे पहले वार्तालाप को दूसरी बार गुरु द्वारा किए गए सुधार और संवर्धन के साथ पुनर्प्रस्तुत करना पड़ता था। अनंत दोहराव के अनूठे और कुशलतापूर्वक निर्मित ढाँचे में यह सिलसिला कुछ समय तक चलता रहता था। जादू के खेल में हासिल महारत की तरह अच्छी स्मृति भी महज अभ्यास की वस्तु है।

'कामसूत्र' में सात खंड, छत्तीस अध्याय, चौंसठ अनुच्छेद और बारह सौ पचास श्लोक हैं। पहले खंड 'सामान्य निरीक्षण' में पाँच अध्याय हैं : सूची, जीवन के तीन लक्ष्य, ज्ञानार्जन, शालीन नागरिक का आचरण और प्रेमी की सहायता करनेवाले सूत्र। दूसरे खंड 'प्रणय निवेदन' में दस अध्याय हैं : कामेच्छा का उद्दीपन, आलिंगन, चुंबन, नख-क्षत, दंत-क्षत, मैथुन और विशिष्ट रुचियाँ, प्रहणन और सीत्कार, विपरीत रति, मुख-मैथुन, संभोग के पहले और बाद क्या, रतिक्रिया के भेद और प्रेमियों की कलह। तीसरे खंड 'स्त्री की प्राप्ति' में पाँच अध्याय हैं : विवाह के प्रकार, स्त्री को तनावमुक्त करना, स्त्री को प्राप्त करना, स्वयमेव प्रबंध करना और विवाह। चौथे खंड 'पत्नी के अधिकार एवं कर्तव्य' के अंतर्गत दो अध्याय हैं : अकेली पत्नी का व्यवहार और प्रमुख पत्नी तथा सहपत्नियों का व्यवहार। पाँचवें खंड 'परस्त्री' में छह अध्याय हैं : पुरुषों और स्त्रियों के चरित्र, आपसी परिचय, भावनाओं का परीक्षण, मध्यस्थ, राजा का सुख, अंतःपुर का आचरण। छठा खंड 'गणिकाओं के बारे में' है, जिसमें छह अध्याय हैं : प्रेमी का चयन, स्थायी प्रेमी की तलाश, धनार्जन के तरीके, पूर्व प्रेमी से रिश्ता, सांयोगिक लाभ और लाभ तथा हानि। सातवें खंड 'गुप्त क्रियाएँ' में दो अध्याय हैं : प्रेम में सफलता और कामशक्ति का संवर्धन।

वात्स्यायन अपनी पुस्तक को मौलिक कृति के बजाय इस विषय के प्राचीन आधिकारिक विद्वानों के मतों के सार-संक्षेप के रूप में प्रस्तुत करते हैं। इन विद्वानों का प्रारंभ श्वेतकेतु उद्यालकी से होता है, जिन्होंने रत्यात्मक प्रेम पर पाँच सौ अध्यायों के पहले ग्रंथ (मैं यहाँ भगवान शिव के योगदान को छोड़ रहा हूँ, जिनके साथी वृषभ नंदी ने इस विषय पर एक हजार श्लोकों को मौलिक रूप से लिखवाया था।) की रचना की थी। यद्यपि श्वेतकेतु का ग्रंथ अब अप्राप्य है, मैंने उस ऋषि के बारे में अपने

अध्ययन के दौरान सुना था। हमारे गुरु ब्रह्मदत्त के अनुसार, यह पुस्तक बेलगाम काम-संबंधों और विवाहित स्त्रियों से संभोग की सुनिश्चित दुश्चरित्रता के, जो 'महाभारत' में इतनी महत्त्वपूर्ण है, अंत के लिए जिम्मेदार है। श्वेतकेतु के ग्रंथ से पहले, विवाहित और अविवाहित दोनों प्रकार की स्त्रियाँ तैयार भोज्य पदार्थों की तरह, बिना किसी भेदभाव के उपयोग की वस्तु समझी जाती थीं। श्वेतकेतु पहले व्यक्ति थे जिन्होंने नया सुझाव दिया था कि सामान्यतया पुरुषों को परस्त्रियों के साथ नहीं सोना चाहिए।

श्वेतकेतु के ग्रंथ को पांचाल के बभ्रु और उनके पुत्रों ने एक सौ पचास अध्यायों में समेट दिया था। बाभ्रव्यों द्वारा लिखित यह ग्रंथ छात्रों की कई पीढ़ियों के लिए स्तरीय कृति बना रहा। इसके अलग-अलग हिस्सों पर अनेक लेखकों ने टीकाएँ लिखीं। सुवर्णनाभ ने रति के प्रस्तावों, घोटक मुख ने कन्याओं को दिए जानेवाले प्रलोभनों, गोनार्दीय ने पत्नी के अधिकारों और कर्त्तव्यों, दत्तक ने गणिकाओं, गोणिकापुत्र ने परस्त्रीगमन, और कुचुमार ने गुप्त यौन विद्या पर लिखा। वात्स्यायन ने इन टीकाओं को बाभ्रव्यों की कृति के साथ और अधिक संघनित करके रत्यात्मक प्रेम के विशद ज्ञान को पुराने ग्रंथ के अनुरूप सात खंडों में व्यवस्थित, छत्तीस अध्यायों में निरूपित किया। वात्स्यायन के ग्रंथ के प्रशंसकों के अनुसार, इसकी विशेषता यह है कि इसमें ज्ञान के साथ स्पष्टता और समग्रता के साथ संक्षिप्तता का दुर्लभ मेल हुआ है।

निश्चय ही, किसी को भी वात्स्यायन के अपने इस दावे को गंभीरता से नहीं लेना चाहिए कि उनकी कृति में मौलिकता नहीं है। ऊपरी विनम्रता उस महान साहित्यिक परंपरा की विशेषता है, जिसमें सबसे बड़बोले विद्वान को भी अपनी कृति को अपने मस्तिष्क की देन के रूप में नहीं, बल्कि एक व्युत्पत्ति, अपने यशस्वी पूर्ववर्तियों द्वारा सोची और लिखी गई चीजों पर महज एक टिप्पणी के रूप में प्रस्तुत करना पड़ता था। वात्स्यायन उन दूसरे विद्वानों की तरह हैं, जो मौलिकता के प्रत्येक दावे की सोची-समझी उपेक्षा करते हैं और अतीत के ऋषियों से जोड़ने को वरीयता देते हुए, अपनी नवीनता को अर्जित ज्ञान के आवरण में प्रस्तुत करते हैं। इस नाम के पीछे छिपे व्यक्ति के प्रति मेरे दुर्निवार आकर्षण ने उनकी कृति में 'इति वात्स्यायनाह' (वात्स्यायन ऐसा कहते हैं) द्वारा घोषित उनके विचारों पर मेरी लालायित दृष्टि केंद्रित कर दी। मैंने पाया कि उनके स्वर में कहीं भी संकोच नहीं, बल्कि आत्मविश्वास और यहाँ तक कि आत्माग्रह है। इससे मुझे बहुत शक्ति मिली। अपने अंदर इन विशेषताओं के अभाव को देखते हुए मैं एक ऐसे अज्ञात व्यक्ति में आत्मविश्वास का यह साक्ष्य पाना चाहता था, जिसे मैं अपने नए गुरु के रूप में चुन चुका था।

'कामसूत्र' किसी टिप्पणीकार के लिए हर्ष का विषय भी है। इसमें प्रायः अंतर्निहित प्रच्छन्न आशय असावधान पाठकों के सामने तुरंत स्पष्ट नहीं होते। सूत्रों की अर्थ-सघनता और लेखकीय मस्तिष्क की संश्लिष्टता को समझने के लिए इसके संकेतों की व्याख्या की जरूरत पड़ती है। उदाहरण के लिए, किसी सामान्य पाठक को चौंसठ की संख्या ही परेशान कर सकती है, जो इस कृति के आरंभ से अंत तक नियमित रूप से आती

रहती है। काम-क्रीड़ा में प्रवीण होने के लिए किसी पुरुष या स्त्री को पहले चौंसठ कलाओं में निपुण होना आवश्यक है। अच्छा प्रेमी बनने के लिए नृत्य, गायन, काव्यात्मक रचनाओं और व्यायाम के ज्ञान का महत्त्व तो समझ में आता है, लेकिन काम-कलाओं की सूची में मुर्ग, बटेर और भेड़ लड़ाने की कला का क्या काम ? फिर, रसायन शास्त्र और खनिज विज्ञान का क्या काम ? फिर रति-पूर्व केलि के बारे में जो अध्याय है उसे भी चौंसठ कहा गया है, यद्यपि रति-पूर्व केलि के तत्त्वों की संख्या चौंसठ के आसपास भी नहीं है। दरअसल, चौंसठ प्राकृतिक संख्या है। इसे अच्छी तरह जानते हुए भी वात्स्यायन इसकी व्याख्या नहीं करते। आयुर्वेदिक चिकित्सा के ग्रंथ शरीर में होने वाली चौंसठ प्रमुख व्याधियों का उल्लेख करते हैं। कानून के प्राचीन ग्रंथों में भी यह संख्या मिलती है। विभिन्न जातियों द्वारा कानून के उल्लंघन की चर्चा करते हुए 'मनुस्मृति' में कहा गया है कि चोरी करने पर शूद्र का अपराध आठ गुना, वैश्य का सोलह गुना, क्षत्रिय का बत्तीस गुना और ब्राह्मण का चौंसठ गुना माना जाता है। दीक्षा-अनुष्ठान में ब्रह्म की सार्वभौमिकता का प्रतीक माने जानेवाले वृत्त को चार भागों में और उन चार भागों को फिर चार भागों में यह बताने के लिए बाँटा जाता है कि विद्यार्थी को ज्ञान की सोलह शाखाओं में पारंगत होना है। अगर हम उन सोलह शाखाओं को फिर चार भागों में बाँट दें तो हमें संपूर्णता की अभिव्यक्ति के रूप में उस वृत्त को घेरनेवाली चौंसठ कलाएँ मिल जाएँगी। यह संख्या न केवल प्राकृतिक और समादृत है, बल्कि काम की सीमित संभावनाओं की तुलना में अपनी विशालता के चलते आदर्श का रूप धारण कर लेती है। यह हमें सिर्फ यही नहीं बताती कि क्या है, बल्कि यह भी बताती है कि क्या हो सकता है। यह हमारी काम संबंधी कल्पनाशक्ति की सीमाओं का स्पर्श करती है। वात्स्यायन की चौंसठ कलाओं, संभोग के चौंसठ आसनों और रति-पूर्व केलि के तत्त्वों की सूचियाँ वास्तव में रति-क्रिया की सुदूरतम संभावनाओं का पता लगाने की कोशिश है, भले ही इन सूचियों में उपस्थित कुछ चीजें असंभाव्य प्रतीत होती हों। प्रत्येक प्रासंगिक चीज को शामिल करके संपूर्णता तक पहुँचने की उनकी कोशिश वास्तव में प्रेम की अनंतता की उनकी तलाश का नतीजा है।

जिस तरह चतुरसेन ने मेरी उपलब्धियों के बारे में सुना, उससे श्रद्धालु होने के बावजूद उसने स्पष्ट कर दिया कि 'कामसूत्र' के प्रति मेरी छात्रोचित उत्तेजना से वह सहमत नहीं था। ग्रंथ में दी गई संख्या के रहस्यों के बारे में मेरी खोजों से वह खास तौर से ऊबा हुआ प्रतीत हुआ। अपनी जाति के अन्य लोगों की तरह चतुरसेन का भी विद्वानों से स्वाभाविक अंतर था और यह कौशल की सूक्ष्मता के प्रति उनके अधैर्य में व्यक्त होता था।

उसने पूछा, "मुझे यह बताओ कि विभिन्न यौन कोटियों के आधार पर पुरुषों और स्त्रियों को वात्स्यायन जिन नामों से पुकारते हैं, क्या उनमें भी कोई गुप्त अर्थ है ?"

अधिकतर सामान्य लोगों की तरह चतुरसेन की दिलचस्पी 'कामसूत्र' के संभोग

वाले अंश तक सीमित थी। वह जानता था कि शिश्न की लंबाई और तदनुरूप मोटाई के अनुसार वात्स्यायन ने पुरुषों को तीन श्रेणियों में विभाजित किया है। छह अंगुल लंबे शिश्नवाले शश, नौ अंगुलवाले वृष और बारह अंगुल लंबे शिश्नवाले अश्व पुरुष हैं। इसी तरह, योनि की चौड़ाई और गहराई के आधार पर वे मृगी, बड़वा और हस्तिनी स्त्री की बात करते हैं।

अपने मित्र का ध्यान आकर्षित होने से उत्साहित होकर मैंने जवाब दिया, ‘‘हाँ, सचमुच !’’ विभिन्न प्रकार के पुरुषों और स्त्रियों को जानवरों के नाम उन्होंने अकस्मात् ही नहीं दे दिए हैं। वे नाम यौनांगों के आयामों की सूचना दें, यह उनका पहला मकसद भर है, एकमात्र कसौटी नहीं। मैंने गौर किया है कि उनके वर्गीकरण में पुरुष और स्त्री दोनों का प्रतिनिधित्व करनेवाली एकमात्र प्रजाति अश्व है। इसकी वजह यह है कि हम जितने जानवरों को जानते हैं, उनमें अश्व का यौन आचरण मनुष्य के निकटतम है। अश्व का विशाल शिश्न, जो उस प्रत्येक छोटे लड़के के कुतूहल का विषय बनता है जो उसे उस पशु के पेट के नीचे धीरे-धीरे झूलते हुए देखता है, मांसपेशियों के बजाय रक्तसंचार से दृढ़ होता हुआ पुरुषों के शिश्न की तरह धीरे-धीरे खड़ा होता है। अपनी कद-काठी के दूसरे जानवरों के विपरीत अश्व, किसी पुरुष की तरह, बड़वा (मादा अश्व) से अपेक्षाकृत जल्दी उतरता है। स्त्री की ही तरह बड़वा की योनि में भी प्रवेश-द्वार के कोमल मोड़ से चिपटा हुआ बड़ा-सा भगांकुर होता है, अश्व के धक्कों से जिसकी मालिश होती है। स्खलन के समय, निस्संदेह, बड़वा अपनी योनि को खोलते-बंद करते हुए शिश्न को पकड़ती और छोड़ती है। अपने साथी को असीम सुख देनेवाली इस क्रिया की योग्यता को स्त्रियाँ पर्याप्त अभ्यास करके विकसित कर सकती हैं।

‘‘वात्स्यायन लंबे शिश्नवालों को हाथी के बजाय अश्व कहते हैं, क्योंकि हाथी का शिश्न लंबा होने के बावजूद उत्तेजित होने पर साँप जैसी विशिष्ट टेढ़ी आकृति बना लेता है। वह योनि में उथले प्रवेश से ही संतुष्ट हो जाता है और कभी-कभी तो राह भटककर मजे से मादा की गुदा में ही अंदर-बाहर करता रहता है। दूसरी तरफ वृष आकार के अतिरिक्त पुंसत्व की भी सूचना देता है, क्योंकि एक अकेले मैथुन के दौरान वह लगभग बीस बार स्खलित होने की क्षमता रखता है।’’ चतुरसेन की आँखों में प्रशंसा के नैसर्गिक भावों को देखना अत्यंत संतोषप्रद था।

उस समय ‘कामसूत्र’ में मेरे अंदर सर्वाधिक कुतूहल पैदा करनेवाली चीज इसकी विद्वत्तापूर्ण चुनौती नहीं, बल्कि इसकी अंतर्वस्तु, विशेषकर स्त्रियों के बारे में इसकी राय थी। यह दिलचस्पी बहुत निजी थी, न कि वात्स्यायन के स्त्री संबंधी विचारों की अन्य धर्मग्रंथों से तुलना करने की अभिभूत करनेवाली साहित्यिक आवश्यकता का परिणाम। उसे करना काफी आसान था, क्योंकि मेरा अकादमिक प्रशिक्षण असंदिग्ध है। मैं स्त्रियों की वास्तविक दुनिया में तड़फड़ा रहा था, उनकी किताबी दुनिया में नहीं। किताबी तुलनाओं के संसार में मेरी गति बहुत सहज है। धर्मग्रंथ स्त्रियों को कामशास्त्र समेत ज्ञान-विज्ञान के किसी भी क्षेत्र में प्रशिक्षित करने को व्यर्थ का काम समझते हैं। उनके

अनुसार स्त्रियों को शास्त्रों के अध्ययन का अधिकार नहीं है, क्योंकि वे उन्हें समझने में बौद्धिक रूप से असमर्थ हैं। वात्स्यायन स्त्रियों को 'कामसूत्र' के अध्ययन का सुझाव आग्रहपूर्वक देते हैं, यहाँ तक कि उनके यौवनारंभ से पहले भी। वे विवाह के बाद भी उन्हें इसका अध्ययन कराना चाहते हैं, लेकिन यथार्थवादी ढंग से यह स्वीकार करते हैं कि इसमें पति का रवैया निर्णायक होगा। इस पुस्तक के सात में से दो खंड ऐकांतिक रूप से स्त्रियों को संबोधित हैं। चौथा खंड पत्नियों के लिए है और छठा गणिकाओं के लिए। तीसरे खंड में पुरुषों को संभोग के पहले कोमलता से युवा कन्याओं के मन से भय और पूर्वाग्रहों को दूर करने की आवश्यकता के बारे में समझाया गया है।

स्त्रियों के मामले में वात्स्यायन जहाँ धर्मग्रंथों से सर्वाधिक असहमत होते हैं, वह है गणिकाओं के प्रति उनका रवैया। धर्मग्रंथ किसी भी प्रकार की वेश्या को हेय दृष्टि से देखते हैं। उनका कहना है कि जैसे पहाड़ की चोटी पर कमल नहीं उग सकता, धान की कटाई के बाद चावल नहीं उग सकता, उसी प्रकार वेश्यालय में पैदा हुई कोई स्त्री पवित्र नहीं हो सकती। वेश्याएँ उन व्यक्तियों में से हैं जिनसे किसी को, खासतौर से ब्राह्मण को, भोजन नहीं ग्रहण करना चाहिए। चोरों के साथ एक ही साँस में याद की जानेवाली गणिकाओं के घर उन जगहों में से एक हैं जहाँ पुलिस को निगरानी और गश्त रखनी चाहिए, क्योंकि वहाँ तरह-तरह के बदमाशों के एकत्र होने की संभावना रहती है। इसके विपरीत, ये गणिकाएँ ही हैं जिनके कल्याण की भावना वात्स्यायन के हृदय में है। पहली बार पढ़ने पर ही मुझे आश्चर्य हुआ कि ऐसा क्यों है।

'कामसूत्र' के साथ मेरे आलोचनात्मक जुड़ाव ने इसके लेखक के साथ होनेवाली भेंट को लेकर मेरे अंदर पैदा हुए तनाव को कम कर दिया। कोई संभावित शिष्य जब किसी गुरु के पास मिलने के लिए जाता है तो उसके अंदर आदिकालीन आशा और प्राचीन भय का जो संतुलन बना रहता है, वह मेरे अनजाने ही निर्णायक रूप से पहली तरफ झुक गया। वात्स्यायन से होनेवाली मुलाकात के प्रति मेरी ताजातरीन उत्सुकता पर चतुरसेन की टिप्पणी के जवाब में मैं सावधानी बरतते हुए इतना ही कह सका कि मुझे लगता है कि यह ऋषि मेरी आंतरिक कठिनाइयों में से कुछ को, मेरी तमाम बेचैनियों की जड़ में मौजूद प्रश्नों का उत्तर देकर नहीं, बल्कि उन्हें मेरे सामने स्पष्ट करके, शांत करने में सहायक हो सकता है।

।। तीन ।।

जो कामसूत्र का तत्त्वज्ञ है और धर्म, अर्थ और काम की स्थिति एवं अपने लोक-व्यवहार की रक्षा करता है, वह निश्चय ही जितेंद्रिय होता है।

—कामसूत्र 7.2.58

अंततः वह दिन आया, जिसे हमने अपने अभियान के लिए चुना था। मैं जब चतुरसेन के घर पहुँचा तो तिल के तेल की मालिश से चमकते हुए भूरे सींगोंवाले सफेद बैलों की जोड़ी को गाड़ी के साथ जोता जा रहा था। गद्दे गाड़ी के फर्श पर बिछाए जा चुके थे, लेकिन मुलायम गलीचे और बैंगनी रंग के रेशमी पल्ले अभी बँधे हुए रखे थे। वसंत की एक अपराह्न हम लोगों ने वात्स्यायन के आश्रम की तरफ प्रस्थान किया। मेरी पसंद से कुछ लोग असहमत हो सकते हैं, लेकिन यह मेरे लिए वर्ष के सबसे अच्छे मौसम में दिन का सबसे अच्छा समय होता है। चतुरसेन बीतते हुए जाड़े की सुबह की याद करके गीतात्मक हो उठता है, क्योंकि तब 'उत्तेजना से दहकती हुई किसी कश्मीरी स्त्री की सुनहली त्वचा की तरह' पीली मगर गरम धूप प्रातःकालीन धुंध को पोंछ रही होती है। मैं यथासंभव प्रयास करता हूँ कि लाक्षणिक बहुलता से बच सकूँ जिसमें ऐंद्रियतावादी खासतौर से प्रवीण होते हैं। चतुरसेन के कुछ दूसरे मित्र, जो काव्यात्मक संवेदना से शायद अधिक समृद्ध, लेकिन प्रतिभा से उसी मात्रा में हीन हैं, बरसात के प्रारंभिक दिनों को पसंद करते हैं। वे आग्रहपूर्वक उनकी व्याख्या उस मुहावरे से करते हैं, जिसके अनुसार तूफानी बादल भैंसों के झुंड हैं, जो बिजली का नगाड़ा बजाते और बारिश के तीरों की बौछार करते हुए गरमी के महीनों में पक चुकी धरती को शीतल करते हैं। वर्षा ऋतु की पहली फुहारों के आकर्षण से मैं अछूता नहीं हूँ जब आगामी हरियाली का संकेत करती हुई नम धरती उर्वरता के आश्वासन की सोंधी गंध से भरकर मुसकरा उठती है, चमकीली हरी घास अंकुरित होती है और नए पल्लव शीघ्र ही हमारे चारों ओर फैल जाते हैं। लेकिन मैं वसंत की ठंडी और पौरुषेय शुष्कता को कहीं ज्यादा पसंद करता हूँ। वसंत के शुरुआती दिनों में सुबह के समय चलनेवाली ओसरहित सुहानी बयार को मैं पसंद करता हूँ। फूलते हुए पौधों और आम की मंजरित टहनियों के चारों ओर भौंरों और मधुमक्खियों की गुनगुनाहट मुझे भाती है। मुझे वसंत के हाथों चट्टानी पहाड़ों

की चोटियों का नन्हें-नन्हें सफेद और पीले फूलों की डोर से जकड़ा जाना अच्छा लगता है।

नगर के पश्चिमी द्वार से बाहर निकलकर हमने बुनकरों के गाँव के बगल में स्थित घाट से गंगा को पार किया। हमारा नाविक एक वाचाल बूढ़ा था, जो उस छोटी-सी यात्रा के खत्म होने से पहले हमारे बारे में सब कुछ जान लेने और अपने बारे में सब कुछ बता देने की परस्पर विरोधी उत्कंठाओं से जूझ रहा था। उसकी बातों में हल्की-फुल्की रुचि लेने का काम चतुरसेन पर छोड़कर मैंने उधर से आती हुई शब्दों की बाढ़ की ओर से कान बंद कर लिया और आँख मूँदकर नाव के तैरने की दिशा से आती हुई धूप में ऊँघने लगा। मैं निचली जातियों के आदमियों के प्रति धैर्य की अपनी कमी को स्वीकार करता हूँ। उनमें चापलूसी और सावधानी से छिपाई गई ढिठाई का मिश्रण होता है। उनके चेहरे न तो दाढ़ी-मूँछ से सफाचट होते हैं और न ही उन पर श्रद्धेय ऋषि-मुनियों की तरह बालों की बहुतायत होती है। जंगल में लगी आग के बाद बचे झाड़-झंखाड़ की तरह दिखती उनकी खूँटीदार दाढ़ी मेरे मन में वितृष्णा जगाती है। चतुरसेन निचली जातियों के लोगों के साथ अधिक सहज रहता है। यह उसके वणिक रक्त का परिणाम है। चतुरसेन और उसके मित्रों के साथ घुलना-मिलना शुरू करने के बाद मुझे यह जानकर बड़ा आश्चर्य हुआ था कि दूसरों की मनःस्थिति और जरूरतों के प्रति कवियों, संगीतकारों और विद्वानों की अपेक्षा व्यापारी अधिक संवदेनशील होते हैं। जीवन में सफल होने के लिए उन्हें सबके साथ अच्छे रिश्ते बनाना सीखना पड़ता है। चतुरसेन की यही सहिष्णुता उसके अपरिष्कृत स्वभाव का भेद खोल देती है।

नदी की दूसरी तरफ एक अन्य गाड़ी हमारी प्रतीक्षा कर रही थी, जो पहली के मुकाबले बहुत कम सज्जित थी और जिसके पहिए जोरों से चिंचियाते थे। आश्रम तक जानेवाली सड़क कोई प्रमुख राजमार्ग नहीं थी, इसलिए न तो उसे जमीन की सतह से ऊँचा करके बनाया गया था और न ही उसके किनारे नाली बनाई गई थी। यद्यपि इसके किनारों पर वृक्ष थे, जो यात्रियों को धूप से बचाते थे। कच्ची ईंटों से बनी इसकी कड़ी और सपाट सतह छोटे-मोटे गड्ढों और लीकों से भरी थी, जिन पर हमारी गाड़ी किसी बूढ़े सूअर की तरह भागती चली जा रही थी। हमारे चारों तरफ फैले देहाती इलाके में वसंत की जुताई जोरों पर थी। पानी की सँकरी नालियों के किनारे कीचड़ से बने मेड़ और छोटे-छोटे खेतों की हदबंदी के लिए बने बाड़ों की वजह से वह भूमि किसी भिक्षु के धब्बेदार चोंगे की तरह लगती थी। खंभों पर लटके हुए भैंस की हड्डियों से बने बिजूके मैदान में धब्बों की तरह लग रहे थे। कमर तक नंगे, धूप में जलकर शीशम जैसे काले हो गए, चीमड़ किसान एक हाथ में हल और दूसरे हाथ में कोड़ा लिये अपने बैलों की जोड़ी को आगे बढ़ने के लिए उकसा रहे थे। हलवाहों ने अपने हलों की नोंक धरती में गहरे तक धँसा रखी थी। शीघ्र ही इन खेतों को पीछे छोड़कर हम उन विशाल शाक-उद्यानों के समीप पहुँच गए, जो कद्दू और खीरा लादकर वाराणसी जानेवाली उन गाड़ियों के स्रोत थे, जिन्हें हम अपने रास्ते में पीछे छोड़ आए थे।

शाक-उद्यानों के बाद जंगल शुरू होने से पहले हम बहेलियों के गाँव से होकर गुजरे, जिनके कान की लवों से चाँदी के छल्ले लटकते रहते थे। ये घर लंबे बाल और दाढ़ी रखनेवाले उन लोगों के थे, जो अपने पिंजरों में तोता, मैना, पपीहा और दूसरे पक्षियों को अपने कंधे पर रखे लंबे बाँस के दोनों किनारों पर लटकाकर रोज शहर आते थे। हमारी स्त्रियाँ इन पक्षियों को बहुत पसंद करती थीं। आश्रम पूरी तरह जंगल में तो नहीं पर उसके बिलकुल किनारे, इस गाँव से थोड़ी दूरी पर था। दूसरे आश्रमों की तरह यह भी न तो विशेष रूप से बड़ा और न ही खास प्रभावशाली था। हाँ, वह आकर्षक लग रहा था, खासतौर से इस गोधूलि बेला में क्षितिज के किरमिची अंगारे के ऊपर मानो तीर खाकर दम तोड़ते हुए सूरज की रोशनी में। हमारे ऊपर अभी-अभी केंचुल से निकले साँप के पेट की तरह सफेद सारसों की कतार धीमे-धीमे बढ़ती चली आ रही थी। कभी सीधी रेखा में तो कभी दूर-दूर बिखरकर, कभी ऊँची उड़ान भरती तो कभी गोता लगाती उस पंक्ति ने अपने कुटिल लटकों-झटकों से आसमान को दो भागों में बाँट दिया था।

इस आश्रम में लगभग एक दर्जन वृत्ताकार झोंपड़ियाँ थीं। ये लकड़ी से बनी थीं। इन्हें एक दूसरे से अलगाने के लिए इनके बीच में अनेक कर्मकांडों में काम आनेवाली दूर्वा घास और जंगली नीबू के झाड़ों को छोटे-छोटे सुनियोजित उपवन उगाए गए थे। ऐसे प्रत्येक उपवन में नारियल के पेड़ों का एक जोड़ा था। इन पेड़ों को हमारी तरफ के देहात के लोग संन्यासी वृक्ष कहते थे, क्योंकि इसकी गिरी से उन एकांतवासियों को दीया जलाने के लिए तेल और जख्मों पर लगाने के लिए मरहम मिलता था। ऐसे हर वृक्ष के नीचे अनिवार्य रूप से एक बड़ा-सा पत्थर जमीन में आधा गड़ा रहता था। नारियल के फल को इस पर तोड़ा और कूटा जाता था जिससे यह उसके तेल से सन जाता था। बाईं ओर किसी अदृश्य धारा की तरफ झुकता हुआ विशाल घसियल मैदान था, जिसमें दिन में आश्रम की कपिला गौएँ और जंगल के काले मृग शांति एवं मैत्रीपूर्वक घास चरते थे। संध्या के प्रारंभिक भाग में, गोधूलि के बीतते-न बीतते, ऐसी जगहों पर गतिविधियाँ बढ़ जाती हैं। अपने घोंसलों को लौटते, लेकिन रात्रिकालीन विश्राम से दूर, पक्षियों की चहचहाहट से पेड़ जाग उठते हैं। गौएँ दूही जाती हैं, खाना पकाने के लिए आग जलाई जाती है, और हवन की अग्नि में लकड़ी और धूप की आहुति दी जाती है। वेदी से निकलनेवाला सुगंधित धुआँ फूलों और नींबू की पत्तियों की तीखी गंध से मिलकर आश्रम में आनंद का संचार करता हुआ बहता है। हमने अभी-अभी जल की धारा में नहाकर बाहर आए और पेड़ की शाखाओं पर सूखने के लिए डाले गए अपने वल्कल वस्त्र को ले जाते हुए एक वृद्ध संन्यासी से वात्स्यायन की कुटी के बारे में पूछा। उसकी लंबी और भूरी जटाएँ तेल से सनी हुई थीं।

उसने हमें स्पष्ट रूप से रुचि लेते हुए बताया, "यह आपके बाएँ हाथ पर अंतिम कुटी है। इसकी दीवारों पर चंदन का लेप रची हथेलियों की ताजा छाप पड़ी है। मैं सुनता हूँ कि वे प्रसिद्ध लेखक हैं।"

हमने उसे धन्यवाद दिया, जिसके जवाब में उसने हमें औपचारिकतापूर्वक शुभकामना

दी। फिर हम अपने गंतव्य की तरफ बढ़ गए।

वात्स्यायन लंबे व्यक्ति थे और स्थूलकाय न होते हुए भी भव्य लगते थे। उनके सीने पर लोहे जैसे भूरे रंग के बालों के छल्ले कंधे तक लहराते उनके केशों के साथ खूब फब रहे थे। वनवासियों के रूखे वल्कल वस्त्रों को उन्होंने अब तक नहीं अपनाया था। वे कौशाम्बी या अवंती जैसे पश्चिमी देशों के निवासियों की तरह अपनी कमर के चारों तरफ झीना, सफेद, सूती कपड़ा लपेटे हुए थे, जिसकी चुन्नटें टखनों तक चली गई थीं। उनकी ठोढ़ी और गालों को ढँकनेवाली, अव्यवस्थित-सी दाढ़ी की लंबाई इतनी थी कि भद्र नागरिकों के बीच स्वीकार्य हो, या फिर वनवासी ऋषियों के बीच प्रचलित दाढ़ी की लंबाई की प्रारंभिक अवस्था में हो। बिना किसी पूर्वसूचना के हमारे आ धमकने के कारण उन्होंने हमारा स्वागत कुछ झिझक के साथ किया, मगर उस पर, गहरे शिष्टाचार का मुलम्मा चढ़ा था, जो आवश्यक भी था। क्या हम एक-एक गिलास मधुपालक पीना पसंद करेंगे ? मैंने स्वागत में प्रस्तुत किए जानेवाले इस आनुष्ठानिक पेय से इनकार किया, लेकिन चतुरसेन ने उत्सुकतापूर्वक हामी भर दी। चीनी, घी, दही, जड़ी-बूटियों और शहद से बने इस मिश्रण को मैंने शायद ही कभी रुचिकर पाया हो, भले ही इसे एक घूँट में क्यों न निगल लिया जाए। सामूहिक रूप से छह बड़े घूँटों में इसे पीते समय इसकी छका देनेवाली मिठास को झेल पाना मुश्किल हो जाता है। क्या मैं इसकी जगह ठंडा नीबू और जौ का पानी लूँगा ? उन्होंने ऊँची लेकिन नरम और मधुर आवाज में हमारे पेयों का नाम लिया। रसोईघर में काम कर रही स्त्री की पायलों की झनकार ने मानो उनके अनुरोध की स्वीकृति का संकेत दिया।

हम कुटिया के बाहर की छोटी-सी खुली जगह में लकड़ी के मोढ़ों पर बैठे। हमारे दाहिनी ओर हवन की अग्नि प्रज्वलित हो रही थी। दूसरी कुटियों में जलनेवाली अग्नि की दीप्ति उपवनों के माध्यम से असंख्य स्थिर जुगनुओं की तरह दिखती थी। हम लोगों ने शिष्टाचार के शब्दों का परस्पर आदान-प्रदान किया। मैं उनकी उपस्थिति से भयभीत, प्रायः चुप रहा। चतुरसेन ने उन्हें 'कामसूत्र' के प्रति हमारे गहरे अनुराग और उसके लेखक से मिलने की हमारी उत्कट इच्छा के बारे में उन्हें बताया। वात्स्यायन ने इसे चुपचाप सुना। चतुरसेन की स्तुति से उनके भावरहित चेहरे पर आत्मतुष्टि का क्षीणतम लक्षण भी प्रकट नहीं हुआ। उनकी विशिष्ट, चारित्रिक गंभीरता के पीछे गहरा शर्मीलापन था, रुखाई नहीं। इसे मैंने पहली मुलाकात में ही भाँप लिया था, लेकिन इस संयम के तमाम आयामों का अनुभव मुझे बहुत बाद में हुआ। प्रारंभ में उनकी अपेक्षाकृत चुप रहने की आदत से हम थोड़ा असुविधाजनक महसूस कर रहे थे। लेकिन हम शीघ्र ही सहज हो गए, क्योंकि अनेक प्रसिद्ध विद्वानों की तरह अपने अध्यवसाय के क्रम में उन्होंने अपने आपको उस हावभाव से लैस नहीं किया था, जो अचानक आनेवालों को भयभीत करने के लिए पर्याप्त होते हैं।

उस शाम वहाँ कुछ चिंतित लेकिन परिवेश और अपने मेजबान से सम्मोहित बैठा मैं यह कभी सोच भी नहीं सकता था कि आनेवाले कुछ मिनटों में मैं भूकंप जैसे

शक्तिशाली दो भावनात्मक झटकों का सामना करूँगा, जो हमेशा के लिए मेरे जीवन का नक्शा बदलकर रख देंगे। इनमें से पहले झटके की उत्तेजक कँपकँपी और इंद्रियों के आकस्मिक दोलन को मैंने साफ तौर पर तब महसूस किया, जब हमारे नाश्ते की तश्तरी हाथों में सँभाले मेरी दृष्टि में दुनिया की सबसे सुंदर स्त्री कुटी से बाहर आई। मैं जब 'सुंदर' कहता हूँ तो इसका अर्थ रूढ़िगत शारीरिक सुंदरता बिलकुल नहीं है, यद्यपि वात्स्यायन की पत्नी, मालविका, शब्द के किसी भी अर्थ में सुंदर थी। मैं ईमानदारीपूर्वक उसका वर्णन चतुरसेन के प्रतिभाहीन मित्रों की उपमाओं से ही कर सकता था, जैसाकि बाद में चतुरसेन ने किया : कामदेव के धनुष जैसी तिरछी भौंहों के नीचे मृगछौने जैसी बड़ी-बड़ी आँखें, प्रशस्त मुखमंडल और मानो मधुमक्खियों के डंक खाकर सूजे हुए, भरे-पूरे रसीले होंठ, वलय के तीन अस्पष्ट-से निशानोंवाली पतली कमर, सुडौल नितंब और कदली स्तंभ के समान लंबी और क्रमशः पतली होती जाँघें। ऐसी उपमाएँ कविताओं में दी जाती हैं—किसी हाड़-मांस के वास्तविक व्यक्ति के लिए नहीं, बल्कि युवा कामुक कल्पनाओं को जाग्रत करने के लिए। मालविका अपनी मादक आयु के मोड़ पर खड़ी कोई षोडशी नहीं, बल्कि आयु के दूसरे दशक के परवर्ती दौर से गुजर रही स्त्री थी। वह अपनी कामुकता के रहस्यों के साथ दमक रही थी, उसके प्रस्फुटन की उम्मीद से नहीं। मेरे मस्तिष्क पर अंकित मालविका के बिंब उसके चेहरे और शरीर के न होकर उन अतिसूक्ष्म ब्यौरों के हैं जो हमेशा सिर्फ और सिर्फ उसी के रहेंगे। उसके मुँह के कोनों पर नन्हीं-नन्हीं स्वेद-कणिकाओं की झिलमिलाहट, उसकी बाईं कलाई से लिपटा चमेली के सफेद फूलों का कंगन, उसके पुष्ट वक्ष की सुनहली आभा को मंद करने में असफल पीले रंग का रेशमी दुपट्टा, मुझे गिलास थमाते समय स्वादिष्ट मदिरा जैसी उसकी बेधड़क और वेधक दृष्टि मेरी स्मृति में सुरक्षित है। मैं उसकी शारीरिक सुंदरता से नहीं, बल्कि उसके चेहरे और अंगों से उभरते अद्वितीय नारीत्व से प्रभावित हुआ था।

मेरी दूसरी प्रतिक्रिया की सिहरन उस घटना के बाद भी लंबे समय तक मेरे मस्तिष्क को झकझोरती रही। मैं इसके घटित होने का ठीक-ठीक समय भी याद नहीं कर पा रहा हूँ, हालाँकि मेरा अनुमान है कि मालविका के वापस झोंपड़ी में जाने और वात्स्यायन का ध्यान मेरी तरफ आकर्षित होने के कुछ समय बाद यह घटित हुई।

''तुम तो छात्र जान पड़ते हो, व्यापारी नहीं।'' उन्होंने कहा ।

''आचार्य, मैंने अभी ही अपना अध्ययन पूरा किया है।''

''और अब ?''

''मैं अभी तक नहीं जानता। मैं बहुत सारी चीजों के बारे में सोचता रहा हूँ।'' मैंने उत्तर दिया।

''शायद तुम फिर किसी दिन आकर मुझे बताओगे।'' उन्होंने कोमल स्वर में कहा।

यह वार्तालाप सतही प्रतीत होता है, लेकिन उस क्षण उनकी आँखों में दयालुता का ऐसा भाव था जैसा मैंने कभी नहीं देखा था। वे आँखें मुझे ऐसे देख रही थीं मानो

मेरे अतीत, मेरे भविष्य, मेरे अज्ञात भयों और मेरे गुप्त सपनों के बारे में सब कुछ समझती हों। उनकी आँखों ने मुझे पहचान लिया था। यह करुणा से भरी हुई दृष्टि थी, जिस दृष्टि से भगवान राम ने घायल जटायु को देखा होगा। कुरुक्षेत्र के मैदान में जब अपने परिजनों को मारने के धर्म के बारे में अर्जुन संशयग्रस्त हो गए थे, तब भगवान कृष्ण ने उन्हें ऐसी ही दृष्टि से देखकर उबारा होगा, न कि उपदेश देकर, जैसी कि आम मान्यता है। मैंने अपने हृदय में झटके से कुछ खिंचते हुए, लंबे समय से जमी हुई किसी चीज को पिघलते हुए महसूस किया, और मेरे आँसू निकल पड़े। निश्चित रूप से आँसू भावनाओं को अभिव्यक्त करते हैं, लेकिन मैं न तो उस समय अपनी भावनाओं को कोई नाम दे सकता था और न ही आज ऐसा कर सकता हूँ। यह कहना कि मैं खुश था या दुखी था, एक-दूसरे में घुली-मिली अनेक भावनाओं में से किसी एक को बनावटी तौर पर अलग करना होगा। उस घटना को याद करते हुए मैं यही कह सकता हूँ कि उस समय तक मुझमें निहित यौन उत्तेजना और ऋषिवर की पत्नी के लिए उपजी अपनी अशोभन लालसा के प्रति मेरे आत्मसंताप ने मेरे भावनात्मक असमंजस को और बढ़ा दिया था।

वापस लौटते हुए रास्ते-भर मैं अशांत बना रहा। विचार और भावनाएँ परस्पर उलझते और चक्कर खाते रहे, मानो उनके बीच की दीवार टूट गई हो या कम-से-कम उसमें आने-जाने की राह बन गई हो। वसंत की रात में चमकदार रुपहले चँदोवे के नीचे हमारी गाड़ी जैसे-जैसे दौड़ रही थी, घर के समीप पहुँचते हुए घोड़े अनिच्छापूर्वक अपनी गति बढ़ाते जा रहे थे और मैं चतुरसेन की अबाध वक्तृता का कायल होता जा रहा था। यहाँ तक कि मालविका का जो वासनामय चित्रण किया, उसे भी मैंने धैर्य खोए बिना सहन कर लिया। ऐसा क्यों होता है कि अपनी इच्छा हमेशा उदात्त लगती है, जबकि दूसरों की अश्लील। मुझे झपकी आने लगी थी। मैंने सोचा कि वात्स्यायन से अगली बार मिलने पर मैं उनसे यह सवाल पूछूँगा। तभी मैंने झटके से यह अनुभव किया कि अचेतन रूप से मैंने अगली मुलाकातों का निर्णय भी कर लिया है। मुझे इस बात की तनिक-सी भी खबर नहीं थी कि मेरे आगामी जीवन का बड़ा हिस्सा वात्स्यायन की जीवनी और 'कामसूत्र' पर सबसे पहली टिप्पणी लिखने में लगेगा। उस विशेष क्षण तक मुझे स्त्रियों में कामोत्तेजना के लक्षणों के बारे में जानने की उत्कट इच्छा थी, ताकि मैं उस परेशानी और अपराध-बोध से मुक्त हो सकूँ, जो वे मुझमें प्रायः पैदा कर देती हैं।

।। चार ।।

वात्स्यायन का विचार है कि आदि से अंत तक स्त्री भी वैसे ही यौन-सुख का अनुभव करती है, जैसे कि पुरुष।

—कामसूत्र 2.1.23

वात्स्यायन ने कहा, "यह जानने के लिए कि स्त्री यौन-सुख का अनुभव कैसे करती है, और क्या वह पुरुष के अनुभव से भिन्न होता है, लंबे समय तक मैंने प्राचीन ग्रंथों और टीकाओं की खाक छानी है। मैंने इस प्रश्न को अनेक स्त्रियों से भी पूछा। कुछ वर्ष जब मैं अपनी मौसी चंद्रिका से मिलने उनके निवास पर गया था तो इस विषय पर हमने लंबा विचार-विमर्श किया था। इस मामले में मेरी सबसे उन्मुक्त बातचीत चंद्रिका से ही हुई है। शायद ऐसा इसलिए भी हो सका, क्योंकि बौद्ध भिक्षुणी के रूप में वह अतीत के अपने सुखों को निरपेक्ष भाव से याद कर सकती थी। मेरा सुविचारित मत यह है कि यद्यपि हम इस बारे में बहुत कुछ जानते हैं कि स्त्री यौन-सहवास का अनुभव कैसे करती है, लेकिन उसके इस अनुभव का सारतत्त्व, उसका स्त्री रस, हमेशा पुरुष की पकड़ से फिसल जाता है, और इसके उत्कट मामले में भी ऐसा ही होता है। अंततः इस सुख का स्रोत, हमारा शरीर ही इसके ज्ञान के मार्ग की बाधा बनता है। अपने साथी के सुख का अनुभव करने की इच्छा ही हमें मैथुन के लिए प्रेरित करती है, लेकिन त्रासदी यह है कि हमें अपने अनुभव से ही संतुष्ट होना पड़ता है।"

पिछले एक महीने में सप्तपर्णी आश्रम का यह मेरा दसवाँ फेरा था। इन फेरों की रूपरेखा एक बिलकुल नए ढब पर बन रही थी। मैं सूर्योदय के समय चतुरसेन की गाड़ी पर, जिसे उसने मेरी सुविधा पर छोड़ रखा था, वाराणसी से सवार होता और सुबह का पूरा समय वात्स्यायन के साथ बिताता। दोपहर को उनके हल्के-फुल्के भोजन में हिस्सा बँटाने के बाद जब वे आराम कर रहे होते तो मैं सुबह की बातचीत का विवरण लिख लेता। फिर शाम को कुछ और सामान्य चर्चा करने के बाद मैं वाराणसी लौट आता।

उस समय मुझे इस बात पर भी आश्चर्य नहीं होता था कि वात्स्यायन अपनी कृति के बारे में मेरे प्रश्नों का धैर्यपूर्वक उत्तर देने के लिए मुझे उदारतापूर्वक इतना समय क्यों देते हैं। उन्हें अपने गुरु के रूप में अपनाने के अपने निर्णय पर उनकी सहमति

को भी मैंने अवश्यंभावी समझा था, यद्यपि यह निर्णय एकतरफा था और मेरे मस्तिष्क के किसी अज्ञात कोने में हुआ था। उनकी उदारता पर विस्मित होते हुए अपनी उस ढीठ धारणा पर मैं आज अपना माथा ही पीट सकता हूँ। अंततः, अभी-अभी अपना अध्ययन पूरा करके लौटे एक अपरिपक्व युवक के अलावा मैं और था ही क्या, जिसने न तो कोई उपलब्धि प्राप्त की थी और न ही अपनी क्षमताओं का कोई दर्शनीय प्रमाण दिया था। दूसरी ओर, वात्स्यायन कामशास्त्र के क्षेत्र में जाने-माने, लेकिन विवादास्पद व्यक्ति थे। बाद में जब मैंने अधिक समीप से जाना तब, मेरा विचार है कि, मैं उनके तर्कों को अच्छी तरह से समझ सका। वे अकेले थे, लेकिन इसका कारण सिर्फ यही नहीं था कि वे कौशाम्बी नरेश उदयन के दरबार से अलग हो गए थे। वे उस विशिष्ट अकेलेपन के लिए भी अभिशप्त थे, जो प्रसिद्धि में लिपटे लोगों की नियति होता है। इसके अलावा वे इस प्रश्न से भी जूझ रहे थे कि क्या उनके संन्यास आश्रम में प्रवेश करने का समय आ पहुँचा है। यह गृहस्थ जीवन की रुचियों-सरोकारों के आमूल त्याग से संबंधित ऐसा कदम था जिसमें सोच-समझकर जीवन को उन आध्यात्मिक लक्ष्यों की तरफ मोड़ दिया जाता था, जिनके प्रति वात्स्यायन की अनुरक्ति अत्यंत क्षीण थी। उनके सामने ऐसे अनेक कवियों का उदाहरण था जो वन और नगर के बीच, संन्यास और ऐंद्रिक सुखों के बीच, उन्हें एक जैसा आकर्षक और अपूर्ण पाकर, लगातार झूलते रहे। जीवन के पाँचवें दशक में पहुँचकर बुढ़ापे में कदम धरते ही उन कवियों को यह चिंता सताने लगती थी कि 'पहाड़ों की चट्टानी ढलानों और कामातुर स्त्रियों के नितंबों' में से वे किसका चुनाव करें।

मुझमें उन्होंने स्थापित मान्यताओं के प्रति अपने अश्रद्धालु और बेचैन युवा रूप की झलक देखी थी, जो जीवन के पूर्वनिर्धारित प्रवाह से अलग किसी चीज से अपने को जोड़ना चाहता था, बशर्ते वह उसे पा सके। मैं उनके उस पुराने रूप का प्रतिबिंब था, जिससे उन्हें फिर से परिचित होने की जरूरत थी। मैं उनके जीवन का एक ऐसा ठौर था, जिसे अंतिम विदा कहने से पहले वे एक बार फिर वहाँ जाना चाहते थे। मैं अपने आपको यह विश्वास भी दिलाना चाहता हूँ कि उन्होंने मुझमें रचनात्मक प्रतिभा या कम-से-कम गहरी जिज्ञासा को, जो शायद प्रतिभा से भिन्न नहीं है, पहचान लिया था और एक पीढ़ी से दूसरी पीढ़ी को दिए गए उपहारस्वरूप उसे सँवारना चाहते थे। मैं उनके जीवन को वैसा ही अमरत्व प्रदान करके यह ऋण चुकाऊँगा, जो कि उनके ग्रंथ की नियति है। उनके व्यक्तित्व के प्रति मेरे आदर्शवादी दृष्टिकोण और वर्षों तक उन्हें देखनेवाली मेरी स्नेहसिक्त आँखों ने, जिस बेढंगेपन से यह सब कुछ खत्म हुआ उसके बावजूद, मुझे लंबे समय तक यह आभास भी न होने दिया कि दिनचर्या को अस्थायी रूप से स्थगित करके आश्रम में मेरा ऊष्म स्वागत करने के पीछे उनका कोई दूसरा, गुप्त ध्येय भी हो सकता है।

"स्त्री की संभोग-संबंधी आवश्यकता की तुलना आप पुरुष के लिए इसकी आवश्यकता से कैसे करते हैं, आचार्य ?" मैंने आगे पूछा था।

"इस बात में बहुत कम संदेह है कि स्त्रियों को संभोग की आवश्यकता ज्यादा महसूस होती है", वात्स्यायन ने जवाब दिया, "कहा गया है कि न तो वायु देवता, न अग्नि देवता और न ही अन्य तैंतीस देवता स्त्रियों को इतने प्रिय हैं, जितने कि काम देवता। एक अन्य ग्रंथ कहता है कि स्त्रियों के लिए रतिसुख का अभाव क्षय और जरा है। उसी ग्रंथ में एक अन्य जगह पर कहा गया है कि मानव जाति चिंता से, योद्धा बंधन से, स्त्री संभोग की कमी से और कपड़े आग की लौ से क्षय को प्राप्त होते हैं।"

वात्स्यायन थोड़ी देर रुके। हमारे वार्तालाप के आरंभ में उनकी आदत थी कि जब भी वे किसी ग्रंथ से उद्धरण देते थे तो आगे बढ़ने से पहले थोड़ी देर रुककर मुझे प्रश्न-भरी दृष्टि से देखते थे। वे मुझसे अपेक्षा करते थे कि मैं उस उद्धरण से अपने परिचय का कोई संकेत दूँगा। वे चाहते थे कि मैं न केवल इन विषयों को समझने के लिए जरूरी शिक्षा, बल्कि ज्ञान के प्रति श्रद्धा के साथ उसे प्राप्त करने की क्षमता का भी प्रदर्शन करूँ। कभी-कभी वे जान-बूझकर गलत उद्धरण देते और मेरे शुद्ध करने पर मुसकराते हुए उसे स्वीकार कर लेते। जब वे किसी ग्रंथ का कोई अंश उद्धृत करते थे तो उनका स्वर गंभीर और गुंजायमान हो जाता था।

उन्होंने एक बार कहा था, "उद्धरणों के माध्यम से हम अपने पूर्वजों से वैसे ही जुड़ते हैं जैसे प्रति माह प्रथमा को उनके लिए किए जानेवाले अनुष्ठानों के माध्यम से हम केवल वही सोच सकते हैं जो पहले सोचा जा चुका है। अगर तुम्हें कभी यह लगने लगे कि तुम्हारे पास कोई नया विचार है तो याद रखना कि तुम केवल इसके स्रोत को भूल गए हो।"

बाद में जैसे-जैसे वे लक्ष्य के प्रति मेरी गंभीरता और विद्यार्थी के रूप में मेरी उपयुक्तता के प्रति निश्िंचत होते गए, इस तरह की परीक्षा और छेड़छाड़ कम से कमतर होती चली गई।

मैंने दोनों स्रोतों को सही-सही पहचानते हुए जवाब दिया, "महर्षि व्यास का यह कथन कितना सत्य है और दूसरे सभी विद्वानों की तरह चाणक्य भी निस्संदेह न केवल राजनीति के विद्वान थे, बल्कि प्रेम और नीतिशास्त्र के भी प्रकांड पंडित थे।"

वात्स्यायन ने स्वीकृति में हुँकारी भरी और आगे बढ़ गए, "स्त्री की काम-क्षुधा भी पुरुष से बहुत अधिक होती है, यद्यपि मैं इस कथन से सहमत नहीं हूँ कि 'वन की समस्त लकड़ी आग को, समस्त नदियाँ समुद्र को, समस्त प्राणी मृत्युदेव को और समस्त पुरुष स्त्री को संतुष्ट नहीं कर सकते।' क्या स्त्रियाँ प्रेम में पुरुषों की अपेक्षा उच्चतर सुख प्राप्त करती हैं, यह अधिक कठिन प्रश्न है और इसका उत्तर वही दे सकता है जिसने दोनों लिंगों का अनुभव प्राप्त किया हो। इतिहास में हम ऐसे केवल दो व्यक्तियों को जानते हैं। ये दोनों पुरुष हैं, जिन्होंने स्त्री में परिवर्तित होकर संभोग का नारी सुलभ अनुभव प्राप्त किया था। मैं इनमें भगवान शिव को सम्मिलित नहीं कर रहा हूँ जिनका लिंग-परिवर्तन उन बंध्या स्त्रियों के श्रापवश हो गया था, जिनकी शोभायात्रा का उन्होंने अपमान कर दिया था। बाद में वे अपनी मौलिक स्थिति में लौट

गए थे, परंतु वे स्त्री और पुरुष दोनों की यौन-अनुभूतियों से परिचित हो गए थे। कहा जाता है कि कामुकता के महान शिक्षक दत्तक को उन्होंने ही बोलकर ग्रंथ लिखवाया था। स्त्री-जीवन का अनुभव प्राप्त करनेवाले, पुरुषों में, पहले व्यक्ति इला थे। वन में शिकार खेलते समय वे एक ऐसी जगह पर पहुँच गए, जहाँ शिव अपनी पत्नी के साथ क्रीड़ारत थे। देवी की जिद को पूरा करने के लिए शिव ने अपने आपको नारी रूप में बदल रखा था, लेकिन इसके साथ ही उन्होंने मंत्र से वहाँ के सभी नर जंतुओं और नर वृक्षों तक का लिंग परिवर्तित कर दिया था। वहाँ पहुँचने पर भयभीत इला ने पाया कि वे स्त्री बन चुके हैं। अत्यंत व्याकुल होकर उन्होंने शिव से प्रार्थना की, लेकिन वे हँस पड़े। देवी अधिक दयालु थीं। उन्होंने निर्णय किया कि इला बारी-बारी से एक महीना पुरुष रहेंगे और एक महीना स्त्री। चंद्रमा का पुत्र इला पर मोहित हो गया और जब तक, वह महीना बीतने पर, इला पुनः पुरुष नहीं बन गए, दोनों ने एक-दूसरे का भरपूर आनंद उठाया।''

''और इला ने स्त्री के यौन-आवेगों की तुलना पुरुष से कैसे की ?'' मैंने पूछा।

मेरी स्मृति की चूक को भाँपकर वात्स्यायन मुसकराए।

''दुर्भाग्य से हम इसे नहीं जानते, क्योंकि वे इसे व्यक्त नहीं कर सके। देवी ने अपने निर्णय में यह भी जोड़ दिया था कि एक स्थिति में उन्हें दूसरी स्थिति की याद नहीं रहेगी।''

मैंने देखा कि बातचीत और मेलजोल बढ़ने के साथ ही वात्स्यायन ने कभी-कभी मुसकराना शुरू कर दिया था, हालाँकि इस मुसकराहट को अभी उन्मुक्त हँसी में बदलना बाकी था। उनकी मुसकराहट संक्रामक तथा गहरे तक आश्वस्त करनेवाली थी। इसने मुनि के बारे में मेरे पहले विचार को बदल दिया था कि वे अत्यधिक गंभीर और यहाँ तक कि उदास भी रहते हैं। इस मुसकराहट में इतनी शक्ति थी कि वह उनके आसपास के वातावरण को प्रकाशित कर सकती थी, और उसमें मौजूद किसी प्रकार की उद्विग्नता को शांत कर सकती थी। यह बरसात के मौसम में घने बादलों के पीछे से अकस्मात् चमकनेवाली बिजली की तरह थी, जो रातों में घूमनेवाली दुष्टात्माओं को दिन में छिपने के उनके अड्डों में पुनः शरण लेने पर विवश कर देती है।

''लेकिन लैंगिक सीमा को पार करनेवाले सभी लोग अपने यौन अनुभवों के बारे में चुप नहीं रहे हैं।'' अपनी बात जारी रखते हुए मैंने कहा।

''तुमने तुलनात्मक यौन आनंद के बारे में उपलब्ध एकमात्र व्यक्तिगत साक्ष्य की तरफ मेरा ध्यान दिलाकर अच्छा किया। यह साक्ष्य राजा भंगस्वान का है।'' वात्स्यायन ने सहमति में विनम्रतापूर्वक सिर हिलाते हुए कहा।

मैं इस कहानी को अच्छी तरह से जानता था। इस राजा ने सौ पुत्रों को प्राप्त करने के लिए किए गए यज्ञ में बलि के अवसर पर इंद्र को आमंत्रित न करके उसकी शत्रुता अर्जित कर ली थी। इंद्र ने इसका बदला उस झील पर माया करके लिया, जिसमें राजा नहा रहा था। राजा जब झील से बाहर आया तो उसने अपने आपको स्त्री पाया। इस

परिवर्तन से बुरी तरह परेशान भंगस्वान वन में चला गया। कालांतर में वहाँ उसने एक संन्यासी से विवाह कर लिया। उससे उसके सौ पुत्र हुए। इन पुत्रों को लेकर भंगस्वान नगर में गया, ताकि उसके सभी दो सौ पुत्र शांतिपूर्वक साथ-साथ रहते हुए राज्य का संचालन कर सकें। इंद्र यह देखकर कुपित हो उठा कि राजा दुःख नहीं भोग रहा है। उसने उसके पुत्रों में परस्पर शत्रुता पैदा कर दी जिससे वे सभी आपस में लड़ मरे। इंद्र ने फिर भेस बदला और वह उस आश्रम में गया जहाँ भंगस्वान शोकमग्न होकर विलाप कर रहा था। अंततः देवराज को दया आई। उसने भंगस्वान के समक्ष स्वयं को प्रकट कर दिया और कहा कि वह अपने सौ पुत्रों को जीवित पा सकता है—पर या तो पहले सौ पुत्रों को जिन्हें उसने पिता का प्यार दिया है, या फिर बादवाले पुत्रों को जिन्हें उसने माँ के रूप में जन्म दिया है। भंगस्वान ने यह कहते हुए कि पिता के प्यार की अपेक्षा माँ का प्यार अधिक कोमल होता है, अपने उन पुत्रों को चुना जिन्हें उसने माँ के रूप में जन्म दिया था। इंद्र ने प्रसन्न होकर उसे वापस पुरुष बनाना चाहा, लेकिन भंगस्वान ने स्त्री बने रहने की ही इच्छा व्यक्त करते हुए इससे इनकार किया। उसने कहा कि स्त्री के रूप में उसने पुरुष की अपेक्षा कहीं अधिक यौन-सुख प्राप्त किया है।

वात्स्यायन ने बात जारी रखी, "राजा उदयन ने मुझसे कहा था कि उन्होंने एक बार सपना देखा कि वे स्त्री हैं और संभोग कर रहे हैं। जैसे ही स्वप्न में स्थित उस अज्ञात व्यक्ति ने राजा की रस टपकाती जाँघों को फैलाकर उनमें प्रवेश किया, उदयन ने बताया कि उन्होंने इतना सघन यौन आनंद प्राप्त किया जिसकी कोई तुलना पुरुष के रूप में जाग्रत अवस्था में किए गए संभोग के अनुभवों से नहीं की जा सकती। इस बात की पुष्टि अन्य लोगों ने भी की है, जिन्होंने स्त्री होने का सपना देखा है, लेकिन अब तक किसी स्त्री ने ऐसे विपरीत अनुभव की चर्चा नहीं की।

"प्राचीन ग्रंथ यह भी कहते हैं कि प्रेम के मामले में स्त्री, पुरुष की अपेक्षा छह गुना अधिक निडरता का परिचय देती है और प्रेम संबंध में उसे आठ गुना अधिक सुख मिलता है। इस प्रकार इन ग्रंथों की महत्ता भंगस्वान के निजी साक्ष्य-पुरुषों के स्त्री बनने के स्वप्न और इस सामान्य निरीक्षण के आधार पर कि कराहों, सीत्कारों, उखड़ी हुई साँसों और चेहरे के भावों से स्त्री संभोग के दौरान आनंद का जीवंत साक्ष्य प्रस्तुत करती है, यह कहना उचित है कि पुरुष की अपेक्षा स्त्री काम का अधिक आनंद उठाती है। बच्चे को जन्म देने की प्रक्रिया में उठाए जानेवाले कष्ट की क्षतिपूर्ति के लिए देवताओं ने उस प्रक्रिया को शुरू करनेवाले कृत्य में उसके लिए महत्तर सुख की व्यवस्था की है।"

"लेकिन क्या उसका सुख पुरुष जैसा ही है, और उसी प्रक्रिया से संचालित होता है ?" मैंने पूछा।

वात्स्यायन ने उत्तर दिया, "हम इसे निश्चयपूर्वक नहीं कह सकते, क्योंकि इंद्र इसे भंगस्वान से पूछना भूल गए थे। इस विषय पर स्वयं अपने सूत्रों में मैंने उससे कहीं

अधिक निश्चिततापूर्वक मत दिया है, जितना कि मैं अब अनुभव करता हूँ।" मैं प्रासंगिक उद्धरण के साथ तैयार था :

> वात्स्यायन नहीं मानते कि सुख मात्र में किसी प्रकार का अंतर होता है। लिंग-भेद जन्म से जुड़ी हुई बात है। सामान्यतया यह माना जाता है कि पुरुष सक्रिय होता है और स्त्री निष्क्रिय। इसलिए संभोग के दौरान पुरुष की कार्रवाई स्त्री से भिन्न होती है। पुरुष सोचता है कि वह स्त्री को भोग रहा है, जबकि स्त्री सोचती है कि वह पुरुष के द्वारा भोगी जा रही है। इस प्रकार मनोवृत्ति और अनुभव में अंतर होता है, आनंद में नहीं।

वात्स्यायन ने कहा, "मेरे सूत्रों को समझने के लिए उनका संदर्भ समझना हमेशा अनिवार्य है। मेरे विचारों का अर्थ उस मान्यता से भी निश्चित होता है, जिस पर मैं उस समय स्थिर होता हूँ। इस सूत्र में मैं स्त्रियों के सुख की प्रक्रिया पर अपने आदरणीय पूर्ववर्तियों से बहस में उलझा हूँ। प्रायः वे दूसरों के साथ-साथ अपना भी खंडन करते हैं, जिससे सबसे बुद्धिमान लोगों में भी केवल भ्रम फैलता है। श्रद्धेय श्वेतकेतु औद्यालिकी मानते हैं कि स्त्री को सच्चा सुख चुंबन और आलिंगन जैसी स्नेहसूचक क्रियाओं से मिलता है, जबकि पुरुष के शिश्न से उसे मिलनेवाला सुख उसकी योनि की खुजली के आंशिक शमन से उस तक पहुँचता है। यह खुजली पुरुष के स्खलन के बाद भी जारी रहती है। बाभ्रव्यों के अनुसार, पुरुष और स्त्री संभोग का किस तरह आनंद उठाते हैं, उनमें भी विशिष्ट अंतर होता है। पुरुष का शिश्न जब उसके अंदर प्रवेश करता है तो स्त्री तीव्र सुख का अनुभव करती है, जबकि स्खलन के क्षण में पुरुष परमानंद की उपलब्धि करता है। वे स्त्रियों की प्रतिक्रिया की तुलना कुम्हार के चाक से करते हैं जो धीमी शुरुआत के बाद बीच में तेज होता है और अंत में फिर धीमा पड़ जाता है। लेकिन वह अपनी निरंतरता बनाए रखता है। बहरहाल, यह बात सभी मानते हैं कि स्त्री चुंबन और आलिंगन में तथा पूरी तरह उत्तेजित हो जाने पर दंत-क्षत और नख-क्षत में पुरुष की अपेक्षा अधिक सुख पाती है। उसकी कामेच्छा को भड़काने के लिए चुंबन और आलिंगन अनिवार्य है।"

"आचार्य, पुरुष के चुंबन और आलिंगन स्त्री की कामना जाग्रत करने के लिए इतने अनिवार्य क्यों हैं?" मैं यह जानने को सचमुच उत्सुक था।

"यह ऐसा प्रश्न है जिसका उत्तर न तो श्वेतकेतु, न बाभ्रव्यों, न सुवर्णाभ और न ही दत्तक ने दिया है।"

मैं समझता हूँ कि यह उत्तर देते समय वात्स्यायन की भंगिमा में आत्मसंतुष्टि की झलक से बढ़कर कोई चीज थी। मैंने देखा था कि वात्स्यायन जब दूसरे विद्वानों के विचारों का उल्लेख करते हैं तो उनकी आवाज गूँजने लगती है। उनकी आँखों में उतर आनेवाली प्रतिद्वंद्विता की विशिष्ट चमक, अपने गुरु ब्रह्मदत्त के यहाँ अध्ययन के दौरान विद्वानों के बारे में बनी मेरी धारणा की पुष्टि करती थी कि वे विरक्त नहीं होते, जैसी कि लोकप्रिय मान्यता है। उनके प्रतिवादों में मौजूद खून की अमिट प्यास और अपने

शब्दों से एक-दूसरे को दिए गए जख्मों पर उनका उल्लास छिपाए नहीं छिपता। अपने विरोधी के सबसे मजबूत तर्क का सफाया करके उसे रौंदने में उन्हें सर्वाधिक आनंद मिलता है।

"पुरुष और स्त्री के बीच समागम के क्रम में स्त्री संभोग से पहले चुंबन और आलिंगन जैसी आरंभिक रति-क्रियाओं से जितनी उत्फुल्ल और पुरुष की अभिलाषाओं से जितनी सराबोर होती है उतनी दूसरी क्रियाओं से नहीं होती," वात्स्यायन ने स्पष्ट करना शुरू किया, "अपनी आँखों की मुँदी हुई पलकों को सहलाने या होंठों पर कँपकँपा उठनेवाले मृदुतम चुंबनों से लेकर तीव्र लालसा में दोनों नितंबों को मसलकर गूँद देने वाले कठोरतम आलिंगनों तक स्त्री अपने आपको पुरुष की कामेच्छा के केंद्र में पाती है। यह उत्ताप उसके अंदर भी भड़क उठता है। संभोग के आरंभ हो जाने पर पुरुष की प्रमुख यौनेच्छा उसकी अपनी शारीरिक उत्तेजना में ही सिमट जाती है। अपने प्रति पुरुष की इतनी आवेगमय लालसा को यूँ ही छोड़ देने को स्त्री का जी नहीं चाहता। अपनी स्वयं की कामनाओं के क्षेत्र में प्रवेश करने से उसमें अनिच्छा पैदा होती है। संभोग के ठीक पहले आनेवाले अनिच्छा के इन क्षणों को अधिकांश पुरुष समझ नहीं पाते और इन पर विस्मित होकर रह जाते हैं।"

"मैंने यह विचार व्यक्त किया है कि चुंबन और आलिंगन की अलग-अलग अनुभूति के अलावा स्त्री और पुरुष के बीच कोई अंतर नहीं है। फिर भी, अगर आज तुम मुझसे इस दृष्टिकोण को और स्पष्ट करने के लिए कहो तो मैं केवल यह कहूँगा कि स्त्री का शरीर पुरुष के मुकाबले अधिक खुला हुआ है। वे ग्रहण करने की अभ्यस्त होती हैं। उनके शरीर अपने पुरुषों के अलावा अपने बच्चों द्वारा भी अतिक्रमित होते हैं और इस्तेमाल भी किए जाते हैं; और यह स्थिति उनके आनंद को एक अलग पुट देती है। किसी स्त्री का ग्राही शरीर उसकी ग्रहणशील जागरूकता में प्रतिबिंबित होता है। दरअसल, यह उसे आकार देता है। कामक्रिया के दौरान यह बड़ी संख्या और विविधता में मैथुन की कल्पनाएँ करती है। आनंद की अनुभूति के लिए कल्पना निर्णायक है, और प्रकृति ने पुरुष के मुकाबले स्त्रियों में श्रेष्ठतर शारीरिक कल्पनाओं की क्षमता भरी है। चरमोत्कर्ष में भी, जब अतीत और भविष्य के सभी जन्म और पुनर्जन्म क्षण-भर में विलीन हो जाते हैं, स्त्री आनंद की बाढ़ को कहीं अधिक खुलेपन से समेटती है। इसका पानी भी पुरुष की अपेक्षा उसमें बहुत धीमे-धीमे उतरता है।"

"अधिकतर विद्वान यह मानते हैं कि स्त्रियों के सुख में कल्पनाशीलता की भूमिका केवल आरंभ में होती है। उनके अनुसार, जैसे-जैसे संभोग की क्रिया आगे बढ़ती है, उसका स्थान शरीर लेता जाता है, और अंत तक पहुँचते-पहुँचते उसकी चेतना उसकी शारीरिक प्रतिक्रिया में विलीन हो जाती है। इस विषय पर दत्तक का एक श्लोक है : 'पहले वह प्रत्याशा में काँपती है। फिर न तो कंपन बचता है, न प्रत्याशा और न ही विचार।'

"अपने प्रिय पुरुष के साथ संभोग के सघनतम क्षणों में कल्पनाशीलता का वर्चस्व

टूट भी सकता है, लेकिन इसका अर्थ यह नहीं है कि स्त्रियों का अनुभव केवल शारीरिक है। जब पुरुष और स्त्री एक-दूसरे के अनुकूल और प्रतिकूल दिशा में तनकर धक्के लगाते हैं तो शरीर के गहनतम अवकाशों में निवास करनेवाली आत्मा स्त्री की त्वचा की सतह में आकर बस जाती है। उत्कृष्टतम प्रकार के संभोग में शरीर आत्मा को आवृत्त नहीं करता, बल्कि आत्मा त्वचा के रूप में शरीर का आवरण बन जाती है।''

युवकोचित आत्मलीनता के कारण मैं लंबे समय तक वात्स्यायन से उस आश्रम में उनके जीवन के बारे में नहीं पूछ सका। उनकी छिटपुट टिप्पणियों से मैंने यह निष्कर्ष निकाला कि संन्यासियों और उनकी पत्नियों की उत्सुकता उनके बीच रह रहे इस नए युगल में थी, लेकिन वे इनकी कुख्याति से आशंकित रहते थे। वे सामान्यतया वात्स्यायन और मालविका को एकांत में रहने देते थे, लेकिन बाहर भेंट हो जाने पर शिष्टाचार के कोमल शब्दों का परस्पर आदान-प्रदान करते थे। ऐसा लगता था कि वात्स्यायन का कार्य किसी अपवित्र पशु के मांस की तरह उनके शरीर से चिपक गया है, जिससे वे संन्यासियों की पवित्रता नष्ट करने और अंतःवासियों को भ्रष्ट करके उनकी आध्यात्मिक साधना को खतरे में डालने में सक्षम हैं। आश्रम में प्रायः भूतपूर्व पुरोहित और अनुष्ठान विशेषज्ञ रहते थे। उनके साथ कोई व्यापारी और अवकाश-प्राप्त राज्याधिकारी भी रह लेता था। ये लोग इंद्रियग्राह्य वस्तुओं और सुखों का त्याग करते थे। वे समझते थे कि अगर उन्हें अन्य देवताओं की आराधना करनी है तो स्वयं अपनी प्रकृति में निहित काम को नकारना होगा। वात्स्यायन इसकी याद दिलानेवाले अवांछित व्यक्ति थे।

जब मैंने वात्स्यायन से उनके अकेलेपन के बारे में अंततः पूछ ही लिया तो उन्होंने कहा, ''मेरे ऊपर तो इसका कोई प्रभाव नहीं पड़ता, लेकिन मेरी पत्नी अकेलापन और अप्रसन्नता महसूस करती है। दूसरी स्त्रियों में से कुछ, जिनमें अनेक आयु में बहुत बड़ी भी हैं, उससे मित्रता करना चाहती हैं, लेकिन अपने पतियों की असहमति के भय से ऐसा नहीं करतीं।''

मैंने यह नहीं पूछा कि इन तमाम असुविधाओं और अकेलेपन के बावजूद वात्स्यायन दंपती ने आश्रम में रहने का विकल्प क्यों चुना।

जब मैं तीसरी बार आश्रम गया था तब मालविका की हल्की-सी झलक उस समय मिली थी जब वह थोड़ी देर के लिए भोजन परोसने आई थी, इससे पहले मैंने उसे नहीं देखा था। वात्स्यायन बता चुके थे कि इस सुहाने मौसम में, जिसने बिलकुल अभी-अभी कुछ गरम होना शुरू किया था, उनकी पत्नी वन में दूर तक टहलने और जंगली फूलों को तोड़ने के लिए जाया करती थी। वन में किसी तालाब के किनारे बैठकर कौड़िल्लों, बगुलों और वसंत की मंद बयार से बननेवाली लहरों को देखते हुए ही वह घंटों समय बिताती थी।

सच कहूँ तो मैं उसकी एक झलक भी न मिलने से राहत महसूस कर रहा था। आश्रम आने के पहले जो सप्ताह बीता, उसमें मालविका को लेकर मेरे अंदर मची उथल-पुथल शांत हो गई थी। 'कामसूत्र' के साथ मेरे बढ़ते लगाव और इस पर पहली

टीका लिखने के धीरे-धीरे दृढ़ होते मेरे निश्चय के अलावा मेरे संकोच ने भी, निश्चय ही, उसमें अपनी भूमिका निभाई थी, सूत्र अंततः बहुत बड़े और अलिखित ग्रंथ के मुख्य तर्कों को संक्षेप में दोहराने के लिए प्रयुक्त स्मरण के साधन हैं। सूत्र की महत्ता इसकी संक्षिप्तता में है। इसीलिए यह कहा जाता है कि सूत्र का लेखक एक अक्षर की रक्षा के लिए अपने पौत्र को भी बेच सकता है। टीका के बिना सूत्रों को नहीं समझा जा सकता। श्लोक और उनकी व्याख्या, दोनों मिलकर एकसूत्रता का निर्माण करते हैं।

मेरे मस्तिष्क में अब वात्स्यायन की पत्नी एक और सुंदर स्त्री-भर थी, जादुई रूपांतरण का आश्वासन नहीं। अगर मैं यह कहूँ कि तीसरी बार जब मैं आश्रम गया था, और जब वह थोड़ी देर के लिए भोजन परोसने आई तो मैं उसके प्रति आत्यंतिक रूप से सचेत नहीं हो गया था, तो यह झूठ होगा। लेकिन इस बार मैं उसके सौंदर्य से अंधा और अवाक् नहीं हुआ। मैंने उसकी आँखों में कुशाग्रता और चाल में आत्मविश्वास की झलक देखी थी। पति-पत्नी में बहुत कम शब्दों का आदान-प्रदान होता था और वे दोनों शायद ही एक-दूसरे की तरफ देखते थे। यह संपर्क से बचने का प्रयास था, उदासीनता नहीं। मालविका भोजन परोसकर कुटी से शीघ्र बाहर जाने को उत्सुक थी।

मेरे खा चुकने के बाद जब वह मेरा हाथ धुलाने के लिए पानी उड़ेल रही थी, मैंने उससे पूछा, 'मैंने सुना है कि आप अपना समय वन में बिताना पसंद करती हैं ?'' उसने मेरी तरफ देखा और एक बार फिर मैंने उसके सौंदर्य के पूरे प्रभाव को महसूस किया, जिसने मेरी इंद्रियों को चंचल करने के साथ ही मेरे विवेक को भी कुंद कर दिया।

''हाँ, क्या आपको वन पसंद हैं ?'' उसने थोड़ी दूरी बनाते हुए उसी मैत्री भाव से कहा, जिसमें प्रसिद्ध लोगों की पत्नियाँ अपने पतियों के युवा प्रशंसकों से बात करती हैं।

''खैर, मैं तो नागर पुरुष हूँ। बौद्धों की तरह।''

''मैं वाराणसी नहीं गई,'' उसने आकस्मिक उत्कंठा व्यक्त करते हुए कहा, ''लेकिन मुझे अब आपसे विदा लेनी चाहिए ताकि आप अपना काम कर सकें। कृपया हमारे छोटे-से घर को अपना ही घर समझें।'' उसने दृढ़ता से इतना और जोड़ा।

उसे बाहर जाते हुए देखते समय मुझे इस बात से बहुत राहत मिल रही थी कि पहली बार की अपेक्षा इस बार मेरी इंद्रियों की चपलता और मेरे हृदय की धड़कनें प्रायः सामान्य थीं। यह भूकंप के गुजर जाने पर कुछ रोड़ों के गिरने जैसा था।

।। पाँच ।।

उसे सदा साज-सिंगार से रहना चाहिए। वह राजमार्ग से गुजरनेवाले यात्रियों को देखती रहे। लेकिन उसे अपने आपको निर्लज्जतापूर्वक प्रदर्शित नहीं करना चाहिए, क्योंकि वेश्यावृत्ति भी बाजार में बिकनेवाली वस्तु है।

—कामसूत्र 6.1.7

स्त्रियों की आनंदानुभूति के बारे में अपने संभाषण के अगले ही दिन वात्स्यायन ने अपने जीवन के बारे में बताना शुरू किया। उस दिन मैं सप्तपर्णी आश्रम देर से पहुँचा था। 'कामसूत्र' और उसके लेखक के प्रति मेरी आसक्ति की अब तक दृढ़तापूर्वक उपेक्षा करनेवाले मेरे पिता ने आज जैसे तय कर रखा था कि मुझसे अपनी असहमति व्यक्त करके रहेंगे। इसके लिए उन्होंने अपनी सुबह की प्रार्थना स्थगित करने का पाप भी अपने सिर लिया। मैं जैसे ही घर से निकलनेवाला था कि कठोर और असहमत मुद्रा में वे अपने पूजा-कक्ष से बाहर चले आए। शब्दों में कुछ कहने के बजाय उन्होंने अधूरे छोड़े अनुष्ठान और चेहरे के भावों को मेरे प्रति अपनी निराशा व्यक्त करने का माध्यम बनाया। मैंने उनके भावों को न समझने का बहाना करते हुए उन्हें आदरपूर्वक प्रणाम किया और प्रतीक्षा करती हुई गाड़ी में जा बैठा। गाड़ी ने गति पकड़ ली तो मैंने चालक से उसे धीमे चलाने के लिए कहा, ताकि मैं पुनः संयत हो सकूँ।

वात्स्यायन ने जिस गर्मजोशी से स्वागत किया उससे स्पष्ट था कि वे उत्सुकतापूर्वक मेरी प्रतीक्षा कर रहे थे। यह मेरे लिए खासी उत्तेजक बात थी कि उनके जैसा ऋषि मुझसे मिलने के लिए इतना उत्सुक हो।

'कामसूत्र' के बारे में वात्स्यायन का विमर्श भी उनके निजी प्रसंगों के विवरणों से गुँथा हुआ था, लेकिन आज की सुबह उन्होंने अपनी स्मृति में और गहरे उतरने का निर्णय किया था। जब वे अतीत से आनेवाली आवाजों में खो जाते थे तो सघन आत्मनिरीक्षण और आख्यान की यह प्रक्रिया लंबी-लंबी चुप्पियों से होकर गुजरती थी। उनका चेहरा भी अधिक गतिशील हो उठता था। कभी-कभी प्रेम या प्रशंसा या ग्लानि की याद से व्यथित होकर क्रोध में उनके माथे पर बल पड़ जाते थे।

उनका पूरा नाम मलंग वात्स्यायन था। उनका जन्म कौशाम्बी में हुआ था, जो वत्सों

के छोटे-से राज्य की राजधानी थी। वत्सों का यह राज्य दो विशाल राज्यों मगध और अवंति के बीच दबा हुआ था, यद्यपि अब ये तीनों राज्य समुद्रगुप्त के साम्राज्य के अंग हैं। उनके जन्म के समय इस राज्य का शासन गुप्त साम्राज्य के एक सामंत रुद्रदेव के हाथों में था। वात्स्यायन के जन्म के ही वर्ष रुद्रदेव के पुत्र उदयन का जन्म हुआ था, जिसका नाम उसके यशस्वी पूर्वज, वासवदत्ता के प्रसिद्ध प्रेमाख्यान के नायक, बुद्ध के काल में कौशाम्बी पर शासन करनेवाले उदयन के नाम पर रखा गया था।

वात्स्यायन ने कहा, "तुम कभी कौशाम्बी नहीं गए ? निश्चय ही यह वाराणसी से छोटा है। लेकिन विशाल हीरे जैसे आकर्षक तुम्हारे नगर के सामने कौशाम्बी की लघुता चमकीली छटावाले छोटे-से मोती के समान है। इस मोती की आभा इसके राजा के उस आदेश से और बढ़ गई है, जिसके तहत इसके प्रत्येक निजी और सार्वजनिक भवन के, पक्की ईंटों से बने अग्रभाग की पुताई हर दो साल में अनिवार्य हो गई थी। अपराह्न में जब सूर्य अपनी चरम प्रखरता पर होता है, यह नगर अपनी कठोरता और चमक-दमक से आँखों को चकाचौंध कर देनेवाला जान पड़ता है, लेकिन रात में यह आपस में बतियाती रुपहली छायाओं में बदल जाता है। यह मोती अब अपनी चमक खो रहा है, क्योंकि अपनी समृद्धि में बढ़ोतरी के साथ-साथ कौशाम्बी अब तक भीड़भाड़वाले नगर में बदल गया है। प्रवेशद्वारों से मुख्य चौराहे, जिस पर प्रासाद बना है, तक जानेवाले चार प्रमुख मार्गों पर परिवर्तन विशेष रूप से दृष्टिगत होता है। पूर्वी और पश्चिमी द्वारों को जोड़नेवाले राजमार्ग पर सौराष्ट्र से आकर पाटलिपुत्र और पूर्वी राज्यों के बड़े नगरों को जाते हुए पल्लेदारों की कतारें और माल से लदी हुई बैलगाड़ियाँ, पैदल चलनेवाले सैनिकों की टुकड़ियाँ और गणिकाओं तथा अपने सेवकों के साथ चलनेवाले राजपुरुषों की पालकियाँ धक्का-मुक्की करते हुए निकल जाती हैं। यह सब देखकर तुम्हें लगेगा कि तुम मथुरा या वाराणसी जैसे किसी बड़े नगर में हो। यह सच है कि हमारे यहाँ तुम्हारे सौ के मुकाबले चौथाई भी शिव मंदिर नहीं हैं, और तुम्हारे तीस के मुकाबले हमारे यहाँ सिर्फ दो बौद्ध विहार हैं। हमारे यहाँ नदी में उतने जहाज, नौकाएँ और बेड़े भी नहीं हैं, लेकिन हमारी यमुना की अपेक्षा तुम्हारी गंगा भी नदी नहीं, पूरी समुद्र ठहरती है।

"जब मैं बड़ा हो रहा था, कौशाम्बी कहीं कम व्यस्त, लगभग ऊँघता हुआ-सा नगर था। शाही उद्यान के अतिरिक्त नगर की चहारदीवारी से बाहर केवल नमक बनानेवालों और कसाइयों के गाँव और बूचड़खाने थे। नई इमारतों के निर्माण और नगर के सुंदरीकरण के प्रति उदयन के लगाव के चलते आजकल लुहारों, बढ़इयों, ईंट बनाने वालों और मजदूरों ने नगर के बाहर झुग्गी-झोंपड़ियों का जैसे घेरा डाल रखा है। नगर की चहारदीवारी से लगी हुई सौ फुट चौड़ी खाई, जो यमुना में बाढ़ आने पर उसकी राह बदलनेवाली नहर का काम भी करती है, आजकल दिन-प्रतिदिन गंदी और बदबूदार होती जा रही है। लेकिन, अगर तुम पूर्वी द्वार से होकर कौशाम्बी जाओ, जैसा कि समुद्र के पश्चिमी तट पर स्थित बंदरगाहों या उत्तर-पश्चिमी पर्वतमालाओं के पार स्थित क्षेत्रों

की ओर जानेवाले व्यापारियों के दल करते हैं, तो तुम अब भी मीलों तक हमारे शानदार राजसी उद्यान से गुजरोगे। यह एक ही साथ वन भी है, उद्यान भी; बियावान भी है और सभ्यता का केंद्र भी। चीतलों और वनैले सुअरों के झुंडों, राजा के आखेटस्थल, कुलीनों और एकांतवासी संन्यासियों के मंडपों से युक्त वन उस क्षेत्र के बड़े हिस्से में व्याप्त है। यह राजा की विशेष अनुमति या आमंत्रण बिना, कौशाम्बीवासियों की पहुँच से बाहर है। बहरहाल, जनता के लिए निर्मित उद्यान भी अनेक बड़े कस्बों से अधिक क्षेत्रफल में फैला हुआ है।

''बचपन में, विशेष पर्वों पर मैं अपना पूरा समय उद्यान में मुर्गों और भेड़ों की लड़ाई देखते हुए बिताया करता था। इसके अलावा मैं नदी के किनारे लहराते हुए घास भरे ढलानों पर मटरगश्ती करता था या वन से लगे हुए उद्यान के निर्जन हिस्सों का उद्घाटन किया करता था। इन विहार-यात्राओं पर हम प्रायः खाना लेकर जाते थे और उद्यान में इधर-उधर बने अनेक तालाबों में से किसी एक के किनारे खुले में बैठकर खाते थे। खाते समय हम लाल सिरों और सफेद परों के नीचे छिपी गरदनोंवाले सारसों को अपने लंबे और पतले एक पैर पर खड़ा देखा करते थे। उनके चारों ओर फैली कुश घास पर पीली चाँदी-जैसे लंबे रेशमी पंख और हवा के साथ उड़नेवाले रोएँ टिके रहते थे। हमें यह ध्यान रखना पड़ता था कि किसी अवांछित पदार्थ की तरह ये खाने में न आ गिरें।''

विगत के प्रति अपने मोह के बावजूद वात्स्यायन के विवरण से पता चलता है कि जिस घर में वे बड़े हुए थे, वह सचमुच भव्य रहा होगा। सात वर्ष की आयु में ही उन्हें यह ज्ञान हो गया था कि उनका घर एक जाना-माना वेश्यालय भी है, जहाँ कौशाम्बी की प्रतिष्ठित गणिका बहनें अवंतिका और चंद्रिका रहती हैं। परंपरा के अनुसार, गणिकाओं के निवास के लिए शहर के दक्षिणी भाग का उपयोग होता था। उनका घर भी इसी भाग में लगभग एक एकड़ क्षेत्र में, राजमहल से राजशी उद्यान को जानेवाली सड़क के किनारे अवस्थित था।

''किसी बच्चे के लिए यह एक छोटी-सी, जादुई दुनिया थी, जिसमें वास्तविक दुनिया में पाई जानेवाली खतरनाक अनिश्चितताएँ मौजूद नहीं थीं। यहाँ मैं उन छायाओं पर भी, जो हर शाम रोशनी होते ही जी उठती थीं, यह भरोसा कर सकता था कि ये छायाएँ ही बनी रहेंगी, बच्चों को संज्ञाशून्य करनेवाले डरावने रूप नहीं धारण करेंगी। द्वार से अंदर बाहरी प्रांगण था जिसके दोनों तरफ पशुशाला बनी थी। यहाँ हमेशा काफी हलचल रहती थी। दिन में दो बार बैलों को घास और भूसी का चारा दिया जाता था और उनके सींगों पर तेल की मालिश होती थी। गायों और भैसों का दूध दुहा जाता था, घोड़े की अयालों को सँवारा जाता था, अस्तबल की सफाई होती थी, जानवरों को धोया जाता था और यह सब करते हुए हम रखवाले की अनवरत बतकहियों में भी लगे रहते थे। मैं जब चार साल का था, हमारे आँगन में लगभग एक साल तक एक हाथी भी खूँटे से बँधा रहता था। मुझे याद है कि मक्खियों को उड़ाने के लिए कभी-कभार

अपनी पूँछ हिलाते हुए कैसी गरिमा के साथ वह अपनी सूँड़ से सूखी घास के गट्ठर उठाकर मुँह में डालता था। कुछ महत्त्वपूर्ण अवसरों पर, जिनके बारे में सिर्फ उसका महावत जानता था, उसे गन्ने की ढेरियों की दावत मिलती थी। महीने में एक दिन उसे तेल में तर, उबले चावलों के खरबूजे जितने गोले खिलाए जाते थे।

"निजी शयनकक्षों में व्यक्तिगत अभिरुचियाँ प्रतिबिंबित होती थीं। मेरी माँ के सादगी भरे शयनकक्ष में एक पलंग, कपड़ों के लिए एक पेटी और गहनों के डिब्बों को रखने के लिए एक छोटी-सी तिपाई के अलावा और कुछ नहीं था। दूसरी तरफ चंद्रिका का शयनकक्ष एक के ऊपर एक लदे रत्नजड़ित आभूषणों के डिब्बों की टेढ़ी-मेढ़ी कतारों से अटा पड़ा था। उसके अनेक प्रशंसक उसे जो उपहार देते थे, वे फर्श पर बिखरे रहते थे। मुझे अलंकृत हत्थे में जड़े याक की पूँछ के कोमल बालों से बने एक चँवर की विशेष याद है। यह महीनों तक, बिना उपयोग हुए, कोने में पड़ा रहा था। उसकी सेविका के लाख प्रयासों के बावजूद उसके कमरे में रखा हुआ पलंग फालतू कपड़ों से कभी मुक्त न हो सका। दर्पण के पास उसके श्रृंगार-पट्ट के अलावा एक छोटी-सी गोल मेज रखी होती थी जिसका संगमरमर का फलक इत्रों, मरहमों और उबटनों के पात्रों से भरा रहता था। दीवार में गड़े हाथी दाँत से पक्षियों का एक पिंजरा लटका रहता था। चंद्रिका के बदलते रुझानों के अनुसार तोता, मैना, कोयल आदि पक्षी उसमें बदलते रहते थे। हटाई गई चिड़िया सीढ़ी के नीचे अंदरूनी आँगन की दीवार के साथ लगे पिंजरों की कतार में खो जाती थी। किसी छोटे बच्चे के सतत आनंद के पात्र ये पक्षी हमारे यहाँ और भी थे। वहाँ एक घरेलू मोर भी था, जो अपनी शानदार पूँछ से फर्श को बुहारता हुआ सुबह-शाम छज्जे पर फुदक-फुदककर किसी अनुरक्त मोरनी के उतरने की प्रतीक्षा करता था। बरसात में वह अपने प्रेम की चीख-पुकार मचाकर उपद्रव कर देता था। बिजली की कौंध के समय उसकी आवाज विशेष रूप से कर्कश हो जाती थी।

"तीसरा कमरा बूढ़ी धाय कंचन-माता का था। उन्होंने इन दोनों बहनों का पालन-पोषण किया था और उनका इस घर में महत्त्वपूर्ण स्थान था। अपने अवांछित प्रेमियों को अप्रिय संदेश देने के लिए चंद्रिका और मेरी माँ, दोनों उनका निस्संकोच उपयोग करती थीं। इसके अलावा 'कंचन-माता यह पसंद नहीं करेंगी', 'कंचन-माता मुझे यह करने की अनुमति नहीं देंगी' जैसे बहाने भी वे उनके नाम पर करती रहती थीं। ग्राहक यह समझता था कि वे उनकी माँ हैं। उनके कमरे में भाँति-भाँति के चूर्ण, मरहम, लोशन और तेल से भरी बोतलें, सुराहियाँ और शीशियाँ अस्त-व्यस्त-सी पड़ी रहती थीं। कौशाम्बी के अग्रणी नागरिकों का छिद्रान्वेषण करने के अलावा नारी-सौंदर्य और यौन आकर्षण में वृद्धि करने में सहायक वस्तुओं को तैयार करना ही इस बूढ़ी कुटनी के जीवन का प्रमुख प्रेरक तत्त्व था।

"मकान के पूर्वी भाग में, सीढ़ियाँ उतरने पर तीन बड़े-बड़े कमरे थे। इनमें ग्राहकों का मनोरंजन किया जाता था। वीणा, बाँसुरी और तबला आदि वाद्ययंत्र धूल से बचाने के लिए कपड़े के परदे में दीवार से टँगे रहते थे। इनके वादक हमारे साथ नहीं रहते

थे, लेकिन प्रतिदिन शाम को वे संगीतकारों की बस्ती से हमारे यहाँ आ जाते थे। इनमें से सबसे बड़ा कमरा बाहर से आनेवाले गुरुजनों या हमारे अपने जयवंती के, जिनकी उन दिनों गायक के रूप में धूम मची थी, गायन-कार्यक्रमों के लिए उपयोग में आता था। वृद्धावस्था में जिन अनेक व्यक्तियों की यौनेच्छा और कामुकता उलटी दिशा में लौट जाती है, उन्हीं की तरह जयवंती भी हमारे यहाँ आना खूब पसंद करते थे। बहाना गाने का होता था लेकिन वास्तव में वे चंद्रिका के लिए आते थे, जिसे छूने और सहलाने का वे कोई मौका हाथ से नहीं जाने देते थे, और आशा करते थे कि इसे लोग उनका पितृवत स्नेह-स्पर्श समझेंगे। उनके जाने के बाद जब चंद्रिका उनकी हरकतों की शिकायत करती तो मेरी माँ उसे बूढ़े लोगों की यौन-आवश्यकताओं के बारे में बताते हुए कहती कि आयु में वृद्धि के साथ-साथ उत्तरोत्तर वे छोटे बच्चों की तरह स्पर्श-सुख के भूखे होते जाते हैं।

"चंद्रिका बच्चों, बूढ़ों या यूँ कहें कि हर उस व्यक्ति के मामले में बहुत जल्दी धैर्य खो देती थी, जो उसके साथ काम-क्रीड़ा में शरीक नहीं होता था। वह हर आयु के पुरुषों के बारे में कोई-न-कोई व्यंग्यात्मक टिप्पणी करके तेजी से कंगनों की खनखनाहट और घाघरों की सरसराहट, पायलों की रुनझुन और करधनी में लगे छोटे-छोटे घुँघुरुओं की छनछनाहट के समवेत स्वर में खो जाती थी।

"ओह, मैं उसे कितना चाहता था। अपने ही सौंदर्य से चकित होकर घबरा जाने वाली मुद्रा में यौवन में कदम रखती वह सुंदर लड़की, चंद्रिका यौनेच्छाओं के संसार में अभी सहज नहीं हो पाई थी, और पुरुषों पर पड़नेवाले अपने प्रभाव से खुद आश्चर्यचकित थी। उसका उत्साही स्वभाव और उसकी उद्दीप्त त्वचा उसके यौवन की ही अभिव्यक्ति नहीं थी, बल्कि वे उन लोलुप दृष्टियों का प्रतिफल भी थीं जो उसे तब घूरती थीं जब वह गर्वोन्नत भाव से बिलकुल सीधे देखते हुए सड़कों पर निकल पड़ती थी और उसका शरीर उस कामुकता की अव्यक्त उत्तेजना से भर जाता था जिसमें वह सचेत विचरण करती थी। मैंने वासनाओं का परित्याग करने वाले, नाममात्र का वस्त्र धारण किए, अपनी किसी असावधानी से होने वाली जीवहत्या के डर से हिचकिचाहट भरे कदम रखनेवाले, एकाधिक जैन साधुओं को सड़क पर चंद्रिका के समीप से गुजरते समय उसे देखकर लड़खड़ाते और मक्खियों को भगाने के लिए हवा में अनवरत हिलनेवाले उनके चँवर को अचानक बीच में ही रुकते हुए देखा है। चंद्रिका के नैसर्गिक इंद्रिय-बोध को मैंने कभी मंद पड़ते नहीं देखा, चाहे वह अकेले हो या फिर मुझ जैसे छोटे बच्चे के साथ।

"प्रतिदिन नहाने से ठीक पहले चंद्रिका दमिश्क से मँगाए गए ताँबे के चमकीले दर्पण के सामने निर्वसन खड़ी हो जाती थी। उसकी आँखें सुनहले भूरे रंग की बेदाग त्वचा में खिले अपने सुडौल बदन और अपनी क्षीण कमर के नीचे तक लहराते हल्के छल्लेदार बालों को देखकर खुशी से नाच उठती थीं। आत्मप्रशंसा के इस उत्सव में जब उसकी धूसर-हरी आँखें उसके वक्ष पर पहुँचतीं तो उसके माथे पर एकमात्र अवांछित अतिथि के रूप में त्योरी उभर आती। वक्षों को अपने हाथों से ढँककर वह हल्के से

भींचती, मानो उनके आकार और कठोरता का अनुमान लगा रही हो।

'' 'तुम्हें नहीं लगता कि ये बहुत छोटे हैं, मल्ली, क्या तुम्हें ऐसा लगता है ?' वह मुझसे उतना नहीं जितना कि उस खाली कमरे में अदृश्य पुरुषों की आँखों से पूछती।

'' 'वे बिलकुल ठीक हैं, चंद्रिका मासी !' पाँचवर्षीय प्रेमी जवाब देता।

''सचमुच, नादान मल्ली की कुँआरी आकांक्षाओं से प्रभावित अब एक वयस्क पुरुष के रूप में पीछे मुड़कर देखने पर मुझे लगता है कि चंद्रिका के छोटे-छोटे उरोज उसकी छरहरी काया के बिलकुल उपयुक्त थे। वैसे सौंदर्य की कड़ी शास्त्रीय कसौटियों और कवियों द्वारा वर्णित भारी-भरकम गोलाइयों के सामने वे छोटे पड़ते थे। लेकिन अपने लंबे अनुभव के आधार पर मैं यह कह सकता हूँ कि मैं ऐसी किसी स्त्री को नहीं जानता जो, चाहे वह अपने यौन जीवन में कितनी भी भव्य रही हो, अपने सौंदर्य के प्रति पूर्णतः आश्वस्त हो और जो अपनी किसी रहस्यमय कमी को काफी बढ़ा-चढ़ाकर न देखती हो और उसे गंभीर दोष न समझती हो। चंद्रिका ने वर्षों तक अपने उरोजों को बढ़ानेवाले उपचार के लिए कंचन-माता को तंग किया। वह एक महीने तक उन्हें माँड़ और सुस्मे से नहलाती, प्रतिदिन दर्पण के सामने उनके सूक्ष्म लेकिन सुनिश्चित विकास को लक्षित करती, फिर एक दिन पाती कि उसके गर्वोन्नत उरोज हठी भी कम नहीं हैं, और उन्होंने अपना आकार बदलने से इन्कार कर दिया है। इसके बाद वह अनार के दानों के लेप को सफेद सरसों के तेल में मिलाकर उन पर मलने-जैसे किसी अन्य उपचार को अपनाती। उसे अपने उरोजों पर मलने के लिए वह मुझे कहती। इनमें से कोई उपचार कभी सफल न हो सका, यद्यपि चंद्रिका ने उन्हें बार-बार आजमाया। कामशास्त्र पर लिखे अपने ग्रंथ में मैंने, प्राचीन कथाओं की उपलब्धता के बावजूद, स्त्रियों के उरोजों का आकार बढ़ाने के उपचारों से अपने को दूर रखा है। इसकी एक वजह यह भी थी।''

अपने गुरु ब्रह्मदत्त के आश्रम में सुनी गई वार्ताओं को याद करते हुए, मैंने उन्हें टोका, ''आचार्य, मैंने कुछ विद्वत जनों को 'कामसूत्र' के सातवें खंड के लिए आपकी आलोचना करते हुए सुना है। उनका प्रश्न है कि क्या आप स्वयं उन उपचारों में विश्वास करते हैं, जिन्हें आप शिश्न के आकार और कामवेग को बढ़ाने, विपरीतलिंगी को आकर्षित करने और उन्हें अपना यौन-दास बना लेने के लिए सुझाते हैं।'' '

उत्तर देने से पहले वात्स्यायन एक क्षण को विचारमग्न दिखे।

''मैं केवल यह उत्तर दोहरा सकता हूँ जो मैंने अपनी पुस्तक में दिया है। अच्छा रूप और गुण, यौवन और उदारता ही वे प्रमुख और सबसे स्वाभाविक विशेषताएँ हैं जिनसे कोई व्यक्ति दूसरों की दृष्टि में कमनीय बनता है। इनके अभाव में ही किसी पुरुष या स्त्री को कृत्रिम कलाओं और युक्तियों का सहारा लेना चाहिए। ऐसा कोई साधन नहीं अपनाना चाहिए जिसकी सफलता संदिग्ध हो, जिससे शरीर पर घाव होने की संभावना हो, जिसमें मृत जीव-जंतुओं का उपयोग होता हो या जो अपवित्र वस्तुओं के संपर्क में आते हों। एक कवि मित्र ने एक बार परिहास किया, 'आह मलंग, क्या

तुम्हें सचमुच विश्वास नहीं होता कि जब कोई पुरुष सफेद धतूरे, काली मिर्च और लंबी मिर्च के चूर्ण को शहद में मिलाकर बनाए गए मरहम को अपने शिश्न पर मलकर स्त्री के साथ मैथुनरत होता है तो वह उसे अपनी इच्छाओं का दास बना लेता है ?' "

" 'हाँ, मैं विश्वास करता हूँ।' मैंने पूरी ईमानदारी से जवाब दिया।

"मैं स्वीकार करता हूँ कि इनमें से कोई नुस्खा मैंने अपने ऊपर नहीं आजमाया है। कविजन प्रायः यह नहीं समझ पाते कि शास्त्रीय विद्वता के मामले में व्यक्तिगत अनुभवों की भूमिका बहुत कम रह जाती है। वे इस परंपरा की जटिलताओं को समझे बिना ही इसका उपहास करने के आदी हैं। वे सूचीबद्ध करने, व्यवस्थित करने और श्रेणीबद्ध करने के सुखों से वंचित ऐसे लोग हैं जो यह मानते हैं कि हम जैसे लेखकों ने केवल पुस्तकों से पुस्तकें तैयार की हैं। कामशास्त्र की ही तरह शास्त्रीय लेखन की भी अपनी परंपराएँ हैं। यह इतना सरल नहीं है कि किसी समस्या पर पहले कोई दूसरे विद्वानों के विचार उद्धृत कर दे, फिर अपने विचार प्रस्तुत कर दे। सबसे पहले दूसरे विद्वानों के विचारों की, उस सामग्री के साथ जिन पर वे आधारित हैं, व्याख्या की जाती है, और इस प्रक्रिया में उनके तर्कों की कमजोरियों को स्पष्ट किया जाता है। इसके बाद दूसरी संभावनाओं पर विचार करते हुए उनमें से सर्वश्रेष्ठ को चुनकर तर्कसहित प्रस्तुत किया जाता है। अपनी हर पंक्ति में अपने को उद्घाटित करनेवाले कवियों के विपरीत शास्त्रकार की आत्मा केवल अपने निष्कर्षों में ही उद्घाटित हो पाती है। अगर तुम वात्स्यायन को जानना चाहते हो तो 'कामसूत्र' के प्रत्येक अध्याय के अंतिम श्लोकों को सावधानीपूर्वक पढ़ो।

"अपनी कृति के सातवें खंड के अंत में मैंने जो उपचार सुझाए हैं, वे कामशास्त्र के कम-से-से कम दो महान ग्रंथों में मौजूद हैं। वे वहाँ से सीधे उठाए गए उद्धरण-भर नहीं हैं। उनमें इस बात के अचूक प्रमाण हैं कि लेखक ने अपने समय के चिकित्सा और दूसरे क्षेत्रों के आधिकारिक विद्वानों से विचार-विमर्श के बाद ही उन्हें स्वीकार किया है।

"मैंने अपने मित्र से कहा कि जो नुस्खा उसने बताया है वह मूलरूप से बाभ्रव्य पांचालों के महान ग्रंथ से लिया गया है। बाद में इसे कुसुमार के ग्रंथ में भी स्थान मिला। कामवेग को बढ़ानेवाले साधनों में चावल और गौरैया के अंडों के मिश्रण को दूध में उबालकर और घी तथा शहद से मीठा करके बनाए गए पेग का उल्लेख श्वेतकेतु के यहाँ पाया जाता है। बाद में इसकी चर्चा दत्तक और कुसुमार के ग्रंथों में भी की गई है। किसी स्त्री को अपनी यौन दासी बनाने के लिए तगर और काकुन के टुकड़े करके उसे आम के रस में भिगोकर नागकेसर के वृक्ष की खोखल में छः महीने तक रखने के बाद, उन्हें पीसकर बनाए गए मरहम को संभोग से पहले शिश्न पर लगाने का नुस्खा श्वेतकेतु, बाभ्रव्य और कुसुमार की कृतियों में मिलता है। स्त्रियों को अपने अधीन करनेवाला एकमात्र नुस्खा, जिस पर मुझे संदेह है और अपने ग्रंथ में जिसकी उपस्थिति से मैं असंतुष्ट हूँ, यह है—अपनी मौत मरनेवाले चील के देहचूर्ण को मधु और आँवले के साथ लेप बनाकर शिश्न पर लगाया जाए। मेरी पुस्तक में इसे इसलिए रखा गया,

क्योंकि इसके पक्ष में पलड़ा झुकाने में बाभ्रव्यों की प्रतिष्ठा के अलावा दूसरे विशेषज्ञों, विशेषकर चिकित्सकों से, जिन्होंने इस लेप की क्षमता की वैज्ञानिक व्याख्या प्रस्तुत की, किए गए मेरे विचार-विमर्श की निर्णायक भूमिका थी। मैं गर्व से कह सकता हूँ कि मेरी पुस्तक में एक भी वाक्य ऐसा नहीं है, जो दूसरे विषयों के विद्वानों द्वारा समर्थित न हो। यदि मेरी पुस्तक में कोई गुण है तो वह कामशास्त्र की सीमाओं के पार जाकर यौन-जीवन में गहरे उतरने के प्रयास में निहित है।''

अगले दिन हमारी मुलाकात में ऐसा लग रहा था कि वात्स्यायन अपने बचपन की स्मृतियों में अब भी डूबे हुए हैं। चतुरसेन का गाड़ीवान उस दिन उनींदी आँखें लिये मुँह से शराब का भभका मारते हुए, नियत समय से दो घंटे बाद पहुँचा। इस वजह से मैं उस दिन फिर विलंब से पहुँचा। वात्स्यायन ने मेरा संक्षिप्त अभिनंदन करते हुए शीघ्रतापूर्वक मुझे मेरे आसन तक पहुँचाया। सामान्यतया हमारी बातचीत को शुरू करने वाले मेरे प्रश्नों की प्रतीक्षा किए बिना, उन्होंने अपनी कहानी को पिछली शाम जहाँ छोड़ा था, वहाँ से आगे बढ़ाया।

''मैं इस विषय में सोचने पर पाता हूँ कि मैंने चंद्रिका के स्तनों को उसके किसी भी नियमित ग्राहक या आकस्मिक प्रेमी से अधिक छुआ और पकड़ा था। स्तनों को बढ़ानेवाले अनेक लेपों और उबटनों को मलने के अलावा मैं उसकी रोचक संध्याओं की तैयारी के लिए किए जानेवाले श्रृंगार का उत्साही सहयोगी भी था। इसकी तैयारी अपराह्न थोड़ी देर से शुरू होती थी और इसमें आसानी से तीन घंटे लग जाते थे। जब मैं छोटा था और चंद्रिका के कमरे में किसी भी समय बिना उसकी अनुमति या निमंत्रण की प्रतीक्षा किए पहुँच जाता था, उन दिनों उसका स्नान के बाद दर्पण के सामने निर्वसन खड़े होकर अपने प्रतिबिंब को बाँके तेवर से देखना मुझे आज भी याद है। उसके काले लंबे बालों से पानी की नन्हीं-नन्हीं बूँदें टपकती रहती थीं और उसकी अँगुलियाँ उसकी योनि के आसपास के बालों को साफ करके निकाली गई स्निग्ध त्वचा पर तराशे जाने की प्रतीक्षा करती किसी छोटी-मोटी चुभन की तलाश में भटका करती थीं। अपने श्रृंगार के इस भाग में वह मुझे बाहर भेज देती थी, लेकिन उसे पता था कि मैं उसे खिड़की से देखा करता था।

''जब वह काले अगर के धुएँ से अपने बालों को सुगंधित करने के लिए पीछे झुकती थी तो मैं उसके बालों को पकड़कर फैलाता था। इसके अलावा मैं चंद्रिका के शरीर के एकमात्र ऐसे अंग, जिसके प्रति उसका रवैया बेगानोंवाला रहता था, उसके स्तनों के श्रृंगार में भी सहयोग करता था। मैं पहले उन्हें चंदन के लेप से सुगंधित करता और फिर केसर मिश्रित जल से हल्का-हल्का मलकर धो डालता। वह मुझे ध्यान से देखती रहती थी। वैसे तो मैं छोटा-सा बच्चा ही था, लेकिन मैंने उसकी सुलगती हुई आँखों में वही मदहोशी देखी थी, जिससे मैं आगे चलकर इतनी अच्छी तरह परिचित

हुआ। उसके नन्हें-नन्हें कुचाग्र कठोर होने लगते थे और उसकी साँसें तेज चलने लगती थीं। चंद्रिका उलझन नामक शब्द से परिचित नहीं थी। जो हो, मैं अपनी हथेलियों के नीचे की कोमल छुअन और अपनी स्पर्शरत अँगुलियों से मिलने को आतुर उसकी नाभि के उभार पर स्थित मोहक वलयों के जादू में इस कदर खोया रहता था कि उसकी असहजता या उत्तेजना को महसूस ही नहीं कर पाता था।

"जब मैं उसके शृंगार का यह भाग पूरा कर लेता था, उसके तलवों को रँगने और उसके पंजों पर आलता से धारियाँ बनाने के लिए दासी आती थी। वह उसकी वेणियों में ताजे फूलों की मालाओं को गूँथकर उसके सिर के पीछे कलात्मक रूप से एक ऊँचा-सा जूड़ा बना देती थी। अपने होंठों पर मूँगई लाक्षा-रंग का हल्का-सा स्पर्श कराने, आँखो में काजल लगाने और जाँघों के ऊपरी हिस्से तथा बगलों में अपनी प्रिय चमेली या मौसम के अनुकूल किसी दूसरे फूल का सुगंधित लेप लगाने के बाद वह अपनी कमर के चारों तरफ डोरी से बँधा हुआ लहँगा पहन लेती थी। यह लहँगा भी मौसम के अनुसार झीने, लगभग जालीदार, सूती मलमल से लेकर सुनहरे तारों से बने मुलायम रेशम तक का हो सकता था। जाड़ों में वह कढ़ाईदार रेशम से बनी अँगिया पहनती थी। दूसरे मौसमों में वह अपने कंधों पर सिर्फ एक झीना-सा दुपट्टा डाल लेती थी, जो उसके उरोजों को उतना ही ढकता था जितना उघाड़ता था। अपने शरीर की आराधना के अंतिम चरण में वह कमल के फूल के आकार की सोने की बालियाँ, सोने की जंजीर, जिसके बीचोबीच माणिक्य जड़ा था (गरमियों में धागे के सहारे उसके वक्ष के उतार-चढ़ावों तक पहुँचते हुए मोतियों का लंबा-सा हार), माणिक्य जड़े हुए सोने के बाजूबंद और कंगन, और अपनी मनोदशा के अनुसार अलग-अलग आकृतियों की अँगूठियाँ अपनी पतली-पतली अँगुलियों में धारण करती थी। यद्यपि बाएँ हाथ की तर्जनी में एक सर्पिल आकार की अँगूठी उसकी बारहमासी पसंद थी।

"चंद्रिका की सांध्यकालीन मनोरंजन की समारोही तैयारी की मुझे बहुत अलग-सी स्मृति है। उसके बदन से आनेवाली खुशबू की याद है। यह गंध इतनी नशीली थी कि जब मैं इसे अपनी साँसों में गहरे खींच लेता तो मेरा सिर चकराने लगता। मेरे सीमित अनुभव और समझ के बावजूद, देखने की अपेक्षा सूँघने की मेरी क्षमता मेरी स्मृति के तहखाने में अधिक प्रकाशमान रही है। चंद्रिका की खुशबू अकेली नहीं थी। वह सूक्ष्मता से बदलती खुशबुओं का अद्‌भुत मिश्रण थी। उसकी सघन नारीसुलभ महक पहली वर्षा के बाद धरती से उठनेवाली सोंधी गंध जैसी थी। यह रहस्यमय, गहरी गंध उसके स्तनों पर लगाए गए चंदन के लेप से आती थी। इसके बाद यह कमल के फूलों की मीठी खुशबू और प्रायः उसके जूड़े में लगे रहनेवाली हरसिंगार की कुछ तीखी गंध से और प्रबल हो जाती थी।

"मैं मानता हूँ कि जिस सूक्ष्मता से मैं चंद्रिका के शारीरिक अनुष्ठान का स्मरण कर रहा हूँ, वह सम्मोहक शारीरिक विस्तारों के माध्यम से एक स्त्री की आत्मा की गहराइयों में प्रवेश करने की एक बच्चे की हताश कोशिश का परिणाम है। बचपन में

जब मैं दर्पण के सामने सँवरती हुई चंद्रिका के चेहरे पर खुशी की मुसकान और चिंता की झलक को एक के बाद एक मानसूनी बादलों की छायाओं की तरह आते-जाते देखता था, मैं उसके दिलो-दिमाग में घुसकर उसकी भावनाओं को महसूस करना चाहता था। सात वर्ष की आयु में मैं प्रायः गरमी की दोपहर में ऊपरी मंजिल की दालान में टोह लेता हुआ घूमता रहता था। सोने में असमर्थ, मैं कभी अपनी माँ के दरवाजे से कान लगाकर उसके कोमल खर्राटे सुनता तो कभी चंद्रिका के शयनकक्ष, जहाँ वह अपने प्रेमी के साथ लेटी होती, की खिड़की से उसके सीत्कारों, बुदबुदाहटों, और दबी-दबी-सी हँसी को सुनता। मैं उन स्त्रियों के मस्तिष्क में प्रवेश करके उनके हृदयों की तरफ घूम जाना चाहता था। चार या पाँच वर्ष की आयु से ही मैं, अपने घर में स्त्रियों को देखकर, सतत लालसा की दशा में रहता था, जो कभी-कभी असहनीय हो उठती थी। न केवल इनका शरीर भिन्न था बल्कि इनका प्रत्येक अंग रहस्यमय नारीसुलभ शक्ति के साँचे में ढला हुआ था। और इधर मैं एक छोटा-सा बच्चा था, जिसे इस बात की तीव्र अनुभूति था कि वह उनमें से एक नहीं है। मैंने विस्मयपूर्वक यह सोचते हुए कि क्या वे भी ऐसी ही संवेदनाएँ और भावनाएँ महसूस करती होंगी जैसी कि मैं एक लड़के के रूप में करता हूँ या क्या वे इसी भावना को अलग तरीके से महसूस कर सकती हैं; स्वयं को अपने पुरुषत्व के निर्वासन में धकेल दिया।''

कामकला में निपुण और अपने परिवेश को प्रकंपित कर देनेवाली उन नारियों के घर के बारे में वात्स्यायन के संस्मरण सुनते हुए मुझे बरबस ही 'कामसूत्र' की स्त्रियों की याद आ गई। रानी हों या दासी, दूती हों या गणिका, वे सभी अपने नारीसुलभ सौंदर्य पर गर्व करती थीं और साहस से अपने 'नग्न वक्षों को तानकर' प्यार करती थीं। फिर भी इसमें उनकी उदासीनता के बारे में कुछ श्लोक हैं, जो ग्रंथ के प्रमुख स्वर के विपरीत भावनाओं को संप्रेषित करते हैं। उदाहरण के लिए :

'बल और साहस पुरुषों के गुण हैं। निर्बलता,
ऐंद्रिकता और निर्भरता स्त्रियों की विशेषता है।'

''शायद तुमने ध्यान नहीं दिया कि यह श्लोक एक उद्धरण है,'' वात्स्यायन ने पहली बार उलाहना दिया ''यद्यपि यह बात सही है कि प्रायः लोग सहमति में उद्धरण देते हैं, लेकिन यह उद्धरण उस नियम का अपवाद है। स्त्री उदासीन नहीं, ग्रहणशील होती है। यह निर्णायक अंतर है। कोई व्यक्ति एक ही साथ सक्रिय और ग्रहणशील दोनों हो सकता है। मैंने जिन चार प्राथमिक कामक्रीड़ाओं की चर्चा की है, स्त्री उनमें से दो में सक्रिय रूप से भाग लेती है। एक में वह अपने प्रेमी को वैसे ही घेर लेती है जैसे लता वृक्ष को, और चुंबन के लिए अपने होंठों को उसके सामने प्रस्तुत करके हटा भी लेती है। इस तरह वह पुरुष को उत्तेजना से पागल कर देती है। दूसरी क्रीड़ा 'वृक्ष पर चढ़ना' में वह अपना एक पैर पुरुष के पैरों पर रखती है और दूसरा उसकी जाँघ

पर टिकाती है। फिर अपनी एक बाँह उसकी पीठ के इर्द-गिर्द फँसाकर दूसरी से वह उसके गले से लिपटकर उस पर चढ़ने का प्रयास करती है, मानो वह कोई वृक्ष हो।

"फिर मैंने एक पूरा अध्याय स्त्रियों के पुरुषोचित व्यवहार और भूमिकाओं की अदला-बदली पर लिखा है, जिसमें मैंने प्रस्तावित किया है कि अगर कोई पुरुष लगातार संभोग करते-करते थक गया हो और स्त्री संतुष्ट न हो सकी हो तो उसे पुरुष के ऊपर लेटकर उसकी गुदा में कृत्रिम शिश्न को प्रविष्ट कराना चाहिए। दरअसल, चंद्रिका किसी प्रेमी की इस गुप्त इच्छा को भाँप लेने में माहिर थी कि वह पुरुष की भूमिका में उतरे। उसने मुझे बाद में बताया कि कुछ, विशेषकर धनी और शक्तिशाली, पुरुष ऐसे होते हैं जो तभी संभोग कर पाते हैं जब स्त्री उन पर कृत्रिम यंत्र का प्रयोग करती है। जब मैंने उन श्लोकों को लिखा था तो चंद्रिका ही मेरे मस्तिष्क में मौजूद थी।"

संकेत समझकर मैंने विनीत शिष्य की तरह उद्धृत किया, "वह उस यंत्र के माध्यम से, जिसे वह उसकी गुदा में प्रविष्ट करा रही है ताकि उसे भिन्न कोटि का आनंद मिले, उसे मैथुनरत करने को तत्पर है। आगे बढ़ने का यह एक उपाय है। अपने जूड़े में गुँथे फूलों को तोड़ते और साँस फूलने तक हँसते हुए वह अपने उरोजों को पुरुष की छाती पर ठेलते हुए उसे अपना सिर झुका लेने पर विवश करती है। वह उसकी हर क्रिया की नकल करते हुए उस पर काबू पाती है। वह हँसती हुई उसकी खिल्ली उड़ाती है और उसका अपमान करती है। अगर वह विनम्रता प्रदर्शित करते हुए अपने श्रमसाध्य प्रयासों के बाद आराम की माँग करता है तो वह उस पर चढ़ जाती है, और उससे गुदा मैथुन करती है।"

"हाँ !" वात्स्यायन ने कहा, "यहाँ निश्चय ही प्रेमसंबंध के दौरान दुर्बल और निष्क्रिय नारी-व्यवहार की अनुशंसा नहीं की जा रही है। इससे आगे मैं स्त्रियों को आगाह करता हूँ कि यद्यपि पुरुष अपनी गुदा में उस कृत्रिम शिश्न का प्रवेश चाहता है, पर वह प्रायः अपनी इस इच्छा को लेकर शर्मिंदा रहता है। उसे इस उलझन से बाहर निकालने के लिए बिना किसी नतीजे की बातचीत में उलझाकर उसका ध्यान बँटाने के साथ-साथ चुपके से उसके आंतरिक वस्त्रों को खोल देना चाहिए। अगर वह संकोचवश अपनी जाँघों को भींचता है तो स्त्री को चाहिए कि उसकी जाँघों के अंदरूनी हिस्सों को सहलाते हुए वह अपने हाथ को उसके नितंबों के बीच में डालकर उसे फैलाए और तब अपनी मध्यमा अँगुली या उस यंत्र को उसमें प्रविष्ट कराए।"

प्रातःकाल का मौन बिखरने लगा था। जैसे-जैसे स्त्रियों ने सब्जी काटते, दाल बीनते और चूल्हा जलाते हुए दोपहर का खाना पकाने की तैयारी शुरू की, दूसरी झोंपड़ियों से तैरती हुई आवाजें आने लगीं। सामान्य संवाद के हल्के-फुल्के अक्षर और घरेलू दिनचर्या की आरामदेह बकबक धीरे-धीरे वात्स्यायन के गहन विमर्श में घुसपैठ करने लगी थी। यह दिन के सत्र की समाप्ति और दोपहर के खाने के लिए रसोईघर में जाकर इमली पड़े चावल और काली मिर्च के साथ दही, जिसे मालविका ने हमारे लिए तैयार किया था, को सेवन करने का समय था।

॥ छह ॥

धनोपार्जन के लिए प्रयत्न करती हुई वेश्याओं को कई प्रकार के अनर्थ, अनुबंध तथा संशयों का सामना करना पड़ता है।

—कामसूत्र 6.6.1

यह ग्रीष्म का लगभग अंतिम दौर था, जब मैं आश्रम से लगे हुए वन में गया। ग्रामीण क्षेत्र में धरती मानो हल्के ज्वर से तप रही थी। सूरज की किरणों ने उसकी सारी नमी सोख ली थी। धरती की जली हुई सतह पर पड़ी दरारें अनिष्टसूचक ढंग से फैलने लगी थीं। अपनी बदरंग पत्तियों से वंचित वृक्ष ऐसे लग रहे थे मानो उन्हें पाला मार गया हो और वे तपती हुई रेत के साथ चलनेवाली लू के उन थपेड़ों का सामना करने की अपनी क्षमता के प्रति आशंकित हों जो शीघ्र ही उन्हें मथ डालेंगे।

उस दिन सुबह वात्स्यायन निरुत्साहित-से दिखे। उनकी आँखों के नीचे काले धब्बों ने आसपास की तमाम सूक्ष्म रेखाओं को ढँक लिया था। उनकी झोंपड़ी के सामने जब हम अपनी नियत जगह पर बैठे, वे असामान्य रूप से चुप थे। उनकी आँखें प्रायः भावशून्य थीं, और कभी-कभी वे मानो मुझसे होकर मेरे पीछे फैले जंगल की गहराइयों में देखने लगती थीं। वन में अकेली मालविका की अनेक छवियाँ मेरे मस्तिष्क में कौंध गईं। मैंने वापस अपना ध्यान झोंपड़ी में लाकर अपने एक श्रद्धालु शिष्य को शिक्षा देते हुए गुरु के अपेक्षाकृत शांत दृश्य में लगाया, यद्यपि इसके लिए मुझे अपने आप से जूझना पड़ा। मेरी बढ़ती असुविधा को भाँपकर उन्होंने अपने विचारों में शामिल कर लिया।

"मैं पिछली रात ठीक से सो नहीं सका," उन्होंने कहा, "वर्षों बाद मैंने फिर वही दुःस्वप्न देखा जिसे मैं बचपन में देखा करता था।"

वे खामोश हो गए। कुछ क्षणों के बाद बिना मेरे आग्रह के उन्होंने, मुझसे अधिक स्वयं के लिए, उस स्वप्न का वृत्तांत सुनाना शुरू किया :

"मैं एक पहाड़ की आसान-सी चढ़ाई पर चढ़ रहा हूँ। यह सूर्यास्त से ठीक पहले का समय है। पहाड़ की चोटी गुलाबी रोशनी से नहाई हुई है। यह भँवर की तरह मेरी तरफ बढ़ रही है। पहाड़ की तलहटी में पानी की ठहरी हुई चादर-जैसी एक झील है, जो अस्त हो रहे सूरज के रंगों से झिलमिला रही है। अचानक अँधेरा हो जाता है। पहाड़

जीवन से धड़कने लगता है। पेड़ों की शाखाएँ मेरी तरफ मुड़ी हुई बाँहों की तरह बढ़ती हैं। मेरे नीचे की धरती सागर की लहरों की तरह उछलने लगती है। मेरे पैर उखड़ने लगते हैं। मैं गिर रहा हूँ। मैं ऐसी झील में गिर रहा हूँ जिसका पानी मानवीय आँखों से देखी गई किसी भी कालिमा से अधिक काला है, काली सेम के ढेर पर पड़े स्याही के धब्बे से भी अधिक काला।

''बचपन में मैं उस दुःस्वप्न के दौरान चीखते हुए जग जाया करता था। अपनी माँ या चंद्रिका किसी का भी बिस्तर जिस पर सोता था, मेरे लिए यातनादायी बन गया था। वे मुझे सँभालने के लिए आती थीं लेकिन मैं उनके स्पर्श से ही काँप उठता था। हमारा रसोइया गणदास ही एकमात्र व्यक्ति था, जो मुझे सांत्वना दे सकता था। उसे जगाया जाता और वह मुझे चीनी, बादाम और केसरमिश्रित एक गिलास गरम दूध पीने को देता। मैं जब तक उसकी अडिग उपस्थिति को शांतिपूर्वक महसूस करता हुआ दूध पीता, वह मेरी बगल में बैठा रहता।''

''और फिर ?'' मैंने पूछा।

''ओह, उसके बाद बहुत कुछ नहीं होता था'', उन्होंने कहा, ''मैं वापस सोने चला जाता। सुबह जगने पर उस सपने के हानिकारक प्रभावों को दूर करने के लिए अपने मुँह को अच्छी तरह साफ करता। यह मैं अब भी करता हूँ।''

इसके आगे उनकी अनिच्छा को देखते हुए मैंने उनसे उस ग्रंथ के बारे में उन प्रश्नों को पूछने का इरादा त्याग दिया, जिनकी मैं तैयारी करके आया था। मैंने प्रतीक्षा करना ही ठीक समझा। जब उन्होंने दोपहर बाद बातचीत करने और इस समय मुझे वन में घूमने का सुझाव दिया तो मैं तुरंत तैयार हो गया।

आज मुझे यह सोचकर विस्मय होता है कि क्या वे चाहते थे कि मैं उनकी पत्नी से अकेले में मिलूँ, क्योंकि मालविका दिन का अधिकांश समय वहीं बिताती थी। जो हो, मैं उनके प्रोत्साहन पर ही वन में गया। यह कहना शायद अधिक उचित होगा कि आश्रम से निकलकर चलना शुरू करते ही मैंने धीरे-धीरे अपने को वन में पाया। आश्रम उपजाऊ भूमि और बियाबान के बीच फैला हुआ था और यह कहना कठिन था कि एक कहाँ खत्म होता था और दूसरा कहाँ से शुरू होता है। यद्यपि वहाँ इसके कुछ चिह्न मौजूद थे। चौड़े और लगभग सीधे रास्ते आगे चलकर सँकरे होते गए और छोटी-मोटी, टेढ़ी-मेढ़ी पगडंडियों में बदल गए। ये पगडंडियाँ इधर-उधर भटकती हुईं एक-दूसरे से दूर निकल जाती थीं, हालाँकि ये सभी अपने-अपने तरीके से घनी झाड़ियों, सरपत के झाड़ों या पेड़ों के घने झुरमुट से होती हुई समतल भूमि की तरफ ही आती थीं। बरछे जैसी आकृति की पत्तियोंवाले बाँसों, जो दूसरे मौसमों की ही तरह गरमी से भी अप्रभावित रहते हैं, के एक दूसरे से गुँथे पेड़ों को छोड़कर जंगल के रंग बदलने के संकेत स्पष्ट थे। शाल के अधिकतर वृक्ष पहले ही वसंत के हरे पत्तों को खो चुके थे और उनकी जगह अधिक गहरे रंग की पत्तियों ने ले ली थी। घास सूखी हुई टहनियों के ढेर में बदलती जा रही थी। बहरहाल, जंगल ने हरे और भूरे रंग की विभिन्न छायाओं

से मानो ऊबकर लाल और नारंगी रंग के फूलों से लदे हुए वृक्षों के माध्यम से लपटें बिखेरने का जोशीला निर्णय कर लिया था।

मैं जैसे ही वन के अंदर कुछ और घुसा, यह सघनतर हो गया। रोशनी की सतत तलाश में सूरज की तरफ खिंचती हुई पत्तियों के ऊपरी हिस्सों से होकर बड़ी नामालूम-सी धूप आ पा रही थी। खड़ी चट्टानों और केवल सपने में देखी गई सूई-जैसी पतली पहाड़ी चोटियों का अनुकरण करते धूसर रंग के वाल्मीक अधिक दुर्लभ होते गए। चित्तीदार और दलदली हिरनों की जगह मृगों ने ले ली, जो निकट आने से कतराते रहे। तभी अकस्मात् मैंने अपने आपको एक ऐसी खुली जगह पर पाया, जहाँ वात्स्यायन के कथनानुसार उनकी पत्नी को होना चाहिए था।

मालविका एक घसियल टीले पर बैठी थी, जिसकी ढलान एक बड़े जलाशय में आहिस्ता से प्रवेश कर जाती थी। उसके नीचे जलाशय के किनारे पर आधा दर्जन बगुले कतारबद्ध होकर पानी की सतह को लगभग छूते हुए उड़नेवाले व्याध-पतंगों को अपलक दृष्टि से घूर रहे थे। मालविका ने मेरे आगमन को उन पक्षियों की अपेक्षा अधिक शांत भाव से लिया। जब तक मैं उसकी बगल में बैठता, नाराज बगुलों की चिंचियाहट दूर बियाबान में खो गई थी। शुरू में तो उसका व्यवहार बिलकुल गुरुपत्नी वाला था—उदार लेकिन संयमित। मैं यह दिखावा कदापि नहीं करूँगा कि मैं उसकी शारीरिक उपस्थिति से अनभिज्ञ था। शिष्टाचार की मधुर बातों का आदान-प्रदान करते हुए अधिकांशतः मैं उसके पैरों की तरफ ही देखता रहा। अपने एक दशक से अधिक लंबे वनवास में लक्ष्मण ने सीता के टखनों से ऊपर दृष्टि ही नहीं डाली थी। रावण ने जब सीता का अपहरण किया था, उनका कंठहार और कर्णफूल वहीं गिर पड़ा था। लक्ष्मण उन्हें, इसी वजह से, पहचान नहीं सके थे। मेरी अपनी समस्या यह थी कि पैर भी नारी-सौंदर्य के संचित कोष, उसके समस्त आकर्षण के केंद्र हो सकते हैं, विशेष रूप से मालविका जैसे सुगठित पैर। दोष दृष्टि में होता है, वस्तु में नहीं। उसके प्रति मेरे दमित और अंतर्विरोधी, लेकिन प्रबल आकर्षण को देखते हुए उसके पैर के नाखूनों के प्रति भी मेरी आसक्ति अदम्य हो सकती थी। वह मुझसे कुछ ही वर्ष बड़ी थी, लेकिन पूरी तरह अगम्य। मनु के अनुसर गुरुपत्नी से संभोग का दंड, यद्यपि वात्स्यायन को शब्दशः मेरा गुरु नहीं कहा जा सकता था, स्पष्ट और कँपा देनेवाला है :

> "उसके सिर पर योनि का चिह्न अंकित कर दिया जाएगा। उसे आग में लाल की हुई स्त्री की मूर्ति का तब तक आलिंगन करने को बाध्य किया जाएगा जब तक मृत्यु उसे शुद्ध नहीं कर देती। अथवा वह अपने शिश्न और अंडकोषों को काटकर, अपने दोनों हाथों में लेकर दक्षिण-पश्चिम दिशा में तब तक चलेगा जब तक कि मरकर गिर नहीं जाता।"

मैंने पहली ही भेंट में यह समझ लिया था कि उसके प्रति अपनी अलग-अलग भावनाओं को मैं आसानी से समेट लूँगा। मुझे यह देखकर आश्चर्य हुआ कि जब हमने निर्वैयक्तिक मामलों से शुरू करने के बाद निस्संकोच गहनता, जो युवावस्था की देन है,

के साथ वार्तालाप शुरू किया तो मेरी सहजता के रास्ते में न तो मेरी कामेच्छा आई, न ही मेरा भय। प्रारंभ में हमारी अधिकांश बातचीत वृक्षों के बारे में हुई। मालविका वृक्षों और फूलों से प्यार करती थी। जब वह मुझे उनके बारे में कोई ऐसी बात बताती जो मैं नहीं जानता था, तो वह सर्वाधिक जीवंत हो उठती थी। मैं जानता था कि हम जिस शालवन में हैं वह पवित्र माना जाता है, क्योंकि शालवृक्ष विष्णु के साथ उनके राम अवतार के समय से संबद्ध है। असमंजस में पड़े सुग्रीव को भरोसा दिलाकर अपने साथ जोड़ने के लिए राम ने एक पंक्ति में खड़े सात शालवृक्षों पर तीर छोड़कर शक्ति-प्रदर्शन किया था। सातों वृक्षों को चीरता हुआ वह तीर उनके तरकश में लौट आया था। जब तक मालविका ने मुझे नहीं बताया था, मुझे पता नहीं था कि भगवान बुद्ध एक शालवृक्ष के नीचे ही पैदा हुए थे। प्रसव के लिए अपने पिता के घर जाते समय उनकी माता मायादेवी ने शालवृक्षों के उपवन में विश्राम किया था। जैसे ही उन्होंने एक डाली से फूल तोड़ने के लिए हाथ ऊपर उठाया, बच्चा पैदा हो गया और वृक्ष ने नवजात शिशु पर फूल बरसाए।

मालविका ने पलाश के फूलों से बननेवाले लाल रंग के कामोत्तेजक महत्त्व का विवरण दिया और बताया कि कैसे उसके पति ने 'कामसूत्र' में एक जगह वसंत में आने वाली कली की तुलना उन नखक्षतों से की है जिन्हें कोई आवेशित स्त्री अपने प्रेमी के शरीर पर लगाती है। कुछ ऐसे वृक्ष और फूल भी थे, जिनके महत्त्व के बारे में हम परस्पर असहमत थे। मालविका का कहना था कि कामवेग और पाँचों इंद्रियों को उत्तेजित करनेवाले कामदेव के पाँचों तीर अशोक के फूलों से बने हैं। मैं इस बात से तो सहमत था कि अशोक प्रेम के देवता को सचमुच समर्पित है और उसका घनिष्ठ संबंध स्त्रियों, विशेषकर वन की परियों से है। लेकिन मैं मानता था कि कामदेव के तीर पाँच बिलकुल अलग और कहीं अधिक सुगंधित पुष्पों—नीलकमल, चमेली, आम्र मंजरी, चंपक और शिरीष—से बने हैं।

वृक्षों, फूलों, देवताओं और परियों की उस चर्चा में समय कृष्ण के सुदर्शन चक्र की तरह घूमता चला गया और जब मैं जंगल की ताजी हवा खाकर हलके हृदय से आश्रम लौटा तो दोपहर बीत चुकी थी। मेरी उल्लसित मनोदशा को भाँपकर वात्स्यायन ने मुझे कुछ उपहासजनक दृष्टि से देखा और जब मैंने जलाशय के पास उनकी पत्नी से हुई भेंट के बारे में बताया तो उन्होंने केवल सिर हिला दिया। मुझे यह देखकर खुशी हुई कि उन्होंने काफी हद तक अपना स्वाभाविक धैर्य वापस पा लिया है। परंतु उन्होंने जब बातचीत शुरू की तो यह स्पष्ट हो गया कि वे अभी अपने आरंभिक जीवन की स्मृतियों में ही डूबे हुए हैं।

"मुझे प्रायः यह जानने की उत्सुकता रही है कि क्या मेरी माँ मुझे नापसंद करती थीं। मेरे स्वरूप की वजह से ऐसा नहीं हो सकता था, क्योंकि मुझे बताया गया है कि मैं

मीठे स्वभाव का, गोल-मटोल और लाड़ला बच्चा था। लेकिन उसके सुंदर शरीर के साथ मैंने जो कुछ किया था, उसकी वजह से ऐसा हो सकता था। अपनी युवावस्था में, बमुश्किल तीस की उम्र तक, वह कौशाम्बी-रत्न, हमारे राज्य से बाहर दूर-दूर तक अतुलनीय अवंतिका के रूप में विख्यात हो गई थी।

"गणदास मुझसे कहा करता था—सभी राज्यों में तुम्हारी माँ का कोई प्रतिद्वंद्वी नहीं है। उसने नृत्य के दौरान गाए जानेवाले सभी गीतों को कंठस्थ कर लिया है और प्रेम की विभिन्न भंगिमाओं को अभिव्यक्त करनेवाली मुद्राओं की भाषा पर अधिकार प्राप्त कर लिया है। वह मृदंग बजाना और उसकी खाल की कड़ाई को नियंत्रित करना भी जानती है, ताकि उसकी आवाज को संतुलित रखा जा सके। वह बाँसुरी बजाना और गेंद खेलना भी जानती है। श्रेष्ठ पाकशास्त्रीय नुस्खों के अनुसार, वह लगभग उतना ही अच्छा भोजन बना सकती है, जितना कि मैं। वह स्नान के तरीकों, प्रेम-संबंध बनाने में प्रयुक्त चौंसठ आसनों, स्वयं अनिच्छुक दिखने और पुरुष की कामेच्छाओं का अनुमान लगाने में निपुण है। वह नरकट की कलम से सुंदरतापूर्वक लिखना और चित्रकारी करना जानती है। वह फूलों की भाषा जानती है और उनके रंग-रूप के अनुसार शानदार गुलदस्ते तैयार कर सकती है। उसने ज्योतिष, गणित और काव्यशास्त्र का अध्ययन किया है। बहुत कम लोग जानते हैं कि तुम्हारी माँ ने ही उस कूप-युक्ति का आविष्कार किया था जो अब केंद्रीय प्रदेशों के सर्वश्रेष्ठ वेश्यालयों में सिखाई जाती है।"

" 'कूप-युक्ति, गणदास ?' मैंने पूछा।

" 'अपने विषय की लंबे समय से चली आ रही किसी समस्या को हल करके प्रतिष्ठा प्राप्त करनेवाले किसी महान आविष्कारक की तरह तुम्हारी माँ ने गणिका के असमंजस का समाधान खोजा था।

" 'अब ध्यानपूर्वक सुनो। एक अच्छी गणिका को निश्चित रूप से अपने प्रेमी को यह विश्वास दिलाना पड़ता है कि वह उससे आवेगपूर्ण प्यार करती है। पुरुष इस दिखावे पर चाहे जितना भी विश्वास कर ले, वह यह कभी नहीं भूल पाता कि गणिका के कौशल का मापदंड ही यह है कि वह उसे इसका विश्वास दिला सके। उसके प्रेमसिक्त कटाक्ष, आवेशमय सीत्कार और प्रेम की काव्यमय घोषणाएँ पुरुष के मन में छाए संदेह के बादलों को पूरी तरह साफ करने में कभी सफल नहीं हो सकतीं। अगर पुरुष समझदार हो तो ऐसा ही होता है और सामान्यतया धनी लोग समझदार होते हैं।

" 'वर्षों पहले एक धनी व्यापारी तुम्हारी माँ का प्रेमी बना था। प्रारंभिक आकर्षण की समाप्ति के बाद भी वह उसे चाहता रहा, लेकिन जब तुम्हारी माँ उसके प्रति अपने प्रेम की सचाई को व्यक्त करती तो वह संदेह करने लगता था। वह कहती—अगर तुमने मुझे कभी महीने-भर के लिए भी छोड़ा तो मैं अपनी जान दे दूँगी। लेकिन वह व्यापारी उसकी बाँहों को छूकर केवल मुसकरा देता, मानो किसी बच्चे को बहला रहा हो।

" 'एक दिन उस व्यापारी ने घोषणा की कि वह व्यापारिक यात्रा पर बाहर जा

रहा है और छह महने बाद कौशाम्बी वापस आएगा। तुम्हारी माँ ने उसे छोड़कर न जाने की प्रार्थना करते हुए, उसके सामने घोर विलाप किया कि वह इस वियोग को सहन नहीं कर पाएगी। उसने अपने बाल और कपड़े नोच डाले। लेकिन व्यापारी ने इसे एक खेल समझा और अविश्वासपूर्ण मुसकान बिखेरता रहा।

" 'जब वह जाने लगा तो वह आर्त्तनाद करते हुए उससे लिपट गई और जब वह द्वार पर पहुँच गया तो वह चिल्लाते हुए उद्यान में भागी कि 'मैं अब इसे और नहीं सह सकती ! मैं मरना चाहती हूँ !' अचानक हमने एक चीख सुनी, 'मलिका कुएँ में कूद गई हैं !' हम सभी कुएँ की ओर दौड़ पड़े। वहाँ बड़ी उलझन भरी स्थिति थी। लोगों ने कुएँ को चारों ओर से घेर रखा था। स्त्रियाँ रो रही थीं, जिनमें कंचन-माता के विलाप का स्वर सबसे ऊँचा था। एक सेवक को कमर में रस्सी बाँधकर नीचे भेजा गया। कुछ चिंतातुर क्षणों के बाद हमने उसकी आवाज सुनी, 'चमत्कार हो गया ! मलिका जीवित हैं !'

" 'तुम्हारी माँ को नीम बेहोशी और पानी से तर-ब-तर हालत में ऊपर खींचा गया। इस समय वह व्यापारी उसके पास था। वह धरती पर पड़ा, कातर होकर चिल्ला रहा था कि 'ओह मेरी प्यारी अवंतिका ! मैंने क्यों तुम्हारे प्यार पर संदेह किया !'

" 'इसके बाद वह उसका गुलाम बन गया। उसने अपना हृदय और कोष दोनों उसके सामने बेरोक-टोक खोल दिया। एक वर्ष के अंदर तुम्हारी माँ ने उसे, अत्यंत निर्धनता में और मेरा अनुमान है कि टूटे हुए हृदय के साथ, छोड़ दिया। जिस दिन तुम्हारी माँ कुएँ में कूदी थी, उसने पानी की सतह के नीचे चुपके से एक जाल लगवा दिया था, ताकि छलाँग लगाने के बाद वह उसे सँभाल ले !

" 'अब इस कूप-युक्ति की निस्संदेह, इतनी अधिक चर्चा हो गई है कि कोई गणिका इसका प्रयोग मध्यवर्ती राज्यों के लिए अजनबी किसी व्यक्ति पर ही कर सकती है, वह भी यह सुनिश्चित कर लेने के बाद कि वह तुम्हारी माँ की खोज से अपरिचित है।'

"बहरहाल, मैंने इस कहानी के अंत को पसंद नहीं किया था।

" 'उसने उस व्यापारी को छोड़ क्यों दिया, जबकि वह उससे प्यार करता था ?' मैंने पूछा।

" 'क्योंकि वह गरीब हो चुका था,' गणदास मेरे प्रति धैर्यवान था, 'कोई भी अच्छी गणिका किसी दरिद्र को छूने की अपेक्षा शव को छूना अधिक पंसद करेगी। और तुम्हारी माँ सर्वश्रेष्ठ थी। वह एक अत्यंत दुर्लभ गणिका है, जिसका सम्मान राजा भी उसे 'सभा वधू' की उपाधि से विभूषित करके कर चुके हैं। तुम्हें उस पर गर्व होना चाहिए।' "

वात्स्यायन की माँ ने अपने यौवन के पहले प्रवाह के बीत जाने के बाद उनके पैदा होने पर मातृत्व को सहज ढंग से नहीं लिया। अपनी समस्त उपलब्धियों के बावजूद

उसके लिए अपने चेहरे की ताजगी के खोने और अपनी देहयष्टि की तराशी गई रेखाओं के धुँधलाने से समझौता करना कठिन था। वात्स्यायन को अपने बड़े होने के दौरान अपनी माँ की सबसे स्पष्ट याद उसके द्वारा क्षीण होते अपने सौंदर्य को बचाए रखने की कोशिशों की है। उसका ध्यान उत्तरोत्तर दो तरह की चीजों पर केंद्रित होने लगा। इनमें पहली चीजें लेप, मरहम, तेल, इत्र और चूर्ण आदि थीं, जिनसे उसके सौंदर्य में वृद्धि की संभावना थी और दूसरी चीज थी दर्पण, जिसमें इन प्रयासों का परिणाम प्रतिबिंबित होता था। लेकिन यह दर्पण खूब चमकाए हुए ताँबे का ही नहीं, पुरुषों की आँखों का भी था।

''इस उन्माद ने उसके ऊपर विशेषकर तब जो दबाव डाला होगा जब वह सड़कों पर लोगों के बीच होती होगी, उस दबाव की मैं अब कल्पना कर सकता हूँ। घर में भी, जहाँ चंद्रिका प्रमुख आकर्षण थी, सांध्यकालीन मनोरंजन के लिए ग्राहकों के आने पर मेरी माँ निश्चित रूप से असुविधा महसूस करती होगी। अपनी बहन को रंगमंच के केंद्र में छोड़कर स्वयं नेपथ्य में रहते हुए, वह अपनी निराश आँखों से, बिना अपनी बेचैनी प्रकट किए, वहाँ मौजूद लोगों की आँखों में अपने प्रति उसी कामना की एक झलक तलाश करती होगी जिससे वह हमेशा आश्वस्त होकर सिहर उठती थी। हर बीतते वर्ष के साथ उसकी व्यग्र तलाश उन उदासीन आँखों की ही तरह बढ़ती गई, जिनमें से प्रत्येक उसके अंदर छोटे-छोटे विध्वंसों का सिलसिला शुरू करने में सक्षम थी।

''चंद्रिका के विपरीत, मेरी माँ के लिए मुझ जैसे छोटे बच्चे की आँखों का कोई उपयोग नहीं था। अपनी विशिष्ट दुनिया में प्रवेश करने की अनुमति वह केवल उन्हीं पुरुषों को देती थी जो उसके आवेश को शांत करने में सहायक हो सकते थे। मूलतः ऐसे दो ही लोग थे—पहला, वह चिकित्सक जो आयु के चौथे दशक में पदार्पण करके वृद्धावस्था की तरफ कदम बढ़ानेवाले लोगों के पुनर्यौवन के लिए आयुर्वेदिक औषधियों को लेकर सप्ताह में एक बार आता था और दूसरा, गणदास जिससे मेरी माँ अपने सौंदर्य के लिए उपयोगी फल, सब्जी और मांस की खुराक, जो उसके लिए प्रतिदिन तैयार की जाती थी, के बारे में घंटों परामर्श किया करती थी। रँगे बालों और दाढ़ीवाले उस मक्कार चिकित्सक की अचूक विद्या हमेशा मुनाफे के काम आती थी। वह अपनी सुंदर मरीजों से आँखें लड़ाने और बूढ़ा तथा षड्यंत्रकारी प्रलोभनों में अनुभवी होने के बावजूद प्रायः उनके सामने युवक की भूमिका निभाने के लिए कुख्यात था। मेरी माँ मुझसे केवल यह चाहती थी कि मैं उसके सिर पर प्रकट होनेवाले सफेद बालों को तोड़ दिया करूँ। वह पाँच सफेद बालों पर मुझे एक कौड़ी देती थी। इन कौड़ियों के बावजूद, जिन्हें मैं अब तक जमा करने लगा था, मैं इस काम से घृणा करता था। मुझे अब इस पर दुःख होता है, लेकिन उस समय अपने प्रति उसकी उदासीनता को मैं माँ-बेटे के रिश्ते में स्वाभाविक समझता था। इसके अलावा चंद्रिका, जो अपनी आत्मलीनता में मेरा स्वागत करती थी, मेरी माँ की उदासीनता की भरपाई कहीं अधिक कर देती थी। वह हर प्रकार से भिन्न एक ऐसी देवी थी, जो मेरी श्रद्धा का तिरस्कार नहीं करती थी।

“पिछली रात सोने से ठीक पहले मुझे अपनी माँ के पेट पर खिंचाव के निशान की याद आई। वह प्रायः मुझसे कहती थी कि यह मैंने उसे ‘उपहार’ दिया है। यह बेहद क्षीण निशान उसकी त्वचा के सुनहले भूरे रंग से कुछ हल्की आभावाली एक छोटी-सी बारीक रेखा थी। इस पर कठिनाई से ही ध्यान जाता था, फिर भी मेरी स्मृति में इस रेखा की याद किसी चोर की नंगी पीठ पर पड़े गन्ने से पिटाई के निशान की तरह सुरक्षित है। मुझे याद है कि दर्पण में अपने को अच्छी तरह निहार चुकने के बाद वह अपनी दाहिनी हथेली को धीमे से इस निशान पर रगड़ती थी। जब वह ऐसा करती तो मुझे यह दृश्य घृणा और कर्तव्य का मिश्रण लगता, जैसे कोई स्त्री अपने पति के चेचक के चिह्नों भरे चेहरे का चुंबन ले रही हो, जिसे अब वह प्यार नहीं करती। उसके साथ-साथ मैं—उसके सौंदर्य को नष्ट करनेवाला मैं—भी संकुचित हो जाता। जब वह अपना मनपसंद लाल रंग का घाघरा पहनती और उस निशान को छिपाने के लिए कमरबंद को नितंबों पर ऊँचा बाँध लेती तो मैं सोचता कि काश, मैं उसका निर्दोष सौंदर्य उसे लौटा पाता, अपने शरीर से मिलनेवाला वह विशुद्ध आनंद सभी स्त्रियों को लौटा पाता।”

“आचार्य !” मैंने विरोध करना चाहा, “आपने बहुत सारी स्त्रियों को बहुत कुछ दिया है। आपने उन्हें प्रेम में सक्रिय होने की अनुमति दी, सुख की तलाश में निडर होने की प्रेरणा दी। आपने उनके यौन-जीवन को उन वर्जनाओं से मुक्त किया, जो महाकाव्यों के समय से ही ऋषियों की अनेक पीढ़ियों ने उन पर थोपी थीं। क्या स्वतंत्रता सौंदर्य से किसी प्रकार कम महत्त्वपूर्ण है ?”

मैं वात्स्यायन के दर्द को महसूस करता हुआ चुप रहा, हालाँकि उन्होंने इसे अपने सहज और लगभग सम्मोहक स्वर में की जा रही व्याख्या के आवरण में छिपाए रखा :

“मैं जानता हूँ कि मेरी माँ ने पुत्री को वरीयता दी होती। ऐसे पुत्र का वह करती ही क्या, जो उसके घर में केवल कुछ वर्षों का मेहमान हो ! पुत्र का संबंध अपने पिता से होता है और वह जानती थी कि जब मैं दस वर्ष का हो जाऊँगा, वे मुझे ले जाएँगे। वह मुझे पूरे हृदय से प्यार करने का जोखिम नहीं उठा सकती थी, क्योंकि मेरे जाने के बाद यह टूट सकता था। पुत्री के साथ न तो उसे अपनी भावनाओं से लड़ना पड़ता और न ही अपनी संतान को देखकर आँखों में आनेवाली चमक को धुँधलाना पड़ता। पुत्री ने उसके व्यवसाय को अपनाकर घर में उसकी जगह ली होती। वह अपनी पुत्री के जीवन का हिस्सा बनकर रह सकती थी। वह अपनी सीखी हुई सभी कलाएँ उसे सिखाती और अपने अनुभव से उसे भावी जीवन के लिए तैयार करती। मेरे साथ वह क्या कर सकती थी ?

“मेरी माँ की उदासी उस घर को पाले की तरह छू गई थी, जिसे अन्यथा मैं संगीत, नृत्य, ठहाकों और ग्राहकों की धारा के तीव्र प्रवाह से भरपूर घर के रूप में याद करता हूँ। पर्याप्त व्यय होने पर भी वहाँ आर्थिक चिंताएँ नहीं थीं। संगीतकारों, दासियों, रसोइयों, महावत और दूसरे पशुओं के रखवालों, माली और धोबी के मासिक वेतन पर

ही पंद्रह सौ पण के आसपास व्यय होते होंगे। अगर मैं पशुओं का चारा, सेवकों का खाना और कपड़ा तथा दूसरे घरेलू खर्च जोड़ दूँ तो हमारे महीने-भर के खर्च की राशि तीन हजार पण के पार पहुँच जाएगी। यह तुम्हारे बनारस की मुद्रा में सोने की साठ मुद्राओं के बराबर है। फिर भी धन चिंता का विषय नहीं था, यद्यपि कंचन-माता हमारे व्यय और धनसंचय की आवश्यकता को लेकर लगातार बड़बड़ाया करती थीं। चंद्रिका स्वयं राजकीय कोष में प्रतिमाह चार सौ पण जमा करती थी, जिसे कर-निरीक्षक ने उसकी दो दिन की आय के बराबर राशि के रूप में निश्चित किया था। नगर के समृद्ध और शक्तिशाली लोगों के लिए वह महान सफलता की मुहर के रूप में सार्वभौम स्वीकृति प्राप्त विजयोपहार जैसी थी। उसका प्रेमी होने की सूचना मात्र ही दूसरे लोगों के हृदय में ईर्ष्या की ज्वाला भड़काने में सक्षम थी। आखिरकार, ऐसी सफलता किस काम की, जो ईर्ष्या न जगाए ?

''मेरे जीवन के चार से छह वर्ष की आयु के बीच की अवधि में, जिसके बारे में मैं बात कर रहा हूँ, वह जौहरी मदनसेन की पत्नी के रूप में रह रही थी। इस व्यक्ति की वित्तीय उदारता की तुलना उसकी आधिपत्यसूचक ईर्ष्या से ही की जा सकती थी। व्यापारियों, सेवकों, संगीतकारों और नृत्य-शिक्षकों के अतिरिक्त मदनसेन पुरुष आगंतुकों में केवल कारागार प्रमुख और मेरे पिता को, जो अपने आकस्मिक स्नेह को दोनों बहनों में बाँटते रहते थे, ही सहन कर सकता था। वह जौहरी मेरे पिता को किसी भावना की वजह से नहीं बल्कि केंद्रीय प्रदेशों के व्यापारी-दलों के सबसे सम्मानित अग्रणी सदस्य होने के कारण वहाँ आने की अनुमति देता था। उन्हें 'कौशाम्बी का महान सार्थवाह' कहा जाता था। वे मदनसेन द्वारा प्रेषित अधिकाधिक मूल्यवान वस्तुओं का व्यक्तिगत रूप से ध्यान रखते थे। वर्ष का उनका अधिकांश समय सड़क पर कटता था, इस कारण भी सुविधा थी, क्योंकि इस कारण उनका कौशाम्बी आना कभी-कभी ही हो पाता था। मेरे जन्म या यूँ कहें कि मेरे होश सँभालने के बाद मेरी छह वर्ष की आयु तक वे केवल चार बार हमारे यहाँ आए थे।

''मेरी माँ ने मेरे पिता के साथ क्यों संबंध बनाए रखा, इसका मुझसे, उनके बेटे से, कोई लेना-देना नहीं था। मेरे पिता धनी व्यक्ति थे और हमारे लिए विदेशों से महँगे और आकर्षक उपहार लाते थे। दमिश्क से लाया गया ताँबे का दर्पण भी उन उपहारों में से एक था। पिता से हम लोगों का निरंतर संपर्क बना रहता था और यह मदनसेन को अपनी गरमजोशी और उदारता बनाए रखने को प्रेरित करता था, उसे दूसरे संबंध बनाने से रोकता था।

''कारागार-प्रमुख नीतिगुप्त नाटा, गोलमटोल और भड़कीला व्यक्ति था, वह महीने में प्रायः एक बार आता था। चंद्रिका के साथ रात बिताने के लिए उसके आगमन से कुछ दिन पहले ही मैं सांध्यकालीन मनोरंजन के समय मदनसेन के श्रीहत चेहरे और अपनी माँ द्वारा उसके उत्कंठित सत्कार से जान जाया करता था कि वह आनेवाला है। एक व्यापारी के रूप में चाहे वह कितना भी धनी क्यों न हो, मदनसेन इस स्थिति में

नहीं था कि वह कारागार-प्रमुख की अवहेलना कर सके। उसका विरोध अप्रसन्नता तक ही सीमित था। इस अवस्था में उसे दो ऐसी स्त्रियाँ बहलाती थीं, जो रूठे हुओं को फुसलाने में माहिर थीं। उन दिनों मदनसेन शाम को ही कह देता था कि वह रात में नहीं रुकेगा। इसके साथ ही उसके और चंद्रिका के बीच इस बात पर इच्छाशक्तियों की प्रतिद्वंद्विता शुरू हो जाती थी कि देखें कैसे चंद्रिका उसे, नीतिगुप्त के आने से ठीक पहले या चले जाने के बाद लुभाती है। नीतिगुप्त भी अच्छी धनराशि व्यय करता था, लेकिन मदनसेन के बराबर नहीं। यहाँ तक कि यह धनराशि मेरे पिता से भी कम होती थी। उससे संबंध बनाने में धन के अतिरिक्त दूसरे लाभ थे। इससे हमें बेईमान कर-संग्राहकों, धनलोलुप सुरक्षाकर्मियों और दूसरे मानवी गिद्धों से सुरक्षा मिलती थी, जो गणिकाओं के प्रतिष्ठानों के आसपास मँडराया करते थे।

''मदनसेन धन के अतिरिक्त आभूषणों के रूप में भी भारी मात्रा में उपहार देता था। सोने के टुकड़े, खूबसूरत कढ़ाई करके लाल धागे से बंद किए गए रेशम के सुंदर थैले तथा आभूषण लाल मखमल से जड़े लकड़ी के नक्काशीदार डिब्बों में आते थे। लेकिन एक गणिका के रूप में चंद्रिका के लिए अपने कौशल से उससे अधिक-से-अधिक धन निकलवाना निश्चय ही व्यवसायगत गर्व का विषय था। 'कामसूत्र' में मैंने जिन बिंदुओं पर अपने पूर्ववर्तियों से भिन्न विचार व्यक्त किया है, वह उनमें से एक है।

''धन के बारे में मैं जो कुछ कहता हूँ,'' वात्स्यायन ने अपनी बात जारी रखी, ''वह साधारण वेश्याओं के लिए है, वेश्यावृत्ति की सबसे दक्ष व्यवसायियों के लिए नहीं। चंद्रिका के लिए धन का नहीं, बल्कि उसकी व्यावसायिक प्रतिभा का अधिक महत्त्व था। अपने प्रेमी से यथासंभव अधिक-से-अधिक धन प्राप्त करना गर्व का विषय था। उसने क्या किया कि मदनसेन की प्रतिद्वंद्विता उसके अपने ही सबसे उदार और खर्चीले रूप से करा दी, दूसरे संभावित प्रेमियों से नहीं। मुझे उनकी वह बातचीत भी याद है, जो एक गर्मियों की दोपहर में मैंने उनके शयनकक्ष से सुनी थी। वे अपने बिस्तर में लेटे थे कि चंद्रिका ने दालान की तरफ खुलनेवाली खिड़की खोल दी। मैं कुछ देर से, चंद्रिका के ऐसा करने की प्रतीक्षा करता हुआ, दालान में ही चक्कर काट रहा था।

'' 'चंद्रिका, मैं तुम्हें क्या दे सकता हूँ ?' मदनसेन ने पूछा।

'' 'अपने आपको, जैसा कि तुमने अभी-अभी किया है,' उसने जवाब दिया।

'' 'लेकिन मैं तुम्हें कुछ और भी देना चाहता हूँ,' उसने कहा।

'' 'वह जो कुछ भी हो, तुमसे अधिक नहीं हो सकता। मैं जानती हूँ कि तुम जो कुछ भी मुझे दोगे वह तुम्हारी दृष्टि से मेरे बराबर मूल्य रखता होगा। आभूषण के मूल्य तुम्हारे लिए मेरे मूल्य को प्रतिबिंबित कर देंगे, लेकिन मेरे लिए वे हमेशा तुमसे कम मूल्यवान रहेंगे।'

''शब्दों का यह आदान-प्रदान जो मैंने शयनकक्ष की खिड़की से सुना था, शायद इतने गंभीर स्वर में नहीं रहा होगा जैसा कि मैं अब तक बूढ़े आदमी की स्मरण-क्षमता के सहारे याद कर पा रहा हूँ। वह युगल युवा था। उन्होंने अभी-अभी ग्रीष्म के अपराह्न

में प्रेमक्रीड़ा की थी। शायद बात करते समय वे ठिठोली भी कर रहे हों। शायद चंद्रिका ने 'आभूषण के मूल्य' कहते हुए उसके शिश्न को पकड़कर उमेठ दिया हो। मैं नहीं जानता। अगले दिन हम खाने पर बैठे, उससे ठीक पहले मदनसेन का नौकर एक मखमली डिब्बे के साथ आ पहुँचा। उसमें उत्कृष्टतम कोटि का, सोने-चाँदी के तारों के कामवाला हार था। इसका सोना पन्ने और हरे फिरोजे में वैसे ही प्रतिबिंबित हो रहा था जैसे अपराह्न का सूर्य छोटे-छोटे जंगली तालाबों में प्रतिबिंबित होता है।

"फिर एक दिन मदनसेन ने चंद्रिका को छोड़ दिया। ठीक-ठीक कहें तो एक दिन उसने हमारे घर आना बंद कर दिया। यह एक शाम को घटित हुआ, जब मनोरंजन की सारी तैयारियाँ पूरी हो चुकी थीं। दीवार में बने आलों में छोटे-छोटे दीये जल रहे थे और घी में डूबी जलती हुई बत्तियों की खुशबू चंदन की लकड़ी की सुगंधित बत्तियों तथा दरवाजों और खिड़कियों से लटकती हुई फूल-मालाओं से आती सुगंध से घुल-मिल रही थी। मलमल के नम कपड़े में लिपटा ताजा पान टिमटिमाती रोशनी की बगल में चाँदी की प्लेटों में रखा गया था। उस शाम चंद्रिका के नृत्य से पहले जयवंती के गायन का कार्यक्रम था, लेकिन वे अभी तक नहीं पहुँचे थे। उनके साथी संगीतकार आ चुके थे और उन्होंने अपने यंत्रों के सुरों को भी साध लिया था। अब वे अपना मन बहला रहे थे। वीणावादक ने अपनी वीणा के तारों पर सुरों के आरोह-अवरोह के छोटे-छोटे अनुमानित टुकड़ों को झंकृत कर दिया था, जबकि मृदंगवादक ने आनंद के तेज झोंकों पर थाप दे दी थी। मदनसेन के दो मित्र पहले से ही दहाँ उपस्थित थे। वे रेशमी गद्दों के सामने पड़े गलीचों पर लेटकर गपशप करते हुए अपने सामने तश्तरी में रखे आम के बौरों से सुगंधित करके गन्ने का रस पी रहे थे। मैं उस कमरे में अपनी माँ के लिए गणदास का कोई संदेश लाया था, लेकिन उसे भूल जाने के कारण कुंज में संगमरमर के अपने आसन पर जाने को आतुर, वहाँ से चलने ही वाला था।

" 'मलिका !' दासी ने दरवाजे से पुकारा।

"दासी के जाने से पहले दोनों के बीच फुसफसाते हुए कुछ बातचीत हुई।

" 'लेकिन पहले चंद्रिका को आने को कहो,' मेरी माँ ने उसे पीछे से पुकारकर कहा।

"चंद्रिका रास्ते में ही रही होगी, क्योंकि उसने दासी के जाते ही कमरे में प्रवेश किया।

" 'मदनसेन का लेखपाल कोई संदेश लेकर आया है,' मेरी माँ ने कहा।

"चंद्रिका की त्योरी चढ़ गई। खुद हमेशा देर करनेवाली चंद्रिका को दूसरों की प्रतीक्षा करने से घृणा थी। गुलाम न होते हुए भी वह लेखपाल सेवक ही था। उसके, मेरी माँ और चंद्रिका के बीच संक्षिप्त बातचीत दरवाजे के बाहर दालान में ही हुई। मदनसेन आनेवाला नहीं था और उसने चंद्रिका के लिए उपहार भेजा था।

" 'मुझे उम्मीद है कि वे कुशलक्षेम से होंगे ?' मेरी माँ ने विनम्रतापूर्वक मदनसेन के स्वास्थ्य के बारे में पूछा।

" 'मेरे स्वामी ठीक हैं,' लेखपाल ने जवाब दिया, 'उन्होंने अपना अभिनंदन आप तक पहुँचाने के साथ-साथ मुझे यह बताने का आदेश दिया है कि वे कौशाम्बी छोड़ रहे हैं। उन्होंने मुझे देवी चंद्रिका को यह उपहार देते हुए उनसे इसे प्रेम-देवता के मंदिर में उनकी अंतिम भेट के रूप में स्वीकार करने का अनुरोध करने का निर्देश दिया है।'

"चंद्रिका क्रोध से काँप रही थी। उसने वह डिब्बा लिया और उसे कमरे में फेंक दिया। नीलम का हार टूटकर गलीचे पर बिखर गया। साँप-जैसे टेढ़े-मेढ़े सोने के तारों से गुँथे हुए इन रत्नों का प्रकाश घनीभूत होकर सितारों की तरह फूटता और फिर अपनी कांति के वापस आने तक सुई की नोंक जितना सीमित हो जाता। हम लोगों ने अब तक जितने आभूषण देखे थे, यह उनमें सबसे सुंदर था। उसकी ओर देखने के लिए मुड़े बिना चंद्रिका ऊपर जानेवाली सीढ़ियों पर दौड़ गई।

"कुछ दिनों तक चंद्रिका यह मानने से भी इन्कार करती रही थी कि मदनसेन ने उसे छोड़ दिया है।

" 'उसके प्रेम के धूमिल पड़ने का कोई लक्षण नहीं दिखाई पड़ता था,' वह मेरी माँ से बार-बार कहती, 'उसने हमेशा मुझे वही चीज दी, जो मैंने माँगी। न उससे कम, न ज्यादा। वह न तो अपने वायदे भूलता था और न ही उनके पालन को स्थगित करता था। मैं यह विश्वास नहीं कर सकती कि वह किसी दूसरी स्त्री या अपनी पत्नियों के पास चला गया है।'

"चंद्रिका सही साबित हुई। मदनसेन ने उसे इसलिए छोड़ा था, क्योंकि उसे जल्दबाजी में कौशाम्बी से बाहर जाना पड़ा था। वह इस नगर को छोड़कर अवंती भाग खड़ा हुआ था, क्योंकि उसे ऋण देनेवाले उस पर दबाव डाल रहे थे और उस जौहरी को अपनी रखैल की खुशी के लिए अपने प्रतिद्वंद्वी के कारागार में रहना मंजूर नहीं था। व्यापारिक मामलों में चालाक मदनसेन व्यक्तिगत मामलों में भोला-भाला था। यह जानते हुए भी कि उसका शोषण किया जा रहा है, जैसा कि उसकी दोनों पत्नियों के रिश्तेदार बेशर्मी से किया करते थे, मदनसेन उदारता बरतता था। वह ऐसे लोगों से 'नहीं' कहने में असमर्थ था, जिनका अपने पर कोई व्यक्तिगत अधिकार मानता था। जो हो, चंद्रिका को एक बार जब यह पता चल गया कि मदनसेन ने कौशाम्बी को छोड़ा है, उसे नहीं, तो उसके मन में छाए संदेह के बादल—अपने स्तनों के आकार, त्वचा की फीकी पड़ती कांति, काम-कला में किसी कमी आदि संदेहों के बादल—छँट गए और वह चाँद की तरह कांति बिखेरने लगी। बाद में, यद्यपि ऐसा बहुत कम होता था, वह कभी-कभी मदनसेन को किंचित लगाव से याद करती थी।

"वह कहती, 'उसमें शश के कुछ गुण थे इसके बावजूद वह पुरुषों में वृष था,' और दोनों बहनें हँस पड़तीं।

"चंद्रिका किसी काल विशेष में जिस व्यक्ति के साथ रहती थी, हृदय की गहराई

से उसे प्यार करती थी,'' वात्स्यायन ने आगे कहा, ''उसका सौंदर्य और यौवन नहीं, बल्कि उसकी यही विशेषता उसकी व्यावसायिक सफलता का रहस्य थी। यह तथ्य उसकी भावनाओं की सघनता को कम नहीं करता कि वह केवल धनिकों से प्यार करती थी और उसके निर्धन होते ही उसका प्रेम भी फीका पड़ जाता था। कुछ स्त्रियाँ कवियों के प्रेम में पड़ती हैं, कुछ योद्धाओं के। कुछ स्त्रियाँ सिर्फ धनिकों के प्रेम में क्यों नहीं पड़ सकतीं ?''

'' 'कामसूत्र' में मैंने एक लंबी सूची दी है कि किसी गणिका को पुरुष का अनुराग प्राप्त करने के लिए क्या-क्या करना चाहिए। चंद्रिका को इन निर्देशों की जरूरत नहीं थी। ये उसके स्वभाव में ही निहित थे। उसी सूची में मैंने यह सलाह दी है कि स्त्री को अपने प्रेमी की अवस्था के अनुसार उत्साहित या निरुत्साहित होना चाहिए। अगर वह उसाँसें और जँभाइयाँ लेता है तो उसे निराशा और दुःख की भावनाएँ व्यक्त करनी चाहिए। चंद्रिका को अपने प्रेमी की मनोदशा को प्रतिबिंबित करने के लिए अभिनय करने की जरूरत नहीं थी। वह अत्यंत सहजता से ऐसा करती थी। लेकिन क्या चंद्रिका केवल अभिनय करती थी ? मैं ऐसा नहीं मानता। अगर वह अभिनय भी करती थी तो सत्य का, झूठ का नहीं। तुम्हें यह अवश्य जानना चाहिए कि चंद्रिका ऐसा आचरण ही नहीं करती थी कि वह अपने प्रेमी पर अनुरक्त है, वह ऐसी हो भी जाती थी। उसके बारे में यह जानना कठिन था कि उसका व्यवहार पहले आता था या उसकी भावना। वह स्वयं भी इसे नहीं जानती थी। वह उन दुर्लभ प्रतिभाशाली स्त्रियों में से थी, जो अपने अभिनय को अपनी भावनाओं, अपने स्वभाव को अपनी युक्तियों और अपने खरेपन को अपने पाखंड से अलगा नहीं पातीं। इस प्रकार वे अपनी इच्छाओं और आकांक्षाओं, अपनी कुशलता के लिए अपनी व्यावहारिक बुद्धिमत्ता और अपनी भावनाओं के दबाव में उपजे आवेग के बीच कोई टकराव नहीं खोज पाती हैं।

''मैं जानता हूँ कि वह स्वभावतः स्वच्छंद थी। वह अपनी लुभावनी युक्तियों का प्रयोग वैसे ही करती थी जैसे कोई संगीतकार सोद्देश्यता और एकाग्रता के साथ वीणा पर अभ्यास करता है। बगल से गुजरते हुए उसकी हल्की-सी मुसकान, उसकी धूसर हरी आँखों की पुतलियों का आकस्मिक फैलाव, जो उसकी यौनेच्छा के जग जाने पर होनेवाले विस्मय का सूचक था, और उसके शब्दों में हकलाहट का पुट या वाक्यों में टूटती हुई लय, जो कामासक्ति में उसकी असहायता को इंगित करते थे, किसी ऐसे व्यक्ति के लिए नहीं उभरती थी जिसके प्रति वह उदासीन हो। उसके कौशल को वास्तविक माहौल चाहिए था, जिसमें पुरुष के अंदर प्रेमी होने की संभावना हो, जिसमें वह आसक्ति के कूल-किनारे पर डगमगाते हुए ही सही, कम-से-कम इठला सके।''

।। सात ।।

आचार्यों के अनुसार अधिक अनुराग रखनेवाले की अपेक्षा ऊँची कीमत चुकानेवाले प्रेमी से अधिक लाभ होना निश्चित रहता है।

—कामसूत्र 6.5.9

अगले दिन सुबह मैं समय से कुछ पहले ही आश्रम पहुँच गया। वाराणसी से यहाँ की यात्रा के दौरान मुझे आगत का आनंददायक पूर्वाभास होता रहा, यद्यपि मैं यह नहीं समझ सका कि ऐसा क्यों हुआ। वात्स्यायन से चंद्रिका की कहानी सुनने और अपने बचपन की उन विशिष्ट स्मृतियों का स्मरण करते समय उनकी आवाज में आनेवाली उत्तेजना को महसूस करने की मेरी उत्सुकता की वजह से शायद ऐसा हुआ होगा।

"क्या तुम रास्ते में मालविका से नहीं मिले ?" एक-दूसरे का अभिवादन करने के बाद जब हम उस दिन का काम करने के लिए साथ बैठे तब उन्होंने पूछा, "बस तुम उससे रंचमात्र चूक गए।"

"क्या वह जंगल के लिए निकल चुकी है ।" मैंने पूछा।

"हाँ, लेकिन उसने तुम्हारे लिए यह छोड़ रखा है," उन्होंने मेरी तरफ विशेष स्नेह से देखते हुए मेरे आसन के बगल में जमीन पर रखे पीतल के गिलास की तरफ संकेत किया।

"उसने कहा कि तुम मधुपालक की अपेक्षा नींबू और जौ के पानी को अधिक पसंद करते हो।"

उस गिलास के बगल में पानी की बिखरी हुई बूँदों से चमकता हुआ कमल का एक बड़ा-सा पत्ता रखा था, जिसके बीचोबीच अशोक के लाल फूलों की एक टहनी खुँसी थी।

"पहला गैर धनिक—यद्यपि वह अच्छी-भली आर्थिक स्थिति में था—जिससे चंद्रिका ने प्यार किया था, एक विदेशी था। वह एक यूनानी सौदागर था, जिसका काफिला कौशाम्बी में तैयारी के लिए रुका था। जैसा कि तुम जानते हो, कौशाम्बी केंद्रीय प्रदेशों से होकर जानेवाले प्रमुख व्यापारिक मार्ग पर स्थित है। समुद्र पार से हर तरह के माल, जैसे यवनों के देश से लाल मूँगा, पीला अंबर, चाँदी के बरतन और दीपक, काँसे के मर्तबान और डिब्बे, मिस्र से पन्ना और सिकंदरिया, टायरे और सिडोन से शीशे के बर्तन

पश्चिमी बंदरगाहों पर जहाजों से उतारे जाते हैं और कौशाम्बी से होकर जानेवाली सड़क पर काफिलों में अन्य केंद्रीय प्रदेशों और पूर्वी राज्यों को ले जाए जाते हैं। पश्चिमोत्तर की पर्वतश्रेणियों के उस पार चीन से रेशम, जीन, रोगन और ताम्रनिर्मित वस्तुएँ—बैक्ट्रिया, कविशा और कश्मीर से शराब के पीपे लेकर आनेवाले काफिलों के साथ-साथ सुदूर पश्चिम में लाओडिका और अरब से आनेवाले काफिले भी पूर्वी राज्यों के रास्ते में कौशाम्बी से होकर गुजरते हैं। इसकी विपरीत दिशा में भी यातायात हमेशा बना रहता है, क्योंकि हमारे हाथी दाँत, बेहतरीन लकड़ी, कीमती जवाहरात, इत्र और मसालों को पश्चिमी बंदरगाहों अथवा पेशावर और काबुल के अतिरिक्त और उत्तर जाने पर सीरियाई तट को पश्चिमी चीन से जोड़नेवाले मार्ग तक ले जानेवाले काफिले इन पर चलते रहते हैं।

"कौशाम्बी की अधिकांश समृद्धि इसके प्रमुख व्यापारिक मार्ग पर स्थित होने के कारण है। इसकी आय केवल काफिले की कीमत पर लगनेवाले करों या गरमी के महीनों में व्यापारियों द्वारा उत्तर-पश्चिमी पर्वतमालाओं को पार करके लाए जानेवाले घोड़ों के समूहों पर आश्रित नहीं है। ये घोड़े शाही दस्ते में शामिल किए जाते हैं। काफिलों को आराम और ताजा सामग्री के लिए रुकना भी पड़ता है। व्यापारी, चालक और नौकर खाते, पीते और सोते भी हैं। नगर के पूर्वी और पश्चिमी, दोनों द्वारों पर सराय और भठियारखाने थे, जो लगभग ऐकांतिक रूप से काफिलों के भोजन की व्यवस्था करते थे। मनोरंजन करनेवालों की बस्ती के बाहरी किनारे पर स्थित कुछ सस्ते वेश्यालय भी ऐसा करते थे। इस तरह हम लोग अपनी दुकानों में विदेशी सामान और अपनी सड़कों पर विदेशी पुरुषों को देखने के अभ्यस्त हो गए थे। जब मैं बच्चा था, तब प्रधानमंत्री और सेनापति, दोनों के घरों में यूनानी दासियाँ रहती थीं। ये दोनों एक-दूसरे के आधिपत्य की बराबरी करने के लिए बहुत प्रयत्न और व्यय करते थे। राजा रुद्रदेव ने इन उच्चाधिकारियों को अपवादस्वरूप यह अधिकार दिया था। नगर में कुलीन तबके को विदेशी दासियों का स्वामी बनने की अनुमति नहीं थी। कोई काफिला अगर इस तरह की विक्रय सामग्री लेकर आता था तो उसे नगर की चहारदीवारी के अंदर निर्धारित जगहों पर शिविर डालने से रोक दिया जाता था।

"सेनापति की एक दासी प्रधानमंत्री के सनातन संताप का विषय थी। वह न तो यूनान की थी, न उसके उत्तर-पश्चिम में स्थित बैक्ट्रियाई राज्य की और न ही सुदूर पश्चिम में स्थित यूनानियों की मातृभूमि की। वह और भी दूरवर्ती ऐसी जगह से आई थी, जिसके बारे में हमें बताया गया था कि वह ठंडा और सघन वन्य प्रदेश है—भालुओं और उन वनवासी स्त्री-पुरुषों का निवास-स्थान है, जो गुफाओं में रहते हैं और भालू की खाल पहनते हैं। यह सभी जानते हैं कि यूनानी दासी का जन्मस्थान जितना ही दूर होता है, उसकी कीमत उतनी ही अधिक होती है। हमने सुना था कि प्रधानमंत्री ने ऊँची कीमत चुकाने और अधिकाधिक समर्थन देने का वायदा करके अनेक व्यापारियों से अपने लिए ऐसी ही दासी लाने को कहा था, लेकिन ऐसा न हो सका क्योंकि उस प्रदेश

से, जिसे यूनानी जर्मनिया कहते थे, लड़कियाँ एक वर्ष लंबी यात्रा की तकलीफों को बर्दाश्त ही नहीं कर पाती थीं।

"सेनापति और प्रधानमंत्री के बीच छिड़ी इस प्रतिद्वंद्विता पर बहुत से लोग हँसते थे। वे पूरी तरह इसे ईर्ष्या का परिणाम मानते थे। मैं समझता हूँ कि ऐसे लोग इस मामले में कामेच्छा के महत्त्व को, कामशैया पर उस दासी द्वारा निभाई जानेवाली भूमिका को कम करके देखते थे। उस लड़की का आकर्षण उसके विदेशी होने और इसलिए पहुँच से दूर होने में निहित था। उसके शरीर में कोई व्यक्ति प्रवेश कर सकता है, लेकिन बिलकुल अलग मौसम, अनुभव, देवताओं और भोजन के मेल से बनी उसकी चेतना अभेद्य थी। कामसूत्र में जब मैंने गणिकाओं को सहवास के लिए तुरंत राजी न होने की सलाह दी, क्योंकि सहज प्राप्य चीजों को तुच्छ समझने की पुरुषों की आदत होती है, मैं उसी के बारे में सोच रहा था। गणिका को हमेशा अजनबीपन का पुट और हल्की-सी उदासीनता का भाव रखना चाहिए, भले ही यह अपने प्रेमी के सामने अपने को पूरी तरह खोल देने और समर्पित कर देने की स्त्री की सहज इच्छा के विपरीत जाता है।

"मैं नहीं जानता कि वह दासी सेनापति के बारे में क्या सोचती थी, लेकिन मुझे यह मालूम है कि सेनापति उसके विदेशीपन को बनाए रखने के लिए बहुत प्रयास करता था। उसकी दासियों की प्रमुख अधेड़ उम्र की बेजान भूरे बालों, मक्कार चेहरे, पान के धब्बों से भरे टेढ़े-मेढ़े दाँतोंवाली एक विधवा थी। वह कंचन-माता की सहेली थी और प्रायः हमारे यहाँ आती थी। वह कौशाम्बी के सभी कुलीन घरानों के बारे में गप्पों की खान थी। उसी ने हमें बताया था कि सूरज चढ़ जाने के बाद इस दासी को दरवाजे से बाहर नहीं जाने दिया जाता था, ताकि उसका रंग साँवला न हो जाए।

" 'मैं नहीं जानती कि वह क्यों उसके वीभत्स रंग को, अगर उसे रंग कहा जा सके, बनाए रखना चाहता है,' कंचन-माता की सहेली ने नाक-भौं चढ़ाई, 'अगर मैं पुरुष होती तो उसकी त्वचा को छूना भी गवारा न करती। बेरंग इन्सान को छूने की तरह ! फिर उसके बाल हमेशा खुले रहने चाहिए। प्रायः बिना कंघी किए उसके बाल घने हैं और कमर से नीचे तक चले गए हैं। लेकिन उनका रंग ऐसा है कि उसके प्रति कोई ललक नहीं पैदा होती। सूखे हुए गेहूँ के डंठलों से भी हल्का। उसकी भौंहों और बरौनियों का रंग भी पैरों और बगलों के बालों की तरह निस्तेज पीला है। केवल उसकी जाँघों के बीच उगे बाल ही थोड़े गहरे, मुरझाए हुए सूरजमुखी जैसे हैं।'

" 'तुम्हारा मतलब है कि वह अपनी योनि के चारों तरफ के बालों को भी साफ नहीं करती ?' मेरी माँ ने विक्षुब्ध होते हुए पूछा।

" 'नहीं, उसके देश का रिवाज है कि स्त्री और पुरुष अपने शरीर के पूरे बालों को सुरक्षित रखते हैं। सेनापति उसे इसी बर्बर अवस्था में रखना चाहता है।'

" 'पुरुष इतने घृणित भी हो सकते हैं,' चंद्रिका ने हल्की-सी झुरझुरी ली, 'कि वे बालोंवाली स्त्री के साथ यौन संबंध की इच्छा रखें।"

“ ‘केवल यही नहीं,’ कंचन-माता की सहेली ने आगे कहा, ‘रसोइए को केवल उसके देश के घिनौने व्यंजनों—नमक के साथ उबाला गया सुअर का मांस और अपने ही रस में सींखचे पर भुना हुआ भालू—को तैयार करने का निर्देश दिया गया है। कुछ भी ठीक से पकाया नहीं जाता।’

“अब उसने अपनी आवाज धीमी कर ली और मेरी माँ को अर्थपूर्ण दृष्टि से देखा, ‘इस बच्चे को बाहर भेज दो।’

“बिना इस बात की प्रतीक्षा किए कि मेरी माँ ऐसा करने को कहे, मैं उठा और बाहर चला आया। दरवाजे पर मेरे कान इधर ही लगे थे। मैं केवल एक शब्द ‘औपरिष्टक’ सुन सका, जिसका अर्थ, ‘मुखमैथुन’, मुझे बाद में जाकर पता चला। अब मैं जानता हूँ कि कंचन-माता की सहेली ने क्या कहा होगा : कि सेनापति मुखमैथुन का खासतौर पर शौकीन था और उस दासी की योनि की गंध उसे विशेष रूप से उत्तेजक लगती थी।

“योनि की अलग-अलग गंध और मुखमैथुन के लिए उनका महत्त्व एक ऐसा विषय है जिस पर मैंने ‘कामसूत्र’ में विचार नहीं किया है। पूर्वलिखित सामग्री के अभाव में इस विषय पर अपनी इच्छानुसार विस्तार से चर्चा करना कठिन जानकर मैंने इसे छोड़ दिया। सामान्यतया शरीर की गंध की ही तरह योनि की गंध भी किसी स्त्री के खाने की आदतों से सीधे जुड़ी हुई है। इसीलिए यह अलग-अलग देशों में विभिन्न खाद्य प्रवृत्तियों की ही तरह उनकी विशिष्टता है। जो स्त्रियाँ लहसुन, प्याज और खासतौर पर मांस के बिना केवल हल्का मसालेदार मसूर, चावल, सब्जी और फल खाती हैं, उनकी योनि सुगंधित रहेगी। द्रविड़ देश की ब्राह्मण स्त्री का प्रेमद्रव फलों की हल्की गंध लिये होगा, जिसकी भूरि-भूरि प्रशंसा मुखमैथुन के पारखियों ने की है। पूर्वी देशों की स्त्रियों की योनि से कस्तूरी-जैसी दलदली गंध आती है जो बहुत से लोगों को अप्रीतिकर नहीं लगती। तिब्बत, सिंध के आसपास की भूमि और ईरान, यूनान, पार्थिया और बैक्ट्रिया की मांसाहारी स्त्रियों की योनि की गंध समुद्र और इसके केकड़े, सीप और घोंघे जैसे अत्यंत छोटे-छोटे जीवों से मिलती-जुलती और अत्यंत तीव्र होती है। ये प्राकृतिक गंध है, लेकिन कृत्रिम युक्ति से निश्चय ही योनि को मनचाही गंध, चाहे थोड़े ही समय के लिए, प्रदान की जा सकती है। मैंने किसी, रोग के या जन्मजात, कारण से योनि से आनेवाली दुर्गंध को सुगंधित करने के लिए कुछ विधियों को सूचीबद्ध किया है। कमल के कुचले हुए डंठल को दूध के साथ मिलाकर बनाई गई गोलियों, जिनसे योनि का लचीलापन बढ़ता है, के साथ कौशाम्बी की हर गणिका अपने पास सरसों के तेल की एक बोतल भी रखती थी। इसमें चमेली की कलियाँ, बादाम और मुलैठी डालकर धीमी आँच पर पकाया जाता था। इस तेल को दुर्गंध निकल जाने पर ही योनि में लगाया जाता था।

“मैं तुम्हारे सामने एक ऐसा रहस्य खोलूँगा जिसे मैंने अपनी कृति में नहीं प्रकट किया। प्रत्येक प्रकार की स्त्री के प्रेमद्रव का लेप की हुई कमल की पंखुड़ी एक प्रभावी

औषधीय गुणों से परिपूर्ण होती है, यदि इसे पूर्णमासी को खाया जाए। मृगी स्त्री का प्रेमद्रव शीतल, त्रिदोषों के योग को रोकनेवाला, यक्ष्मा, कष्टश्वास, खाँसी, हिचकी और मंदाग्नि में प्रभावी होता है। बड़वा स्त्री की योनिसुधा वायु को शांत करती है, कफ और पित्त को उत्तेजित करती है और मंदाग्नि को बढ़ाती है। हस्तिनी स्त्री का योनि द्रव गर्म, अम्लीय होता है, पित्त को नष्ट करता है, कफ और वायु का शमन करता है, पुरुष का पुंसत्व बढ़ाता है और मूत्रवर्धक का कार्य करता है।

''किस योनि की गंध, स्त्री के स्राव की कौन-सी विशिष्ट सुगंध पुरुष को उत्तेजित करेगी, यह व्यक्तिगत अभिरुचि का विषय है। जैसा कि मैं अपने पाठकों को लगभग सभी अध्यायों के अंत में याद दिलाता रहता हूँ कि कामसंबंधी अन्य अनेक मामलों की तरह आवेग के ज्वार के ऊँचा उठने पर जो कुछ भी युगल को उत्तेजित करके आनंदोन्माद की तरफ ले जाता है, निश्चय ही उसे प्रेम के देवता का आशीर्वाद प्राप्त होता है। सेनापति के मामले में मैं कहूँगा कि उस स्त्री की त्वचा पर अनपेक्षित रेशमी रोमावली के अहसास के साथ-साथ वह उस दासी की योनि की, खासतौर पर तीखी और हमारे देश की स्त्री-गंधों से पूर्णतया भिन्न, गंध थी जिसने उसे स्फुरण प्रदान किया था। वह उसके विदेशीपन को बचाए रखकर उसे ही सुरक्षित रखना चाहता था।

''उस यूनानी व्यापारी के विदेशीपन ने ही चंद्रिका को आकर्षित किया। वह एक नई चुनौती का प्रतिनिधि था। चंद्रिका ने किसी विजेता का स्वभाव पाया था, जो अविजित भूमि पर बढ़ता ही चला जाता है। सामान्यतया चंद्रिका मित्रास नामक उस व्यक्ति से कभी नहीं मिली होती। इसका अर्थ यह नहीं कि कौशाम्बी में हम लोग यूनानियों या दूसरे विदेशियों से अपरिचित थे, यद्यपि उनमें से कम लोग ही नगर में रहते थे। उज्जैनी या पाटलिपुत्र के विपरीत, जहाँ वर्ष में एक दिन विदेशी प्रवासियों की दावत के लिए नियत है, कौशाम्बी के विदेशी या तो गुलाम थे या फिर घुमक्कड़ व्यापारी और विक्रेता। वे हमारे नगर में अपने काफिलों के साथ आते थे, कुछ दिन रुकते थे, फिर अपनी राह चले जाते थे। शाम को यदि उनके व्यापारिक सहयोगियों ने उन्हें अपने घर आने का निमंत्रण नहीं दिया तो वे सामान्यतया पूर्वी द्वार के निकट स्थित अपनी झोंपड़ियों में शराब पीने और आसपास की सस्ती वेश्याओं के यहाँ जाने तक ही अपने को सीमित रखते थे। किसी गणिका की कलाओं से अनभिज्ञ और प्रेमक्रीड़ा में विवेकहीन उन विदेशियों को किसी आत्मसम्मानयुक्त गणिका ने कभी स्वीकार न किया होगा।

''बहरहाल, मित्रास के पास मेरे पिता का एक पत्र था, जिसे मदनसेन के पलायन के कुछ हफ्तों बाद वसंत की एक सुबह, सेवक ने मेरी माँ को लाकर दिया। वह यूनानी मेरे पिता से मथुरा में मिला था, जहाँ उनके काफिलों ने एक-दूसरे को पार किया था। मेरा अनुमान है कि इन दोनों ने घर से दूर रहनेवाले हमपेशा पुरुषों के बीच पनपनेवाली मित्रतावश साथ-साथ मद्यपान और वेश्यागमन किया होगा। जो हो, 'वह यूनानी', जैसाकि मेरी माँ उसे बहुत बाद तक कहती रही, अगले दिन दोपहर के भोजन के लिए आमंत्रित

कर लिया गया।

" 'यूनानी क्या होता है, गणदास ?' मैं यह पूछने के लिए रसोईघर तक दौड़ गया।

"हमारा मोटा और अधेड़ रसोइया गणदास, एक छोटे आसन पर बैठकर, किसी नौसिखिए को बोतल में नीबू का अचार भरने का निर्देश दे रहा था। उसने मुसकराकर मुझे अपनी गोद में बैठने के लिए बुलाया। उसके ठोस पेट की टेक लगाकर मैं रसोईघर में फैली शानदार गंधों को संतुष्टिपूर्वक सुड़कने लगा। सरसों के तेल, जिसमें नींबू के टुकड़े डाले गए थे, की तीखी गंध ने भुने हुए मांस और मसालों की पुरानी गंध को दबा दिया था।

"गणदास अपने कार्यक्षेत्र को तीन युवा प्रशिक्षुओं की सहायता से और वैदिक हवन के अनुष्ठानवाली गंभीरता के साथ संचालित करता था। कमर तक नंगे शरीर और पसीने से लथपथ चमकदार तोंद पर ऊपर-नीचे जाती हुई जनेऊ के साथ वह अपने सहायकों को वैसी ही गुंजायमान आवाज में निर्देश और स्पष्टीकरण देता था, जैसी आवाज में श्रद्धेय शिक्षकगण संस्कृत व्याकरण के नियमों का प्रतिपादन करते थे। यद्यपि प्रशिक्षुओं के अतिरिक्त कोई और रसोईघर में घुस जाता तो गणदास अपनी अप्रसन्नता खुलेआम प्रकट करता था, लेकिन मुझे वह अपवाद मानता था। मैं सोचता हूँ कि यह भावनात्मक रूप से यतीम एक बच्चे के प्रति दया से अधिक और कुछ नहीं था। अपनी भारी-भरकम गरिमामय चाल से जब वह रस, अचार, शर्बतों और मुरब्बों को बोतलों तथा अनाजों और दालों को बड़े-बड़े गृहभांडों में समुचित ढंग से रखने का निर्देश देते हुए तथा चूल्हे पर चढ़े बर्तनों में धीमे-धीमे खदबदाती हुई चटनियों को अपनी कमर से एक जंजीर के सहारे लटके चाँदी के लंबे चम्मच से कभी-कभार चखते हुए रसोईघर में चारों ओर घूमता तो मुझे भी अपना अनुसरण करने देता था।

"गणदास ने दो वर्ष तक एक वैद्य से शिक्षा लेने के बाद औषधियों का अध्ययन छोड़ने और रसोइए के कार्यक्षेत्र में प्रवेश करने का निर्णय किया था, जो वैसा ही दुष्कर था।

" 'औषधि तैयार करना और खाना पकाना, दोनों ही पदार्थों के मिश्रण और परिष्करण की प्रक्रियाएँ हैं,' वह प्रायः कहता था, 'औषधि तैयार करने की विद्या की ही तरह पाक कला भी एक दूसरे के पूरक गुणोंवाले पदार्थों को असंगतियों से बचते हुए मिलाने और उन्हें पकाकर अपने प्रकृतिप्रदत्त गुणों के अलावा अन्य गुणों से भी अनुप्राणित कर देने की कला है।'

"अपने पेशे के बारे में गणदास के विचार बहुत ऊँचे थे और उनसे वह अपने सहयोगी शिष्यों को भी अनुप्रणित करने का प्रयास करता था।

" 'भोजन', उसने आगे कहा, 'सभी गतिविधियों का आधार है, चाहे वे समृद्धि की तरफ ले जानेवाली हों या रत्यात्मक प्रेम के आनंद की तरफ। जो लोग जीवनचक्र से मोक्ष की साधना कर रहे हों उन्हें केवल शाकाहारी भोजन करना चाहिए। प्रत्येक आहार ईश्वर के लिए आहुति है। हवनाग्नि के लिए पुरोहितों द्वारा प्रयुक्त पवित्र

सामग्रियों की ही तरह रसोइए को भी मनुष्य की जठराग्नि के लिए पौष्टिक पदार्थ प्रस्तुत करने चाहिए। इसीलिए, जिस प्रकार पुरोहितों को ब्राह्मण ही होना चाहिए, उसी प्रकार रसोइया भी ब्राह्मण ही बन सकता है।'

"अपने रसोईघर का एक स्वामी की तरह निरीक्षण करते समय, अपनी तोंद को अपनी गोद में झुलाते और कभी-कभी उसे थपथपाते हुए मानो वह किसी बच्चे का सिर हो, गणदास हमसे कहता कि जीवन और कुछ नहीं, आहारों की शृंखला है।

" 'जो प्राणी निश्चल हैं, वे चलायमान के आहार हैं,' वह मनु को उद्धृत करता, 'और जो दंतहीन हैं, वे उनके आहार हैं जिनके पास दाँत हैं। जिनके पास हाथ नहीं हैं, वे हाथवालों के और कायर बहादुरों के आहार हैं।'

"गणदास इस कहावत का प्रशंसक था कि हर बार जब कोई व्यक्ति भोजन करता है तो वह विजय का उत्सव मना रहा होता है। देवताओं को दी गई आहुति, उत्तरजीविता का उत्सव, और श्रद्धा के साथ भोजन करने पर हमेशा शक्ति और तेज प्रदान करता है, लेकिन तिरस्कारपूर्वक ग्रहण किए जाने पर यह इन दोनों को नष्ट कर देता है।

"गणदास की दृष्टि में ब्रह्मांड भी रसोईघर के अलावा और कुछ नहीं है। मीठा, खट्टा, नमकीन, तिक्त, कटु और पौष्टिक आदि मूलभूत स्वादों को प्रकृति के तारों, जल, पृथ्वी, ग्रहों और प्राणिजगत जैसे किसी-न-किसी क्षेत्र के पोषण के लिए निरंतर सघन या विरल किया जा रहा है। पानी में घुले हुए नमक की तरह अदृश्य होकर भी ये स्वाद समस्त प्रकृति में व्याप्त हैं। पारखी और विवेचक जिह्वा (एक ऐसा अंग, जिसमें स्वाद की सात हजार शिराएँ होती हैं) वाले व्यक्ति के लिए वसंत की बयार का स्वाद गरमी या जाड़े की हवा से बिलकुल भिन्न होगा। प्रत्येक चट्टान का अलग स्वाद होता है, उसी प्रकार जैसे प्रत्येक पौधे में प्रवाहित रस या किसी विशेष मांस के शोरबे का।

"गणदास से मैंने सीखा कि कामवासना भी पाककला जैसी ही है। उसने स्वयं कभी यह तुलना नहीं की थी। वह इतना मर्यादित व्यक्ति था कि किसी छोटे बच्चे की उपस्थिति में यौन मामलों की चर्चा नहीं कर सकता था। अच्छे रसोइए की तरह कामकला में निपुण स्त्री-पुरुष ऐसा कुछ नहीं कर सकते, जो यौनावेग के स्वाद को न बढ़ाए। इसी प्रकार किसी बुरे रसोइए की तरह, जो सर्वश्रेष्ठ सामग्रियों के स्वाद को भी नष्ट कर डालता है, कामकला से अनजान पुरुष समस्त उत्तेजना को राख के ढेर में बदल डालता है। पाक विद्या की तरह—जिसका आदर्श मांस, अनाज, फल, सब्जी और मसालों की मात्रा और उनके अनुपात का उचित निर्धारण करके जमाने, उबालने, तलने, भूनने और अन्य क्रियाओं से रूपांतरित करके भोजन को उसे ग्रहण करनेवाले के स्वभाव के अनुकूल बनाना है—कामवासना में भी आवेग की आँच पर आलिंगन, चुंबन, दंत-क्षत, नख-क्षत, ध्वनियों और आसनों के सही चयन और तालमेल का प्रमाण मिलता है, जो प्रेमी को अपने साथी के यौन-स्वभाव के अनुकूल रूपांतरित कर देते हैं।

"गणदास से मैंने यह भी जाना कि लोग खाने में अलग-अलग स्वादों को पसंद करते हैं। अभी तक अपनी सहजानुभूति से केवल लिंग, आयु और सामाजिक स्थिति

में अंतर पहचाननेवाले बच्चे के लिए यह खोज महत्त्वपूर्ण थी। गंगा और यमुना के दोआब में स्थित केंद्रीय प्रदेश के निवासी, हम लोगों की आहार-प्रणाली गेहूँ, जौ और गाय के दूध पर आधारित है, जबकि पूरब की आर्द्र और दलदली भूमि के निवासियों की मछली पर। तिब्बतवासियों की तरह पूर्वी लोग भी क्षारीय पदार्थों का अत्यधिक प्रयोग करते हैं। द्रविड़ लोगों को चावल का दलिया खाने की आदत है, जबकि सिंधु के आसपास के लोग दूध में नमक मिलाते हैं। ईरानी, बैक्ट्रियाई, कुषाण और हूण आदि पश्चिमोत्तर के प्रचंड निवासियों का आहार मांस, गेहूँ, मध्विका मद्यसार के आसपास केंद्रित है, जो उन्हें अग्नि और तलवार के प्रति इतना समर्पण प्रदान करता है।''

''आचार्य'', मैंने उन्हें टोका, ''कामसूत्र में आप कामवासना और आहार-प्रणालियों के बीच संबंध पर चुप हैं।''

''ऐसा करना असामयिक होता,'' वात्स्यायन ने कहा, ''आज तक भी मैं कुछ संबंधों की कल्पना मात्र कर सकता हूँ। उदाहरण के लिए पूर्वी देशों की स्त्रियाँ प्रचंड कामवेग से परिपूर्ण होती हैं और संभोग के दौरान उनका प्रेमद्रव इतनी अधिक मात्रा में गिरता है कि उनकी जाँघों के नीचे चादर पर बड़े-बड़े गीले दाग पड़ जाते हैं। क्या यह मछलियों के भोजन से संबंधित है ? सिंधु के आसपास के प्रदेशों की स्त्रियों की तरह ईरानी, यूनानी और बैक्ट्रियाई स्त्रियाँ मुख-मैथुन पसंद करती हैं। मेरा विश्वास है कि उनकी यह रुचि मांस को केंद्रीय भूमिका देनेवाली उनकी आहार-प्रणाली का परिणाम है। यौनाचार करने और करवाने में मिलनेवाले स्वाद का आधार मांसाहार है, यद्यपि मुख-मैथुन में चबाने, काटने और चूसने का संकेत मात्र होता है, ऐसा वास्तव में नहीं किया जाता।''

''...यद्यपि हमेशा नहीं !'' मैंने सम्मानपूर्वक जोड़ा, ''औषधियों पर सुश्रुत के ग्रंथ में शिश्न पर दाँतों से लगनेवाली चोट को उस कृति में उल्लिखित रोगों के एक कारण के रूप में व्याख्यायित किया गया है।''

वात्स्यायन ने इस संशोधन को स्वीकार किया और अपनी बात जारी रखी :

''लेकिन आहार और कामवासना के निकट संबंध पर हमें आश्चर्य क्यों करना चाहिए ? भोजन और मैथुन के लिए प्रयुक्त शब्दों की उत्पत्ति अंततः एक ही संस्कृत मूल—भुज से होती है।''

''जैसा कि मेरा अनुमान था, गणदास को यूनानियों के बारे में सब कुछ पता था। वर्षों तक यह उनमें से कुछ लोगों से पूर्वी द्वार के निकट भठियारखाने में, जहाँ वह धड़ल्ले से जाता रहता था, मिल चुका था। और एक बार तो उसने बैक्ट्रियाई व्यापारियों के काफिले से संबद्ध एक यूनानी रसोइए से लंबी बातचीत भी की थी।

'' 'ये लोग उतने सभ्य नहीं हैं, जितने कि हम लोग, यद्यपि उतने बर्बर भी नहीं हैं जितने कि कंद-मूल पर जीवित रहनेवाले हमारे वनवासी कबीले,' गणदास ने मेरे प्रश्न के उत्तर में कहा।

'' 'बर्बर कौन हैं ?' मैंने तत्काल पूछा।

'' 'बर्बर वे लोग होते हैं जिनके यहाँ रसोइए नहीं होते। यूनानी कुछ बेहतर होते हैं, क्योंकि उनके यहाँ रसोइए होते हैं। लेकिन वे पूरी तरह सभ्य नहीं होते, क्योंकि उनके रसोइए अशिक्षित और निम्नस्तरीय होते हैं।'

'' 'मैं और अधिक जानना चाहता था।'

'' 'यूनानियों का भोजन अच्छा नहीं होता। उनका प्रमुख भोजन जौ और गेहूँ का पेट भरनेवाला दलिया या तीखे शाक-प्याज की सलाद के साथ सादी रोटियाँ होती हैं। वे मछली भी खाते हैं लेकिन मसालों या उन्हें मिलाने की सूक्ष्म कला, जिससे खाने का सतही स्वाद ही नहीं बल्कि उसका आंतरिक स्वभाव भी प्रकट होता है, के बारे में कुछ नहीं जानते। उस रसोइए ने मुझे बताया था कि उनका सबसे सुस्वादु व्यंजन उनके समुद्र में पाई जानेवाली एक मछली की पूँछ से बनता है जिसे काटकर, भूनकर, हल्का नमक और तेल लगाकर, उसे तीखे नमकीन पानी में डुबोकर गर्म-गर्म खाते हैं।'

'' 'इसकी सरलता पर मुझे कोई एतराज नहीं है,' उसने कहना जारी रखा, 'लेकिन मैं शूकरी के गर्भाशय जैसी उनकी कुछ खाद्य सामग्रियों पर दंग हूँ। उनके बारे में सबसे बुरी बात यह है कि वे गाय खाते हैं। मुझे यह बताया गया कि वे अपने मंदिरों के बाहर गाय की बलि देते हैं, फिर उसके मांस को आपस में बाँट लेते हैं। इसके बाद इसे नमक छिड़ककर भूना जाता है, और अधपका रहते ही आग पर से उतार लिया जाता है, जबकि इससे रक्त टपक रहा होता है। क्या तुम गाय को खाने की कल्पना कर सकते हो ? गाय—जो रुद्र की माँ, वसु की पुत्री, आदित्य की बहन, अमरत्व की कोख, पृथ्वी की देवी है !'

''हम घृणा की आंतरिक कँपकँपी को परस्पर अनुभव करते हुए, एक क्षण को चुप रहे। मेरी आँखों के आगे गाय के विशाल उदर से निकलते खून से लथपथ यूनानी का चेहरा कौंध गया। उस प्रशिक्षु ने रसोईघर में व्याप्त हो गई उदासी को हल्का करने की कोशिश की।

'' 'श्रीमन्, मल्ली को उनके देवता और गाय की कहानी सुनाएँ।' उसने कहा। निश्चय ही वह उस कहानी को सुन चुका होगा।

'' 'यूनानी पुरुषों का उनके देवताओं से विच्छेद उनकी पाककला और गोभक्षण के कारण हुआ,' गणदास ने कहा, 'प्राचीन काल में वे देवताओं के साथ स्पर्श में रहते थे, जहाँ खाने की आवश्यकता नहीं पड़ती थी। एक बार गाय की बलि देने के बाद उन लोगों ने उसे क्षुधावर्धक वसा से ढकी हुई अखाद्य अस्थियों तथा उपस्थियों और अरुचिकर त्वचा से ढके हुए खाने योग्य मांस, दो भागों में बाँटकर देवताओं को धोखा देना चाहा। देवराज इंद्र ने उनकी धोखाधड़ी को समझते हुए भी अखाद्य भाग को देवताओं के हिस्से के रूप में ले लिया। फिर गोमांस के पकाने के लिए उन लोगों ने देवताओं की आग की चोरी की। यह दूसरी चाल देवताओं के लिए असहनीय थी। उन्होंने स्त्री का सृजन किया, ताकि इसके बाद पुरुष प्रजनन कर सकें। फिर अपने

परिवार के भरण-पोषण के लिए पुरुषों को काम करना पड़ा और वे नश्वर बन गए।'

" 'इस प्रकार तुमने देखा,' गणदास ने इस कथा के नैतिक बोध का निचोड़ प्रस्तुत किया, 'पाक कला एक तरह का ध्यान है, जो और ध्यानों की तरह शरीर और मस्तिष्क की पूर्ण पवित्रता की अपेक्षा रखता है। मस्तिष्क में बुरे विचारों और हृदय में छल के साथ बेईमानी से खाना बनाने का रसोइए पर विनाशकारी प्रभाव पड़ सकता है।'

"मुझे याद है कि वसंत के एक ढलते हुए दिन को मित्रास हमारे घर दोपहर का भोजन करने के लिए आया। उसी सप्ताह हमने होली मनाई थी और अब मदनोत्सव की तैयारी कर रहे थे। यह उत्सव गणिकाओं और प्रेम-व्यापार से जुड़े सभी लोगों—वेश्याओं के विभिन्न वर्गों और उन पर निर्भर भड़वों और अन्य दूतों, गणिका के पेशे का प्रबंधन करनेवाले दलालों, चित्रकला, गायन और नृत्य के शिक्षकों द्वारा सबसे पवित्र उत्सव के रूप में मनाया जाता था। कामदेव के इस महान उत्सव की तैयारियाँ शुरू हो गई थीं। वर्षा के आगमन के साथ ही सँभालकर रखे गए झूले निकालकर आँगन और उद्यान में डाल दिए गए थे, जहाँ सेवकों की पुत्रियाँ ऊँची-से-ऊँची पींग मारने की प्रतियोगिता करती थीं। मिट्टी के दीये खरीद लिये गए थे और हमारे घर के बच्चे उत्सव की रात के लिए सूत की बत्तियाँ बनाने में व्यस्त हो गए थे। उस रात को बस्ती का प्रत्येक घर चमक-दमक में अपने पड़ोसी को पीछे छोड़ने का प्रयत्न करेगा। मैं उस दिन की उत्सुकता से प्रतीक्षा कर रहा था। प्रातःकाल मंदिर भ्रमण करने के बाद, जहाँ देवताओं की मूर्तियाँ पालनों में स्थापित हैं और सूर्य के परिपथ का अनुसरण करते हुए झुलाई जाती हैं, हम एक दूसरे के गले में ताजे फूलों की माला डालेंगे और नगर के बाहर बने उद्यान में विहार के लिए जाएँगे। फूलों के प्रति मेरा प्रेम मदनोत्सव से उनके अंतरंग संबंध की वजह से ही पैदा हुआ।

"इस दिन उद्यान में मैं हिजड़ों की टोली के उन्मुक्त नृत्य से सर्वाधिक आनंदित होता था। जैसा कि तुम जानते हो, यह एक परंपरागत नृत्य है जिसका सबसे पहले प्रदर्शन कामदेव ने अपने पुत्र को बाणासुर की कैद से छुड़ाने के लिए विपरीतलिंगी का रूप धारण करके किया था। अपनी जाँघों के मध्य तक आनेवाली छोटी पोशाक धारण करने वाले इनमें से अधिकांश लोगों का बदन छरहरा और छातियाँ छोटी, ऊँची और सुडौल थीं। इनकी टाँगों के बीच यौनांगों को इस कुशलता से बाँधा गया था कि उनके उभार स्पष्ट दिखाई पड़ते थे। कोई व्यक्ति चाहे तो इस उभार को जाँघों के बीच कामदेव के उभार के रूप में देखे या अंडकोष सहित किसी आवरण के जाल में फँस गए शिश्न के रूप में। एक ही नर्तक में मैं पहले एक और फिर दूसरा रूप देखने की कोशिश करता हुआ उस पर मोहित हो जाता था। अपनी घुँघराली दाढ़ी और लंबे बालों, मूँगे के लाल रंग से पुते चेहरे और अर्धचंद्र जैसी तिरछी भौंहों के साथ वे लोग मुझे अपने देखे हुए अधिकांश स्त्री-पुरुषों से अधिक सुंदर लगते थे।

"मैं वाराणसी के बारे में नहीं जानता, लेकिन कौशाम्बी में इस दिन आचार-व्यवहार

के सभी सामान्य नियम स्थगित हो जाते हैं। स्त्रियाँ अपनी स्वतंत्रता का मनचाहा उपयोग करने के लिए मुक्त होती हैं, उनके प्रेमी इसकी शिकायत नहीं कर सकते। हमारे यहाँ, मेरी माँ उन सभी अभिलाषियों को पत्र भेजती, जिन्होंने विगत वर्ष चंद्रिका के संसर्ग की कामना की थी और वह पूरी नहीं हो सकी थी, क्योंकि चंद्रिका अपने किसी प्रेमी के साथ उसकी पत्नी बनकर रह रही थी। उस पत्र में लिखा होता कि इन-इन उपहारों के साथ जो व्यक्ति हमारे यहाँ सबसे पहले पहुँच जाएगा, चंद्रिका यह विशिष्ट रात्रि उसी के साथ बिताएगी। उपहारों की सूची विस्तृत होती। उदाहरणार्थ, उसमें गले के हार में सोने की मात्रा ही नहीं, माणिक्य की गुणवत्ता का भी उल्लेख होता और उस दुकान का भी, जहाँ से उसे खरीदा जा सकता था। इस रात्रि को कोई-कोई गणिका अपने प्रेमियों को समूह में भी आमंत्रित करती थी, यद्यपि चंद्रिका ने कभी ऐसा नहीं किया। तब वह गणिका दो या दो से अधिक व्यक्तियों के उपभोग में एक साथ या बारी-बारी से आती थी। प्रत्येक पुरुष उसे उदारतापूर्वक धन देता था, क्योंकि मदनोत्सव के दिन वेश्या को दिया गया धन दस गुना होकर वापस लौटता है।

"हमारे घर में गणदास अकेला व्यक्ति था, जो उस यूनानी व्यापारी के आसन्न आगमन से पैदा हुई उत्तेजना में सम्मिलित नहीं था। वह रूढ़िवादी व्यक्ति था, जो किसी बाहरी, विशेषकर विदेशी व्यक्ति को दोपहर के भोजन में शामिल किए जाने से सहमत नहीं था। उसके अनुसार, इस मौके पर अपवादस्वरूप कोई पुराना प्रेमी ही उपस्थित हो सकता था। बहरहाल, अतिथि को देवता माना जाता है। गणदास की असहमति ने उसे अपने सर्वश्रेष्ठ उत्सवी व्यंजनों में से एक को तैयार करने से नहीं रोका। दही और जावित्री, इलायची और दालचीनी के साथ उबाले गए चावल के ढेर को कदली पत्र के बीचोबीच प्रमुख खाद्य के रूप में रखा गया था। बगल में छोटी-छोटी तश्तरियों में विशेष अवसरों पर व्यक्त होनेवाली गणदास की दूसरी विशेषताएँ, जैसे—घी, आम के रस, नमक और काली मिर्च की चटनी के साथ तेज पत्तों में लिपटी भुनी बटेर, लाल मिर्च, इलायची, लौंग, जीरा और नमक के साथ तिल के तेल में तली हुई हिरन के मांस की बोटियाँ परोसी गई थीं। रुचि जाग्रत करने और भूख बढ़ाने के लिए अनिवार्यतः तुलसी की हरी पत्तियाँ और अदरख के कटे हुए टुकड़े रखे जाते थे। कदली पत्र पर ही एक तरफ मक्खन में तले और नारियल के कतरों और तमाम मसालों के साथ चीनी में पगे गेहूँ के लड्डू भी रखे गए थे। अतिथि भले ही पाककला के परिष्कृत बिंदुओं और बनावट और स्वाद की सूक्ष्मता से अपरिचित कोई बर्बर हो, गणदास की कला उसे अधूरे मन से अपना काम करने की अनुमति नहीं दे सकती थी। यद्यपि गणदास ने इस बात पर बहुत जोर दिया था कि इस यूनानी को भोजन से पहले के उस कर्मकांड से अलग रखा जाए, जिसकी अध्यक्षता गणदास घराने के एक पुरुष के रूप में करता था।

"जब हम लोग दोपहर में पवित्र अग्नि के चारों तरफ अपने कुल देवताओं, पूर्वजों की आत्माओं, पृथ्वी और अग्नि के लिए प्रार्थना करने को एकत्र हुए तो माहौल में उत्तेजना थी। गणदास ने अपने बनाए हुए व्यंजनों के नमूने नैवेद्यों के रूप में आग की

लपटों में फेंके। अपने पहले बर्बर से मिलने की राह देखता मैं भोजन की छोटी-छोटी पोटलियों को छज्जे पर और द्वार से बाहर कीड़ों के लिए रखने के दैनिक कर्तव्य को पूरा करने और अंततः अनुष्ठान के समापन के बाद अपनी माँ और चंद्रिका के चरणों को घराने की तरफ से सम्मान के प्रतीक के रूप में धोने के लिए व्यग्र हो उठा था।

"मित्रास नियत समय पर आ पहुँचा। वह सुदर्शन भी था, यद्यपि बाद में गणदास ने उसके गुलाबी आभावाले सफेद रंग पर नाक-भौं सिकोड़ी और उसकी तुलना बंदर के पृष्ठभाग से की। मैं नहीं जानता कि मेरी अपेक्षा क्या थी, लेकिन मुझे पता है कि मैं इस बात से निराश हुआ था कि वह बर्बर हमारे ही जैसा दिखता था। जब उसे पैर धोने के लिए पानी और बैठने के लिए बेंत से बुना हुआ अतिथियों का विशिष्ट आसन दिया गया तो उसकी हिचकिचाहट और उसके अनाड़ीवाले हाव-भाव से संकेत मिल गया कि सभ्य व्यवहार से उसका परिचय नगण्य ही है। जब वह खा रहा था तो माँ से बात करते हुए अपने हाथों को खूब हिलाता और अँगुलियों को मोड़ता हुआ अपने लिए विदेशी भाषा के शब्दों को हमारी लय में बोलने की कोशिश करता रहा। मैंने देखा कि चंद्रिका उसे तल्लीन होकर घूर रही थी। मैंने भी उसे यह शायद उसके खाने के तरीके को पहले घृणा और फिर आश्चर्य से देखा। पहला भाव बहुत शीघ्र दूसरे भाव में बदल गया। मित्रास बटेर को उसकी टाँगों से उठाता और अपने दोनों हाथों से उसे फाड़ डालता। फिर एक पूरी टाँग को मुँह में रखता और खाने में मिलनेवाले आनंद के सभी लक्षणों के साथ शोर करते हुए उसे चबा डालता। दो निवालों के बीच वह प्रायः मुसकराता रहता। उसकी घुँघराली दाढ़ी उसके मजबूत सफेद दाँतों को दिखाने के लिए पर्दे की तरह हट जाती। बाद में, बहुत बाद में जब मैं चंद्रिका से मिलने उसके मठ गया था और हम उन वर्षों के बारे में बातचीत कर रहे थे, उसने उस दिन की अपनी यौन-उत्तेजना को याद किया था। चंद्रिका ने, मित्रास को अपनी बहन की ओर मुसकराकर देखते हुए या हिरन के मांस की बोटियाँ खाते हुए देखकर, जबकि मसालेदार शोरबा उसकी कोहनी तक बह रहा था, उसके दढ़ियल चेहरे को अपनी जाँघों के बीच धँसा हुआ पाया और दो गीले मुँह एक दूसरे से चिपक गए। इनमें से एक की सक्रिय जीभ दूसरे की कोमल, मांसल, नम और समर्पित रसीली फाँकों को अन्वेषित, आंदोलित करती रही।

"आरंभ में मेरी माँ ने चंद्रिका की आसक्ति का अनुमोदन किया। उन्होंने समझा कि मदनसेन की अनुपस्थिति को सहने में मित्रास चंद्रिका के लिए मन-बहलाव का काम करेगा। ऐसा नहीं कि चंद्रिका उस जौहरी के जाने से अकारण दुखी थी। इससे केवल यह हुआ कि अपने सौंदर्य की सर्वशक्तिमानता में चंद्रिका का भरोसा तनिक कम हो गया था, लेकिन इस अंतर को सबसे पैनी दृष्टि ही पकड़ सकती थी। वह तब भी हमेशा की ही तरह सम्मोहक थी। मदनसेन के पलायन के बाद उसकी जगह लेने को इच्छुक प्रेमियों की भीड़ आपस में धक्कामुक्की कर रही थी। मेरी माँ का अधिकांश समय इन्कार के विनम्र पत्र (भविष्य की संभावना का सावधानीपूर्वक संकेत छोड़ते हुए) लिखने

और प्रेम के अभिलाषियों द्वारा अपने सेवकों के हाथों भेजे गए उपहारों को लौटाने में व्यतीत होता था। कौशाम्बी के धनी और शक्तिशाली नागरिक सांध्यकालीन मनोरंजन-कार्यक्रमों का अग्रिम आरक्षण करा लेते थे। इसमें वे अपने मित्रों के छोटे-से समूह के साथ चंद्रिका के नृत्य और उसके प्रख्यात आकर्षण की प्रशंसा करने आते थे। लेकिन वह स्थायी प्रेमी के चुनाव में हिचकिचा रही थी। मेरी माँ को ऐसा लगता था कि चंद्रिका संक्षिप्त और अस्थायी संबंधों से संतुष्ट थी और वह मदनसेन का विकल्प चुनने के गंभीर प्रयत्न से कतरा रही थी। मेरी माँ ने सोचा कि विदेशी के साथ उसका संबंध उसके असामान्य किस्म के ऐंद्रिय सुख और अनपेक्षित यौन मोड़ों और क्षणों के साथ उसकी बहन को सामान्य बनाने के लिए समुचित दवा साबित होगा।

"लेकिन दवा करीब-करीब विष में बदल गई। चंद्रिका पर मित्रास का प्रभाव विध्वंसक साबित हुआ। महान गणिका के ऊँचे आसन से उतरकर वह महज एक अच्छी गणिका-भर रह गई थी। मित्रास ने उसे गहराई तक अशांत कर दिया था। उनके मिलन और वियोग—माँ उसे घर में रात बिताने की अनुमति नहीं देती थी—दोनों ने उस पर समान रूप से विनाशकारी प्रभाव डाला था। उसकी मुसकान की चमक, जिससे वह अपने ग्राहकों का स्वागत करती थी, उसकी आँखों तक आते-आते दम तोड़ने लगी। उसकी संपूर्ण तन्मयता, जिससे वह अपने प्रेमियों की बातें सुनती थी, भंग होने लगी। छोटे-छोटे अंतरालों के लिए वह अनपेक्षित रूप से अपने अंतर्मन की अन्यमनस्कता में खो जाती थी। इसे उसके प्रेमी अपने लिए बेहद अपमानजनक समझते थे, क्योंकि उन्हें अकस्मात् पता चलता कि वह उनकी बातें नहीं सुन रही है, जबकि उन्होंने अंतरंगता का विश्वसनीय भ्रम पैदा करने के लिए चंद्रिका को समुचित धनराशि प्रदान की थी।

"मेरी माँ सावधान हो गई। उस यूनानी सौदागर ने उसकी बहन पर ऐसा प्रभाव डाला था जो उसके अपने अनुभव-जगत से अछूता था, लेकिन जिसमें इतनी ताकत थी कि वह उनके व्यवसायगत अनुशासन में दरार डाल सके। मेरी माँ को विश्वास था कि वह किसी नवयौवना के यौन-आवेगों के बारे में सब कुछ जानती है। वह जानती थी कि संभोग का पूर्वाभास किसी लड़की को, जैसा कि कवियों ने कहा, 'चकराने, हकलाने, चिल्लाने, कँपकँपाने और हाँफने' पर बाध्य कर सकता है। वह जानती थी कि प्रेमी से बिछोह से उसका शरीर दुर्बल हो सकता है, गले से निकलनेवाली आवाज आँसुओं से घुट सकती है, लड़की को निःश्वास लेने, कराहने और रोने पर बाध्य कर सकती है। ये सभी अवस्थाएँ और अभिव्यक्तियाँ सामान्य थीं, जिनसे यौनावेश और अंततः उसका आनंद बढ़ता है। चंद्रिका का मित्रास के साथ अनुभव बिलकुल अलग था। उसकी शांति और खामोशी से ऐसा लगता था कि उसका अनुभव उसके अंदर गहराई में किसी ऐसी जगह अपना स्थान ग्रहण कर चुका है, जो सामान्यतया धार्मिक उत्साह का निवासस्थान है, यौनावेग का नहीं। मित्रास चंद्रिका की धार्मिक इंद्रियों को जगानेवाला उत्तेजना और आनंद का स्रोत-भर नहीं था। मेरी माँ ने यह समझ लिया था, लेकिन उसे इस बात ने चकरा दिया था कि वह यूनानी सम्मोहन और यहाँ तक कि

समर्पण का विषय बन गया था।

"मुझे भी मित्रास के प्रति चंद्रिका की प्रतिक्रिया अतिरेकपूर्ण लगी। अपराह्न को जब मैं शृंगार में उसकी सहायता करता तो उसकी दृष्टि मुझ पर टिकने के बजाय मुझसे होकर गुजर जाती। जब मैं उसके उरोजों पर चंदन का लेप करता तो उसके कुचाग्र अब भी उत्तेजित होते, लेकिन इस उत्तेजना के साथ साँसों की तेजी और आँखों में चमक नहीं उभरती थी। मेरी माँ ने व्यग्रतापूर्वक कंचन-माता और उनकी कुछ सहेलियों, जिनमें सेनापति की दासियों की निर्देशिका भी थी, से विचार-विमर्श किया। उनका निदान था कि चंद्रिका प्रेतग्रस्त हो गई है। जब कोई स्त्री किसी पुरुष के वशीभूत हो जाती है, जब कोई विशेष प्रेमी उसकी कल्पनाओं पर छा जाता है, जब हर यौन संबंध, हर संतुष्टि केवल प्यास को बढ़ाने का काम करती है, जब अधिकांश समय कोई स्त्री संसार और उसकी सच्चाइयों के प्रति विस्मित अनिच्छा बरतते हुए अपने अंदर की गहराइयों में खोई रहती है, तब वह स्पष्ट रूप से प्रेतबाधा के लक्षणों का संकेत दे रही होती है। यह विशिष्ट स्थिति सामान्यतः कामदेव की सेवा में लगी किसी ऐसी आत्मा की करतूत होती है या उस पुरुष या स्त्री की, जिसकी मृत्यु प्रेम-क्रिया के दौरान आकस्मिक रूप से हुई हो। इन मामलों में चिकित्सक नहीं, केवल ओझा ही कारगर हो सकता है। इस बात पर भी सर्वसम्मति थी कि प्रातःकाल सड़क पर खड़े होकर पेड़ों पर रहनेवाली बुरी आत्माओं पर चीख-चिल्लाकर अभिचार करनेवाले साधारण ओझा यह कार्य नहीं कर सकेंगे। वे गर्भवती स्त्रियों, नई माताओं और उनके बच्चों को तंग करनेवाले प्रेतों से मुकाबला करने में तो शायद सक्षम हैं, लेकिन चंद्रिका का मामला उनके कौशल से परे है। कंचन-माता को कौशाम्बी के सर्वश्रेष्ठ ओझा की सेवाएँ लेने की जिम्मेदारी सौंपी गई। वह अपने अल्पशिक्षित सहकर्मियों द्वारा प्रयासपूर्वक बनाए गए अपने भयोत्पादक और उन्मत्त नेत्रोंवाले स्वरूप के विपरीत आश्चर्यजनक रूप से विनम्र आचरण करता था और श्मशान भूमि में स्थित मंदिर के अहाते में रहता था।

"बच्चे के लिए श्मशान भूमि भयभीत करनेवाली जगह होती है, जो न केवल नगर से बाहर बल्कि सुरक्षा की सभी आशाओं से भी परे स्थित होती है। जहाँ हम रहते थे, वहाँ से उसे मैं केवल दूरवर्ती धुंध के रूप में जानता था, जो कभी-कभी गाढ़े धुएँ के खंभे में बदल जाता था और तेज बयारवाले दिनों में झंडे की तरह लहराता था। चार प्रमुख स्थानों पर खुलते प्रवेश द्वारोंवाले ऊँचे-ऊँचे पत्थरों की प्राचीर से घिरे इस बड़े मैदान के एक भाग में ईंटों के छोटे-बड़े टीले थे। ये टीले वास्तव में प्रसिद्ध विद्वानों, राजपरिवार के सदस्यों और उन स्त्रियों की समाधियाँ थीं, जो अपने पतियों की चिंताओं पर ढेर हो गई थीं। कुछ निश्चित दिनों पर राजकीय उद्यान जाते समय इस जगह से गुजरते हुए निरंतर एक गहरी फुसफुसाहट सुनी जा सकती थी, जैसे बौद्ध भिक्षु अपने मृत साथी के गुणों का बखान करते हैं। समय-समय पर, शवयात्रा के गीत शोकाकुल जन और सड़क से गुजरनेवाले अन्य लोगों को अपनी नश्वर जीवन यात्रा के अंत की याद दिला जाते थे। शोकाकुल लोगों के विलाप में लंबी थूथनवाले शृगालों का रोना,

घुग्घुओं की चीख और भूरी गरदनवाले गिद्धों का मौन भी शामिल हो जाता था, जो जलती हुई चिता से अधजले मांस को नोचकर खाने के लिए धैर्यपूर्वक प्रतीक्षा कर रहे होते थे। एक कोने में मृतात्माओं के नगर का मंदिर था, जो वीराने में रहनेवाली देवी काली को समर्पित था। वह मंदिर वृक्षों से घिरा हुआ था, जिसकी शाखाओं के बारे में सेवकों का कहना था कि वे उन उन्मादी भक्तों के कटे हुए सिरों के बोझ से झुक जाते हैं, जिन्होंने देवी के आगे अपनी बलि दे दी थी। इसी मंदिर की भूमि पर कृष्ण पक्ष की अवधि तक चंद्रिका को उसकी बाधा से मुक्ति दिलाने के लिए अभिचारिक अनुष्ठान चलते रहे।''

''और क्या वह ओझा सफल हुआ, आचार्य ?'' मैंने पूछा।

''वह असफल कैसे हो सकता था ?'' वात्स्यायन ने आलंकारिक शैली में मेरे प्रश्न का उत्तर दिया, ''एक सप्ताह तक चंद्रिका तीव्र ज्वर से पीड़ित रही, जिसने शांत होने से इन्कार कर दिया था। जब वह ठीक हुई तो उसकी आसक्ति के सारे लक्षण भी नष्ट हो गए थे। मित्रास स्मृति बनकर रह गया था। इसमें इस बात से भी मदद मिली कि चंद्रिका जब बिस्तर पर पड़ी थी, वह यूनानी गायब हो गया। शायद वह अपने काफिले में फिर शामिल हो गया था। बाद में मैंने ये अफवाहें सुनीं कि मेरी माँ के आदेश पर उसकी हत्या कर दी गई थी। यदि सचमुच ऐसा हुआ हो तो इस कृत्य के लिए मेरी माँ ने निश्चित रूप से पर्याप्त निर्ममता का आचरण किया !''

चंद्रिका की स्मृति, जिसमें सुबह से ही वात्स्यायन का चेहरा डूबा हुआ था, की चमक को किसी काली छाया ने धीरे-धीरे ढक लिया। उस दिन की वार्ता स्पष्टतया समाप्त हो चुकी थी। मैं खड़ा हो गया और निःशब्द विदाई के रूप में मैंने उस ऋषि के पाँव छुए और वात्स्यायन को उनकी माँ की आत्मा के साथ शोकमग्न भेंट के लिए छोड़कर चला गया।

।। आठ ।।

वेश्या को चाहिए कि नायक पर अनुरक्त न होते हुए भी उसके साथ आसक्त जैसा व्यवहार करे।

—कामसूत्र 6.2.2

अगले कुछ सप्ताहों तक वात्स्यायन से सुबह के वार्तालाप के बाद मैं प्रायः वन में चला जाता था। मुझे इसके लिए वे प्रोत्साहित करते थे। उन्होंने कहा था कि उनकी पत्नी उदयन के रनिवास में अपनी बहन और सहेलियों से बिछुड़कर आश्रम में आने के बाद संग-साथ के लिए तरस गई हैं, आश्रम तो अंततः जीवन के अंतिम दो चरणों में इसके अंत की मानसिक तैयारी करते वृद्धों की शरणस्थली है। कौशाम्बी में उनके जीवन और उन दोनों के बीच घटित घटनाओं के बारे में कुछ भी जाने बिना मैंने उस त्याग के लिए मालविका की प्रशंसा की। उस जैसी कोई युवती अपने पति के प्रति प्रेम का इससे बढ़कर और क्या सबूत दे सकती है कि वह आश्रम में बिना किसी शिकवा-शिकायत के रह रही है।

वात्स्यायन ने एक बार कहा था कि वन में एक तरह की ऐंद्रियता पाई जाती है, जो उपजाऊ खेतों और बंजर, उजाड़ जमीनों में नहीं पाई जाती। एक तो यह कि इसकी जमीन अधिक लचीली होती है, जो पैरों को क्षणमात्र के लिए पकड़कर फिर उसे हिलाते हुए छोड़ती है। वन की पत्तियाँ अधिक गहरी होती हैं, मानो उनमें प्रवाहित होनेवाला रस सघन और स्फीत हो। मक्खियों की भनभनाहट, झींगुरों की चिंचियाहट और दूसरे कीड़ों की आवाजें मिलकर टिटिहरियों और नीलकंठों की पुकारों, तोतों की चीखों और पेड़ों की शाखाओं पर उछलकूद मचाते बंदरों के छोटे-छोटे झुंडों की चीत्कारों के लिए अच्छी पृष्ठभूमि तैयार करते हैं। मंदिर के प्रांगणों में बंदर लगभग मनुष्यवत होते हैं। वन में वे निर्लज्जता के साथ अपने नटखट चरित्र का परिचय देते हैं। मुझे ऐसी स्त्रियों की कहानियाँ याद आती हैं, कामुक बंदरों ने जिनका दिल जीत लिया था और जिन्होंने अपने पतियों के पास लौटने की अपेक्षा अपने बंदर-प्रेमियों के साथ रहना पसंद किया। वात्स्यायन ने कहा था कि वन की अदृश्य शक्ति किसी स्त्री को पुरुषों के लिए अधिक यौनाकर्षक बना सकती है, किसी साधारण रूप से सुंदर लड़की को सम्मोहक यक्षिणी बना सकती है। बेचारा रावण ! अपनी अनुचित लालसा के संभावित विनाशकारी

परिणामों को जानते हुए भी उसने वन में, जहाँ जीवन की प्रत्येक राह स्वतंत्रता और संवेग की दिशा में मुड़ती है, सीता के प्रति अदम्य यौनाकर्षण अनुभव किया। मैंने भी इसे अपने संकुचित और निषेधक स्वभाव में घुसपैठ करते हुए पाया।

अगर हम लोग वन के प्रभाव के सामने निष्कवच न होते तो मुझे संदेह है कि मैं मालविका से इतनी सहजता से बात कर पाता। जब मैं मानव क्षेत्रों में होता हूँ तो उन युवतियों की उपस्थिति मुझे कष्टदायक रूप से शर्मीला बना देती है। वन जैसी प्राकृतिक जगह पर समय केवल वर्तमान रूप में उपस्थित होता है। वहाँ वह नारी और मैं दोनों अपने इतिवृत्तों और अपने वास्तविक जीवन से उपजी अपेक्षाओं से मुक्त होते थे। सभी भयों से छुटकारा पाकर सचमुच मैं ऐसी उल्लसित अवस्था में था कि अपने हृदय, मस्तिष्क और स्वर के संयोग से उपजी अपनी वाग्मिता से स्वयं आश्चर्यचकित रह गया।

इस दैवी क्षेत्र की विलक्षण विशेषता वह स्वतःस्फूर्तता है, जिसका अल्पकालिक अनुभव, कवियों के अनुसार, यौन-संबंधों में होता है। इसे सुरक्षित रखने के लिए मैं हर बार पिछली भेंट की स्मृति को मिटाते हुए मालविका से मिलने की आशा या इच्छा के बिना वन में प्रवेश करता था। स्मृति और अपेक्षा हमें वर्तमान में जीने से रोकती है। वे हमारे साहचर्य के आनंदातिरेकपूर्ण अनुभव में बाधा डालती हैं। वे उसका विनाश करके हमें भावनात्मक उथल-पुथल के अराजक क्षेत्र में फँसा देती हैं। जब कभी मेरा सामना मालविका से हुआ, जो प्रायः होता था, हम अनायास किसी वन्य पगडंडी पर मटरगश्ती करने निकल पड़े। हम कभी आपस में बातें करते थे, तो कभी चुप हो जाते थे। अलग होते समय अगली भेंट के लिए हम समय या स्थान तय नहीं करते थे। यद्यपि, बाद में हमारी मुलाकातों के वातावरण में एक सूक्ष्म परिवर्तन दिखाई पड़ने लगा। जैसे-जैसे हमने उत्तरोत्तर बढ़ते आपसी आकर्षण को शरीर और हृदय के ढीले-ढाले तरीके से बंद तहखानों को तोड़कर आँखों में रिस आने से रोकने की कोशिश की, हम दोनों अशांत कर देनेवाले अंतर्द्वंद्व का अनुभव करते गए। जब भी हमारी लालायित आँखें एक दूसरे से मिलतीं, हम अपने मुँह फेर लेते और सोचते कि यह महज सांयोगिक सामना था। बाद में वाराणसी और मानव क्षेत्र के यथार्थ की ओर वापस जाने के लिए गाड़ी में बैठने पर इच्छा और शर्म मुझे दबोच लेती थी। वे मेरे इस आंतरिक प्रतिरोध को आसानी से दबा देती थीं कि मैं मालविका से केवल इसलिए मिलता हूँ कि वात्स्यायन के बारे में और अधिक जान सकूँ।

''मेरे सातवें जन्मदिन से कुछ सप्ताह पहले,'' वात्स्यायन ने कहा, ''एक रहस्यमय पत्र के आने से हमारे घर में बहुत उत्तेजना फैल गई थी। भोज-पत्र पर लिखा गया और वन-कंदराओं में रहनेवाले तपस्वियों की पसंद केसरिया रंग के मोटे कपड़े में लिपटा, यह पत्र मेरी माँ को संबोधित था।

“ ‘देवी अवंतिका, तुम इस योगी को नहीं जानतीं। वह तुम्हें अपने गुरु के निर्देश पर पत्र लिख रहा है। गुरु की इच्छानुसार योगी तुम्हें बताता है कि तुमने पिछले जन्म में उनकी एक असाधारण सेवा की थी और अब गुरु के लिए उस ऋण से उऋण होने का समय आ गया है। भद्रे, आगामी कुछ वर्ष तुम्हारे और तुम्हारे परिवार के लिए अनिष्ट से भरे हुए हैं। तुम्हारे जीवन में शनि की दशा के ये सबसे बुरे वर्ष हैं, क्योंकि चंद्रमा छठे घर में प्रवेश कर रहा है और तुम्हारा केतु दुर्बल अवस्था में है।

‘योगी जानता है कि तुम्हारी वृद्धा सेविका गंभीर रूप से बीमार है। उसका समय आ गया है और वह दूसरी पूर्णिमा को पार नहीं कर पाएगी। इस जगत् में आना-जाना लगा रहता है और जो अभी जा रही है, वह बाद में लौटकर आएगी। तुम्हारे पुत्र को ग्यारह वर्ष की आयु से पहले अध्ययन के लिए गुरुकुल नहीं भेजा जाना चाहिए अन्यथा, उसके जीवन को खतरा है। देवी, भाग्य अनियंत्रित घोड़ी के समान है, और संकट सामने है, लेकिन तुम्हारे अपने प्रयासों और योगी की सहायता से उसका निवारण हो सकता है। योगी तुम्हें संकट के समय सावधान करेगा और उसने बचने का मार्ग भी सुझाएगा। भद्रे, यह जान लो कि योगी तुमसे कुछ चाहता नहीं है। वह केवल तुम्हारे हितों की रक्षा करने के गुरु के आदेश का पालन कर रहा है। तुम्हें योगी को तलाशने या पत्र लिखने का प्रयास नहीं करना चाहिए। जब समय की ऐसी माँग होगी, वह तुमसे संपर्क स्थापित कर लेगा।’

“इस पत्र ने घर में खासा विस्मय पैदा किया। इसकी प्रामाणिकता पर किसी ने संदेह नहीं किया। कंचन-माता की हालत और मेरी माँ की जन्मकुंडली के बारे में लेखक की जानकारी इतनी सटीक थी कि वह पत्र पूर्वबोध के यथार्थ परिणाम के अतिरिक्त और कुछ हो ही नहीं सकता था। केवल गणदास अनुत्साहित था।

“ ‘मेरी बातों को गाँठ बाँध लो,’ उसने मुझसे उदासीपूर्वक कहा, ‘ये योगी जब किसी घर के कल्याण में संलग्न होते हैं तो सबसे पहले वे उसकी भोजन की आदतों को बदलते हैं। शुद्धता के नाम पर खाना मृदु होता जाएगा और मेरी पाक कला को जंग लग जाएगा।’

“यहाँ तक कि कंचन-माता के इक्कीस दिन से अधिक न जी पाने की योगी की भविष्यवाणी भी घर में इस विचार से पैदा हुए उल्लास को फीका न कर सकी कि इसके शक्तिशाली संरक्षक इसके कल्याण में रत हैं।

“कंचन-माता महीनों से धीमे ज्वर से पीड़ित थीं, जो उतरने का नाम ही नहीं ले रहा था। प्रत्येक बीतनेवाले दिन के साथ वे उत्तरोत्तर निर्बल होती जाती थीं। वे जानती थीं कि वे मर रही हैं। कौशाम्बी के ज्ञात सर्वश्रेष्ठ चिकित्सकों का कहना था कि उनकी मृत्यु यक्ष्मा से नहीं हो रही है। बस उनका समय आ पहुँचा था। रोग के साथ जब समय विपरीत हो जाता है, तब दवाओं में दुर्बलता पर विजय पाने और मृत्यु को टालने की

शक्ति होती है। दवाएँ रोगों से लड़ने के लिए होती हैं, मृत्यु से नहीं। जब मृत्यु रोगों से हाथ मिलाकर आती है तो कोई चिकित्सक केवल यही कर सकता है कि वह रोगी को इसके लिए तैयार करे। कंचन-माता ने इस निदान को स्वीकार कर लिया था। वे चाहती थीं कि चिकित्सक इस दुनिया से उनके प्रस्थान के ठीक-ठीक समय की भविष्यवाणी कर दे। पूर्वानुमान की यह कला चिकित्सकीय कौशल से अधिक प्रतिष्ठित थी और इसके लिए यह चिकित्सक पूरे राज्य में विख्यात था। दूसरे चिकित्सकों की तरह वह न केवल नब्ज की गति, चाल और ऊष्मा में प्रतिबिंबित शरीर के प्रत्येक महत्त्वपूर्ण अंग की हालत को देख सकता था, बल्कि दीर्घावधिवाली बीमारी में कुछ निश्चित घंटों के अंदर रोगी की मृत्यु की भविष्यवाणी भी कर सकता था। उसने कंचन-माता को इस महीने की दूसरी पूर्णिमा के अपराह्न का समय बताया। वे अपने अंतिम दिन वाराणसी में गंगा तट पर बिताना चाहती थीं। अपने अंतिम समय तक मितव्ययी रहते हुए उन्होंने उन दिनों की ठीक-ठीक संख्या जाननी चाही, जो उस नगर में बिताने को शेष थे। वे अपने साथ चावल और तेल की सही मात्रा ले जाना चाहती थीं, क्योंकि उस तीर्थस्थल में वस्तुओं के मूल्य बहुत अधिक थे।

'योगी का पत्र और चिकित्सक का पूर्वानुमान कंचन-माता की मृत्यु के बारे में एकमत थे और वे संतुष्ट थीं। एक दिन सुबह, एक सेविका के साथ उन्हें पालकी में उस गाड़ी तक पहुँचाया गया, जो उन्हें वाराणसी पहुँचानेवाली थी। हम सब उन्हें विदा करने और उनका अंतिम आशीर्वाद लेने के लिए द्वार तक आए। मेरी माँ और चंद्रिका दोनों ने लाल वस्त्र से बना गणिकाओं का परिधान और लाल स्वर्ण से निर्मित आभूषण धारण किया था। जब पालकी को गाड़ी पर चढ़ाया गया तो मृत्यु के देवता को याद करते हुए वे ऊँची आवाज में सुबक पड़ीं। मैं और गणदास एक-दूसरे का हाथ पकड़कर बिना आवाज किए रो रहे थे। मेरे आँसू कंचन-माता की आसन्न मृत्यु की अपेक्षा दूसरों के दुःख से अधिक प्रेरित थे। गाड़ी के आगे बढ़ने तक बड़ी संख्या में दर्शक एकत्र हो गए। सुबह-सुबह किसी गणिका को उसकी परंपरागत वेशभूषा में देखना सुनिश्चित सौभाग्य की पूर्वसूचना थी।

''मेरे लिए योगी का पत्र, देवताओं से मिला जीवनदान था। विगत कुछ महीनों से मुझे विद्याध्ययन के लिए कौशाम्बी से पंद्रह मील दूर किसी गुरुकुल में भेजने की व्याकुल कर देनेवाली बातचीत चल रही थी। मुझे बातया जाता था कि मैं अपने समवयस्क लड़कों के साथ रहने, सीखने का आनंद उठाने और स्वास्थ्यवर्धक बाहरी जीवन को कितना पसंद करूँगा। जितना ही पूरा कुटुंब मुझे आश्वस्त करने का प्रयास करता, मेरे सातवें जन्मदिन के निकट आने के साथ, मेरा भय उतना ही बढ़ता जाता। मैं समझ नहीं पाता था कि मुझे इस वजह से ही क्यों घर छोड़ देना चाहिए कि मेरी आयु के अधिकांश बच्चे ऐसा करते हैं। मैं चंद्रिका से अलग नहीं होना चाहता था, यद्यपि वह अपने दैनिक श्रृंगार में मेरी सहभागिता पर प्रतिबंध लगाने लगी थी। मैं गणदास को नहीं छोड़ना चाहता था, जो मुझे यह विश्वास दिलाने पर तुला हुआ था

कि गुरुकुल के भोजन की यद्यपि हमारे रसोईघर में तैयार किए गए स्वादिष्ट भोजन से कोई तुलना नहीं हो सकती, फिर भी वह संपूर्ण और पौष्टिक होता है। मैं अपने पक्षियों को खो देता। मेरे मोरों का प्रातःकालीन छज्जे पर भ्रमण करने का दृश्य यहीं छूट जाता। यहाँ तक कि मैं हाथी के भाप छोड़ते हुए जैतून-हरित गोबर के ढेर की गंध से भी वंचित हो जाता। योगी के पत्र का अर्थ यह निकला कि मैं अपना अध्ययन अक्षरों को पहचानने और लकड़ी की पटरी पर खड़िए से लिखते हुए प्रारंभ कर सकता हूँ। इसके बाद घर पर ही एक निजी शिक्षक से प्रातः तीन घंटे व्याकरण और स्वरविज्ञान की आगे की शिक्षा ली जा सकती है।

"मेरे सातवें जन्मदिन पर ही मेरे पिता का प्रवेश भी मेरी बाल्यावस्था में हुआ। अपने कद और तनी हुई काया, कंधे पर लंबे काले घुँघराले बालों के कारण, जिनमें उनके माथे से लिपटी सफेद पगड़ी के अंदर धूसर रेखाएँ झिलमिलाने लगी थीं, मेरे पिता का स्वरूप भव्य हो जाता था। यद्यपि उनकी आँखों के कोनों पर बारीक रेखाओं का जाल उग चुका था, फिर भी उनके कान की लवों से जड़े छोटे-छोटे मोतियों द्वारा शोभित उनकी त्वचा की चमक-दमक में अभी यौवन की कांति शामिल थी। इससे पहले मैं उनकी उपस्थिति को, उनके आगमन के साथ अपने परिवार के माहौल में आए बदलाव से दर्ज करता था। उनके आगमन का संयोग तभी बनता था जब उनका काफिला कौशाम्बी में विश्राम और पुनर्भंडारण के लिए रुकता था। उनके आगमन की संभावना से चंद्रिका खिल उठती थी, यद्यपि मेरी माँ का चेहरा मुरझा जाता। उसकी मनोदशा में आनेवाले इस बदलाव का मेरे पिता के एक स्त्री से दूसरी स्त्री की तरफ प्रेमी के रूप में जाने से नहीं के बराबर संबंध था। या संभवतः था। मैं नारी हृदय के सभी रहस्यों को जानने का दावा नहीं करता। चंद्रिका ने मुझे बताया था कि बीतते हुए वर्षों के साथ वे प्रेमी से अधिक पुराने, अति अंतरंग मित्र बनते चले गए थे। वास्तव में वह बड़ी उत्सुकता से संभोग की समाप्ति की प्रतीक्षा करती, ताकि वे शांति से बिस्तर में लेटकर बातें कर सकें। उनके निर्वसन शरीर एक-दूसरे को स्नेह से छूते थे, लालसा से नहीं। वह उनसे अपने युवा हृदय की चिंताओं और क्षणिक दुःखों को बाँटती थी, जबकि वे अनुभवी व्यक्ति की तरह समय की अधिक समावेशी समझ से बने परिप्रेक्ष्य में उन चिंताओं को रखकर उन्हें शांत करते थे। उनका स्त्रियों से प्यार करना और उनकी ठोस आवश्यकता महसूस करना, इस मामले में सहायक था। उनके जीवन के बोध को ऐसी तीव्रता और ऊँचाई प्रदान करनेवाली दूसरी वस्तु, तीनों लोकों में न थी।

" 'तुम्हारे पिता आश्चर्यजनक श्रोता थे। वे अपनी पराजयों की कुछ इस तरह चर्चा करके हमारी अंतरंगता को बढ़ा देते थे, जिससे हमारी अपनी पराजयों का दंश मिट जाता था।''

"मेरी माँ के साथ शायद यह बात थी कि मेरे पिता का आगमन उन्हें उस सामीप्य के अंत की याद दिला देता था, जो उनके बाद फिर किसी प्रेमी से न हो सका।

"घर के दूसरे सदस्यों के लिए मेरे पिता का आगमन उत्तेजना का स्रोत बनता था,

क्योंकि वे विभिन्न देशों से उनके लिए उदारतापूर्वक उपहार लाते थे। दासियों के लिए चीनी छाते और नुमाइशी गहने, कंचन-माता के लिए कस्तूरी के तेल का मजबूती से बंद किया गया छोटा-सा सुलेमानी मर्तबान, गणदास के लिए मलाया का जायफल और ईरान की बनी अंगूर की शराब, जिसका वह अत्यंत प्रेमी था। मेरे पिता अपनी यात्रा के दौरान एकत्र किए गए विभिन्न नुस्खों पर गणदास से लंबी बहस करते, दोनों बहनों की अपव्यय की प्रवृत्ति से कंचन-माता की शिकायतों का अंबार धैर्यपूर्वक सुनते और युवा अथवा वृद्ध सेविकाओं से आँखें लड़ाते।

''बच्चे के रूप में, मैं अपने हिस्से का ध्यान खींचता था, लेकिन मुझे वह यांत्रिक लगता। घर में प्रवेश करते ही मेरे पिता मुझे झटके से अपनी बाँहों में लेकर उठा लेते लेकिन उतनी ही तेजी से वे मुझे नीचे भी उतार देते थे। वे मेरे बालों को सहलाते थे लेकिन उनकी आँखें अपने आसपास जुट आए, स्वागत करनेवालों के समूह में चंद्रिका को तलाशती रहती थीं। लकड़ी के खिलौने जो वे मेरे लिए उपहार में लाते थे, मैं उनसे खेलने की उम्र से आगे बढ़ चुका होता था। इसके अलावा चीन की बनी कढ़ाईदार ऊनी मिरजइया भी एक जैसी, इतने छोटे आकार की होती थीं कि मैं उन्हें पहन नहीं सकता था। यह सब कुछ मेरे सातवें जन्मदिन पर बदल गया। इसके बाद मेरे पिता जब भी कौशाम्बी आए, उन्होंने मेरे साथ अकेले समय बिताना जरूरी समझा। उन्होंने मुझ पर जितना ध्यान दिया, वह चंद्रिका को दिए समय के लगभग बराबर था।

''तब, सात वर्ष की आयु में मैं दूसरी बार प्रेम में पड़ा। मैं अपने पिता से प्यार करने लगा। कदाचित् पिता के संबंध में प्यार शब्द उस भावना को व्यक्त करने के लिए पर्याप्त नहीं है, जो बच्चे के मन में अपने से अनंतगुना श्रेष्ठ उस व्यक्ति के प्रति होती है जिसकी वह प्रशंसा करता है और जिससे डरता है। हमारा विश्वास है कि पिता की आज्ञा का पालन होना चाहिए। पुत्रों को स्वेच्छा से अपनी तमाम इच्छाएँ अपने पिता को समर्पित कर देनी चाहिए। ये सभी विश्वास और भावनाएँ, निस्संदेह, युवा मल्ली की आत्मा से भी चिपटी हुई थीं। लेकिन जब मेरे पिता मुझे अपने साथ लेकर अपने काफिले के विश्रामस्थल की ओर चले, और हम खुले हुए कूपों, गाड़ियों के बीच से आगे बढ़े तो उनके चालक अपनी बातचीत और पाँसों के खेल को रोककर अभिवादन में झुककर खड़े हो गए। उस क्षण मैंने अपने पिता के आत्मविश्वास और उनकी पुरुषोचित अकड़ को उनकी चौड़ी हथेलियों में मजबूती से पकड़ी हुई अपनी अँगुलियों के माध्यम से अपने शरीर में रिसते हुए महसूस किया। इसी के साथ मैंने अपने भीतर उठती श्रद्धा की लहरों को अपनी अँगुलियों के माध्यम से उनके शरीर में प्रवाहित होते हुए अनुभव किया। कोमलतापूर्वक मैंने अनुभव किया कि मैं उस पवित्र व्यक्तित्व को अपनी समर्पण भावना से नहला रहा हूँ।

''जब वे अपनी यात्राओं में होते थे, मैं कल्पना करता था कि मैं उनके काफिले की सबसे आगेवाली गाड़ी में बैठा हूँ और राजमार्ग पर दौड़ा जा रहा हूँ या काफिले के घुड़सवार रक्षकों की टुकड़ी के साथ सड़क के किसी खतरनाक फैलाव की टोह लेने

के लिए घोड़े पर निकले पिता के पीछे काठी पर बैठा हूँ और उनकी कमर को अपने दोनों हाथों से जकड़े हुए हूँ। वे मुझे वन के प्रचंड कबीलों से मुठभेड़ों की कहानियाँ सुनाया करते थे। उन कबीलों के स्त्री और पुरुष अपने नितंबों के चारों ओर पत्तों की माला लपेटने के अलावा पूरी तरह नग्न रहते थे और अपने बर्बर देवताओं के आगे मानवीय बलि देने के लिए यात्रियों पर विष-बुझे तीर चलाते थे। वे मुझे लुटेरों के गिरोहों के बारे में बताते थे, जो जंगलों और नगरों के बीच धरती के निर्जन फैलावों में घूमते रहते थे और काफिलों पर गोधूलि के समय यह सोचकर आक्रमण करते थे कि दिन भर की कठिन निगरानी के बाद पहरेदार अब थक गए होंगे। वे मुझे मरुस्थलों में रहने वाले दानवों के बारे में बताते थे, जो विशेष रूप से शवों को खाने के शौकीन थे, रातों में चीखते थे और काफिलों के राह भटकने की प्रतीक्षा करते थे, ताकि यात्री भूख और प्यास से मर जाएँ।

"मुझे अपने ग्यारहवें जन्मदिन की प्रतीक्षा करना भारी लग रहा था। अगर मैं इसके बारे में लगातार सोचकर इससे जुड़ी अपनी प्रत्याशाओं को जीवंत न बनाए रखता तो भविष्य में इतने आगे की बात ही मेरे लिए कल्पनातीत थी। मेरे पिता ने मुझसे वायदा किया था कि वे मुझे पश्चिमोत्तर के पहाड़ी दर्रों के पार पूरब की तरफ बढ़ते हुए पामीर की पर्वतश्रेणियों को पार करके अंततः सिंकियांग की तरीम खाड़ी में स्थित काशगर के विशाल बाजार तक की अपनी यात्रा पर अपने साथ ले जाएँगे। वे ऐसा पहले ही कर चुके होते, लेकिन योगी के दूसरे पत्र ने मेरी सँजोई हुई अभिलाषाओं पर पानी फेर दिया था :

> " 'देवी अवंतिका, अगले तीन वर्षों के लिए शनि अपने सबसे अनिष्टकारी दौर में प्रवेश कर गया है। तुम्हारे परिवार पर संकटों के बादल हैं। किसी ग्राहक से तुम्हारी बहन को दुखद चोट पहुँच सकती है, कोई गहन उदासी तुम्हें घेर सकती है और तुम्हारे पुत्र के जीवन को किसी यात्रा से भय है। देवी, मनुष्य में गर्व और अहं ही वे मानसिक अवस्थाएँ हैं, जो शनि के सक्रिय होने का माध्यम बनती हैं। तुम्हें और तुम्हारी बहन को इन दोनों से अवश्य सावधान रहना चाहिए। वृद्ध और युवा, सुंदर और कुरूप के बीच कोई भेदभाव किए बिना सभी आगंतुकों को अपना शरीर प्रदान करके गणिका-धर्म का पालन करना प्रारंभ करो। योगी यह सब तुम्हारे लाभ के लिए कह रहा है।
>
> " 'देवी, तुम सभी को मांसाहार और मद्यपान का, जहाँ तक ग्राहकों का मनोरंजन करने के तुम्हारे व्यावसायिक कर्तव्य के पालन के लिए अनिवार्य न हो, भी अवश्य परित्याग कर देना चाहिए। अपनी दिनचर्या को नियमित करने के लिए छोटे-छोटे नियम बनाकर अपने को अनुशासित करना शुरू करो। भूख लगने पर भी भोजन नियत समय पर ही करो। भोजन के समय, खाना लगा दिए जाने के बाद पहला कौर ग्रहण करने से पहले पाँच मिनट

प्रतीक्षा करो। संध्याकाल उन तीन मंत्रों के जाप के लिए समय निश्चित करो, जो शनि के रोष को शांत करने के लिए किए जाते हैं। देवी, वेदों में कहा गया है कि ज्ञान त्याग से आता है। अगर तुम और तुम्हारा परिवार इन छोटे-छोटे नियमों के पालन से प्रारंभ करेगा तो वह ऊर्जा और इच्छाशक्ति संचित कर लेगा, जिसकी आवश्यकता आगे आनेवाले बड़े त्यागों के लिए पड़ेगी।

" 'ठीक एक वर्ष बाद अपने पुरोहित से प्रत्येक चंद्रमास के शुक्लपक्ष में दो शुभ तिथियाँ पूछना। अगले चार वर्षों तक हर महीने इन तिथियों पर तुम उन वैदिक मंत्रों का पाठ करना, जिन्हें योगी बाद में भेजेगा। उनका एक सौ एक बार उच्चारण सूर्यास्त के समय करना है। इन दोनों दिनों को व्रत रखना और शनि को नैवेद्य अर्पित करना। अपने परिवार के कल्याण के लिए इस नियम का पालन करना।

" 'तुम्हें अंदर रखे हुए पत्र को तत्काल जला देना चाहिए। इस पर योगी ने एक यंत्र लिख रखा है। उसकी भस्म को एक ताबीज में रखो। इसे अपने पुत्र की दाहिनी भुजा में बाँध देना। यह संकट से उसकी रक्षा करेगा।'

"योगी के पत्र का तुरंत प्रभाव पड़ा, यद्यपि उसके निर्देशों का पालन पूर्णतया नहीं हो सका। हमारे भोजन में मांस को प्रतिबंधित कर दिया गया। इस बात पर सबको आश्चर्य हुआ कि गणदास ने इसका विरोध निरावेग अन्यमनस्कता से किया। अपने जीवन में योगी के आकस्मिक प्रवेश के प्रभावों का पूर्वानुमान कर चुके गणदास को इस बात पर राहत मिली कि एकमात्र निषिद्ध वस्तु मांस है, और वह भी आंशिक रूप से।

" 'कल्पना करो,' उसने मुझसे कहा, 'योगी सभी मसालों या पृथ्वी के अंदर पैदा हुए सभी पदार्थों या खाना पकाने में किसी तरह की चिकनाई के प्रयोग को प्रतिबिंबित कर सकता था। इन लोगों के बारे में कुछ भी निश्चयपूर्वक नहीं कहा जा सकता।'

"गणदास ने अब अपनी ऊर्जा और प्रवीणता को वेश्यालयों में संभोग के बाद परोसे जानेवाले पौष्टिक पदार्थों के परिष्कृत और नवीन संस्करणों की खोज में लगा दिया, क्योंकि योगी ने उनकी स्पष्ट अनुमति दी थी। जैसे-जैसे वह उस मुश्किल से प्राप्त होनेवाले संपूर्ण आसव के अनुसंधान में तल्लीन होता गया, रसोईघर से तलने की आवाज की जगह उत्तरोत्तर उबलने और खदबदाने की आवाजें उभरने लगीं। कौन-सा विशिष्ट तैलीय, अम्लीय और तिक्त पदार्थ है जिसे गर्म, मीठे और अपेक्षाकृत भारी तीतर के मांस के साथ मिलाकर पुरुष के लिए पौष्टिक और पुंसत्ववर्धक आसव बनाया जा सकता है ? क्या घी, अनार के बीज और काली मिर्च वे सर्वश्रेष्ठ तत्त्व हैं, जिन्हें हिरन के सुगंधित, हल्के और स्तंभक मांस में पकाकर स्वाद और गुण का, अपने प्रत्येक संघटक तत्त्व की विशिष्टता से युक्त, सूक्ष्म संयोजन प्राप्त किया जा सकता है। जब कभी मैं भटकता हुआ रसोईघर में जा पहुँचता तो मुझे गणदास के प्रयोगों के परिणामों को चुपके से चखने की अनुमति मिल जाती थी। उस तरह हम लोग योगी के मांस न

खाने और नियत समय पर ही खाने के दोनों निर्देशों को मात दे देते थे। मैंने अपना नया ताबीज पहन लिया था। मेरा अनुमान था कि अगर कोई मेरे ऊपर हमला करेगा तो बचपन से ही मेरी बाँह पर बँधे एक अन्य ताबीज की तरह यह भी साँप बनकर उसे काट लेगा। भले ही वह बदले हुए वेष में स्वयं शनि देव ही क्यों न हों।

"प्रत्येक संध्या को शनि के मंत्रों के सामूहिक पाठ के लिए समय निकालना अस्वीकार्य बोझ से कहीं अधिक नीरस काम था। लेकिन चंद्रिका से उसकी तड़क-भड़क को छोड़ने के लिए कहने का अर्थ था सूर्य को अपनी अग्नि का परित्याग करने के लिए कहना। अपने प्रेमी के चुनाव में जिसका कोई हाथ न हो और अपना मूल्य चुकाने वाले हर व्यक्ति को स्वीकार करना जिसकी बाध्यता हो, अपने पेशे की ऐसी दीन-हीन स्त्री के स्तर तक उतरने का प्रस्ताव उसके लिए विद्रोह का आमंत्रण था। मेरी माँ ने इसका प्रयास भी नहीं किया। वह उसके सामने ऊँचे स्वर में योगी का पत्र पढ़कर ही संतुष्ट हो गई। मेरे पिता के साथ होनेवाली मेरी यात्रा को स्थगित करना बहुत आसान था, और मुझे अफसोस है कि इस प्रस्ताव पर वे भी सहमत हो गए। मुझे अपनी माँ के जीवन में शनि के बुरे प्रभाववाले वर्षों के समाप्त होने की प्रतीक्षा करनी पड़ी।"

वात्स्यायन की निराशा बहुत लंबी नहीं खिंची। अतीत पर दृष्टि डालते हुए उन्होंने पाया कि अगले कुछ वर्ष उनके जीवन के सबसे सुखी वर्ष थे। उन्होंने श्रमपूर्वक अध्ययन किया और उनके सामने मानवीय ज्ञान के विशाल भंडार के द्वार एक के बाद एक सुखद आश्चर्य के साथ खुलते गए। शिक्षा की पारंपरिक प्रणाली में उनके शिक्षकों ने उनके पाठ्यक्रम में जिन नए विषयों को जोड़ा, उन्होंने उनका भी आनंद लिया।

"मैं यह नहीं कह सकता कि धर्मशास्त्र के अध्ययन, जिसमें मुझे ग्यारह वर्ष की आयु के बाद प्रवृत्त होना था, की प्राथमिक आवश्यकता और सहायक विषय के रूप में व्याकरण और स्वरविज्ञान की पढ़ाई से मैं रोमांचित था। लेकिन इन विषयों की पंडिताऊ नीरसता की भरपाई करने के लिए महाकाव्यों का, यद्यपि इसके कुछ हिस्सों का ही, अध्ययन आनंद का स्रोत था। अपनी आयु के अधिकांश लड़कों की तरह मेरी रुचि भी विश्व की उत्पत्ति और विकास से संबंधित कथाओं और राजाओं तथा ऋषियों के वंशानुक्रमों, जिन्हें कंठस्थ कर लेना चाहिए, को निर्धारित करनेवाले कल्पों और सहस्राब्दियों में नहीं थी। मैं इन काव्यों में वर्णित आश्चर्यजनक कथाओं और किंवदंतियों तथा ज्योतिष से लेकर मूर्तिकला और नृत्य तक मानवीय ज्ञान के सर्वाधिक विविधता भरे क्षेत्रों में उनके सम्मोहक विस्तार को पसंद करता था।

"माली के लड़के के साथ, जो मुझसे एक वर्ष छोटा था और मेरा अटूट साथी बन गया था, मैं खेलता भी था, यद्यपि ऐसा प्रायः घर की परिधि में ही होता था। कच्चा आम खाने के लिए, जिससे अनिवार्यतः पेट में दर्द हो जाता था, पेड़ों पर चढ़ते, गुलेल के सहारे कंकड़ से कबूतरों को मारने की कोशिश करते; मछलियाँ पकड़ने के लिए तालाब को, जिसमें वे थीं ही नहीं, धागे से बँधे काँटे में आटे की लोई लगी टहनी से आलोड़ित करते हुए हम प्रसन्न थे।"

वात्स्यायन ने इन वर्षों को लगभग उन्माद की ऊँची हदों तक पहुँची हुई रँगरेलियों से आच्छादित होने के लिए भी याद किया। ग्रीष्म के सबसे गर्म महीनों के दौरान छाई रहनेवाली थोड़ी-सी शांति को छोड़ दें, तो कौशाम्बी के नागरिक किसी शराबी की तरह एक से दूसरे उत्सव, एक लोकरंजन से दूसरे समारोह के बीच झूलते रहते थे। एक बार उसकी माँ के इस बात पर सहमत हो जाने के बाद कि नगर के बाहर बने राजसी उद्यान तक उसका जाना, योगी के अर्थ में 'यात्रा' नहीं कहा जा सकता, मल्ली इस उद्यान में होनेवाले शानदार समारोहों में भाग लेने के लिए स्वतंत्र हो गया। वह अपने मित्र के साथ उद्यान के सार्वजनिक भाग में नटों और बाजीगरों के करतबों, घुमंतू पहलवानों के मुकाबलों, भेड़ों, मुर्गों और मोरों की लड़ाइयों, लोकनर्तकों और गायकों, तलवार निगलने वालों और सँपेरों, नेवले और बंदर नचानेवालों के प्रदर्शनों का आनंद लेते हुए अत्यधिक प्रसन्नता के साथ उद्यान में भटकता रहता। वर्षा ऋतु के अंतिम बादलों के भी दूर चले जाने के बाद नदी में वार्षिक नौका-दौड़ होती थी, जिसमें राजा और उनका दरबार उत्साह से भाग लेता था।

"मैं अब भी उस दिन की उत्तेजना को महसूस कर सकता हूँ। स्वच्छ आकाश की बिलकुल ताजी धुली नीलिमा तले शानदार ढंग से सुसज्जित राजसी नौकाओं, सफेद पाल वाले जहाजों, बजरों, पोतों और चिड़ियों, मछलियों या पानी पर हिचकोले खाते हुए समुद्री दैत्यों की आकृतिवाली डोंगियों के दृश्य को याद कर सकता हूँ।"

शिशु वात्स्यायन ने इन वर्षों में रंगमंच के प्रति अपने लगाव को भी पहचाना। अभी तक उनींदे गणदास के साथ वह प्रतिदिन सूर्योदय के समय मंदिर पहुँच जाता, हालाँकि हर बार साथ देने के लिए उससे अनुनय-विनय करनी पड़ती थी। उस समय कोई भ्रमणकारी दल अपने प्रदर्शन का प्रारंभ कर रहा होता। वसंत ऋतु में नाट्य दल कौशाम्बी आते और अपने नए नाटकों का प्रदर्शन मंदिरों के बजाय सार्वजनिक सभागारों में करते। तब नगर के दूसरे कुलीनों के साथ उसका परिवार भी इसे अपनी उपस्थिति का आवश्यक अवसर मानता। वात्स्यायन को इस बात का गहरा पश्चात्ताप था कि दरबार में उन दिनों कोई स्थायी नाट्य दल नहीं था। आगे चलकर उदयन के समय में यह अस्तित्व में आया। ऐसा इसलिए था, क्योंकि उदयन के पिता, जिन्हें कौशाम्बी के कुछ वेश-भूषाचारी नागरिक उपहास से 'सैनिक राजा' कहते थे, अपने सैनिकों के बीच घोड़े की पीठ पर रहना ही अधिक पसंद करते थे। वे अपने राज्य के दूरवर्ती क्षेत्रों में एक सीमा से दूसरी सीमा तक घुड़सवारी करते और बिरले ही लंबे समय के लिए राजधानी लौटते, ताकि दरबार और महलों के जीवन का आनंद ले सकें। बाद में, जब वे युद्धभूमि में अपनी पराजय के बाद समुद्रगुप्त के सामंत बने तब अपनी सेना के साथ राजकीय सेना में शामिल होकर रुद्रदेव अधिक लंबी अवधियों के लिए राज्यसभा से दूर रहने लगे, क्योंकि वह गौरवशाली शासक साम्राज्य निर्माण का अभियान चला रहा था।

राजधानी से अपने वार्षिक अभियान के लिए प्रयाण करती सेना को देखने से अधिक आनंददायक शायद ही कुछ होगा किसी बच्चे के लिए वर्षा की समाप्ति पर

प्रत्येक शरत् में, जब सामान से भरी हुई गाड़ियों को खींचनेवाले बैल उत्साह से भरे होते हैं, सड़कें सूखी और नदियाँ पार करने योग्य होती हैं, और मस्त लड़ाकू हाथी युद्ध के जोश से भरे होते हैं, मल्ली उस दिन की प्रतीक्षा करता जिस दिन रुद्रदेव की सेना नगर से प्रस्थान करनेवाली होती थी। इस अवसर के कई दिन पहले विभिन्न मंदिरों के घंटे बज उठते, इन मंदिरों में राजा देवताओं के आशीर्वाद पाने के लिए प्रार्थना करते थे। इस गौरवपूर्ण दिन कौशाम्बी के नागरिक पंक्ति बनाकर राजमार्ग पर खड़े होते थे।

"हमें केवल अपने घर के छज्जे पर खड़ा होना पड़ता था, जो सेना के प्रयाण के रास्ते में स्थित था," वात्स्यायन ने याद किया, "मुझे संगीत और नगाड़ों की थाप के साथ सड़क के दोनों तरफ 'सम्राट की जय हो ! वे पधार रहे हैं !' का उद्घोष करते हुए दौड़नेवाले लोग अच्छे लगते थे। जब रुद्रदेव का शानदार ढंग से सुसज्जित हाथी सामने से गुजरता तो स्त्रियाँ अपने बारजों से सूखे हुए अक्षत फेंकतीं। उनके पीछे हस्तिसेना, घुड़सवार सेना और पैदल सेना होती। सबसे अंत में आपूर्ति सामग्रियों से लदी हुई बैलगाड़ियाँ और सेना की वेश्याओं के ढके हुए वाहन होते थे। इस काफिले के अंतिम हिस्से पर दर्शक विशेष तौर पर हर्षध्वनि करते।

"घर से बाहर की खोज में मैं कुछ ऐसा डूबा था कि अपनी माँ के अंदर इन वर्षों में आए परिवर्तनों पर ध्यान नहीं दे सका। प्रारंभ में ये परिवर्तन सूक्ष्म थे। उनके व्यवहार में कोई विशेष परिवर्तन नहीं था। मैं उन्हें महसूस कर सकता था, लेकिन पहचान नहीं सकता था। कोई यह भी कह सकता है कि योगी का पत्र मिलने के पहले मेरी माँ भोजन, शयन तथा घर के कामकाज की निगरानी करती थी। पत्र मिलने के बाद भी वह ऐसा ही करती थी...लेकिन अलग ढंग से। वह सदा से दोनों बहनों में अधिक शांत और स्वयं को तथा अपनी जिम्मेदारियों को गंभीरता से लेती रही। अब वह और एकांतप्रिय हो गई थी। उसके चारों ओर खड़ी रहनेवाली अदृश्य दीवार पर एक और परत चढ़ गई थी। उसने अपना अधिक समय दर्पणों के संग्रह से घिरे हुए अपने कक्ष में बिताना शुरू कर दिया था। पाँच से बीस अंगुल चौड़े ये दर्पण सोने या ताँबे की तश्तरियों को वृत्ताकार चमकाकर बनाए गए थे। इनके किनारे रेखांकनों और पृष्ठ भाग देवियों की तसवीरों से सुसज्जित थे। कुछ समय से उसने प्रेमियों को स्वीकार करना छोड़ दिया था और अब तो उसने हम लोगों के साथ उद्यान में विहार या उत्सव के लिए भी जाना बंद कर दिया था। इसके बजाय वह गोशिताराम मठ में बौद्ध विमर्श में उपस्थित होना या छठे तीर्थंकर के समय से मौजूद पुराने जैन मंदिर में श्रमणों के प्रवचन सुनना अधिक पसंद करती थी। आज मुझे समझ में आता है कि हमारे अपने धर्म के बजाय उसने बौद्ध या जैन आध्यात्मिकता का चयन क्यों किया। हमारे कुछ तपस्वी संप्रदायों की तरह, जिन्हें उचित ही ठुकरा दिया गया, बौद्ध और जैन धर्म जीवन के प्रति निरानंद दृष्टिकोण रखते हैं और काम-वासना के प्रचंड शत्रु हैं। बौद्ध तो प्रेम के देवता की तुलना अपने मृत्यु के देवता से भी करते हैं। माँ अपने ऐंद्रिय जीवन की तीक्ष्णता, उत्तेजना और आवेग को त्याग रही थी, यद्यपि उसके बिस्तर के चारों तरफ

दीवार से लटके दर्पणों से यह व्यक्त होता था कि अहंकार को छोड़ना काम-वासना को छोड़ने से कहीं अधिक कठिन कार्य था।

''बहरहाल, उसे शांति के बजाय उदासी मिली। मस्तिष्क में ये दोनों भावनाएँ एक-दूसरे के अत्यंत निकट रहती हैं। शायद इससे योगी की भविष्यवाणी अंततः पूरी हो गई, यद्यपि यह सब बिना किसी नाटकीयता के चुपचाप घटित हुआ।

''और चंद्रिका ? योगी उसके विशिष्ट दुर्भाग्य का अनुमान लगाने में अधिक सफल प्रतीत होता है। जिस समय योगी का पत्र वहाँ पहुँचा, चंद्रिका अपने नए प्रेमी के चुनाव में जूझ रही थी।''

।। नौ ।।

अब संभोग में प्रीति बढ़ानेवाले सुरत-कलह का वर्णन किया जाता है। काम स्वभाव से ही विवादास्पद और कुटिल है।

—कामसूत्र 2.7.1

मेरा ध्यान इस तथ्य पर गया कि उद्दालक और बाभ्रव्यों की पुरानी कृतियों की तरह, 'कामसूत्र' प्रेमी का चयन करने में गणिकाओं के असमंजस की चर्चा करते हुए यांत्रिक रूप से सभी संभावनाओं की बात नहीं करता। वात्स्यायन की विद्वतापूर्ण अनासक्ति के परदे से होकर उनकी निजी अनुभूतियाँ झिलमिला उठती हैं। पुराने ग्रंथों ने गणिकाओं के अनेक संबंधों पर केवल लाभ-हानि की दृष्टि से विचार किया है। उनका कहना है कि जहाँ अनेक संभावनाएँ हों, दूरदर्शी गणिका को हमेशा धनवानों को वरीयता देनी चाहिए। वात्स्यायन के लिए यह मुद्दा अधिक जटिल है। उनके अनुसार, हम लोगों की तरह ही गणिकाओं की कार्रवाई भी सिर्फ धनप्राप्ति की संभावना से संचालित नहीं होती। वे कहते हैं कि धन और रत्यात्मक प्रेम, प्रेम और नीतिशास्त्र या नीतिशास्त्र और धन के बीच संघर्ष होने पर गणिका के मन में संदेह उठ खड़े होंगे।

"चंद्रिका के लिए नैतिकता सचमुच कभी कोई समस्या नहीं रही," वात्स्यायन ने कहा, "उसका द्वंद्व उस समय प्रेम और धन को लेकर था। वैसे तो उसकी संपूर्ण शिक्षा, उसके लालन-पालन और मेरी माँ के उपदेशों का प्रभाव उसे दूसरे विकल्प की तरफ ले जाते, लेकिन चंद्रिका की हठी प्रवृत्ति और संभवतः उसके जीवन पर शनि के प्रभाव ने अपना कमाल दिखाया।

"प्रेम का प्रतिनिधि कीर्तिसेन था। वह इत्र व्यापारी था, जो कई दुर्घटनाओं के कारण हाल ही में अपनी अधिकांश संपत्ति गवाँ बैठा था। उसकी पण्य सामग्रियों का एक बड़ा भंडार उज्जयिनी के रास्ते में नर्मदा नदी के रेतीले फैलाव को पार करते समय दुर्घटना का शिकार होकर बह गया था। इस क्षति के बाद अपने सहभागी से उसका तीखा विवाद हुआ, जिसने व्यापार से अपनी पूँजी वापस ले ली। इससे ऋणदाताओं को उधार देना बंद कर देने का संकेत मिला। अपनी बड़ी-बड़ी पनीली आँखों को छोड़कर, जो अब जीवंत कम उदास अधिक दिखती थीं, रत्नसेन मध्यवय और सामान्य चेहरे-मोहरे का व्यक्ति था। वह कई सप्ताहों से चंद्रिका की सांध्यकालीन नृत्य-प्रस्तुतियों में उपस्थित

रहता था। वह प्रत्येक संध्या को पूर्वनिश्चित कोने में शांतिपूर्वक बैठता। चंद्रिका के अंग-प्रत्यंग की सराहना करती बेधक दृष्टि उसकी प्रत्येक हरकत पर लगी रहती। एक नौकर के हाथों उसने कुछ पुराने आभूषणों और बोलनेवाले तोता-मैना उपहारस्वरूप भिजवाए। उन उपहारों को उदारतापूर्वक व्यय करने का प्रभाव नहीं माना जा सकता था, लेकिन चंद्रिका ने इस पर ध्यान नहीं दिया। मित्रसेन की अकड़ के इतने विपरीत कीर्तिसेन की सज्जनता और उसकी सम्मानजनक मौन आराधना उसके ऊपर प्रबल प्रभाव डाल रही थी। सांध्यकालीन संगीत और नृत्य का कार्यक्रम समाप्त हो जाने पर एक-दो बार उसने उसे व्यापारी से चुलबुला वार्तालाप करके यह संकेत भी दिया कि वह उसे रात्रि में उपलब्ध हो सकती है। लेकिन कीर्तिसेन दूर से ही उसकी आराधना करके संतुष्ट था। उसने उसके प्रस्ताव को स्वीकार नहीं किया। इसने चंद्रिका की रुचि उसमें और बढ़ा दी।

"धन का प्रतिनिधि सुवीर था। वह युवा और सुंदर कवि था, जिसे अपने पिता की मृत्यु के बाद हाल ही में भारी मात्रा में संपत्ति मिली थी। यौवन, प्रतिभा, धन और सौंदर्य के मेल से आनेवाले आत्मविश्वास से दीप्त, अत्यंत आकर्षक सुवीर तथा कीर्तिसेन के बीच चंद्रिका का प्रेम पाने के लिए छिड़ी प्रतिद्वंद्विता के पर्यवेक्षक को निराशाजनक रूप से यह भान हो सकता था कि पलड़ा एक ओर झुका हुआ है।

"बहरहाल, वह पर्यवेक्षक इस समीकरण में उपस्थित एक निर्णायक कारक को समझने से वंचित रहा होता, जिसे मेरी माँ चंद्रिका की 'स्वेच्छाचारिता' कहती थी। चंद्रिका औद्यालिकी ऋषि के इस कथन पर हँस पड़ती कि गणिका को यौन संबंध बनाने के लिए प्रेमी का चयन करने से पहले 192 प्रश्नों पर विचार कर लेना चाहिए। उसने ऋषियों के इस परामर्श को सोच-समझकर ठुकरा दिया कि कीर्तिसेन जैसे गंभीर और विश्वसनीय पुरुष तथा सुवीर जैसे अस्थिर चित्त व्यक्ति के बीच चयन करते समय गणिका को अस्थिर व्यक्ति का चयन करना चाहिए। ज्योतिषीय व्याख्याओं के प्रति अधिक आकर्षित गणदास ने चंद्रिका द्वारा कीर्तिसेन के आकस्मिक चयन का श्रेय इस यौन नाटक के तीन प्रमुख पात्रों की जन्मकुंडलियों में एकत्र हो गए प्रबल ग्रहों को दिया।

"उस व्यापारी से अपने संबंध के प्रारंभ पर चंद्रिका प्रसन्नता से उन्मत्त हो उठी। बहुत बाद में, गोशिताराम मठ के नारियोंवाले भाग में स्थित अपने छोटे-से कक्ष में बैठकर उसने मुझसे कहा कि उस समय मैं यह सोचने लगी थी कि कोई प्रेमी, चाहे वह कितना भी संवेदनशील हो, अंततः उसी रास्ते पर चलना चाहता है जो उसके अपने आनंद तक उसे ले जाए। वह सोचती कि यह उसके लिए व्यवसायगत गौरव का विषय है कि इस यात्रा को वह अपने प्रेमी के लिए जितना उत्तेजक और आनंददायक बना सके, बनाए। उसकी जानकारी में कीर्तिसेन ऐसा पहला पुरुष था जिसका लक्ष्य प्रेम था, आनंद नहीं। जब वे दोनों बिस्तर में निर्वसन लेटते तो वह अपनी उत्तेजना को भूलकर अपने हाथों, होंठों और जीभ के द्वारा उसके शरीर की आराधना में लंबा समय बिताता। वह उससे सक्रिय भागीदारी के बजाय स्थिरता और अपनी श्रद्धा का स्वीकार चाहता

था। वह उसके पसीने, राल और प्रेमद्रव जैसे शारीरिक स्रावों को देवी की पूजा में मिलने वाले उस प्रसाद की तरह ग्रहण करता, जिसे किसी श्रद्धालु की पवित्र भावना के साथ खाना चाहिए, न कि किसी प्रेमी की हठीली लोलुपता के साथ। संभोग के बाद वह उसे स्नान कराता, वस्त्र पहनाता, बालों की वेणी गूँथता और आभूषणों से अलंकृत करता, जैसा कि कोई पुजारी मंदिर में देवी की प्रतिभा के साथ प्रातः और सांध्यकालीन अर्चना के बाद करता है।

'' 'किसी स्त्री के लिए इससे बड़ा सम्मान और प्रायः, यद्यपि हमेशा नहीं, इससे बड़ा आनंद और कुछ नहीं है।' चंद्रिका ने कहा था।

''मैं अवश्य ही किंकर्तव्यविमूढ़ लग रहा हूँगा, क्योंकि वह हँस पड़ी थी। उस दुःखद क्षण में मैंने अपनी बूढ़ी मौसी में अपने बचपन की स्मृतियों की उसी नवयौवना चंद्रिका को देखा, जो स्नान के बाद अपनी निर्वसनता में गौरवान्वित, मुझे अपने झिलमिलाते हुए पैरों पर चंदन का लेप लगाते हुए बेधक दृष्टि से देखती थी। 'मैं जानती हूँ कि तुम प्रसिद्ध व्यक्ति बन गए हो,' उसने आगे कहा, 'लेकिन मल्ली, स्त्रियों के बारे में तुमने कभी बहुत अधिक नहीं जाना। तुम उनके शरीर से, उनकी काया से इतने सम्मोहित रहे कि तुम्हें कभी यह जानने की उत्सुकता ही नहीं हुई कि पुरुष के साथ होने पर स्त्री के अंदर कौन-सी प्रक्रिया चलती है। तुमने हमेशा मूर्ति को देवता समझा।' ''

वात्स्यायन चुप हो गए। मैं उन्हें पुनः आश्वस्त करना चाहता था। मैं उनसे कहना चाहता था कि विद्वानों ने 'कामसूत्र' पर प्रमुख रूप से नारी-कामुकता की इसकी उदार वकालत के लिए ही हमला किया है। लेकिन मैं चुप रह गया। क्या समझदारी के बिना तर्क किया जा सकता है ? मैं इस क्षोभपूर्ण विचार से हिल उठा। निश्चय ही, आचार्य ने स्त्रियों के आनंद की प्रकृति को अपने पूर्ववर्तियों से अलग तरह से समझा है ! मुझे कई सप्ताह पहले की वह सुबह याद आई जब उन्होंने साधिकार दिए गए अपने संक्षिप्त वक्तव्य में नारी-आनंद के शरीर विज्ञान का सारांश प्रस्तुत कर दिया था। यह विमर्श 'कामसूत्र' में शामिल नहीं है :

''स्त्री की यौन कल्पना में पुरुष शायद प्रवेश ही नहीं कर सकते। लेकिन वे उसके शरीर को, विशेषकर काम के स्रोत को जान सकते हैं,'' उन्होंने कहा था, ''सुवर्णनाभ की इस बात से मैं सहमत नहीं हूँ कि योनियाँ चार प्रकार की होती हैं—पहली, कमल-पुष्प के अंदरूनी भाग के समान कोमल; दूसरी, मांस के अंदर छोटी-छोटी गाँठोंवाली; तीसरी, सूक्ष्म झुर्रियोंवाली और चौथी, गाय की जीभ जैसी। मैंने अपने भाष्य में सुवर्णनाभवाले वर्गीकरण को शामिल नहीं किया है, क्योंकि ग्रंथों के अनुसार कोई वर्गीकरण उतना ही सहायक होता है जितना कि उसका मानदंड उपयोगी और स्पष्ट हो। केवल यह कहना पर्याप्त नहीं है, जैसा कि घोटकमुख ने अपनी टीका में किया है कि सुवर्णनाभ योनियों का वर्गीकरण उनकी आंतरिक बनावट के आधार पर कर रहे हैं। इस मानदंड में पुरुष...या स्त्री के लिए इसकी उपयोगितावाले निर्णायक आयाम का ध्यान नहीं रखा गया है। या फिर क्या सुवर्णनाभ शिश्न को आनंद प्रदान करने की मात्रा

के अनुसार योनियों का वर्गीकरण कर रहे हैं ? यदि ऐसा है तो उनका वर्गीकरण तथ्यों से मेल नहीं खाता।

"इसलिए, स्त्री के आनंद के दृष्टिकोण से योनि का विवरण आरंभ करना सबसे उचित है। अपनी कृति में मैंने यह विवरण केवल सारगर्भिता के अपने स्वनिर्मित मानदंड का पालन करने के लिए नहीं दिया। इसका कारण यह भी था कि मैं इस व्यापक मान्यता को और पुष्ट नहीं करना चाहता था कि यौन आनंद केवल शरीर का विषय है। अब, तुम्हें यह जानना चाहिए कि योनि नारी-शरीर का सबसे सहिष्णु अंग है। यह अपना लचीलापन और अपनी संरचनात्मक चिकनाई वृद्धावस्था में भी सुरक्षित रहती है, जबकि दूसरे अंग ढीले हो जाते हैं और उन पर झुर्रियाँ पड़ जाती हैं।

"स्त्री के आनंद का पहला स्रोत 'प्रेम देवता की छतरी' है। योनि के ऊपरी भाग में स्थित नाक जैसी इस आकृति से अनेक छोटी-छोटी शिराएँ जुड़ी रहती हैं, जिनसे सहवास के दौरान योनि को तैलीय आर्द्रता प्रदान करनेवाली प्रेमसुधा प्रवाहित होती है। योनि में चारों तरफ बिखरे और आँखों के लिए अदृश्य उच्च, औसत और दुर्बल क्षमतावाले तीन प्रकार के रक्तनिर्मित कीट होते हैं, जो अपनी शक्ति के अनुसार प्रेम देवता के आवास में खुजली पैदा करते हैं। कुछ स्त्रियाँ उच्च शक्ति के रक्तिम कीट अधिक मात्रा में पैदा करती हैं, इसलिए उनकी योनि में दूसरों की अपेक्षा अधिक खुजली होती है। इन योनि-कीटों का संयोजन बदलता रहता है, क्योंकि तीनों प्रकार के कीटों में वृद्धि और कमी अनेक कारकों पर निर्भर करती है—ये कारक हैं : चंद्रमा की अवस्थाएँ, स्त्री के मासिक चक्र का समय, मौसम, दिन का समय, स्त्री की आयु, स्वयं स्त्री या उसके प्रेमी द्वारा योनि को उत्तेजना करना और निश्चय ही, स्त्री की अपने प्रेमी के बारे में कल्पनाशीलता।

"आनंद का दूसरा स्रोत प्रेम देवता के निवास की आंतरिक दीवारों में नाभि की तरफ उठती हुई नस है, जिसे सस्पंद कहते हैं। इस नस पर शिश्न का लयात्मक दबाव काम-सुधा को भारी मात्रा में फैला देता है। शिश्न के घर्षण और दबाव से पर्याप्त मात्रा में उत्तेजित होने पर संभोग के दौरान यह प्रेम के अंतिम आवेश को प्रेरित करती है।"

"किसी स्त्री को आनंद की चरम अवस्था तक पहुँचाने के लिए यौन-संबंध बिलकुल उचित प्रकार का होना चाहिए। हाँ, मैं जानता हूँ कि संभोगवाले अध्याय में मैंने इस विषय की अत्यंत संक्षिप्त विवेचना की है। मेरा उद्‌देश्य पहली-पहली बार प्रयोग करनेवालों और गृहस्थों के लिए इसे आसान बनाना था, ताकि वे इसे याद कर सकें। यौन संबंध में सफलता के तीन सूत्रों को याद करना बहुत सरल है। ये सूत्र हैं—आकार, समय और मनोदशा। तुम्हारे जैसे पके हुए विद्यार्थियों को, जो यह जानते हैं कि यौन संबंध अधिक जटिल प्रक्रिया है, निस्संदेह उससे कहीं अधिक सूक्ष्म विमर्श चाहिए जितना मैंने अपनी पुस्तक में दिया है।"

उन्होंने मुझे जब 'पका हुआ विद्यार्थी' कहा तो मैं चौंक गया। उस वेश्या से पहली बार सामना होने की स्मृति मेरे विचारों में हठात् कौंध गई। क्या कोई व्यक्ति, जो नारी

शरीर का इतना ज्ञान रखता है, स्त्रियों से अपरिचित हो सकता है। मेरे विचारों को मानो पढ़ते हुए, वात्स्यायन ने मेरी तरफ एक विषादग्रस्त मुसकान फेंकी और अपनी मौसी की कहानी को आगे को बढ़ाया।

"शायद यह अब, चंद्रिका के वृद्ध हो जाने पर ही संभव था कि वह अपने प्रेमी के रूप में कीर्तिसेन के चयन का स्पष्टीकरण दे पाती, जिसने सबको हक्का-बक्का कर दिया था। यौवन की प्यास और नए-नए अनुभवों को अपने अंदर समाहित करने की क्षमता ही संतुलित निर्णय के प्रयासों के विरुद्ध काम करती है। दूसरी तरफ, वृद्धावस्था की समस्या यह है कि स्पष्टीकरण पाने के तीव्र प्रयास अनुभव के रास्ते को पहले ही बंद कर देने की ओर प्रवृत्त होते हैं।

"अपने छोटे-से कक्ष के फर्श पर, टाँग पर टाँग चढ़ाए मेरी वृद्धा मौसी कीर्तिसेन के साथ बिताए महीनों की याद में खो गई थी।

" 'हमारे शरीरों और हमारी भावनाओं का तालमेल इतना संपूर्ण था कि हर बार जब हम संभोग करते तो मुझे लगता था कि मैंने गर्भधारण कर लिया है,' चंद्रिका ने कहा, 'और मैं सघनतम स्खलन से गुजरती थी। मेरी योनि प्रकंपित हो उठती थी। यह अनुभूति मेरे सभी अंगों में फैल जाती थी। मैं पहली बार अपने शरीर को एक संपूर्ण इकाई के बतौर महसूस कर रही थी, जिसके हर रंध्र से जीवन प्रवाहित हो रहा था। ऐसा लगता था, मानो मेरे शरीर में हर जगह योनियाँ हैं और मैं कहीं भी आनंद की अनुभूति कर सकती हूँ।'

"कुछ हफ्तों बाद, चंद्रिका ने कीर्तिसेन के स्पर्श में सूक्ष्म अंतर महसूस किया। कभी-कभी, जब वह उसकी बाँह पर हल्का-सा आघात करता, उसके अंदर रोमांच की लहर दौड़ पड़ती। उसके स्पर्श में जिस हिंसक संभावना की आहट वह महसूस कर रही थी, वह अप्रीतिकर नहीं, बल्कि इसके विपरीत उत्तेजक था।

" 'वह हिंसा, इतनी सांकेतिक होती थी जितनी कोई क्षणिक फुसफुसाहट हो सकती है। मैं उसे अपने मस्तिष्क के बजाय त्वचा से ही महसूस कर पाती थी। मेरे कंधे अपनी मांसपेशियों में तनाव लाकर और शरीर के उस भाग में रक्तसंचार तेज करके, उसके होंठों पर अपनी प्रतिक्रिया व्यक्त करते थे, मानो उन्हें दाँतों से काटे जाने की आशंका हो। जब उसकी अंगुलियाँ मेरी जाँघों के अंदर हल्के-से फिरतीं तो मांस में कष्टदायक ऐंठन की आशंका से शिकन आ जाती।'

"हमेशा से यथार्थवादी रही मेरी माँ ने अपनी छोटी बहन को, इस संबंध को समाप्त करने के लिए राजी करने का प्रयास किया।

" 'हमारे पास वह समस्त संपत्ति आ चुकी है, जो हम उससे ले सकते थे। मैंने सुना है कि अब उसके पास कुछ भी शेष नहीं है। यह उसे अपने से दूर कर देने का समय है। याद रखो, गणिका का सौंदर्य सूर्यास्त की तरह अल्पजीवी है, जो केवल गोधूलि तक टिकता है।'

" 'मैं शीघ्र ऐसा करूँगी।' चंद्रिका ने वायदा किया।

"लेकिन उसने ऐसा नहीं किया। अपने किसी सूक्ष्म उद्‌देश्य की पूर्ति के लिए उसे कीर्तिसेन जैसे प्रेमी की आवश्यकता थी। उसे यह विश्वास था कि वह उसे अपने अस्पष्ट उत्तरदायित्व की आवश्यकताओं के अनुकूल ढाल लेगी।

"पहले चंद्रिका ने प्रेम की चंचल हिंसा के बारे में अपनी वरीयताओं की चर्चा करके कीर्तिसेन की आशंकाओं को दूर किया। 'मैं सोकर उठते हुए सुबह अपने उरोजों पर मूँगा-मणियों का हार देखना पसंद करती हूँ,' उसने उससे कहा, 'यह दूसरी स्त्रियों को बेहद ईर्ष्यालु बना देता है।'

"फिर वह इस व्यक्ति को, जो चौंसठ कलाओं से अनभिज्ञ था, बताती कि मूँगा-मणि का अर्थ मांस पर बना हुआ वह निशान है जो ऊपर के दाँतों और नीचे के होंठों से एक ही जगह को बार-बार दबाने से बनता है।

"कीर्तिसेन की प्रेमक्रीड़ा में हिंसा और उभरकर सामने आने लगी। सीमा उसने पहली बार तब पार की जब उसके बाएँ कुचाग्र की त्वचा के निचले हिस्से में दाहिने हाथ के नाखूनों को बर्बरतापूर्वक चुभोते हुए, उसे खींचा। वह दर्द से चीख पड़ी। कीर्तिसेन क्षमा-याचना में कृपण नहीं था। यह सोचकर कि यह घटना अनाड़ीपन की वजह से हुई, किसी दुर्भावना के चलते नहीं, उसने उसे समझाया कि यह विशिष्ट नख-क्षत, जिसे मैंने 'कामसूत्र' में 'शशप्लुतक' कहा है, हल्के से करना चाहिए, ताकि इससे जख्म न हो, सिर्फ निशान पड़े।

" 'यही तो मैं चाहता हूँ,' कीर्तिसेन ने कहा था, 'मैं तुम्हारे शरीर पर उस समय तक के लिए निशान बना देना चाहता हूँ जब तक मैं तुमसे दूर हूँ। ये निशान तुम्हें मेरे प्रेम की याद दिलाएँगे। अन्यथा शरीर इतने चंचल, भुलक्कड़ और शर्मनाक रूप से स्मृतिहीन हैं।'

"आनेवाले दिनों में कीर्तिसेन की प्रकट हिंसा में सुनिश्चित वृद्धि हुई। चंद्रिका ने गौर किया कि उसने अपने नाखूनों को दोहरे और तिहरे कोनोंवाले आकार में बढ़ाना शुरू कर दिया है। उसके दंत-क्षत अधिक कठोर हो गए और उसके होंठों, कान की लवों पर लगनेवाली खरोंचें और कष्टदायक हो गईं। उसके उरोजों, पेट और जाँघों को रगड़ने से शरीर पर बने निशान और गहरे हो गए। यद्यपि वे अभी तक उथले ही थे, क्योंकि कीर्तिसेन ने अपने दाँतों या नाखूनों, किसी से उसकी त्वचा को काटा नहीं था। अब यह दर्द उसके आनंद में और वृद्धि नहीं करता था, जैसाकि इसने आरंभ में किया था। उसने महसूस किया कि उसे और अधिक पीड़ा पहुँचाने की कीर्तिसेन की लालसा अदम्य होने लगी है। वह डर गई।

"उसने पहली बार उसे चोट तब पहुँचाई जब उसके गले की बगल में नाखून से इतनी जोर से खरोंचा कि उससे खून निकल आया। चंद्रिका दर्द से चीखकर मानो आक्षेप लगाते हुए ऐंठ गई। उसके घुटने दीवार से टकराकर चोट खा गए। कीर्तिसेन ने इस चोट पर तत्काल अपनी चिंता व्यक्त की, जबकि उस्तरे जैसी धारवाले उसके नाखून अगले कुछ और क्षणों तक उसके शरीर को खुरचते रहे। उसने निराशापूर्वक क्षमा की

भीख माँगते हुए दुख प्रकट किया। उसके चेहरे पर एक बार फिर आराधक के भाव थे। आँखें बंद कर उसने अपने प्रहार से निकले खून और उससे हुए दर्द की वजह से आए आँसुओं को चाट लिया। चंद्रिका ने उसे क्षमा कर दिया, यद्यपि अपने हृदय में उसने भाँप लिया था कि इस संबंध का अब शीघ्र अंत होना चाहिए। स्वयं को अब वह देवी नहीं, क्षुधातुर व्याघ्र के सामने व्याकुल पड़े मांस के ढेर के रूप में पा रही थी। उसे प्रतीत हुआ कि कीर्तिसेन द्वारा उसके शरीर का हिंसक इस्तेमाल अब प्रायः उसे अभिभूत करनेवाले आवेग की अभिव्यक्ति नहीं, बल्कि असाधारण रूप से धधकती हुई घृणा का परिणाम है।

''चंद्रिका इस संबंध का अंत करती, इससे पहले कीर्तिसेन से अगली ही भेंट में अनर्थ हो गया। मेरी माँ, गणदास और दो अन्य सेवक उसकी भयानक चीखों को सुनकर उसके कमरे की ओर दौड़ पड़े। कीर्तिसेन ने पूरी तरह से संतुलन खो दिया था। वह उसके सीने और कंधों को जंगली कुत्ते की तरह काट रहा था। वह उसके शरीर से अपने को मुक्त कराने के लिए जूझ रही थी, जिसने उसे बिस्तर में दबा रखा था। उसके नाखूनों के गहरे प्रहारों से मांस के कतरे निकल आए थे और उसका खून चादर पर चारों ओर बिखरा पड़ा था। 'व्याघ्रनख' और 'वराहचर्वितक' अब काम-कला की संहिताओं में वर्णित पूर्व केलि की विधियाँ-भर नहीं रह गई थीं। उन्होंने स्वयं को अपने मूलभूत पाशविक रूप में अभिव्यक्त कर दिया था। कीर्तिसेन को खींचकर हटाए जाने के बाद मेरी माँ खून से लथपथ बिस्तर पर अपनी बहन को सांत्वना देने के लिए लेट गई और उसकी खूनी आँखों में थोड़ी चमक लाने की कोशिश करने लगी। शुक्र है कि चंद्रिका का चेहरा अक्षत था। उसका उड़ा हुआ रंग पाला मारे हुए कमल के फूल जैसा हो गया था। उसके जख्मी गले से एक धीमी कराह उठी। उसके घावों को पूरी तरह ठीक होने में महीनों लगे, यद्यपि अपने शेष जीवन के लिए उसे कंधों, गले की बगल और उरोजों के शीर्ष पर निशान मिल गए थे।

''कीर्तिसेन कारागार में अधिक दिन नहीं बिता सका, जहाँ वह हमारे घर से सीधे ले जाया गया था। एक महीने तक उसे काल कोठरी में प्रतिदिन एक तश्तरी दलिया और एक कटोरी पानी मिलता रहा। कारागार-प्रमुख के अनौपचारिक निर्देश पर इसके बाद उसे जहर दे दिया गया। नीतिगुप्त के लिए यह गौरव का विषय था। उसकी पूर्व प्रेमिका से ऐसा बर्बर व्यवहार करके कोई व्यक्ति जीवित नहीं रह सकता था।''

बाद में अपराह्न के समय जबकि कीर्तिसेन और चंद्रिका की कथा की स्मृति अभी जीवित थी, यह स्वाभाविक था कि हमारी बातचीत 'कामसूत्र' के सातवें खंड 'प्रणय निवेदन' पर केंद्रित हो जाती, जिसमें 'प्रहणन और सीत्कारों' की चर्चा की गई है।

''आचार्य, आपने इस अध्याय के आरंभ में यौन सहवास को युयुत्सा और विकृति माना है'', मैंने कहा, ''क्या, यह प्रारंभिक श्लोक रत्यात्मक प्रेम की स्निग्धता और उसके

आमोद-प्रमोदवाले स्वरूप के बारे में आपके अनेक पूर्ववर्ती विचारों का खंडन नहीं करता ?"

सचमुच, नखक्षत और दंत-क्षतवाले पिछले अध्याय की ही तरह इस अध्याय ने भी कामक्षेत्र में उद्दाम क्रूरता के अपने उन्मुक्त अनुमोदन से मुझे विचलित कर दिया था। गालों में नाखून घुसाना, स्त्री के उरोजों और उसकी जघनास्थि पर खुली हथेली या बँधी मुट्ठी से मारना, चिमटे जैसी पकड़ में उमेठकर उसका मांस नोच लेना—ये और इस जैसी अन्य अनेक आक्रामक क्रियाओं के अनुमोदन ने इन अध्यायों में वात्स्यायन यह कहते हुए प्रतीत हुए कि ये क्रियाएँ कोमल भंगिमाओं की अपेक्षा महत्तर यौन आनंद प्रदान करती हैं।

वात्स्यायन मुसकराए, "यह विश्वास यौवन की भूल है, और दुखद यह है कि बड़ी आयु के अनेक व्यक्ति भी, जिन्हें बेहतर ज्ञान होना चाहिए, यह मानते हैं कि कोई व्यक्ति एक ही समय में विषम और व्याघाती विचारों का निर्वाह नहीं कर सकता।"

अपने मस्तिष्क और कानों को सतर्क करके सुनने के लिए मैं व्यवस्थित हो गया।

"यौन सहवास का अनियंत्रित रूप स्पष्टतया अनेक जीव-प्रजातियों में देखने को मिलता है। नर मादा को पकड़कर खरोंचता और काटता है तथा बदले में मादा भी अपने दाँतों और पंजों का उन्मुक्त भाव से प्रयोग करती है, जिसके परिणामस्वरूप मैथुनरत जोड़े यौन द्वंद्व से प्रायः लहूलुहान और क्षत-विक्षत होकर निकलते हैं। मनुष्य में यह द्वंद्व बहुत सूक्ष्म रूप में चलता है। रणक्षेत्र शायिका से अधिक संभोगरत प्रेमियों की कल्पना होती है। इनमें से अनेक कल्पनाएँ हिंसक स्वभाव की होती हैं। क्रूरता के बिना, भले ही वह न्यूनतम, क्षीण और संज्ञान से परे हो, कोई पुरुष शक्तिशाली यौन-आवेश के वशीभूत नहीं हो सकता। स्त्री पर विजय पाने और उसे अपने अधीन करने की उसकी इच्छा उतनी ही प्रबल होती है जितनी कि आनंद प्राप्त करने की, जो उसके उत्थान और स्त्री में प्रवेश को संभव करती है। स्त्री के प्रति आक्रामकता उसके पुंसत्व का उतना ही बड़ा कारक है, जितना कि उसकी प्रेमपूर्ण भावनाएँ। जो कुछ आसानी से उपलब्ध नहीं है, उसे बलपूर्वक हासिल करना पुरुष की प्रमुख फंतासियों में से एक है। कुछ पुरुष ऐसी स्त्रियों की कल्पना करते हैं, जो यौनानुभव की इच्छुक नहीं हैं, लेकिन उनकी इस अनिच्छा के बावजूद वे उन्हें अपनी शक्ति के बल पर उत्तेजित कर देते हैं। प्रत्येक अच्छी गणिका इसे जानती है। पुरुष को स्फुरित करने के बाद वह संभोग के प्रति अनिच्छा प्रदर्शित करती है, फिर सीत्कारों और कराहों के सावधानीपूर्वक तैयार किए गए मिश्रण के साथ वह अपनी इच्छा के समर्पण का अभिनय करती है। इस कला में दक्ष चंद्रिका जैसी नायिका के लिए यह बहाना प्रायः वास्तविकता बन जाता है और वह सचमुच कामोन्मत्त हो जाती है। अभिनय हो या वास्तविकता, यह समर्पण एक बार फिर उसे विश्वास दिला जाता है कि स्त्री वही अनुभव करती है जो पुरुष उसे अनुभव कराना चाहता है कि वह अपने अंदर गहराई में किसी ऐसी जगह नहीं जा बैठी है, जहाँ से वह उसके आवेग का निरीक्षण कर रही है और उसकी क्षमता का मूल्यांकन कर रही

है।''

''और स्त्रियाँ ?'' मैंने पूछा, ''क्या वे भी कामावेग को बढ़ाने के लिए हिंसा का सहारा लेती हैं ?''

''हाँ'', वात्स्यायन ने उत्तर दिया, ''स्त्री का आवेग उसी अनुपात में बढ़ता है जिस अनुपात में वह पुरुष के अंदर कामोन्माद जाग्रत कर पाती है। यही उसकी जीत है। स्त्री अपनी विजय से उतनी ही उत्तेजित होती है जितनी कि अपनी कामेच्छा से। आंतरिक रूप से वह वर्चस्वता के उसी भ्रम पर आँख गड़ाती है, जिसे वह पुरुष के लिए सुलभ कर चुकी होती है। स्त्री के अंदर प्रवेश करना जहाँ पुरुष की फंतसियों में से एक है, वहीं स्त्री की कल्पना में शिश्न का योनि में प्रवेश केवल स्नेहिल स्वीकार नहीं, बल्कि एक प्रकार की जब्ती है, यहाँ तक कि कुछ स्त्रियों के लिए यह प्रेमी के उस अंग का अपहरण है जिसे वे अपने अंदर विजय के स्मृति-चिह्न की तरह रखती हैं। कामसंबंध में आक्रामकता पुरुष और स्त्री के बीच की सीमारेखा को धूमिल कर देती है और प्रत्येक लिंग को इस बात का मौका देती है कि वह दूसरे की हिंसा का आनंद उठा सके।''

''निस्संदेह, सीमाओं का यह अतिक्रमण केवल अस्थायी होता है। पुरुष और स्त्री शीघ्र ही फिर अपनी यौन-प्रकृति को अपना लेते हैं।'' उन्होंने जोड़ा।

उनके अनुमोदन की मेरी आवश्यकता ने फिर सिर उठाया और मैंने उद्धृत किया :

''कभी-कभी आवेग, किसी रीति, या स्वभाव के चलते स्त्री इस स्थिति को उलट देती है। लेकिन यह केवल अस्थायी अवस्था होती है। अंत में प्रकृति ही स्वयं को पुनर्स्थापित कर लेती है।''

उन्होंने मुझे एक मुसकान से पुरस्कृत किया :

''मैं सुवर्णनाभ से सहमत हूँ कि यौन सहवास में हिंसा कामोत्तेजना के लिए अनिवार्य है, फिर भी यह गंभीर चोटों का खतरा, विशेषकर स्त्रियों के सामने, उपस्थित करती है। चोल राजा चित्रसेन ने गणिका चित्रसेना के वक्ष पर इतने जोर से 'कीला' नामक प्रहार किया कि वह मर गई। पाण्ड्य देश के सेनापति नरदेव ने गणिका चित्रलेखा के गालों पर 'विद्धा' नामक प्रहार करना चाहा, लेकिन उनका निशाना चूक गया और उसकी एक आँख निकल गई। इसीलिए मैंने उन्मत्त प्रेम करते हुए प्रेमियों की तुलना सड़क की हालत या रास्ते की बाधाओं पर ध्यान दिए बिना सरपट दौड़ते पगलाए घोड़ों से की है।

''विभिन्न नख-क्षत, दंत-क्षत और हस्त-प्रहारों का वर्गीकरण करके मैंने यौन सहवास की क्रूरता को अनुष्ठानबद्ध करने की कोशिश की है, ताकि प्रेम में होनेवाली अव्यवस्थित हिंसा को कुछ हद तक व्यवस्थित किया जा सके। अपने प्रेमी के प्रहारों पर स्त्री जो सीत्कार निकालती है, उसकी पहचान मैं इसलिए भी करता हूँ ताकि पुरुष अपने साथी के सीत्कारों से यह अनुमान लगा सके कि स्त्री और अधिक कठोर प्रहार

चाहती है अथवा उसके प्रहार पहले ही बहुत कठोर हैं और अब उन्हें रोक देना चाहिए, और वह अपनी हिंसा को नियंत्रित कर सके। मेरा लक्ष्य काम की हिंसा को सुसभ्य बनाना था। इसीलिए मैंने इस अध्याय का समापन इस श्लोक से किया :

> 'अपने यौन-व्यवहार में कोई सभ्य पुरुष अपनी शक्ति और अपने साथी की कोमलता का ध्यान रखता है। वह अपने संवेगों को नियंत्रित करने का तरीका और स्त्री की सहनशक्ति की सीमा को जानता है।' "

"और वामशील, यानी विकृति के समान यौन संभोग, आचार्य ?" मैंने पूछा।

वात्स्यायन विचारमग्न हो गए। जब वे पुनः बोले तो उनके स्वभाव के विपरीत, उनका स्वर अनिश्चयात्मक था :

"मैं जानता हूँ कि जीवन के दो उद्‌देश्यों—धर्म और काम—के बीच संबंध के बारे में कोई स्पष्ट नीति न अपनाने के कारण मुझ पर सद्‌गुणों के विनाश का आरोप लगाया गया है। वास्तव में मेरी कृति में अनेक ऐसे श्लोक हैं, जो इस विषय में अस्पष्ट हैं। मैं तुम्हारे सामने एक रहस्य खोलता हूँ। मुझे अब इस बात में शंका होती है कि काम-वासना कभी सद्‌गुणों को पुष्ट कर सकती है। यौन सुख में वृद्धि मानवीय सद्‌गुणों के विपरीत जा सकती है। यह मानने का एक कारण मुझे यह दीखता है कि यौनाचार में फूटी हिंसा मनोभावों, विशेषकर आक्रामक मनोवेगों को नियंत्रित करने की सत्‌पुरुष की इच्छा की विरोधी है। हाँ, मैं यह अवश्य कहता हूँ कि तकलीफ पहुँचाना आर्यों की रीति नहीं है और न ही यह संभावित लोगों के अनुरूप है। फिर भी, ठीक इसी समय मैं यह व्यक्त करता हूँ कि पीड़ा यौन-आनंद का हिस्सा है।

"आक्रामक व्यवहार और हिंसा की फंतासियों के अतिरिक्त कामुकता के स्वभाव में ही दूसरी विकृतियाँ निहित होती हैं। उनमें सर्वाधिक विकृत शायद यह तथ्य है कि सद्‌गुण के सिद्धांतों को तोड़ने की क्षमता का बोध उत्तेजना की धार को और तीक्ष्ण कर देता है। संभोग में वैविध्य की आवश्यकता एक और विकृति है, जो अनिवार्यतः किसी के साथी का अमानवीकरण कर देता है :

> 'जब वे अस्वाभाविक स्थिति ग्रहण करते हैं, तब वे चाहे जो हों, गणिका और उसके प्रेमी व्यक्तित्वविहीन हो जाते हैं। गणिका के लिए उसका प्रेमी स्वयं प्रेम का देवता बन जाता है, उसका रूप चाहे जैसा हो।'

"अब देवता होने का अर्थ है मानव-अवस्था से ऊपर उठ जाना, लेकिन इसका मतलब अमानवीय बन जाना और अपना व्यक्तित्व खो देना भी है।"

"हम वैविध्य क्यों चाहते हैं ?" परेशान होकर मैंने पूछा। वाराणसी में चतुरसेन के साथ मैं जिस गणिका के यहाँ पहली बार गया था, उससे निरंतर होनेवाली अपनी मुलाकातों की याद से मैं जान गया था कि मैं जो कुछ देख चुका हूँ उसके अतिरिक्त कोई यौन-विविधता उत्तेजना का संचार करने के बदले मुझे भय से जड़ कर देगी।

"कामुकता के विज्ञान का प्रकट लक्ष्य—मैं उसके गुप्त लक्ष्य की बात बाद में करूँगा—पुरुषों और स्त्रियों के यौन आनंद को बढ़ाने में सहायता करना है। यह आनंद

उत्तेजना से मिलता है। यौन उत्तेजना क्षणभंगुर होती है। यह एक ऐसी कली है जिसे एकरसता के पाले से मुरझाने का खतरा निरंतर बना रहता है। इसलिए 'कामसूत्र' का अधिकांश हिस्सा यौन संबंधों को यांत्रिक और बोधगम्य बन जाने से बचाने में लगा है। सारतत्त्व में यौन-एकरसता का अर्थ आगत के भय का लुप्त हो जाना है। विविध आसन, नख-क्षत, दंत-क्षत और प्रहार यौन संबंध में उस अनिश्चितता का समावेश करते हैं जिसमें उपलब्धि की वृहत्तर प्रत्याशा में असफलता की रत्ती-भर आशंका मिली होती है। भय स्थूल रूप से शरीर के स्तर पर ही नहीं, बल्कि मस्तिष्क के सूक्ष्मतर स्तर पर भी होता है। उदाहरण के लिए, प्रत्येक नए संगी से धिक्कार पाने की आशंका रहती है, प्रेमी की आँखों से या अंगों से अपने प्रति अस्वीकार का संकेत मिल सकता है, अश्व पुरुष के लज्जा-बोध या हस्तिनी स्त्री के संताप के उभर आने की आशंका रहती है।

"यहाँ तक कि जिन निपुणतम गणिकाओं को मैं जानता हूँ वे भी यौन-एकरसता से अछूती नहीं हैं। 'मेरे व्यावसायिक जीवन के प्रारंभिक कुछ वर्षों में,' चंद्रिका ने मुझे हमारी एक अंतरंग भेंट में बताया था, 'मुझमें पुरुष के यौनांगों को देखने और छूने में अतीव उत्तेजना उत्पन्न होती थी। मुझे असंख्य लोग चाहते थे और यह मुझे उत्तेजक लगता था। चरमोत्तेजना तक पहुँचना आसान था। पुरुष का शरीर सुपरिचित हो जाता है। चरमोत्तेजना के लिए संघर्ष करना पड़ता है, यद्यपि संभोग के बीच तुम तनिक स्वार्थी बनकर, शारीरिक रूप से संलग्नता का बहाना करते हुए कल्पना में अपने आपको पूरी तरह समेटकर, इसे प्राप्त कर सकते हो। मैं कभी-कभी पूरी तरह केवल तब उत्तेजित होती थी, जब पुरुष और मैं अपने-अपने वस्त्र पहने हुए एक दूसरे का आलिंगन और स्पर्श करते थे। वस्त्र उतारते और शायिका पर जाते ही मेरी उत्तेजना लुप्त हो जाती थी।' "

मैं स्वीकार करता हूँ कि वात्स्यायन के संभाषण से मैं गहरे तक व्याकुल हो उठा था। क्या वे उस स्थायी सत्य पर प्रश्नचिह्न लगा रहे थे जो हमें प्राचीन ऋषियों से विरासत में मिला था और पीढ़ी-दर-पीढ़ी हस्तांतरित होता रहा। क्या उनकी गुप्त सहानुभूति उन कुछ नए संप्रदायों से थी, जो इस जीवन के अलावा किसी दूसरे जीवन को नहीं मानते, भौतिक जगत को छोड़कर सत्य के किसी दूसरे क्षेत्र को नहीं स्वीकार करते, इस स्थूल शारीरिक आवरण के अलावा किसी दूसरे शरीर में विश्वास नहीं करते ? क्या मैंने उनके विशाल ज्ञान को बुद्धिमत्ता समझने में भूल की थी ? धर्मशास्त्रीय अध्ययन के वे तमाम वर्ष मेरे इस दृढ़ संशय के लिए जिम्मेदार हैं जो मुझे निरंतर जकड़े रहते हैं। यहाँ तक कि जब मैं इस विषय के प्रति अधैर्य प्रदर्शित करता हूँ और इसे अपने व्यवसाय के रूप में अपनाने से इन्कार करता हूँ, तब भी। जिसने मुझे आकार दिया है, मैं उससे विद्रोह तो कर सकता हूँ लेकिन उसका विध्वंस नहीं कर सकता।

"आचार्य, तब क्या कामुकता अस्तित्व का पूरी तरह अलग क्षेत्र है, जो अपने स्वयं के अलावा किसी दूसरी सत्ता को मान्यता नहीं देता ?" मैंने पूछा।

"नहीं," वात्स्यायन ने कहा, "काम और धर्म में विसंगति हो सकती है लेकिन धर्म की तरह काम भी मानव जीवन के सर्वोच्च लक्ष्य—मोक्ष के अधीन है। जिस प्रकार कोई संगीतकार ध्वनि की सूक्ष्मतम अनुभूतियों के माध्यम से मोक्ष प्राप्त करने का प्रयास करता है, उसी प्रकार काम-वासना से परिपूर्ण पुरुष, कामी, अति परिष्कृत स्पर्श के माध्यम से इसी लक्ष्य की प्राप्ति के लिए संघर्ष करता है। कामी का स्पर्शब्रह्म संगीतकार के नादब्रह्म का प्रतिरूप है। पुरुष या स्त्री के सूक्ष्मतम अणुओं में खलबली मचा देनेवाली यौन-उत्तेजना शरीर-मस्तिष्क-आत्मा की संपूर्ण व्यवस्था को हिलाकर रख देती है और प्रेमी को एक क्षण के लिए सभी विगत जन्मों के कर्मों से मुक्त कर देती है। यह अपनी ऐंद्रिकता से युक्त कामी मानवीय से ईश्वरीय अवस्था के बीच की खाई को पार करने और, जैसा कि बौद्ध कहेंगे, प्रबुद्ध बनने के लिए अपनी तपश्चर्या से युक्त योगी की अपेक्षा बेहतर स्थिति में होता है।"

उन्होंने अपनी आँखें मूँद लीं।

"आओ, अब हम थोड़ी देर तक इस गूढ़तम मानवीय अनुभव का चिंतन करें, जो हमें पवित्र श्वास के साथ छूता है : चीजों की वास्तविक प्रकृति के उद्घाटन से धन्य करता है।"

आज्ञाकारी की तरह मैंने अपनी आँखें बंद कीं और कामदेव के सारतत्त्व और उस दृष्टि के गुरुत्व का एक साथ ध्यान करने लगा, जो वे हमें प्रदान करते हैं। मैंने उस देवता से मालविका की ऐसी छवियाँ प्राप्त कीं, जिन्हें पहले कभी नहीं देखा था : मालविका वन में खुली जगह पर वृक्ष के नीचे घास पर नग्न लेटी है, पत्तों से छनकर आती सूरज की रोशनी की अनिश्चित धारियाँ चपलतापूर्वक उसके शरीर पर तैर रही हैं, मालविका तालाब में कमर तक गहरे पानी में खड़ी है, उसने अपने सिर के पीछे बने ऊँचे जूड़े से सीप की कंघी निकालने के लिए अपने हाथों को उठा रखा है और उसके उरोजों पर पानी की बूँदें झिलमिला रही हैं; और तब मैंने उसका आनंद से दमकता हुआ चेहरा और कसकर बंद की हुई आँखें देखीं। उसकी अनियमित; तेज हो चली साँसें देवता की अपनी श्वास से अनुप्राणित हो उठीं।

।। दस ।।

संभोग की सभी क्रियाएँ हर समय हर स्त्री के साथ नहीं की जा सकतीं। स्त्रियों के अनुकूल और देशाचार के अनुसार ही ये क्रियाएँ करनी चाहिए।

—कामसूत्र 2.7.35

मल्ली, जब ग्यारह वर्ष का हो गया तब उसके पिता ने अपना वादा निभाया और बसंत के आरंभ में उसे अपने साथ काशगर की यात्रा पर जानेवाले काफिले में ले गए। योगी से और कोई निर्देश नहीं मिला था और नक्षत्रों का खतरनाक योग टल गया था। घर में सबने यह मान लिया था कि अब यह बच्चा यात्रा कर सकता है, यद्यपि उसकी माँ सावधानीवश गणेश के मंदिर में सात दिवसीय हवन कराने पर अब भी जोर दे रही थी।

"जहाँ तक मेरा संबंध है," वात्स्यायन ने कहा, "यात्रा प्रारंभ होने के पूर्ववर्ती सप्ताह में मेरी माँ ने मुझे कोई अपशकुन दिखने पर तुरंत उन्हें बताने को कहा था। ये अपशकुन थे, बाईं आँख या बाईं भुजा का फड़कना, उद्यान में किसी वल्मीक पर पैर पड़ जाना, साँप का राह काटना, या छत पर फाख्ता को बैठे हुए देखना। ऐसा कुछ नहीं हुआ और अगर कुछ होता भी तो मैंने उसे अपनी माँ से बताया न होता।"

काशगर, जो पामीर पर्वत-शृंखलाओं के पीछे और तकलामकान की मरुभूमि के किनारे स्थित है, चीन से पश्चिमी और दक्षिण-पश्चिमी देशों को जानेवाले उत्तरी और दक्षिणी दोनों व्यापार-मार्गों का मिलन बिंदु है। यह यात्रा कुल नौ महीने की थी और उनके कौशाम्बी लौटने तक जाड़े का आरंभ हो जाता। भारत के मध्यवर्ती राज्यों से काशगर, यारकंद, खोतान और दूसरे मरुस्थलीय नगरों को जानेवाले काफिले आमतौर पर वसंत में आरंभ होते हैं, जब हिमालय की बर्फ ने अभी पिघलना शुरू नहीं किया होता है और नदियाँ पार करने योग्य होती हैं। इससे पहले कि तेज ठंड गंगा के मैदानी क्षेत्र के हल्के जाड़े और तीखी गरमी के अभ्यस्त पुरुषों और भारवाही पशुओं के लिए इन्हें पार करना अत्यंत असुविधाजनक बना दे, उत्तर के पहाड़ी क्षेत्रों, विशेषकर दुर्जेय पामीर को इस समय जाते हुए और शरद में लौटते हुए पार किया जा सकता है।

ग्यारहवर्षीय वात्स्यायन की उत्तेजना यात्रा के सचमुच शुरू होने के कुछ दिन पहले से ही शुरू हो चुकी थी। अपने पिता के कहने पर वह उनके साथ काफिले में शामिल

कई व्यापारियों की बैठकों में गया। जब उसके पिता मुसकराते हुए उसका परिचय 'मेरा युवा सहयोगी' कहकर कराते थे तो वह शर्म से झेंप जाता, लेकिन मन-ही-मन गर्व से भर उठता। वह सोचता कि काश, वह सचमुच बड़ा होता और यात्रा की तैयारियों में वास्तविक सहायक की तरह अपने पिता की मदद कर पाता। ठेलों और चौपहिया वाहनों को तैयार करना था और भारवाही पशुओं तथा घोड़ों का प्रबंध करना था। पीने का पानी रखने के लिए अनेक मर्तबान खरीदे गए थे। पुरुषों के लिए चावल और तेल तथा जानवरों के लिए रातिब जुटाया गया था। चालक, सुरक्षाकर्मी और रसोइए बहाल किए गए थे। मालों की लदाई से पहले कतार में अपने-अपने क्रम को लेकर व्यापारियों के बीच होनेवाले विवादों का निबटारा करना था।

युवा वात्स्यायन ने गौर किया कि कतार में सबसे अच्छी जगह (जो उसके बीचोबीच होती थी, क्योंकि हवा की दिशा चाहे जो हो, काफिले के चल देने के बाद रास्ते में मिलनेवाले धूल भरे बवंडरों से यह सबसे सुरक्षित जगह थी) के लिए एक तरफ वस्त्र शिल्पसंघ का प्रतिनिधित्व करनेवाले व्यापारियों और दूसरी तरफ अन्य सभी शिल्पसंघों से जुड़े व्यापारियों के बीच ही विवाद खड़ा होता था। उसके पिता ने उसे बताया कि पिछले पाँच वर्षों में उत्तर को जानेवाले व्यापारिक मार्ग के आसपास स्थापित राजनीतिक स्थिरता के कारण श्रेष्ठ सूत, मलमल और रेशम की माँग बढ़ गई है और वस्त्र-व्यापारियों ने परंपरागत पदानुक्रम पर सवाल उठाना शुरू कर दिया है, जिसके अनुसार रत्न, इत्र और सुगंधित तेल के व्यापारी दूसरों पर वरीयता पाते थे। वस्त्र व्यापारियों के संघ का अध्यक्ष किसी भी बात पर, जिसे वह अपनी गरिमा के प्रतिकूल समझता था, बुरा मानने को तैयार बैठा एक चिड़चिड़ा व्यक्ति था। उसकी गिनती कौशाम्बी के कुछ सर्वाधिक महत्त्वपूर्ण और प्रभावशाली लोगों में होने लगी थी। उसका संघ नगर में परोपकार और लोक-कल्याण के कार्यों को संगठित करने पर सर्वाधिक धन व्यय करता था और पूरे राज्य में तेजी से फैलते विष्णु-मंदिरों के निर्माण के लिए सर्वाधिक दान देनेवाला बन गया था। दूसरी तरफ, इत्र और रत्न के व्यापारियों के संघ ने बौद्ध मंदिरों और मठों को पहले की तुलना में कम संरक्षण देना जारी रखा है और शिवमंदिरों के निर्माण और रख-रखाव के लिए भी अपनी दानराशि का कुछ हिस्सा प्रदान करते हैं। पिता के यह सब समझाने पर उस बच्चे ने महसूस किया कि जीवन में पहली बार वह कुछ ऐसा सीख रहा है, जो सांसारिकता के लिए सचमुच उपयोगी है।

"यहाँ तक कि अपनी उत्तेजित अवस्था में भी मैंने देख लिया था कि मेरी माँ मेरे जाने से परेशान है। मेरे पिता ने निर्णय किया था कि शरद में कौशाम्बी लौटने के बाद मैं दस वर्षों के अपने अध्ययन के लिए गुरुकुल में जाने से पहले कुछ हफ्तों तक घर पर रह सकता हूँ। मैंने अपनी माँ को अपने रूप और यौवन के अलावा किसी और चीज के खोने की आशंका से पहली बार दुखी देखा था। मैं जानता हूँ कि वह मुझसे बात करना, हम दोनों को जोड़नेवाली कोई कड़ी निर्मित करना चाहती थी लेकिन नहीं जानती थी कि यह किस तरह होगा। अपनी अस्पष्ट भावनाओं को घबराहट-भरी हिचकिचाहट

में और पिता के साथ यात्रा के समय मुझे क्या करना चाहिए और, विशेषकर, क्या नहीं, इस बारे में निर्देशों और तकाजों की बौछार में रूपांरित करने के अलावा वह कुछ न कर सकी। बहुत बाद में, जब वह अंतिम साँसें गिन रही थी, हमारे मिलने के कुछ क्षण आए, लेकिन वे भी प्रायः मौन ही रहे।''

वात्स्यायन अपने जीवन के एक अन्य काल में पहुँच गए थे और उनका मन खिन्न हो गया था। उनके जीवन के उस काल से मैं अपरिचित था। जब तक वे यह यात्रा पूरी करके उस बच्चे तक नहीं लौट आए, जो एक सफर पर जा रहा था, मैं चुपचाप बैठा रहा।

''सूर्योदय से कुछ पहले गाड़ियों की कतार बननी शुरू हो गई थी। रात्रि में गश्त करनेवालों का अंतिम घंटा चल रहा था और सड़कों पर गूँजनेवाली चेतावनियाँ अपनी आरंभिक तेजी प्रायः खो चुकी थीं। गणदास मुझे विदा करने के लिए आया और मैं अपने रसोईघर की गहराई तक राहत पहुँचानेवाली गंध और अपने गालों से लगी उसकी तोंद की सुपरिचित अनुभूति को साँसों के साथ खींचता हुआ थोड़ी देर तक उससे लिपटा रहा, जबकि वह मेरे बालों को थपथपाता हुआ हमारे वियोग के दुख को हल्का कर रहा था।

'' 'सुबह इतनी जल्दी उठने का यह मेरा अंतिम मौका है। मंदिरों में होनेवाली मंच-प्रस्तुति मेरे लिए अब और नहीं है।' उसने कहा।

''अब तक मेरे पिता और उनके अधीनस्थ अधिकारी सार्थवाहों के इष्टदेव यक्ष मणिभद्र के मंदिर से आराधना करके लौट आए थे। हम दोनों ने अपनी हथेलियों से अपने आँसू पोंछे।

''चंद्रिका ने मेरे प्रस्थान से पूर्व की रात अपने बिस्तर पर सोने की अनुमति देकर मुझे विदाई भेंट दी। 'अब तुम एक बड़े बच्चे हो और शीघ्र ही पुरुष बन जाओगे,' उसने कहा। उसे यह नहीं कहना पड़ा कि यह अंतिम मौका है। उस रात ने एक ऐसे शरीर के साथ मेरी अंतरंगता के अंत की सूचना दी, जिसे मैं इतने लंबे समय से और इतनी अच्छी तरह जानता था, जो सदा मेरी स्मृति में एकांतिक रूप से अंकित रहेगा और मेरी कल्पना को मंत्रमुग्ध रखेगा। मुझे याद है कि मैं अस्थिरतापूर्वक सोया। वह मेरी तरफ पीठ करके लेटी थी। मेरा शरीर उसकी पीठ की वक्र आकृति के साथ मुड़ा हुआ उसके बिस्तर की ऊष्मा में लिपटा था। एक अनूठी इच्छा, जो एक ही साथ आह्लादक भी थी और शर्मनाक भी, के प्रति सचेत होकर मैं रात में कई बार नींद से उठा। ऐसे मामलों में अंतःप्रज्ञासंपन्न चंद्रिका ने ध्यान न देने का बहाना किया, यद्यपि अपनी कमर के नीचे उठनेवाले शूल को सह पाने में असमर्थ होकर जब मैंने ऐंठते हुए उसके नितंबों को दबा दिया था, तो उसकी स्थिर, चलती हुई साँस तीव्र और विषम हो उठी थी।

''सूर्योदय से ठीक पहले जब मैंने घर छोड़ा, तो वह भी रो रही थी।''

अंततः वह व्यापारिक कारवाँ लकड़ी के घूमते हुए पहियों और शंख-ध्वनि के साथ

आगे बढ़ा। अगले कई महीनों तक ये आवाजें सूर्योदय की घोषणा करती रहीं। उनकी गाड़ी, जिसमें उसके पिता के दो अधिकारी भी बैठे थे, पैंतीस अन्य गाड़ियों की लंबी और पतली कतार में सबसे आगे थी। जब तक हवा शांत रहती थी या सामने से आती थी, सार्थवाह कतार के सबसे आगे चलता था ताकि काफिले से आलोड़ित धूप से बचकर सावधान और तरोताजा रहा जा सके। जब हवा उसकी तरफ बहती थी, जिस दिशा में उनकी यात्रा होती थी, तो सार्थवाह की गाड़ी पूरे काफिले को आगे निकल जाने देती और उसके पीछे लग जाती।

अपराह्न में भोजन के लिए रास्ते में एक बार रुकते हुए यह कारवाँ किसी गाँव के सामने रात्रि विश्राम के लिए ठहरने तक मौर्यों के पुराने राजमार्ग पर एक दिन में लगभग बीस मील की दूरी तय कर लेता था। अगर वहाँ किसी विश्रामालय या मंदिर में रात बिताने की जगह नहीं उपलब्ध होती थी, तो किसी नहर या कुएँ के पास शिविर लगाया जाता था। यह ध्यान रखा जाता था कि शिविर किसी ऐसी जगह न लग जाए, जो वन्य जंतुओं के उपयोग में आनेवाले जलाशय की राह में हो। सभी सार्थवाहों के बीच जंगली हाथियों के उस झुंड की कहानी प्रचलित थी, जिसने आधी रात में पानी पीने जाते समय अपने रास्ते में पड़े काफिले के अनेक सोते हुए सदस्यों को कुचल डाला था। गाड़ियों के चार वृत बनाए जाते थे और उनके बीच में बैलों को बंद कर दिया जाता था। रात का खाना पकाने के लिए आग जला ली जाती थी, जबकि यात्रीगण नहा-धोकर अपने शरीरों से धूल और पसीने की खट्टी दुर्गंध साफ करते थे। चार-चार घंटे की पारियोंवाले सुरक्षाकर्मी जंगली जानवरों को दूर भगाने के लिए शिविर के किनारों पर पूरी रात आग जलाए रखते थे। उबले हुए चावल और मसूर का सादा भोजन होता था। खाना खाते समय लोग जाति के बजाय—सभी व्यापारी वैश्य थे—व्यापार के आधार पर छोटे-छोटे समूह में बँट जाते थे। खाने के बाद वे अलाव के आसपास बैठकर बातचीत करते थे, जबकि वात्स्यायन के पिता अपने अधिकारियों के साथ बैठक करते थे। उसके बाद वे दिन की यात्रा के उद्‌देश्य से पूछताछ पर निकलते और अगले दिन की यात्रा के लिए जानकारी और निर्देश देते थे। प्रारंभ में वात्स्यायन अपने पिता के साथ रहता था; लेकिन जब वह व्यक्तिगत रूप से व्यापारियों और चालकों से भली-भाँति परिचित हो गया, तो प्रायः अकेले उनमें से किसी समूह में शामिल होने के लिए निकल पड़ता।

"आज तक वे रातें मेरे मस्तिष्क में स्पष्ट रूप से चमकती हैं," वात्स्यायन ने याद किया, "शिविर में चारों तरफ छाया अँधेरा चमकीले बिंदुओं की तरह नाचते हुए जुगनुओं, जलते हुए उपले और लकड़ी की गंध से आनंददायक रूप से भरी हुई सुहानी हवा के बहने के साथ जादुई तरीके से जीवंत हो उठता था। मैं एक व्यापारी की, जो मेरा मित्र बन गया था, गोद में सिर रखकर लेट जाता था और सुदूर स्थित गाँव के कुत्तों के भौंकने की आवाज को सुनता तथा अपने आसपास चल रहे वार्तालाप का अर्थ समझने की कोशिश करता हुआ, चमकीले तारों से सजी हुई छतरी की तरह तने

हुए आकाश को देखा करता था। मैं हमेशा निद्रा की गोद में चला जाता और यह व्यापारी मुझे गोद में उठाकर हमारी गाड़ी में पहुँचाता था।''

कारवाँ के आगे बढ़ने के साथ-साथ वात्स्यायन को उन अलाव-गोष्ठियों के आसपास होनेवाली वार्ताओं से दुनिया के बारे में काफी कुछ जानने को मिलता रहा। इन जानकारियों का परिप्रेक्ष्य सामान्यतया व्यापारियों का होता था; लेकिन इसका रुझान कभी-कभी योद्धाओं की तरफ भी हो जाता था, और वात्स्यायन किसी बात को ठीक से न समझ पाने पर अपने पिता से उसके बारे में पूछता। उदाहरण के लिए, उसके पिता और व्यापारियों में इस बात पर सहमति थी कि समुद्रगुप्त ने खुद को अपने पिता से बेहतर सम्राट सिद्ध कर दिया है, परंतु इस सामूहिक फैसले के पीछे दोनों के अपने-अपने तर्क थे, जिनमें भारी अंतर था। वणिकों के प्रति समुद्रगुप्त का व्यवहार अपमानजनक होने और जिन युद्धों से उसे इतना प्यार है, उनके लिए धन देनेवाले शिल्पसंघों के प्रति बमुश्किल सभ्य रवैया अपनाने की प्रबल अफवाहों के बावजूद व्यापारी उसकी प्रशंसा करते थे, क्योंकि उसने साम्राज्य की सीमाओं के अंदर शांति और व्यवस्था कायम करके एक विशाल बाजार में शांतिपूर्वक व्यापार करने में उनकी मदद की थी। किसी सम्राट से यह उनकी सबसे महत्त्वपूर्ण अपेक्षा थी, जिसे उसने पूरा किया था। समुद्रगुप्त के प्रति उसके पिता की अनुरक्ति की वजह अलग थी : युद्धों में समुद्रगुप्त की विजय और युद्धभूमि में उसका शौर्य।

'काम' को अपना इष्टदेव माननेवाले एक संरक्षित घराने में पले-बढ़े वात्स्यायन ने शीघ्र जान लिया कि जिन मुद्दों और व्यक्तियों के बारे में वह उन चर्चाओं में सुना करता था, उनसे अपरिचित था। वह शाही दरबार में उभरते और डूबते सितारों के नामों से परिचित नहीं था। उन व्यापारियों ने जब कौशाम्बी के राजदरबार की चर्चा की तो उसने कुछ नामों को पहचाना, यद्यपि, यहाँ भी उसने पाया कि किसी व्यक्ति के बारे में उसकी धारणाओं से वे नाम बहुत कम मिलते-जुलते हैं। वह सेनापति, जिसके बारे में उसकी धारणा बालयुक्त पैरों और तीखी गंधवाली यूनानी दासी के प्रति उसकी आसक्ति के संदर्भ में बनी थी, सैनिकों का बहादुर नायक साबित हुआ—एक ऐसा व्यक्ति, जो अपने नाममात्र के अधिपति राजा रुद्रदेव की अपेक्षा सम्राट का कहीं अधिक विश्वास पाता था। वात्स्यायन को यह पता नहीं था कि शासन के सभी व्यावहारिक अर्थों में कौशाम्बी का विलय समुद्रगुप्त के साम्राज्य में हो गया था, हालाँकि सम्राट और रुद्रदेव दोनों दिखावा करते थे कि राजा सम्राट को कर देनेवाला सामंत है, जागीरदार नहीं। अलाव-गोष्ठियों में व्यापारियों की बातचीत से वात्स्यायन ने यह जाना कि कुछ हफ्तों के बाद वे प्राचीन और अब विनष्ट नगर हस्तिनापुर के साथ ही समुद्रगुप्त की सीमा को भी पार करेंगे और पंजाब में उनके सामंतों के राज्यों में प्रवेश करेंगे। हिंदुकुश के उस पार उत्तर की तरफ वे बैक्ट्रिया और यवनों के दूसरे राज्यों से होकर यात्रा करेंगे, जो पूर्व में काशगर तक फैले थे। सभी व्यापारी इस बात पर एकमत थे कि सैनिक और राजनीतिक रूप से गुप्त साम्राज्य के विरुद्ध होने पर भी यवन अपने क्षेत्र से होकर

गुजरनेवाले सभी व्यापारियों को सुरक्षा और प्रोत्साहन देते थे। अदम्य योद्धा की अपनी प्रतिष्ठा के बावजूद यवन लोग सभ्य और बुद्ध के अधिकांश अनुयायियों की तरह वाणिज्यिक मूल्य-बोध के अधिक निकट थे। पुरोहितों और योद्धाओं की जीवन-शैली के प्रति अपने देशवासियों के व्यर्थ प्रशंसा-भाव और वनों और गाँवों के प्रति समान रूप से व्यर्थ मोह—क्या धर्मग्रंथों में नहीं लिखा है कि 'धूल भरे नगरों में रहनेवाले किसी व्यक्ति के लिए मोक्ष असंभव' है—के विपरीत अधिकांश व्यापारी अपने को, नगरों तथा नागर जीवन शैली को वरीयता देनेवाले यवनों के समीप पाते थे।

उनका पहला सुदीर्घ पड़ाव मथुरा नगर में पड़ा, जो कृष्ण की जन्मभूमि है। यहाँ भारवाही पशुओं को बदलना था और काफिले को फिर से रसद से लैस करना था। कश्मीर और उत्तर-पश्चिम से गंगा के मैदान और उज्जैन होते हुए पश्चिमी समुद्री बंदरगाहों को जानेवाले व्यापारिक मार्गों तक पाँव फैलाए—मथुरा समुद्रगुप्त के हाथों और उसके साम्राज्य में विलय के बाद एक बार फिर पहले जैसा प्रसिद्ध व्यापारिक केंद्र बन गया था। यहाँ कारवाँ में पाँच प्रसिद्ध व्यापारी भी शामिल होनेवाले थे।

"उस समय तक मैं उन मालों और उनके गंतव्यों से बहुत हद तक परिचित हो गया था, जिन्हें हमारा काफिला ढो रहा था," वात्स्यायन ने कहा, "अधिकांश व्यापारी केवल बैक्ट्रिया तक सफर कर रहे थे। वहाँ से रोम और दूसरे पश्चिमी क्षेत्रों के व्यापारी अपने साथ नील, हाथी दाँत, कपड़ा, मलहम, अगरु, व्याघ्र और तेंदुए की खालें तथा पीपरामूल का माल, जिसे हम मथुरा से उठा रहे थे, ले जाएँगे। पूरब की ओर से काशगर जानेवाले व्यापारी इस चीनी राज्य में प्रमुख रूप से इत्र और सुगंधियों—कड़ाई से बंद किए गए कलशों में रखी थैलियों में कस्तूरी और लोबान, शुष्क पश्चिमी क्षेत्र से लेकर सिलखड़ के मर्तबानों में रखे हुए सुगंधित रस और कश्मीर से कूठ—के साथ-साथ रत्न, शीशे की मालाएँ और बर्तन, गैंडे के दाँत और सींग, और थोड़ी मात्रा में रेशम ले जा रहे थे। वापसी में हमें काशगर से चीनी रेशम, मृत्तिका शिल्प, रोगन, संगयशब और दालचीनी छाल, बैक्ट्रिया से जानवरों की खालें और शराब तथा काबुल से लाजावर्द लेना था। नीले रंग का यह शानदार पत्थर बौद्धों के लिए पवित्रता और आनंद का प्रतीक है। कौशाम्बी और वाराणसी में इसे छोटे-छोटे दोनों में काटकर उन पर पॉलिश की जाती है।"

बोलते समय वात्स्यायन की आँखों की चमक उनके बचपन की स्मृतियों की दीप्ति को कुछ अधिक अभिव्यक्त कर रही थी। वाणिज्य के अपने ज्ञान में उस वयस्क का गर्व भी सुस्पष्ट था। मुझे याद आया कि मेरे गुरु के आश्रम में 'कामसूत्र' पर चर्चा के दौरान उनके चिड़चिड़े, मित्र पालक ने कैसे इसके लेखक पर 'वणिक बुद्धि' का होने का आरोप लगाया था।

"यह पुस्तक अर्थ पर कौटिल्य के ग्रंथ की तरह नैतिकता-निरपेक्ष है। कौटिल्य कम-से-कम इतने स्पष्टवादी हैं कि वे समृद्धि और धन-संचय को जीवन का महानतम लक्ष्य घोषित कर देते हैं। वात्स्यायन नाम का यह व्यक्ति तो धर्म की सर्वोच्चता के लिए

जबानी जमा-खर्च करनेवाला पाखंडी है। यह व्यक्ति कौटिल्य के ग्रंथ का इतना बड़ा प्रशंसक है कि इसने इसकी आत्मा और संरचना को प्रेम पर लिखी गई अपनी पुस्तक में दासभाव से अपना लिया है।'' पालक ने अंतिम शब्द के साथ थूक छोड़ते हुए कहा था।

''वात्स्यायन ने समृद्धि पर लिखे गए उस ग्रंथ की शैलीगत विशिष्टताओं तक का अनुकरण किया है। कौटिल्य की तरह वह भी 'इति आचार्याः' (शिक्षकों के अनुसार) के साथ उद्धरणों को प्रस्तुत करता है।'' एक युवा विद्यार्थी ने पालक के निर्णय से सहमत होकर उनकी चापलूसी करनी चाही।

वाणिज्य-जगत् के प्रति वात्स्यायन की आसक्ति, उनके ग्रंथ के उन लंबे-लंबे हिस्सों में प्रकट होती है जिन्हें उन्होंने गणिका के शुल्क और ग्राहक से धन वसूलने के तरीकों को अर्पित किया है। इस आसक्ति ने पालक और दूसरे धर्मशास्त्रियों की नजरों से उन्हें और अधिक गिरा दिया। चतुरसेन और उसके साथियों से मेरी मित्रता ने मुझे व्यापार और वाणिज्य के प्रति अधिक सहिष्णु बनाया था। यद्यपि मैं यह स्वीकार करता हूँ कि व्यापारिक कलाओं के प्रति अपने अंदर सच्चा उत्साह पैदा करने के मेरे रास्ते में पीढ़ियों की ब्राह्मणवादी घृणा अब भी आड़े आती है। वाणिज्य संबंधी ब्यौरों के प्रति वात्स्यायन का लगाव मर्मस्पर्शी था, और मैंने उन कोमल भावनाओं को और विकसित करना चाहा, जो एक ऐसे व्यक्ति के लिए पैदा हुई थीं, जिसके प्रति मेरी श्रद्धा बढ़ती ही जा रही थी।

''रेशम चीन ले जाते थे और फिर चीन से हमारे देश में भी वापस रेशम लाते थे, ऐसा क्यों ?'' मैंने पूछा।

''चीन का रेशम हमारे रेशम से अलग होता है,'' वात्स्यायन ने जवाब दिया, ''यह छोटे रेशोंवाला होता है क्योंकि उन रेशों को उनके कारीगर चरखी से तब तक नहीं उतारते, जब तक कि रेशम के कीड़े अपने कोयों से उन्हें कुतर न दें। लेकिन हमारे दरबारों में चीनी रेशम को वरीयता मिलने का प्रमुख कारण उसकी ऊँची कीमत और इस तथ्य में निहित है कि यह दूर से आता है। मुझे इस बात में कोई संदेह नहीं है कि चीन में हमारे रेशम की माँग के पीछे भी यही कारण है।''

पिछले कुछ दशकों से इत्रों का बाजार रोमन साम्राज्य से हटकर चीनी साम्राज्य की तरफ जा रहा है। एक नए शुद्धतावादी धर्म के फैलाव—जिसका कुछ संबंध सीरिया के निकट एक देश में ब्रह्मा के पुत्र को सलीब पर चढ़ाए जाने से है (यद्यपि सभी जानते हैं कि उस सृष्टिकर्ता के सिर्फ एक पुत्री थी !)—के कारण रोमन साम्राज्य में सुगंधियों की माँग घर गई थी। दूसरी तरफ, चीन में, बौद्ध धर्म के विस्तार के कारण सुगंधियों का प्रयोग अब राज-दरबार के नजदीकी दायरे तक सीमित नहीं रह गया था। बौद्ध अनुष्ठानों में लोबान जलाना क्योंकि अनिवार्य है, इसलिए लोबान के रूप में सुगंधियों का प्रयोग सभी सामाजिक वर्गों में होने लगा है। खुशबुओं का व्यापार करनेवाले सौदागर जब बौद्ध मठों और संघों को बुद्ध के वचनों का प्रसार करने के लिए उदारतापूर्वक

दान देते हैं, तो वे महज पवित्र उद्देश्यों से संचालित नहीं होते। यही बात कीमती रत्नों के व्यापारियों के लिए भी कही जा सकती है। वे भी बौद्ध धर्म के सबसे बड़े समर्थक हैं, क्योंकि बुद्ध के सामान्य अनुयायियों के लिए अलग-अलग स्वर्गों का रास्ता भक्ति और दान से होकर जाता था। 'सात निधियों'—सोना, चाँदी, लाजावर्द या फीरोजा, स्फटिक या बिल्लौर, मोती, मूँगा या रक्तमणि, और गोमेद—का दान खासतौर पर पुण्य प्रदान करनेवाला माना जाता है।

"मथुरा में हमने पूर्वी द्वार से प्रवेश किया," वात्स्यायन ने अपनी बात को आगे बढ़ाया, "अपनी क्लांत अवस्था में भी मैं उस नगर की शोभा से दंग रह गया। इसको घेरनेवाली खाई को पार करनेवाला सेतु, मेरे देखे हुए सेतुओं में सबसे चौड़ा था। इस पर दो हाथी अगल-बगल चल सकते थे। द्वार-भवन की ऊँचाई तिमंजिला थी। शीर्ष पर परकोटों से युक्त नगर की चहारदीवारी इतनी चौड़ी थी कि उस पर एक घोड़ा सरपट दौड़ सके।

"नगर में हमारे काफिले ने सूर्यास्त के कुछ देर बाद प्रवेश किया। गहरे धूसर आकाश के किनारे सिंदूरी हो रहे थे। काफिले के शोरगुल से भरे शिविर-स्थल पर धूल का एक गुबार-सा उठ खड़ा हुआ था। बैलों, घोड़ों और ऊँटों के रखवाले उन्हें रात-भर के लिए ठिकाने लगा रहे थे, जबकि व्यापारी और काफिले के दूसरे सदस्य मथुरा के सांध्यकालीन सुखों की बानगी लेने बाहर जाने की तैयारी कर रहे थे।"

व्यापारियों की बातचीत से वात्स्यायन ने समझ लिया था कि मथुरा की प्रतिष्ठा एक ऐसे नगर के रूप में है, जहाँ नैतिकता के बंधन ढीले हैं। इसकी स्त्रियों को स्वच्छंदता में माहिर बताया गया, जो अन्यथा गुप्त साम्राज्य के पार उत्तर-पश्चिमी राज्यों की स्त्रियों में पाई जाती है। शताब्दियों पहले मथुरा की नैतिकता ने श्रद्धेय विधि-निर्माता मनु को प्रेरित किया कि वे यहाँ के निवासियों को आदर्श लोगों के रूप में चित्रित करें, जिनसे पृथ्वी के अन्य सभी लोगों को सदाचार की शिक्षा लेनी चाहिए। इसके प्रतिमानों में गिरावट की वजह सैकड़ों वर्ष पहले इस पर हुए विदेशियों के कब्जे को बताया जाता था। यूनानी, सीरियाई और फिर कुषाण शासकों के क्रमशः अधीन रहते हुए मथुरा के नागरिकों, विशेषकर स्त्रियों, ने इन जातियों की सभी बुराइयों को अपना लिया था। व्यापारी इस बात पर सहमत थे कि अल्पावधि के पड़ाव के लिए यह शानदार जगह है; लेकिन अगर कोई व्यक्ति यहाँ जरा भी लंबे समय के लिए रुका तो वह अनिवार्यतः भ्रष्ट और दुर्बल हो जाएगा।

प्रातःकाल वात्स्यायन के पिता ने अपनी सांयोगिक प्रेमिका पद्मावती, जो एक प्रसिद्ध गणिका थी, के घर एक सेवक को भेजा। उस संदेशवाहक की सूचना से पद्मावती को शाम के अपने सभी पूर्वनियत कार्यक्रमों को रद्द करने का समय मिल गया।

"उस समय मैं यह मानकर चलता था कि मेरे पिता की इच्छा होने पर कोई भी स्त्री उनके साथ के लिए अपना सर्वस्व न्योछावर कर सकती है। उनके आकर्षण का

रहस्य क्या है, इसका अनुमान लगाने की बात मेरे दिमाग में नहीं आती थी। वे असामान्य रूप से धनी नहीं थे, यद्यपि उपहार देने के मामले में उदार थे। न ही वे विशिष्ट रूप से सुंदर थे, भले ही मेरी आँखें मुझे यह विश्वास दिलाती हों कि उनका सौंदर्य स्वयं कामदेव के समान आदर्श है। जैसा कि मैंने किसी दूसरे दिन कहा था, उनका आकर्षण उस तरीके में निहित था, जिससे वह स्त्री के सामने अपना हृदय खोलते थे, और उसे अपने साथ भी ऐसा ही करने के लिए आमंत्रित करते थे। श्रद्धेय शिक्षकों ने सही कहा है कि हाथी को वश में करने के लिए एक स्तंभ चाहिए, घोड़े को वश में करने के लिए एक लगाम चाहिए पर स्त्री को वश में करने के लिए एक हृदय होना चाहिए। 'प्रेयसी से मिलने जाना एक ऐसा अवसर है जिसका उत्सव मनाना चाहिए,' उस शाम जब हम पद्मावती के घर की तरफ जा रहे थे, तो मेरे पिता ने कहा। एक सेवक हमारे कपड़ों की पेटी लेकर चल रहा था। 'किसी भी हालत में उसके यहाँ इतने कम अंतरालों पर नहीं जाना चाहिए कि एकरसता हो। सौभाग्य से मेरा पेशा यह सुनिश्चित करता है कि मैं अपनी किसी प्रेमिका के यहाँ वर्ष में दो बार से अधिक नहीं जा सकता, और अधिकांश मौकों पर इस अंतराल से भी नहीं।'

''उस गणिका के आवास को जानेवाले प्रमुख मार्ग पर पानी के सांध्यकालीन छिड़काव से धूल बैठ गई थी और नदी से आती हुई ठंडी हवा मेरे चेहरे से टकरा रही थी। मथुरा के वेश्यालयों में संगीत और नृत्य-कक्ष प्रथम तल पर हैं। संगीत-कक्षों से घुँघरुओं की झनकार, बाँसुरी और वीणा के स्वर, बातचीत के अंश और हँसी के टुकड़े, तैरते हुए बारजे तक जाते थे और इसके बाद रास्ते के शोरगुल में विलुप्त हो जाते थे। जब गणिकाएँ अपने रात्रिकालीन अभिसारों के लिए खड़खड़ाते हुए चलने वाली, परदों से आवृत्त गाड़ियों में जा रही होती थीं या दुलकी चाल से चलते हुए पालकी ढोनेवाले कहारों के कंधों पर रखी ढकी हुई डोलियों में लाई जा रही होती थीं, हमारे चारों तरफ इत्र की खुशबू बिखर जाती थी। मैं अपने पिता के बाएँ हाथ से चिपक जाता था। उनके दूसरे हाथ में पद्मावती को भेंट देने के लिए पाँच खानों से युक्त चाँदी की पेटी थी, जिसमें लाल लाक्षा, लाल साँविया, पीला हरताल, सिंदूर और नीला-काला वनस्पति रंग था। उन्होंने काशगर के रास्ते में पड़नेवाले पाँच नगरों, जहाँ उनके काफिले को कुछ दिनों के लिए रुकना था, में रहनेवाली अपनी प्रेमिकाओं से मिलने की योजना के अनुसार उनके लिए ऐसी पाँच पेटियाँ कौशाम्बी में ही खरीद ली थीं।

''पद्मावती का घर हमारे जैसा बिलकुल नहीं था। पाँच दूसरी गणिकाओं, अनेक कमरों और एक दर्जन से अधिक सेवकोंवाला यह घर उससे बहुत अधिक भव्य था। यद्यपि पद्मावती ने मुझे चंद्रिका की याद दिला दी, पर यह सादृश्यता शारीरिक नहीं थी। इसका संबंध उनकी उत्तेजक आत्माओं के स्तर से अधिक था। जीवन को प्रफुल्लित कर देनेवाला बोध और तेजस्विता दोनों से टपकती रहती थी। उनके आसपास का हर व्यक्ति इसमें सहभागी होना चाहता था। जब मेरे पिता ने उससे मेरा परिचय कराया, मैंने शहद जैसे रंग की उसकी स्वच्छ त्वचा पर अपनी अँगुलियों के पोरों को फिराने

की तीव्र इच्छा महसूस की। मैंने चाहा कि अपने पिता की जगह मैं उन धूसर आँखों की कोयले जैसी काली पुतलियों के आकर्षण का केंद्रबिंदु बनूँ। सांध्यकालीन मनोरंजन अभी शुरू नहीं हुए थे। मेरे पिता के आगमन की सूचना पाकर अपनी रंग-बिरंगी पोशाकों में सजी दूसरी लड़कियाँ वहाँ आ पहुँचीं। उत्तेजित ऊष्ण कटिबंधीय पक्षियों की तरह वे उनके आसपास चहचहाने लगीं। इसके बाद प्रशंसा में चिड़ियों की तरह कूजते और मुर्गियों की तरह कुड़कुड़ाते हुए वे मुझ पर झपट पड़ीं।

" 'ओह, कितना प्यारा बच्चा !'

" 'इसकी बरौनियों को देखो ! काश, ये मेरे होते।'

" 'और ये बाल !' एक दूसरी लड़की ने अपने सुगंधित हाथों से उसे सहलाते हुए कहा।

" 'मैं अब भी इसके पिता को ही पसंद करती हूँ।' पद्मावती ने हँसते हुए कहा।

वहाँ का माहौल बहुत अच्छा था और मैं उनके वयस्क संसार में प्रवेश पाकर कृतज्ञ था और इसके प्रति अब अपनी ललचानेवाली निकटता महसूस कर रहा था।

"सुबह के प्रारंभिक घंटों में किसी समय मुझे वह दुःस्वप्न फिर आया, यद्यपि इस बार मैं एक गहरे कुएँ में गिर रहा था, झील में नहीं। मैं सोते हुए चीख पड़ा होऊँगा। मेरे पिता, जो बगल के कमरे में पद्मावती के साथ रात बिता रहे थे, भागते हुए मेरे बिस्तर के पास आए। उनकी मजबूत बाँहों की चट्टानी दृढ़ता में जकड़े और अपने गालों पर उनकी दाढ़ी को महसूस करते हुए मेरे शरीर ने काँपना बंद कर दिया। इसके साथ ही वह दुःस्वप्न भी तेजी से गायब हो गया।"

साम्राज्य की सीमाओं के ठीक बाहर के राज्य मध्य देश की अपेक्षा निर्धन थे। उनके ऊपर कुछ वर्षों पहले के उन युद्धों के निशान देखे जा सकते थे, जिन्होंने उनका विध्वंस कर दिया था। यहाँ के विस्तृत मैदान को राजमार्ग से पार करने में दो दिन लगते थे। ये मैदान उत्तर में पहाड़ियों से घिरे हुए थे, जो दस्यु गिरोहों के छिपने की जगह बन गए थे। कम सुरक्षित काफिलों पर ये गिरोह रात में प्रायः झपट पड़ते थे। दस्यु-दलों के खतरे के कारण सार्थवाह ने काफिले के रक्षाकर्मियों की रात्रिकालीन गश्त बढ़ा दी थी। व्यापारी भी तनावग्रस्त प्रतीत होते थे। अलाव-गोष्ठियों में वे स्त्रियों की बातों और हँसी-ठट्ठे में कम रुचि ले रहे थे। यद्यपि राजमार्ग काफी सुरक्षित था, तो भी काफिले का सामना सम्राट के सैनिकों की एक दर्जन से अधिक टुकड़ियों से हुआ, जो प्रायः लूट लिये जानेवाले व्यापारिक काफिलों की सुरक्षा के लिए सामंतों की अनुमति से यहाँ तैनात किए गए थे। व्यापारियों में, प्राचीन ऋषियों के निर्णय को प्रतिध्वनित करती हुई, यह आम सहमति थी कि आर्यों के निवास के लिए यह पंचनद प्रदेश उपयुक्त नहीं है। इससे बढ़कर, यहाँ के निवासी औपरिष्टक की गंदी आदत के आदी थे।

"यात्रा की पूरी अवधि में काफिले को लूटने का कोई वास्तविक प्रयत्न नहीं हुआ।

अलग-अलग कस्बों में, जहाँ हम लोग ठहरे थे, कुछ व्यापारियों और सुरक्षाकर्मियों को लूटा गया। यह भी तब हुआ जब वे नशे में धुत थे और लूटनेवाली निचले दर्जे की रंडियाँ थीं जिनमें वेश्या धर्म का संकेत मात्र भी नहीं था। बाह्लीक में अपने दीर्घ पड़ाव के दौरान मैं और मेरे पिता चोरी के एक प्रयास के शिकार हुए थे। सराय के हमारे कमरे में एक रात चोर, मिट्टी की दीवार को नम करके फिर उसके मुलायम हिस्से को तलवार से काटकर घुस आए। सौभाग्य से मेरे पिता उनकी आवाज से जग गए और वे चोर अँधेरे में भाग खड़े हुए। उनके हाथ केवल एक काठी लग सकी, जिसे मेरे पिता ने बाह्लीक से खरीदा था।''

उनका अगला लंबा पड़ाव तक्षशिला में पड़ा, जो प्राचीन मौर्य राजमार्ग पर अंतिम विराम था। वात्स्यायन के पिता ने स्पष्ट किया कि उस नगर के नाम का अर्थ संस्कृत में 'तक्ष की शिला' और चीनी में 'सिर काटना' है। चीनी नाम बुद्ध की, जो अभी बोधिसत्व थे, एक कथा से लिया गया है। इस अवस्था के दौरान उन्होंने एक अन्य जीव के लिए अपने सिर की बलि दे दी थी। इस घटना का उत्सव मनाने के लिए एक विशाल स्तूप बनवाया गया, जिस पर सोने की बारीक परत चढ़ी थी और जो कीमती रत्नों से अलंकृत था।

काफिलों के रुकने के इलाकों के, जो एक नगर से दूसरे नगर की तरह लगता था, अतिरिक्त वात्स्यायन को तक्षशिला के बौद्ध चरित्र ने आकर्षित किया। इसमें सैकड़ों स्तूप और असंख्य विहार थे। लगभग बीस वर्ष पहले एक ईरानी कबीले ने इनमें से अनेक को नष्ट कर दिया था। फिर निजी वस्त्र में घुटे हुए सिरवाले बौद्धभिक्षु आमतौर पर बाजार में दीख जाते थे। वे प्रातःकाल और सूर्यास्त के निश्चित समय पर भिक्षापात्र लेकर सड़कों पर सोद्देश्य टहलते हुए, भोजन एकत्र करते थे।

वात्स्यायन ने टिप्पणी की, ''तक्षशिला एक अत्यधिक प्राचीन नगर है। 'महाभारत' में इसका अस्तित्व हमारी नस्ल के आरंभ से है। इसे उन राज्यों में से एक बताया गया है, जिन्हें जनमेजय ने जीता था। जनमेजय वही राजा था, जिसने सर्पों के राजा के काटने से मृत अपने पिता का बदला लेने के लिए हजारों सर्पों को आग की धधकती हुई ज्वालाओं में झोंक दिया था। इसका प्रसिद्ध सूर्य मंदिर, जहाँ मेरे पिता मुझे ले गए थे, लगभग महाभारत जितना ही प्राचीन है। बर्बर विजेता सिकंदर तक्षशिला से गुजरा था। उसके उत्तराधिकारियों ने किसी यूनानी नगर के समान इसकी किलेबंदी की थी। तक्षशिला कुषाण राजाओं की अनेक पीढ़ियों की राजधानी रहा है।

''तक्षशिला मेरी बाल्यावस्था में शिक्षा का एक प्रसिद्ध केंद्र था। इसके बौद्धिक परिवेश में अब गिरावट आई है। साम्राज्य के सभी हिस्सों, उसके बाहर स्थित राज्यों से झुंड-के-झुंड छात्र इसके सुविख्यात शिक्षकों के आश्रमों और विहारों में एकत्र होते थे। तक्षशिला के अधिक जाने-माने विद्वानों में से एक थे कुणाल। रत्यात्मक कलाओं के शिक्षक के रूप में उनकी ख्याति ने उनकी विद्या की सीमाओं का अतिक्रमण कर दिया था। गुप्त कलाओं के विशेष ज्ञाता के रूप में प्रतिष्ठित कुणाल यात्राएँ करते

रहनेवाले व्यापारियों और दूसरे आगंतुकों के बीच बहुत लोकप्रिय थे। उनमें से कुछ अपनी पुंसत्व संबंधी समस्याओं में उनकी मदद चाहते थे। कुछ लोग उन लेपों और विधियों के लिए उनके पास आते थे, जिन्हें उन्होंने मैथुन के आनंद और उसकी अवधि में वृद्धि के लिए खोजा था। शुक कीट के बाल और तेल के मिश्रण को दस रातों तक शिश्न पर मलने से इसके आकार में होनेवाली स्थायी वृद्धि का नुस्खा, जिसे मैंने 'कामसूत्र' के सातवें खंड में दिया है, वास्तव में कुणाल ने ही खोजा था।

"मेरे पिता यौन-आनंद को बढ़ानेवाले विशेष मरहमों और गुप्त विधियों के प्रयोग के विचार को उपहासजनक मानते थे, मगर वे कुणाल का सम्मान करते थे। कुणाल ने स्त्रियों की कामुकता के अध्ययन में एक नई शाखा का मार्ग प्रशस्त किया था। मुझे याद आता है कि मैं अपने पिता को अपने प्रश्नों से तंग किया करता था। रत्यात्मक कलाएँ क्या हैं ? कोई इन कलाओं का विद्वान कैसे बनता है ? यौन-आनंद क्या है, मेरे व्यग्र पिता अपने जवाबों को एक ग्यारह वर्षीय बच्चे की समझदारी के अनुकूल बनाने का प्रयास करते थे। तक्षशिला में उनकी प्रेमिका से उनकी मुलाकात खासतौर पर बहुत अच्छी रही थी। उस स्त्री के साहसी आचरण और विश्वास से परिपूर्ण शारीरिक चेष्टाओं ने एक बार फिर मुझे चंद्रिका की याद दिला दी थी।"

"आपने 'कामसूत्र' में कुणाल का कहीं उल्लेख नहीं किया ?" मैंने वात्स्यायन की स्वीकारोक्ति से परेशान होकर पूछा।

"कुणाल के विचार अभी अपेक्षाकृत नए हैं। उनकी वैधता अभी पूरी तरह स्थापित होनी बाकी है। उन विचारों को मुद्रित करने की आधिकारिक अनुमति नहीं है। 'कामसूत्र' एक पाठ्यपुस्तक है। इसे न केवल संपूर्ण बल्कि रूढ़िवादी भी होना चाहिए। शायद भविष्य की पीढ़ियों के विद्वान कुणाल को उससे कहीं अधिक सम्मान दे सकें, जितना मैंने दिया है। तुम्हारी अपनी टीका इनमें सर्वप्रथम हो सकती है।

"संक्षेप में, कुणाल का विचार यह है कि पुरुष की शुष्क और सख्त प्रकृति की अपेक्षा स्त्री की कामुकता कोमल और तरल प्रकृति की होती है, इस कारण चंद्रमा के घटने और बढ़ने का स्त्री की यौन संतुष्टि पर प्रबल प्रभाव पड़ता है। चंद्रमा की विभिन्न दशाओं के दौरान नारी शरीर के विभिन्न अंग रत्यात्मक रूप से संवेदनशील हो जाते हैं। उन्होंने चंद्रमा की दशाओं का नारी शरीर के विभिन्न अंगों और पुरुष के स्पर्शों और चुंबनों से संबंध दर्शानेवाली पूरी तालिका तैयार कर ली थी। शुक्ल और कृष्ण दोनों पक्षों के पंद्रहवें दिन स्त्री के सिर और बालों में अत्यधिक यौन ऊर्जा होती है। उसके बालों में अँगुलियाँ फिराने और शिरोवल्क में हल्के से मालिश करने से वह ऊर्जा शेष शरीर में फैलती है। चौदहवें दिन, उसकी आँखों का बारंबार चुंबन लेना चाहिए, शुक्ल पक्ष में दाहिनी और कृष्ण पक्ष में बाईं आँख का। तेरहवें दिन, होंठों को चूमना, काटना और कोमलता से चूसना चाहिए। बारहवें दिन, इन्हीं चुंबनों का प्रयोग गालों पर करना चाहिए। ग्यारहवें दिन, कंठ विशेष रूप से संवेदनशील होता है और यह हल्के नख-क्षत की अभिलाषा रखता है। दसवें दिन, स्त्री की बगलों को नाखूनों से खुरचना चाहिए।

नवें दिन, उरोजों को हथेलियों से ढँककर गूँधना चाहिए। आठवें दिन, पूरा वक्षस्थल प्रति संवेदी होता है, इसे मुष्टि के आधार भाग से थपथपाना चाहिए। सातवें दिन, नाभि को खुली हथेली से थपथपाना चाहिए। छठे दिन, नितंबों को भींचना और मुष्टि से थपथपाना चाहिए। पाँचवें दिन, स्त्री की समस्त प्रतिसंवेदना उसकी योनि में सिमट जाती है और वह शिश्न के घर्षण के अलावा और कुछ नहीं चाहती। इसीलिए चंद्रमा के शुक्ल और कृष्ण पक्ष का पाँचवाँ दिन काम-संबंधों में, सुस्त व्यक्ति के दिन के रूप में जाना जाता है। चौथे दिन, पुरुष को अपने घुटने से स्त्री के घुटने को दबाना चाहिए। तीसरे दिन, उसकी पिंडलियों की बारी-बारी से हाथ के कोमल और कठोर संचालन से मालिश करनी चाहिए। दूसरे दिन, पुरुष को अपने पंजों की नोकों से स्त्री के पंजे को दबाना चाहिए, और पहले दिन, उसके अँगूठे के नाखून को इसी प्रकार परिचालित करना चाहिए।

"ये सामान्य स्पर्श हैं, जो सभी स्त्रियों पर लागू होते हैं। कुणाल ने इससे आगे बढ़कर प्रत्येक प्रकार की स्त्री के लिए विशिष्ट आलिंगनों की व्यवस्था की। उदाहरण के लिए, नवमी, चतुर्दशी, पूर्णिमा और आमावस की रातों को हस्तिनी स्त्री विशेष रूप से प्रतिसंवेदी होती है। इन रातों में से प्रत्येक भिन्न आलिंगनों की माँग करती है। अमावस को हस्तिनी स्त्री से प्रेम करते समय उसकी बगलों को नख-क्षत करना और गुदगुदाना, उसकी आँखों को चूमना, उसके कुचाग्रों पर धीमे से हथेली को सरकाकर अँगूठे और तर्जनी से उन्हें रगड़ना चाहिए। उसके सीने पर तब तक नख-क्षत करना चाहिए जब तक वहाँ निशान न पड़ जाएँ। उसे चूमना और उसके होंठों को चूसना चाहिए तथा प्रवेश के क्षण तक, जब योनि शिश्न के मुंड के नीचे रक्ताभ हथेली की तरह खुल जाती है, योनिमुख को खोलते और बंद करते रहना चाहिए।"

अपनी स्वयं की विद्वतापूर्ण पृष्ठभूमि के कारण मैं भिन्न-भिन्न प्रकार की स्त्रियों की सर्वाधिक प्रतिसंवेदी रातों और उनमें से प्रत्येक प्रकार की स्त्री के लिए प्रत्येक रात में उपयुक्त स्पर्शों के मिश्रण का पता लगाने की आश्चर्यजनक उपलब्धि की सराहना कर सका।

"कुणाल केवल निष्ठावान विद्वान नहीं बल्कि आर्द्र ऋषि के नाम से विख्यात, वर्षा करानेवाला भी था," वात्स्यायन ने कहना जारी रखा, "कथा इस प्रकार है कि एक बार तक्षशिला में तीन वर्ष लगातार प्रचुर वर्षा हुई, जबकि उसके दक्षिण में बमुश्किल दो दिन की यात्रा की दूरी पर स्थित पड़ोसी राज्य मादराकास में भयंकर सूखा पड़ा। वहाँ का राजा ऋतुओं के देवताओं से भयभीत हो गया, खासतौर पर इसलिए भी कि वह बौद्ध विहारों को संरक्षण देनेवाला, ब्राह्मण साधकों का अपने राज्य में स्वागत करनेवाला और भारी कराधान करके अपने राज्य में वेश्यालयों को हतोत्साहित करने वाला एक पवित्र पुरुष था। सूखे का कारण ढूँढ़नेवाले राजज्योतिषी और पुरोहित इस निष्कर्ष पर पहुँचे कि मादराकास के दुर्भाग्य का कारण राज्य के वनों में अडिग ब्रह्मचारी युवा साधकों का विशाल संख्या में आगमन है। उन्होंने कहा कि साधनाएँ उर्वरता की प्रमुख शत्रु हैं और

इन योगियों से उद्भूत आध्यात्मिक ऊष्मा की वजह से ही धरती सूखे से झुलस रही है। राजा को समुचित पश्चात्ताप हुआ। उस वर्ष वसंत में पूरे राज्य में उत्साहजनक राजकीय सहयोग से मदनोत्सव मनाया गया। मध्य देशों से गणिकाओं को मादराकास में बसने के लिए प्रेरित किया गया और अतिरिक्त साधकीय ऊष्मा को संतुलित करने के लिए कुणाल को वहाँ बुलाया गया। कहा जाता है कि जिस दिन कुणाल वहाँ पहुँचे, हवा नम हो गई और आकाश में बादल दिखाई पड़ने लगे। कुणाल के आगमन के एक सप्ताह के भीतर भारी वर्षा हुई। दुखद यह कि कामशास्त्र के इस महान ज्ञाता के जीवन और कृतित्व दोनों का तक्षशिला पर हुए ईरानी आक्रमण में क्रूरतापूर्वक अंत हो गया।

वात्स्यायन को काफिले के मार्ग में पड़नेवाले कुछ नगरों—पुष्करवती, नगरहार, कपिशा—की विशेष याद नहीं थी। पश्चिमोत्तर दिशा में और आगे बढ़ने से पहले काफिला इन नगरों में पुनर्भंडार के लिए रुका था। एक व्यापारी ने उसे नगरहार से पाँच मील दक्षिण में स्थित एक गुफा के अंदर पड़ी एक चट्टान के बारे में बताया, जिस पर बुद्ध ने अपनी छाया छोड़ी थी। दस कदमों की दूरी से वह छाया हू-ब-हू बुद्ध के शरीर के चित्र की तरह लगती है। उनका सुनहरा रंग, बत्तीस प्रमुख और अस्सी गौण चिह्न, सभी स्पष्ट रूप से देखे जा सकते हैं। यद्यपि कोई व्यक्ति इसके जितना ही करीब पहुँचता है, यह अस्पष्ट हो जाता है। अनेक राजाओं ने अपने राज्यों के सर्वश्रेष्ठ कलाकारों को इस छाया का चित्र बनाने के लिए भेजा, लेकिन उनमें कोई सफल नहीं हुआ। वात्स्यायन ने इस कहानी को याद रखा, लेकिन उस नगर को नहीं।

कपिशा के बाद, पंजशर नदी के बीच के फैलाव पर, जैसे-जैसे हम कोह-इ-बाबा क्षेत्र की तरफ चढ़े, रास्ता रेतीला और चट्टानी होता गया। दिन में जब सूरज के ताप में चट्टानें तप जातीं, तो उनकी गर्मी असुविधाजनक हो जाती और खतरनाक भी। पर्वतीय पार्श्व का आलिंगन करती सड़क कभी-कभी इतनी सँकरी हो जाती कि कोई बैल ठोकर खाकर अपनी गाड़ी को, लड़खड़ाते हुए, गहरी खाई में गिरा सकता था। भूस्खलन का खतरा वहाँ हमेशा बना रहता था। पहाड़ की नंगी ढलानों पर स्थित शिलाखंड काफिले पर किसी भी क्षण झपट्टा मारने को तत्पर चुपचाप बैठे गिद्धों की तरह थे। प्राकृतिक आपदाओं और आकस्मिक आवश्यकताओं में दैवी सहायता पाने को व्यग्र व्यापारियों ने उस चट्टानी पहाड़ी इलाके में बुद्ध की ढेरों मूर्तियाँ तराश डाली थीं।

कोह-इ-बाबा से नीचे उतरकर वे एक घाटी से होकर गुजरे, जो अंगूर के अनेक बागों से आच्छादित थी। सड़क के किनारे छोटे-छोटे बौद्ध चैत्य और विहार थे। उनकी घंटियाँ रात में उस घाटी को संगीतमय बना देती थीं। वात्स्यायन को उनकी आवाज सुखद लगी। उसकी नींद की सुरक्षा में लगी वे अदृश्य, लेकिन मैत्रीपूर्ण उपस्थितियाँ थीं।

बैक्ट्रिया के मैदानी क्षेत्र में प्रवेश करने के लिए पर्वतमालाओं को पार करने से पहले, काफिले ने एक दिन ब्रह्मायन में विश्राम किया। कौशाम्बी छोड़ने के बाद पहली

बार यहाँ वात्स्यायन ने महसूस किया कि वह एक विदेशी राज्य में है। इसका एक कारण यह भी था कि उसके पिता ने काफिले के सदस्यों को निर्देश दिया था कि वह किसी भी अपरिचित वस्तु का व्यवहार न करें। कोई अज्ञात कंद-मूल, फल, फूल उन्हें या उनके प्रमुख अधिकारी को दिखाए बिना न खाएँ। और अगर किसी ने अदूरदर्शितापूर्वक ऐसा कर भी लिया, तो उसे तुरंत सार्थवाह से वमनकारी उपाय करने के लिए कहना चाहिए।

बैक्ट्रिया की राजधानी बाह्लीक पश्चिम में रोम और सीरिया, पूरब में चीन और दक्षिण में भारत के बीच अंतर्राष्ट्रीय व्यापार मार्गों का मिलन बिंदु थी। बड़ा व्यापारिक केंद्र होने के बावजूद बाह्लीक इस अर्थ में विचित्र शहर था कि इसमें आने-जानेवालों की तादाद इसके स्थायी निवासियों से अधिक थी। शहर में रहनेवाले विदेशियों की संख्या मूल बैक्ट्रियाइयों से, जो खानाबदोश जीवन को वरीयता देते थे, अधिक थी।

अपने देशों से आनेवाले काफिलों को आवश्यक सेवाएँ मुहैया कराने के लिए वहाँ चीनियों, सीथियनों, रोमनों, ईरानियों और भारतीयों की बस्तियाँ थीं। ये सभी समूह अलग-अलग सामाजिक जीवन बिताते थे। उनके वेश्यालय तक अलग थे। मेरे पिता ने अपने देशवासियों से भोजन के अनेक आमंत्रण प्राप्त किए, और इन दावतों में मैं उनके साथ गया। उज्जयिनी, सौराष्ट्र, अवंती, पाटिलपुत्र, बंग, कलिंग या दूसरे मूल स्थानों के, जहाँ से वे आए थे, दृश्यों, गंधों, ध्वनियों और स्वादों के प्रति गृहासक्त इन निवासियों ने हमें भोजन और शानदार बैक्ट्रियाई मदिरा पेश की, जिसे मेरे पिता बहुत पसंद करते थे। हमसे बदले में अपेक्षित सिर्फ यह था कि हम उनके मोहासक्त उद्गारों को सुनें और उन्हें उनके गृहराज्यों की कुछ खबरें सुनाएँ।

अधिकांश भारतीयों ने अपने जीवन का बड़ा हिस्सा बाह्लीक में बिताया था, लेकिन उनमें से प्रत्येक अपने को वहाँ अस्थायी आगंतुक, जो शीघ्र ही अपने घर लौटने वाला है, बताता था। वे आम के मौसम की बात करते थे, जो गंगा के मैदान में, ग्रीष्म के आगमन के साथ बस शुरू हो ही रहा था। वे गर्मी की रातों में छत पर सोने, शुकों और मयूरों तथा वर्षों पहले देखे गए नाटकों, जो कभी के विस्मृत हो चुके थे, के आनंद की चर्चा करते थे। वे पुराने श्लोकों को सुनाते और मेरे पिता से अपने प्रिय कवियों की नवीन रचनाओं के बारे में पूछते। वे दृढ़तापूर्वक धार्मिक थे—उनमें से अनेक अब भी बौद्ध थे—और पुराने तथा अधिक रूढ़िगत ढंग से अनुष्ठानों को संपन्न करते थे। उन्होंने अपने-अपने नगरों में शिथिल पड़ रही नैतिकता को मजबूती से खारिज कर दिया होता। हमारे देशवासी उस प्रदेश के प्रति अवमानना भरा रुख भी रखते थे, जहाँ वे प्रवास कर रहे थे। उनका विश्वास था कि उनके यवन शासक बर्बर और पापी हैं, जिनके बारे में यह भविष्यवाणी की गई है कि कलियुग के आरंभ में वे धरती पर शासन करेंगे। बाह्लीक के लोगों के ईरानी कबीलों, यूनानी आक्रांताओं और पूरब तथा पश्चिम से आए दूसरे विदेशियों के साथ घुलने-मिलने से बैक्ट्रियाई रिवाज और मानदंड, मूलभूत मानकों से बहुत बदल गए थे और बैक्ट्रिया में बसे भारतीय सोचते थे कि वे जिन लोगों के साथ रहते हैं, वे बिलकुल तलछट हैं।

एक बच्चे के लिए, तलछट कहे जानेवाले लोग आकर्षण के अचूक विषय होते हैं। वात्स्यायन ने इन सुंदर और प्रसन्नचित लोगों के मुसकराते हुए चेहरों के पीछे छिपी अनुमानित बुराई को ढूँढ़ निकालने का प्रयास किया। उसने गौर किया कि पुरुषों की अपेक्षा बैक्ट्रियाई स्त्रियाँ गाड़ियों का संचालन प्रायः अधिक करती हैं और बाजारों में चहलकदमी करते पारिवारिक समूहों में स्त्रियाँ ही आगे-आगे रहती हैं। बैक्ट्रिया के उत्तर-पश्चिम में स्थित स्त्रीराज्य के लोगों की तरह वे बहुपतित्व के एक रूप का अनुगमन करते हैं, जिसमें एक स्त्री के तीन-चार पति होते हैं। जहाँ स्त्रीराज्य में स्त्रियाँ राजकीय मामलों में अपने अधिकारों का उपयोग करती थीं, वहीं बैक्ट्रियाई स्त्रियों का प्रभुत्व क्षेत्र परिवार तक सीमित था। भारतीय द्वेषपूर्वक यह स्वीकार करते थे कि स्त्रीराज्य की दुराचारी स्त्रियों के विपरीत बाह्लीक की स्त्रियाँ मर्यादित थीं और चुंबन तथा ऐसी दूसरी अस्वच्छ क्रियाओं को नापसंद करती थीं।

अपनी पूर्ववर्ती कृतियों के मुकाबले 'कामसूत्र' यौन-रीतियों के देशगत वैविध्य पर चर्चा के कारण विशिष्ट है, यद्यपि वात्स्यायन इतने विनम्र हैं कि वे इसे अपने ग्रंथ में कहते नहीं। वह कामवासना की सार्वभौमिकता के भीतर कामुकता की सापेक्ष प्रकृति पर जोर देते हैं, या जैसा कि वात्स्यायन ने एक अन्य अध्याय की चर्चा करते हुए एक बार टिप्पणी की थी, "रत्यात्मक रूप से हमारी प्रतिक्रिया एक ही रास्ते पर चलने जैसी होती है, लेकिन अलग ढंग से।" 'कामसूत्र' को लेकर जारी वर्तमान विवाद जब इसके आलोचकों की मृत्यु, जिसके साथ ही अधिकांश विद्वत्तापूर्ण मतभेदों का प्रायः अंत हो जाता है, के कारण थम जाएगा तब, मुझे विश्वास है कि भावी पीढ़ियाँ वात्स्यायन की पद्धति को कामशास्त्र का पथ-प्रदर्शन करनेवाले योगदान के रूप में पहचानेंगी।

विभिन्न देशों की यौन-रीतियों में उनकी रुचि की उत्पत्ति के बारे में जानने को मैं बहुत उत्सुक रहता था। मैंने उनसे पूछा था कि इस वृत्ति के स्फुरण के पीछे क्या उस यात्रा का कुछ हाथ था, जो उन्होंने अपने पिता के साथ की थी। वात्स्यायन हँसे, "अगर तुम उसकी उत्पत्तियों के बारे में जानना चाहते हो तो तुम्हें अलग-अलग लोगों की खाद्य-प्रणालियों के बारे में गणदास के विचारों तक लौटना चाहिए। बाद में, 'कामसूत्र' पर काम करते हुए मुझे ताज्जुब हुआ कि क्या विभिन्न देशों की यौन-रीतियाँ भी अलग-अलग होती हैं। तुलनात्मक शोध में मेरी रुचि अपने पिता के साथ की गई उन यात्राओं से निश्चिय ही प्रबल हुई, लेकिन तुम्हें याद रखना चाहिए कि एक बच्चे के रूप में मैं अपने रास्ते में पड़नेवाले प्रदेशों की यौन-रीतियों के बारे में अत्यंत क्षीण संकेतों को ही ग्रहण कर सकता था। 'कामसूत्र' लिखते समय मैं जितनी जानकारियाँ एकत्र कर सका था, वे मेरी अपेक्षा से बहुत कम थीं। फिर ये जानकारियाँ प्रायः स्त्रियों की अभिरुचियों तक सीमित थीं। इसे समझा जा सकता है, क्योंकि मुझे जानकारी देने वाले पुरुष थे, और पुरुषों में भी व्यापारी। स्त्रियों की अपेक्षा पुरुष अधिक यात्राएँ

करते हैं, और स्त्रियों के यौन-संपर्क में आने की उनकी संभावना अधिक होती है।''

'कामसूत्र' के दूसरे खंड के अन्य अध्यायों, विशेषकर पाँचवें अध्याय, में विभिन्न लोगों की यौन प्रवृत्तियों के संदर्भ बिखरे हुए हैं। वात्स्यायन हमें बताते हैं कि हमारे अपने मध्य देश की स्त्रियाँ कुछ अति शुद्धतावादी हैं। प्रदूषित होने के भय से वे चुंबन, नख-क्षत या दंत-क्षत पसंद नहीं करतीं। दक्षिण में द्रविड़ देश की स्त्रियाँ यद्यपि यौन आनंद के समय घर्षण और दबाव पसंद करती हैं, पूरी तरह नम होने में लंबा समय लगाती हैं और मैथुन की क्रिया में सुस्त होती हैं। सामान्यतया विनम्र स्वभाव की आंध्र की स्त्रियाँ बिस्तर में बेशर्म होती हैं और उनकी यौन-अभिरुचियाँ मर्यादित नहीं हैं। उनमें से अनेक, संभोग में उस आसन को पसंद करती हैं, जिसमें स्त्री अपने कामांग को पुरुष कामांग से वृष के साथ संभोगरत बड़वा की तरह रगड़ती है और बिना प्राथमिक चुंबन या आलिंगन के उसके शिश्न को अपनी योनि में जकड़कर चूसने की क्रिया करती है। यह क्रिया एक खास कौशल की माँग करती है और हमारे देश की अनेक सस्ती वेश्याएँ इसे अपनाती हैं, क्योंकि यह संभोग की अवधि को घटा देती है और वे एक रात में अधिक से अधिक ग्राहकों को निपटा सकती हैं। हमारे देश की ये वेश्याएँ अपने ग्राहकों की संख्या बढ़ाने के लिए सफाई के नाम पर पहले ग्राहक के शिश्न को धोने का आग्रह भी करती हैं। उनके साबुन लगे हाथों का धीमा संचालन पुरुष को न केवल उत्तेजित कर देता है बल्कि प्रायः उसे स्खलित भी कर देता है। संभोग की आवश्यकता का निराकरण करनेवाली यह चाल उस वेश्या की आमदनी बढ़ाने के साथ उसे श्रम से भी बचा लेती है।

गुदा-मैथुन दक्षिण में अधिक प्रचलित है। मालवा और आभीर की स्त्रियाँ चुंबन और आलिंगन, नख-क्षत और दंत-क्षत तो पसंद करती हैं, लेकिन जख्म नहीं। वे शिश्न को चूसने की बहुत शौकीन होती हैं। महाराष्ट्र की स्त्रियाँ संभोग के दौरान भद्दे और अश्लील शब्दों का उच्चारण करती हैं और स्वयं भी इसी रूप में संबोधित होना चाहती हैं। गुजरात की स्त्रियाँ, उस देश की वेश्याओं के अनुसार, अधर, उरोजों के संधिस्थल, बगलों और जघनास्थि का चाटा जाना पसंद करती हैं। कोशल और उन क्षेत्रों से संबंधित स्त्रियाँ, जहाँ वे राजनीतिक रूप से शक्तिशाली और सामाजिक रूप से प्रभावी हैं, हिंसक आचारों और क्रूर यौन-व्यवहारों की शौकीन हैं। वे कृत्रिम शिश्न का भी बहुत अधिक प्रयोग करती हैं।

''कृत्रिम शिश्न के बारे में लिखते समय मैं जिन अन्य देशों के बारे में सोच रहा था, वे हैं बाह्लीक और स्त्रीराज्य'', वात्स्यायन ने कहा, ''मुझे यह जानने की जिज्ञासा थी कि जिन प्रदेशों में स्त्रियाँ प्रभुत्वशाली हैं, वहीं पुरुषों की घटती हुई यौन क्षमता की परिपूर्ति के लिए प्रयुक्त होनेवाले कृत्रिम शिश्न का इतना अधिक प्रयोग क्यों होता है। क्या स्वयं स्त्रियों का प्रभुत्व ही उनके पुरुषों में नपुंसकता और शिश्न के कम उत्थान का कारण है ? क्या इसका कारण यह है कि शक्तिशाली स्त्रियाँ अपनी कामवासना का हिंसक होना पसंद करती हैं ? चाहे जो हो, लकड़ी के कृत्रिम शिश्न की अनुशंसा मैंने

बाह्लीक और स्त्रीराज्य में इसके प्रचलन को देखते हुए की है, यद्यपि स्त्रीराज्य की स्त्रियाँ ताँबे का बना और गर्म पानी से भरा बनावटी लिंग भी प्रयोग में लाती हैं।''

वे मुसकराकर उद्धरण की प्रतीक्षा करने लगे। अब तक, इस खेल को हम लोग आसानी से खेलने लगे थे।

> '' बाभ्रव्यों के अनुसार, राँगे या सीसे से बने यंत्र से प्रवेश कोमल होता है। वे आनंददायक रूप से रूखे होते हैं और ताजे वीर्य का प्रभाव उत्पन्न करते हैं। बहरहाल, वात्स्यायन के अनुसार, लकड़ी के बने कृत्रिम शिश्न अधिक वांछनीय हैं।''

''तुलनात्मक यौन-प्रवृत्तियों में मेरी रुचि को तुम्हें बहुत बढ़ाकर नहीं देखना चाहिए,'' मैंने जब 'कामसूत्र' से अपना उद्धरण समाप्त किया तो वात्स्यायन ने आगे कहा, ''यद्यपि वस्त्रावरण, व्यवहार और प्रेमक्रीड़ा के संबंध में स्थानीय रीतियों का ध्यान रखा जाना चाहिए, विभिन्न देशों की यौन-प्राथमिकताओं को अनुचित महत्त्व नहीं दिया जाना चाहिए। यहाँ सुवर्णनाभ के विचार को याद रखना जरूरी है कि एक राष्ट्र की अपेक्षा एक विशिष्ट व्यक्ति के स्वभाव के अनुकूल जो कुछ है, वह अधिक उपयोगी है। इसलिए ऐसे मामलों में देशगत विशिष्टता पर ध्यान नहीं देना चाहिए। सौ की एक बात यह है कि कोई व्यक्ति किसी अकेली स्त्री के साथ यौन-संबंध बनाता है, पूरे देश के साथ नहीं।''

।। ग्यारह ।।

वे पुरुष, जिनकी यौन-क्रिया उनकी कल्पना और स्थानीय रीतियों का अनुगमन करती है, स्त्रियों में अनुराग, अभिलाषा और प्रेम जगाते हैं।

—कामसूत्र 2.6.52

वात्स्यायन की जीवनी या मेरी टीका के पहले वाक्य अभी तक लिखे नहीं गए थे, लेकिन मैं जिस निष्ठा से इन कार्यों में संलग्न था, ऐसा लगता है कि उसने मेरे पिता पर अनुकूल प्रभाव डाला था। उन्होंने न केवल मेरे कार्य को सहमति प्रदान की, बल्कि मेरे उद्यम ने उनका अनिच्छुक सम्मान प्राप्त कर लिया।

"काश, तुम अपनी प्रतिभा और हमारे परिवार की परंपराओं के अधिक अनुरूप किसी कार्य में इतनी मेहनत कर पाते।" कभी-कभी वे निःश्वास छोड़ते हुए कहते, लेकिन वात्स्यायन से मेरी मुलाकातों के प्रति उनकी उत्सुकता और मेरे अनुसंधानों में भाग लेने की उनकी इच्छा सुस्पष्ट थी।

उस ऋषि के साथ कार्य करने से जहाँ मुझे अपने पिता की निकटता प्राप्त हुई, वहीं चतुरसेन को दूर कर दिया। वह नहीं समझ सका कि शास्त्रीय अध्ययन का कार्य इतना रुचिकर हो सकता है कि मुझे लगभग एकांतवासी बना दे। वह इस बात से परेशान था कि मैं उसकी और उसके मित्रों की रात्रिकालीन गोष्ठियों में शामिल होने में सिर्फ इसलिए असमर्थ था, क्योंकि सप्तपर्णी आश्रम जाने के लिए मं सुबह तरोताजा उठना चाहता था। उसने यह मानने से इन्कार कर दिया कि मस्तिष्क के कुछ ऐसे भी आनंद हैं, जो इंद्रियों को अज्ञात हैं। इसकी जगह उसने मेरे आनंद और काम के प्रति मेरी प्रतिबद्धता को अपनी मैत्री का तिरस्कार समझा। हमारी पुरानी अंतरंगता की जगह विनम्रता ले रही थी। हमारे बीच की खाई बढ़ती ही जा रही थी, यद्यपि मैंने वात्स्यायन के जीवन की घटनाओं, जैसे बचपन में उनकी काशगर यात्रा, को उसे सुनाकर सेतु बनाने की भरपूर कोशिश की। मैंने सोचा था कि ये घटनाएँ उसकी साहसिक आत्मा में प्रतिध्वनित होंगी।

बाह्लीक में ब्रह्मगुप्त नामक एक युवा बौद्ध भिक्षु, जो अपनी आयु के तीसरे दशक में था, काशगर-यात्रा की अगली अवस्था के लिए काफिले में शामिल हुआ। वह एक ऐसा व्यक्ति था जिसने भावी जीवन के लिए विद्यावृत्ति को चुना था। वह वात्स्यायन का पहला मित्र बननेवाला था। दक्षिणी राज्यों में शिक्षा के कुछ बड़े बौद्ध केंद्रों का भ्रमण करके ब्रह्मगुप्त अपने विहार लौट रहा था। वह लगभग एक वर्ष तक बाहर रहकर बहुमूल्य पांडुलिपियों की नकल करता रहा। अब वह उन्हें अपने साथ ले जा रहा था। उसके पवित्र उद्यम के प्रभावस्वरूप ये पांडुलिपियाँ एक ऊँट पर लदी थीं।

"ब्रह्मगुप्त का विहार काशगर से दो सौ मील पूरब में, चीनी साम्राज्य के बाहरी अंचल में स्थित तकलामकान मरुस्थल के दक्षिणी किनारे पर कुरफान के मरुद्वीपीय नगर से ऊँट की तीन घंटे की यात्रा जितनी दूरी पर स्थित था। एक लगभग लंबवत् दालान से अबाबील के घोंसले की तरह लटके इस विहार को लगभग सौ वर्ष पहले हमारी भूमि के दक्षिणी छोर पर स्थित केरल से आए बौद्ध भिक्षुओं ने स्थापित किया था। वर्षों बाद खड़ी चट्टानों से काटकर गुफा मंदिर और वेदिकाएँ निकाली गईं। चीन छोड़नेवाले व्यापारी शारीरिक और मानसिक खतरों, जैसे उजाड़ों में रहनेवाले भयानक शैतानों, से रक्षा के लिए इन वेदिकाओं पर प्रार्थना करते थे, जबकि चीन आनेवाले व्यापारी उजाड़ के खतरों से मुक्ति दिलाने के लिए धन्यवाद अर्पित करते थे, क्योंकि वह व्यापारिक मार्ग कुरफान के बाद एक अत्यंत वीरान विस्तार से होकर गुजरता था। वे चढ़ावे चढ़ाने में उदारता बरतते रहे हैं। ये मंदिर भित्तिचित्रों और रेशम पर की गई चित्रकारी और सोने-चाँदी की रत्नजटित मूर्तियों से पर्याप्त सुसज्जित हैं। विहार भी अपनी प्रखरतापूर्वक प्रदीप्त पांडुलिपियों के लिए प्रसिद्ध था। ये पांडुलिपियाँ रेशम, चर्मपत्र और चीनियों द्वारा आविष्कृत एक चीज पर लिखी गई थीं, जिसे वे 'कागज' कहते थे। यह एक पतला और चिकना चर्मपत्र होता था, जिस पर स्याही फैलती नहीं थी और लिखावट स्पष्ट और विशिष्ट होती थी।

"ब्रह्मगुप्त विहार में पांडुलिपियों के भंडारण, रख-रखाव और सूचीकरण का काम सहायक पुस्तकालयाध्यक्ष करता था। पुस्तकालय का अध्यक्ष एक भिक्षु था, जो वृद्ध और वातरोग से ग्रस्त था। इस कारण ब्रह्मगुप्त पांडुलिपियों के साथ-साथ चीन में अनुपलब्ध रंगों, जैसे तक्षशिला से कीमती लाजावर्दी को प्राप्त करने के लिए हमारे देश की यात्रा भी करता था। लाजावर्दी वह शानदार नीला रंगद्रव्य था, जिसका बौद्ध मंदिरों और प्रार्थनालयों की दीवारों पर चित्रांकन में प्रचुरता से प्रयोग होता था।

"यद्यपि, ब्रह्मगुप्त के अधिकतर साथी भिक्षु चीनी और सोग्दियाई थे, उनमें से कुछ ऐसे भी थे जो ब्रह्मगुप्त की तरह केरल के अपने मातृविहार से पुस्तकालय चलाने या विकसित आध्यात्मिक क्रियाओं की शिक्षा देने के विशिष्ट कार्यों के लिए कुरफान आए थे। अपने संक्षिप्त इतिहास में इस विहार ने अनेक संकटों का सामना करके भी अपने अस्तित्व को बचाए रखा था। जब कभी चीन की केंद्रीय सत्ता दुर्बल होती थी, साम्राज्य के बाहरी अंचल में बसा कुरफान दुष्ट योद्धाओं और डाकुओं की लूटमार का आसान

शिकार बन जाता था। इसकी स्थापना के कुछ समय बाद राजनीतिक अव्यवस्था के दौर में कुछ वर्षों तक कुरफान हूणों के अधीन रहा था। इस विहार को राजनीतिक दमन की एक कठोर अवधि झेलनी पड़ी। ब्रह्मगुप्त ने मुझे इसके संस्थापक सौगत भिक्षु गुणभद्र की कहानी सुनाई थी। विहार के भित्तिचित्रों में उन्हें, छोटी दाढ़ी, लाल त्वचा और फूली हुई लाल आँखोंवाले व्यक्ति के रूप में कई बार चित्रित किया गया है। समस्त चेतन जीवों के लिए उनकी करुणा बहुश्रुत है। गुणभद्र को तीन वर्ष तक कारागार में रखकर घोर यातनाएँ दी गईं। उनकी मुक्ति के बाद उनसे एक युवा शिष्य ने पूछा कि क्या उन्होंने कभी स्वयं को भयंकर संकट में पाया था। उन्होंने उत्तर दिया, 'हाँ, दो बार।'

" 'क्या श्रद्धेय पिता मृत्यु के समीप थे ?' उस शिष्य ने पूछा।

" 'नहीं,' वृद्ध भिक्षु ने उत्तर दिया, 'मैंने दो अवसरों पर हूणों के प्रति घृणा की अनुभूति की।'

"ध्यान, प्रार्थना और पुस्तकों को जीवन समर्पित करने के अलावा ब्रह्मगुप्त उन अनेक भिक्षुओं जैसा था, जिन्हें मैं जानता हूँ, जो निरंतर प्रसन्न रहते हैं, जिनकी हँसी अनायास और उन्मुक्त होती है। यह हँसी किसी हास्यबोध की उपज नहीं होती, वरन् नटखट और खिलंदड़ी आत्मा की उदात्तता से उद्भूत होती है। कभी-कभी इन भिक्षुओं के सतत और प्रकट आनंदातिरेक को देखकर मुझे आश्चर्य होता है कि क्या सचमुच बुद्ध ने यह संदेश दिया था कि जगत दुःख और पीड़ा से परिपूर्ण है। या कदाचित् उन्होंने अपने भिक्षुओं को कोई गुप्त संदेश दिया था—कोई वैश्विक परिहास सुना गए थे, जिसे इतनी बार दोहराए जाने के बावजूद जी नहीं भरता और जो उन्हें इतना हँसाता है।

"मैं ब्रह्मगुप्त की जीवंतता से सम्मोहित हो गया था और जब मेरे पिता इस यात्रा की अपनी पाँचवीं (और अंतिम) प्रेमिका के यहाँ उसके साथ रहने गए थे, तो मैंने चार दिन उसके साथ बिताए। दिन में हम बाजार के मोहक जीवन का आनंद उठाते हुए कस्बे में घूमते। (हमारे मनोरंजन का प्रमुख स्रोत दुकानदारों और ग्राहकों के बीच के झगड़े थे, जिन्हें हम खुले उल्लास से देखते और आशा करते कि कहा-सुनी जल्दी ही मुक्केबाजी में बदल जाएगी।) हम लोग खरबूजों, आड़ुओं, अंगूरों और बादामों को अपने अंदर ठूस लेते। इनमें से अधिकतर फल बाह्लीक के उदार नागरिक हमें भिक्षा के रूप में देते। ब्रह्मदत्त उन्हें एक सौम्य मुसकान और पारंपरिक आशीर्वाद के साथ स्वीकार कर लेता। संध्या हम अपने कमरों की प्रबल गर्मी से छुटकारा पाकर सराय की वाटिका में बिताते, लेकिन वहाँ हमारा सामना मच्छरों की अनचाही संगति से होता। इतने मच्छरों ने मुझे कभी नहीं काटा था। ब्रह्मदत्त मठ के जीवन और विद्या जगत् के बारे में बातें करता और मैं उन्हें आसक्तिपूर्वक सुनता। मेरे अनेक प्रश्नों का वह धैर्यपूर्वक उत्तर देता। चीनी पांडुलिपियों का अपनी भाषा में अनुवाद उसकी गुप्त आकांक्षा थी। जिन पांडुलिपियों ने उसे सर्वाधिक आकर्षित किया, वे कामशास्त्र के बारे में थीं—और ये सर्वाधिक दुर्लभ भी थीं। वह उनमें से केवल तीन प्राप्त कर सका था। हमारी परवर्ती

मित्रता, जो उसके कभी-कभार कौशाम्बी आने पर होनेवाली सांयोगिक मुलाकातों से समृद्ध और दृढ़ होती रही थी, केवल पारस्परिक स्नेह और बाह्लीक तथा काशंगर की यात्रा की मिली-जुली स्मृतियों पर नहीं, बल्कि आपसी बौद्धिक लाभ के ठोस आधारों पर आधारित थी।

"गुप्त साम्राज्य की अपनी यात्राओं में से एक में, जब चंद्रगुप्त विक्रमादित्य का शासन था और मैं 'कामसूत्र' के लेखन के बीच में था, ब्रह्मदत्त ने मुझे एक बित्ता चौड़ा और सात बित्ता लंबा कागज बेलनाकार लपेटा हुआ दिया जिसमें उसने कामशास्त्रीय चीनी ग्रंथों के अपने अनुवादों की नकल की थी। हमने उन ग्रंथों का अध्ययन करते हुए साथ-साथ दो अद्भुत दिन बिताए। उनके संदर्भों और चीनी भाषा की यौन शब्दावली, जिसने तेजी से किए गए पाठ में मुझे घबरा दिया था, की व्याख्या करने के लिए ब्रह्मदत्त ने राजी-खुशी आवश्यक धैर्य धारण कर रखा था। उदाहरण के लिए योनि को प्रचुरतापूर्वक नीललोहित छत्रक शिखर, श्वेत व्याघ्र की कंदरा, तम द्वार, लाल गेंद या हरित द्वार, जबकि लिंग को हरित शिखर, हरित वृंत या ऐसे ही दूसरे काव्यात्मक नामों से पुकारा गया है।"

"आचार्य, आपने 'कामसूत्र' में किसी चीनी विचार का उल्लेख नहीं किया ?" मैंने पूछा।

वात्स्यायन ने आँखें झुका लीं, मानो झोंपड़ी से बाहर खुली जगह मिट्टी के फर्श में वे उत्तर ढूँढ़ रहे हों।

"मैं तब युवा था," हिचकिचाते हुए उन्होंने उत्तर देना शुरू किया, "विद्वानों की स्वीकार्यता मिलने का भी मुझे पूरा भरोसा न था, क्योंकि ब्राह्मण कुलोत्पन्न उत्पत्ति न होने के कारण बहुत से लोग मुझे ज्ञान-विज्ञान के क्षेत्र में अनाधिकार चेष्टा का दोषी मानकर मुझसे घृणा करते थे। कामशास्त्र के मेरे अपने क्षेत्र में केवल श्वेतकेतु, बभ्रु, घोटकमुख, गोनार्दीय, सुवर्णनाभ, गोणिका पुत्र, दत्तक और कुसुमार मान्यता प्राप्त अधिकारी थे। रत्यात्मकता के किसी भी आयाम पर लिखी गई नई कृति को अनिवार्यतः उनके विचारों से शुरू होना था। उसके बाद कोई लेखक अपने तर्कों और विचारों की तरफ बढ़ सकता था। परंपरागत ढाँचे की उपेक्षा करके चीनी शिक्षकों, जिनके अस्तित्व तक का ज्ञान किसी को नहीं था, को उद्धृत करना बुरा माना जा सकता था। तुम्हें यह नहीं भूलना चाहिए कि हमारी भाषा में उनकी एकमात्र प्रति मेरे पास थी। तुम्हें बहुत जल्द पता चलेगा कि पांडित्य एक अत्यंत संकीर्ण गतिविधि है, जिसमें स्वीकार करने योग्य नवोन्मेष और तिरस्कार करने योग्य अपधर्म के बीच एक बारीक सूत बराबर अंतर होता है। सामान्यतया विद्वान लोग बौद्धिक लेकिन रूढ़िवादी दिमागोंवाले सुस्त लोग होते हैं, जो समस्याओं के प्रति अपने रवैए और उनके सूत्रीकरण में प्रचलित रीति का अनुसरण करते हैं। पूर्वनिर्धारित रास्ते से विचलन पर अच्छी से अच्छी प्रतिक्रिया यह होगी कि उसका उपहास किया जाएगा या बुरी से बुरी प्रतिक्रिया यह होगी कि उसके निषेध में बहरा कर देनेवाली चुप्पी साध ली जाएगी। हाँ, मैंने पहले ही एक प्रतिष्ठा

अर्जित कर ली थी और कुछ और जोखिम उठा सकता था। लेकिन याद रखो कि उस समय मेरी संदिग्ध प्रतिष्ठा एक ऐसे मूर्तिभंजक की थी, जो आस्था के दायरे में था। चीनी भावनाओं की अभिव्यक्ति लेखकीय जीवन का अंत कर सकती थी। पर हाँ, मैं साहसी कम था, सचेत अधिक।''

वात्स्यायन मौन हो गए और उन्होंने अपनी स्थिति को समझने का निवेदन करती-सी आँखों से मुझे देखा।

''आज मैं अलग तरीके से व्यवहार कर सकता हूँ। शायद तुम अपनी टीका में मेरी असफलताओं की भरपाई कर दोगे।''

''क्या चीनी ग्रंथ हमारे ग्रंथों से इतने अलग हैं ?'' मैंने पूछा।

''इसका उत्तर देना कठिन है। बुनियादी स्तर पर कोई अंतर नहीं है। हमारी तरह चीनी, ईरानी, यूनानी, रोमन और प्रत्येक अन्य जाति अपने यौन ज्ञान को दैवी शक्ति के अलावा दैहिक स्थापत्य और मानवीय अभीप्सा की अनिवार्यताओं पर आधारित करती है। उदाहरण के लिए यौन-सहवास की मूलभूत स्थितियाँ केवल चार हैं : पुरुष वर्चस्व; नारी वर्चस्व; पुरुष और नारी आमने-सामने से—लेटकर, बैठकर या खड़े होकर; और नारी के पीछे से प्रवेश करता हुआ पुरुष। विविधता बहुत हो सकती है। चीनी मनीषी ली सुआन ने छब्बीस आसनों को सूचीबद्ध किया है, जबकि हमारे श्रद्धेय बभ्रु ने चौंसठ आसनों को। अधिकांश आसन दोनों सूचियों में समान हैं। ली की 'बेलगाम अश्व की छलाँग,' जिसमें स्त्री अपनी दोनों टाँगों को उठाकर पुरुष के कंधों पर रख देती है, ताकि पुरुष उसमें गहरे तक प्रवेश कर सके, 'कामसूत्र' का 'जृंभितक' आसन है। ली ने 'उसके चूजे को पकड़े हुए फीनिक्स' नामक आसन बताया है, जिसमें बड़ी योनिवाली स्त्री—हस्तिनी या बड़वा तक—अपनी उठी हुई टाँगों को एक दूसरे के ऊपर रखकर योनि को कस लेती है और इस प्रकार इसे शश पुरुष के लिए भी आनंददायक बना देती है। इसके समकक्ष हमारा 'वेष्टितक' आसन है। कुछ विविधताएँ, जिनका आविष्कार ये देश करते हैं, कदाचित हमें इन देशों की सामूहिक यौन-कल्पनाओं की सूचना देती हैं। इससे अधिक इनका कोई अर्थ नहीं। सभी कामग्रंथ यह अवश्य मानते हैं कि यौन-गतिविधियाँ प्रजनन के किसी सरोकार से मुक्त होकर संचालित होती हैं। इस प्रकार चीनी विद्वान हमसे इस बात पर सहमत होंगे कि प्रजनन और प्रेम के देवताओं में कुछ भी समान नहीं होता, सिवा इसके कि वे अपने-अपने उद्देश्यों को पूरा करने के लिए मानव-शरीर को भौतिक उपादान के रूप में प्रयोग करते हैं।

''कामग्रंथों की आपसी तुलना में अधिक दिलचस्प बात काम-वासना के प्रति इनके भिन्न दृष्टिकोणों और उन घटते-बढ़ते महत्त्वों में निहित है, जिन्हें दूसरे सभ्य देश इसकी अभिव्यक्तियों से जोड़ देते हैं। श्वेतकेतु औद्यालिकी से आरंभ करके हमारे सभी मनीषियों ने चूँकि हमेशा यह कहा है कि शारीरिक इच्छा की अपेक्षा प्रेम में पुरुष इसके उत्ताप को अधिक उग्रतापूर्वक महसूस करता है, हमारे ग्रंथ कामुकता की अपनी अवधारणा के प्रति अधिक व्यापक दृष्टिकोण अपनाते हैं। कामेच्छा पर ये तब से विचार

आरंभ कर देते हैं, जब यह बीज रूप में होती है। फिर वे उसके फूल, फल और मौसम के माध्यम से उसका अध्ययन करते हैं। दूसरी तरफ, चीनी ग्रंथ संभोग के दौरान, विशेष रूप से स्त्री के यौन-स्फुरण और इस क्रिया के दौरान उसकी संतुष्टि पर अधिक ध्यान केंद्रित करते हैं। जब वे किसी विषय पर जोर देते हैं तो वह अधिक विशद होता है।

"चीनी स्खलन के आनंद को भी कम महत्त्व देते हैं। वे इस बात पर आग्रहपूर्वक जोर देते हैं कि पुरुष स्खलित हुए बिना एक हजार बार मैथुन की कला सीख सकता है। स्खलन रोकने के अपने इस कंजूसी भरे आग्रह में चीनी हमारे कुछ हास्यास्पद संप्रदायों-जैसे हैं, जो इस व्यर्थ के विचार का प्रचार करते हैं कि वीर्य के संरक्षण से दीर्घायु, सृजनात्मकता, शारीरिक और मानसिक तेजस्विता में वृद्धि होती है।

"चीनी रत्यात्मकता के अनेक गुणों से मैं इन्कार नहीं करता, जिन्हें अपनाकर हम लाभान्वित हो सकते हैं। 'काम' के क्षेत्र में प्रवेश करनेवाले नौसिखुओं के लिए उनके परामर्श अनुकरणीय हैं, यद्यपि मुझे संदेह है कि कोई व्यक्ति आवेग का ज्वार चढ़ने पर गिनती करने की स्थिति में रह सकता है। वे काम के क्षेत्र में नवागंतुक को किसी ऐसी स्त्री से आरंभ करने की सलाह देते हैं जो बहुत सुंदर न हो और जिसकी योनि बहुत तंग न हो। ऐसी स्त्री के साथ आत्मनियंत्रण को आसानी से सीखा जा सकता है। अगर स्त्री अत्यंत सुंदर नहीं है तो वह अपना मानसिक संतुलन नहीं गँवाएगा और अगर उसकी योनि बहुत तंग नहीं है तो वह अत्यधिक उत्तेजित नहीं होगा। वे उस नवदीक्षित को पहले तीन हल्के और एक गहरे धक्के की विधि को आजमाने और इन धक्कों को इकट्ठे इक्यासी बार लगाने का सुझाव देते हैं।

"दूसरी ओर, कुलीन उत्पत्तिवाले आर्यों को प्रेमद्रवों के बारे में चीनियों के सुझाव घृणास्पद लगेंगे। ये ग्रंथ शुद्धता और प्रदूषण के प्रश्नों की परवाह किए बिना इन द्रवों का उत्सव मनाते हैं, क्योंकि उनका विश्वास है कि 'हरित द्रव'—यौन-उत्तेजना के दौरान उत्पन्न होनेवाले स्रावों और राल के लिए उनका जातीय शब्द—का उत्पादन और उसमें भागीदारी पुरुष और नारी के सारतत्त्वों (जिन्हें वे यिन और यांग कहकर पुकारते हैं) के सामंजस्य के लिए अनिवार्य है।

"अगर मैंने इन चीनी आचारों का उल्लेख किया होता, भले ही खुले तौर पर इनकी सिफारिश किए बिना, तो तुम उन हमलों की कल्पना कर सकते हो जिनके सामने 'कामसूत्र' निष्कवच हो जाता। यहाँ तक कि सदाशयी आलोचक भी तत्परतापूर्वक यह संकेत करने से नहीं चूकते कि विश्व की दूसरी सभी चीजों की तरह काम-वासना की भी अपनी मर्यादा है। उस सीमारेखा के अंदर यह दैवी है और उन बंधनों का अतिक्रमण करते ही दानवी हो जाता है। यह सामान्य सुझाव देते हुए मैंने सुरक्षित रास्ता चुना कि आवेग के ज्वार के चढ़ने पर हर चीज की अनुमति है। इस 'हर चीज' में क्या-क्या आ सकता है, इसकी व्याख्या का काम मैंने भविष्य के टीकाकारों पर छोड़ दिया।"

बाह्लीक से आगे बढ़ने तक काफिला अपने मूल आकार से आधा रह गया था। रोमन साम्राज्य के लिए माल ले जा रहे बहुत-से व्यापारी उसी नगर में रह गए थे। कुछ अपने सामान के बिकने की प्रतीक्षा कर रहे थे तो कुछ नया खरीदने की। छह सप्ताह बाद वापस लौटते समय ये फिर काफिले में शामिल हो जाएँगे।

बैक्ट्रियाई मैदानों से होते हुए चीन जाने का रास्ता अमू दरिया या आक्सस, जैसा कि बैक्ट्रियाई उसे पुकारते हैं, की दिशा का अनुसरण करता था। यात्रियों का सामना हिमालय के बाद सर्वोच्च मानी जानेवाली पर्वत-शृंखला पामीर से होता था। अपने अंतिम लक्ष्य काशगर पहुँचने से पहले काफिले को धरती के सबसे ऊँचे दर्रे तगदुंबाग को पार करते हुए पामीर के पहाड़ों से होकर चौदह दिनों तक गुजरना पड़ता था। गाड़ियाँ और बैल बाह्लीक में ही छूट गए थे और उनकी जगह रोएँ जैसे लंबे बालों और जुड़वाँ कूबड़ोंवाले ऊँटों ने ले ली थी। पामीर से होकर की जानेवाली यात्रा की कठिनाइयों को झेलने में ये जानवर अधिक समर्थ होते हैं।

"अभी यद्यपि गरमी का मौसम ही था," वात्स्यायन ने अपनी स्मृति को कुरेदा, "उन ऊँचे पठारों की रातें बेहद ठंडी होती थीं। ऊँचाई और ठंड की वजह से वहाँ कोई पक्षी उड़ान नहीं भरता था। शामों को जब हम अलाव-गोष्ठियाँ जमाते तो आग की लपटों की चमक मैदानों में जलनेवाली आग की लपटों की चमक से कम होती और उनका रंग भी अलग होता। खाना भी ठीक से नहीं पक पाता था।

"छह दिनों तक वहाँ रहने या शरण लेने की कोई जगह नहीं मिली। इस पर्वतीय दुर्ग में एकमात्र वृहद व्यवस्था लगभग अस्सी मील दक्षिण में स्थित ताश कुरगान का बौद्ध राज्य था, जिसके बारे में ख्यात है कि उसमें सैकड़ों विहार और बुद्ध की पूर्णता का ध्यान और अपने प्रबोधन का प्रयास करते हुए हजारों भिक्षु और भिक्षुणियाँ रहती हैं।

"जब हमने काशगर की तरफ अपना अवरोहण शुरू किया, पठार की बंजर विषमता किसी हद तक समतल हो गई। ऊँचे-ऊँचे भयावह जल-प्रपात ढलान से नीचे गिर रहे थे। बर्फ से ढकी पहाड़ों की चोटियों की छाया में उगे हरे-भरे चरागाहों से होकर हम वहाँ पहुँचे, जहाँ चरवाहों ने तंबू लगा रखा था। उनका गाँव नीचे घाटी में था। वसंत में वे अपने-अपने सीढ़ीदार खेतों में हरी सेम और जौ बोते हैं, ग्रीष्म में फसल काटते हैं और फिर अपनी भेड़ों और दूसरे पशुओं के साथ और ऊँची चढ़ाइयों पर चढ़ जाते हैं। यहाँ वे तंबुओं में रहते और जानवर चराते हैं। शरद की समाप्ति और ठंड की शुरुआत के साथ वे नीचे उतरते हैं और अपने गाँवों में जाते हैं। मार्ग में हमारा सामना उनके कुछ परिवारों से हुआ। पुरुष जिनके लंबे बाल शीर्ष पर हल्की गाँठ से बँधे थे और पैरों में नमदे के तलवाले लंबे काले जूते थे, ऐसे गधों की सवारी करते थे जो घोड़ों से छोटे नहीं थे। स्त्रियाँ और बच्चे हल्के भूरे ऊँटों पर बैठते थे।

"वे दृश्य प्रायः भव्य होते थे। मुझे एक दिन की बिलकुल स्पष्ट याद है, जब हम लोगों ने पहाड़ में कटी हुई एक सड़क को तीन घंटे में पार किया था। उससे एकदम

नीचे खाई थी, जो एक झील तक जाती थी। उसके स्वच्छ नीले जल में सफेद चोटियाँ प्रतिबिंबित हो रही थीं। वह झील किसी विशाल चित्र की तरह फैली हुई थी।

''काफिले के काशगर पहुँचने तक पामीर के पहाड़ और उसकी घाटियाँ बहुत पीछे छूट गई थीं। तकलामकान मरुस्थल के किनारों पर स्थित अनेक मरुद्वीपों में विशालतम काशगर—संस्कृत में, 'दुष्चरित्र भूमि'—उस बड़े मरुस्थल को घेरनेवाले चीन के उत्तरी और दक्षिणी दोनों व्यापार मार्गों के मिलन बिंदु पर स्थित था। रेत और चट्टान से घिरा हुआ काशगर का मरुद्यान फलों, सब्जियों, अनाज की कई किस्मों और असाधारण गुलाब की सुगंधवाले अंगूरों को पैदा करता है, जिनकी सुगंध मदिरा में भी बनी रहती है। उस मरुद्वीपीय नगर में पेड़ों की पक्तियाँ रेत के विरुद्ध मजबूत अवरोध का काम करती हैं। चिनार के वृक्षों से आच्छादित मार्गों के अलावा वहाँ सेब, आड़ू, बेर और खूबानी के बाग थे। काशगर के बाजार पूरी दुनिया से लाए गए सामान से भरे हैं, लेकिन उनमें स्थानीय विशेषताओंवाली वस्तुओं की दुकानें भी हैं। ये वस्तुएँ हैं—ऊनी गलीचे और काशगर का रेशम, अनेक रंगों के बहुविध प्रयोग से तैयार की गई परिष्कृत वस्तुएँ।

''हम एक सराय में रुके, जो काफिलों के लिए था। यह काफी सुविधाजनक जगह थी, यद्यपि मैंने वहाँ कीड़ों की बहुतायत को पसंद नहीं किया। मच्छरों, पिस्सुओं, मरु-मक्षिकाओं, जुओं और तिलचट्टों का वहाँ पर बुरी तरह से आधिक्य था। मैं बिच्छुओं को तो सहन कर सकता था लेकिन उछलनेवाली जहरीली मकड़ियों ने, जिनके शरीर का आकार कबूतर के अंडे जितना था और जिनके जबड़ों से चबाने की आवाजें आती थीं, मुझे भयभीत कर दिया था।

''काशगर के निवासी सोग्दियाई थे। यह ईरानियों से जुड़ा हुआ एक कबीला था। वे व्यापार और वाणिज्य से स्वाभाविक लगाव रखते थे। पढ़ना सीखने से पहले ही उनके बच्चों को अंकगणित की शिक्षा दे दी जाती थी। हमारे अपने रूढ़िवादी कुलीनों में व्यापार को तो कुछ हेय दृष्टि से देखा जाता था है, मगर उनके यहाँ धन कमाना अत्यंत सम्मानित पेश था। नवजात शिशुओं को आभूषण के रूप में सिक्के पहनाए जाते थे, ताकि वे जीवन के आरंभ से ही अपनी त्वचा के साथ धन को पहचानना सीख सकें।

'' 'चोरी को वे सबसे गंभीर अपराधों में से एक समझते हैं,' मेरे पिता ने मुझे बताया, 'यह लगभग हत्या के समतुल्य है। यहाँ तक कि धोखाधड़ी के लिए भी उतना ही दंड मिलता है, जितना कि बलात्कार के लिए।'

''मैं कल्पना नहीं कर सका कि अर्थ को जीवन का सर्वोच्च उद्देश्य माननेवाले आध्यात्मिक रूप से दरिद्र लोगों का जीवन काशगर के सोग्दियाइयों की तरह कैसे इतना संतुष्ट प्रतीत हो सकता है। मुझे याद है कि एक बार अपने पिता के साथ भंडारण करते व्यापारियों के यहाँ जाते समय मैंने एक चोर को दंडित होते देखा था। वह स्मृति अमिट हो चुकी है। यह दंड केंद्रीय बाजार के बगलवाले चौराहे पर दिया गया और प्रथमद्रष्टया ऐसा लगता था कि इसने व्यापारियों और उनके ग्राहकों में बहुत मामूली उत्सुकता जगाई, जो अपने लेन-देन में व्यस्त रहे। यद्यपि निकट से देखने पर समझा

जा सकता था कि हर व्यक्ति उदासीनता के लिए कृतसंकल्प था और एक खंभे से जंजीर के सहारे लटक रहे विशेष रूप से बने एक पिंजरे में बंद दंडित व्यक्ति की ओर न देखने को लेकर सावधान था। सींखचों से बाहर निकाला हुआ उस चोर का सिर चमड़े के एक पट्टे से खंभे के साथ मजबूती से बँधा हुआ था। पिंजरे के नीचे उसके पैर लकड़ी के एक तख्ते से बँधे थे। यह तख्ता हर घंटे थोड़ा नीचे कर दिया जाता था जब तक कि उस व्यक्ति की गरदन पूरी तरह टूट नहीं जाती थी।

'' 'इस देश के हूण शासक बर्बरता और सभ्यता के अजीब मिश्रण हैं,' सराय को वापसी के रास्ते में मेरे पिता ने टिप्पणी की, 'किसी अपराधी को इस तरह मृत्युदंड देना खासतौर पर बर्बरतापूर्ण है। मैंने सुन रखा है कि प्राचीन काल में बनारस का कोई राजा अभियुक्तों को उनके दोनों हाथ पीठ पर बाँधकर, गले तक धरती में गाड़कर दंड देता था। वह बेचारा गीदड़ों और गिद्धों से बचने के लिए तब तक चीखता-चिल्लाता, जब तक ऐसा कर पाता। हमें कृतज्ञ होना चाहिए कि हम सभ्य समय में रहते हैं, जब दंड-प्रक्रिया अधिक मानवीय है। दंडित व्यक्ति को रौंदकर कोई हाथी तुरंत मौत के घाट उतार देता है।'

''काशगर की सबसे अधिक याद आनेवाली घटना एक दिन संध्याकाल सूर्यास्त से ठीक पहले मेरे पिता का मुझे रेगिस्तान में ले जाना है। शहर से बमुश्किल दो मील पर वह बंजर रेत शुरू हो जाती थी। उन्होंने एक बार मरुस्थल के इस भाग में वहाँ से लगभग एक सप्ताह की यात्रा की दूरी पर स्थित एक अन्य मरुद्वीपीय नगर शा-चे को जानेवाले एक काफिले का नेतृत्व किया था।

'' 'यह तुम्हारे जन्म से पहले घटित हुआ था,' उन्होंने कहा, 'मैंने तुम्हारी माँ के पास जाना बस शुरू ही किया था और उस पर आसक्त हो गया था। तब वह बहुत अलग थी, जीवंत और खिलंदड़ी। यद्यपि अब पीछे पलटकर देखने पर मुझे लगता है कि उस समय भी उसमें उस उदासी का हल्का-सा पुट था, जिसने आज उसे इतनी मजबूती से अपने भुतहे आलिंगन में जकड़ लिया है। यह परिवर्तन आगे चलकर तुम्हारे जन्म के बाद आया, जब मेरी लंबी अनुपस्थितियों पर उसकी अधिकार-भावना और शिकायतें किसी गणिका का नाट्याभिनय न रहकर गंभीर और वास्तविक होती गईं। हमारे बीच बारंबार होनेवाली लड़ाइयों में उसका विपुल क्रंदन और उसके आँसू मेरी कामनाओं पर अभिशाप बन गए और उसके अपने स्वभाव पर बादल की तरह मँडराने लगे। लेकिन जब मैं उससे पहली बार मिला था तो वह भावनात्मक रूप से आबद्ध नहीं थी। वह केवल अठारह वर्ष की थी, लेकिन लोग अभी से उसके बारे में अगली 'सभा-वधू' के रूप में बातें करते थे। उसने भी मुझे पसंद किया था और मैं उसके सामने वापसी के बाद पत्नी बनने का प्रस्ताव रखने की सोच रहा था।

''हम एक विशाल और ऊँची चट्टान की सपाट सतह पर मरुस्थल की अनंतता और इसकी भयावह स्थिर रेतीली लहरों को देखते हुए साथ-साथ बैठे थे। उन्होंने मुझे काशगर से शा-चे की अपनी यात्रा की कथा सुनाई।

“ ‘मरुस्थल की यात्रा हमेशा खतरनाक होती है, पर तकलामकान की यात्रा से अधिक नहीं। हमारे काफिले ने सूर्यास्त के समय प्रस्थान किया। पूरी यात्रा रात में होती थी, क्योंकि दिन की गरमी असहनीय थी। प्रतिदिन अधिक-से-अधिक चौदह मील की दूरी तय करनेवाली वह धीमी यात्रा मनुष्यों और ऊँटों, दोनों के लिए यंत्रणादायक थी। चौथे दिन के आसपास कुछ ऊँटों के खुरों में घाव होने लगे। हमने उन पशुओं को पीड़ा से राहत दिलाने के लिए उनके खुरों को चमड़े के टुकड़ों से टाँक दिया। इसके कुछ समय बाद जिन आदमियों को ऊँटों से उतरना और पैदल चलना पड़ता था, वे इस समस्या के शिकार होने लगे। कहने को सार्थवाह होते हुए भी काफिले की नियति पर मेरा नियंत्रण बहुत कम था, क्योंकि रेगिस्तान में रास्ता तय करने का काम पूरी तरह उस मार्गदर्शक का था, जिसकी सेवाएँ हमने काशगर से ली थीं और जो रात में तारों की दिशा के सहारे अपना काम करता था। जब हमारा पथ-प्रदर्शक दिशा तय करने में तनिक भी हिचकिचाहट दिखाता तो मेरा दिल तेजी से धड़कने लगता। मैं अपनी इस आशंका को छिपाने के अलावा और कुछ नहीं कर सकता था कि वह रास्ता भूल सकता है। तब इस निर्मम जगह में हमारी मृत्यु सुनिश्चित थी।

“ ‘हाँ, मरुस्थल की यात्रा में सौंदर्य के क्षण भी आते हैं : सूर्योदय के समय सुनहली आभा से झिलमिलाती हुई रेत, रात्रिकालीन स्वच्छ आकाश, जो इतनी सघनतापूर्वक तारों से भरा था कि उसमें से कुछ धरती पर बस गिरने ही वाले मालूम पड़ते थे। शांत संध्याओं में भी मरुस्थल के भयानक विद्वेष का पता तब चल जाता था, जब कुछ मील की दूरी पर उठे रेतीले तूफान से युद्धभूमि में सेनाओं के टकराव जैसी गर्जना सुनाई पड़ती थी। किसी काफिले के लिए तकलामकान की काली आँधी से अधिक डरावनी कोई और चीज नहीं हो सकती। शा-चे के समीप पहुँचकर, जब आधे दिन से अधिक की यात्रा शेष नहीं थी, हम ऐसे ही एक तूफान की चपेट में आ गए। बिना किसी चेतावनी के अचानक आकाश ने अपना रंग बदल लिया। रेतीला बवंडर आकाश पर, उसे अंधकारमय पीले रंग में रँगते हुए, छाने लगा। तेजी से घने होते रेतीले आवरण से होकर सूरज आग के गहरे लाल गोले जैसा दिखता था; और फिर कुछ मिनट बाद वह रेतीला तूफान भयानक रफ्तार से काफिले पर टूट पड़ा। कंकड़-पत्थर मिश्रित रेत का अंबार तूफानी कोड़े की तरह उठता था और मनुष्यों और पशुओं पर बरस पड़ता था। अँधेरा और घना हो गया था। हवा में नाचते हुए बड़े-बड़े पत्थरों के प्रचंड गति से आपस में टकराने और टूटने की आश्चर्यजनक आवाजें तूफान के गर्जन-तर्जन के साथ मिल गई थीं। अत्यधिक गरमी के बावजूद आदमियों ने अपने आसपास उन्मादी रफ्तार से उड़ते हुए पत्थरों के टकराने से आनेवाली चोटों से बचने के लिए अपने को मोटे नमदे से ढँक लिया।

“ ‘मैं स्वीकार करता हूँ कि एक तंबू के झीने परदे में दुबका हुआ मैं यह सोचकर भयभीत हो गया था कि ऐसी प्राकृतिक विपत्ति से मैं नहीं बच सकूँगा। उस क्षण मैंने एक दृश्य देखा—मैंने तुम्हारी माँ को उसके स्नान के बाद लाल और सुनहले रेशम में

दमकते हुए नृत्य-कक्ष में प्रवेश करते देखा। उसके पीछे-पीछे एक बच्चा भी था। तूफान की भयावह आवाज गायब हो गई और उसकी जगह उसने रेशम की सरसराहट, घुँघुरुओं की खनखनाहट और वीणा की एक मंद धुन ने ले ली। अपनी माँ के गर्भ से कौशाम्बी में पैदा होने के दो वर्ष पहले तकलामकान में एक ऐसे समय जब मैंने सोचा था कि मेरी मृत्यु निकट है, मेरे मस्तिष्क में पैदा होनेवाले वह तुम थे, मल्ली ! इसीलिए मैंने तय किया कि मेरे साथ तुम्हारी पहली यात्रा काशगर की होगी, ताकि मैं तुमको तुम्हारी दूसरी जन्मभूमि दिखा सकूँ।

'' 'जब तूफान शांत हुआ, रेगिस्तान बिलकुल अलग दिखने लगा। हवा ने अधिकांश रेतीले टीलों को हटाकर नए टीले बना दिए थे। उनमें से कुछ एक सौ पचास फुट से भी अधिक ऊँचे थे। हमें अर्धरात्रि के बाद तक प्रतीक्षा करनी पड़ी। जब रेत स्थिर हुई और तारे दिखाई पड़ने लगे, तब कहीं जाकर वह मार्गदर्शक हमारी दिशा तय कर सका।'

''मेरे पिता जिन कठिन परीक्षाओं से होकर गुजरे थे और जिन खतरों का उन्होंने सामना किया था, उनके चलते मैं उन पर गर्व करता था। हम उस मरुस्थल के किनारे पर बैठे थे। हमारे पीछे काशगर के दीए चिनार के वृक्षों के पीछे से टिमटिमा रहे थे। मैंने अपने को कभी उनके इतना करीब नहीं महसूस किया जितना कि उस समय कर रहा था। इससे पहले भी निकटता के क्षण आए थे : गाड़ी में साथ-साथ बैठने पर; उसके आगे बढ़ने से कंधों के एक दूसरे से छूने पर; अजनबी शहरों में उनकी आश्वस्तकारी बाँह अपने गले में डालकर साथ-साथ घूमने पर; और उस समय, जबकि अपनी प्रेमिका के यहाँ उन्होंने गर्व से मेरा परिचय अपने पुत्र के रूप में कराया था। लेकिन यह निकटता पूरी तरह से अलग किस्म की थी। यह मेरी आत्मा के लिए कहीं बहुत अधिक बलवर्द्धक थी। वे अपने काम से जुड़ाव में मुझे भागीदार बना रहे थे। अपने पेशे के प्रति उनके सम्मान और उसमें उनकी योग्यता के कारण मैं उनके हृदय के केंद्र में स्थित भावों तक पहुँच सकता था। अपने पिता की यह एक स्मृति है, जो मुझे बहुत प्रिय है : मैं उस संध्या को चट्टान पर बैठे हुए पिता की तरफ देख रहा हूँ। हम अतीत में की गई यात्राओं और भविष्य में बड़ा हो जाने पर साथ-साथ होनेवाली यात्राओं के बारे में बातें करते रहे हैं। हमारे सामने तकलामकान का विशाल मरुस्थल फैला है और हमारे ऊपर है आकाश की रहस्यमय अनंतता !

''उस संध्या से ठीक एक सप्ताह बाद पामीर होते हुए जब हम वापस लौट रहे थे, तब एक दुर्घटना में उनकी मृत्यु हो गई। वे काफिले के पीछे की तरफ घोड़े पर सवार थे कि अकस्मात् उनका घोड़ा तेजी से पिछले पैरों पर खड़ा हो गया—उनके साथ चल रहे रक्षाकर्मी ने बताया कि उसे बिच्छू ने काट लिया था—मेरे पिता पहाड़ की तरफ उछलकर सैकड़ों फुट नीचे उसी झील में गिरकर मृत्यु को प्राप्त हुए, जो काशगर जाते हुए हमारे रास्ते में पड़ी थी। वह झील अब भी किसी चित्र की तरह स्थिर थी।''

वापसी की यात्रा में और उसके बाद कई महीनों तक वात्स्यायन का शोक अपने

उन पिता के लिए उतना नहीं था, जिन्हें वह जानता और प्यार करता था, बल्कि ऐसे पिता के लिए था जिन्हें वह नहीं जान सका था। वह ऐसी यात्राओं की कल्पना करता जिनमें उसके साथ उसके पिता भी होते। वे उस व्यक्ति से बहुत अधिक वृद्ध होते, जो पामीर के पहाड़ों में चट्टान से गिरकर मृत्यु का शिकार हो गया था। वे एक ऐसे पिता थे, जो किसी वृद्ध व्यक्ति की तरह गाड़ी के पीछे बैठते, जिनके गाल और ठोड़ी भूरे बालों से साँवली हो गई होती, जबकि गाड़ी के बगल में दुलकी चाल से चलते हुए घोड़े का बाँका युवा सवार वात्स्यायन स्वयं होता। बच्चे के सपनों में उन्होंने कई यात्राएँ साथ-साथ कीं : वनों, मरुस्थलों और पहाड़ों के अज्ञात दृश्यों से गुजरते हुए, जिनमें सूर्य धीरे-धीरे पिता जैसा दिखने लगता था—निर्भीक; आत्मविश्वासी और साहसी।

जब भी वात्स्यायन ऐसे किसी सपने से जागता, वह खालीपन, पश्चात्ताप और दुःख के विनाशकारी चक्रों से जकड़ जाता। दुःख की सघनता धीरे-धीरे कम होती गई, यद्यपि इसके बाद भी वर्षों तक अनपेक्षित क्षणों में उसका अपनी क्षति का बोध उभर आता और उसे अपने चेहरे को सुबकने से रोकने और अपनी आँखों को आँसुओं की बाढ़ से बचाने में खासी मशक्कत करनी पड़ती। उसका शोक इस बात के लिए उतना नहीं था कि अपने पिता की मृत्यु के साथ उसने क्या खोया, बल्कि उन चीजों के लिए था जिन्हें विकसित नहीं होने दिया गया और जो अब कभी अस्तित्व में नहीं आएँगी।

।। बारह ।।

संभोग-काल में मनुष्य का मन-मस्तिष्क विभ्रांत हो जाता है। उस समय उसके हृदय में जो भाव पैदा होते हैं, वे स्वप्न में भी अकल्पनीय हैं।

—कामसूत्र 2.7.32.

अगले सप्ताह जब एक दिन सुबह वात्स्यायन ने मुझसे कहा कि मालविका वाराणसी के राजकीय मंदिर में शिवरात्रि के अनुष्ठान में सम्मिलित होना चाहती है, तो मैंने अपने अंदर उभर रही उत्तेजना को तेजी से दबा दिया। "वह कभी वाराणसी नहीं गई है," उन्होंने कहा, "और भगवान शिव की नगरी का भ्रमण करने के लिए शिवरात्रि के पर्व से अच्छा कोई अवसर नहीं हो सकता। क्या तुम्हारे पिता उसे अतिथि के रूप में स्वीकार करेंगे ?"

"निश्चय ही वे ऐसा करेंगे।" यह कहते हुए मैंने अपनी प्रसन्नता को अपने स्वर और आँखों में छलकने से रोका और उनके चतुर संवेदनों से दूर रखते हुए उन्हें पुनः आश्वस्त किया।

"कभी-कभी मुझे लगता है कि वह अनिच्छापूर्वक इन चीजों को अस्वीकार करने लगेगी," उन्होंने कहा, "शायद यह उसके लिए बेहतर हुआ होता कि शादी के पहले उसने युवावस्था के सभी शौकों और खुशियों—तुम्हारे वाराणसी के करघों पर हवा जैसे बारीक रेशों से बुने कोमल रेशम के वस्त्रों और आभूषणों से किसी युवती को मिलने वाली खुशी, उद्यानों में विहार और चाँदनी रात में युवा प्रशंसकों के साथ नौका विहार के आनंद—का अनुभव कर लिया होता। लेकिन वह हमेशा एक गंभीर युवती बनी रही और अब यहाँ वह एक ऐसे आश्रम में फँस गई है, जिसमें मैं अपना शेष जीवन बिताने की योजना बना रहा हूँ।"

मैं उलझन में पड़ गया।

"मुझे पूरा विश्वास है कि वे यहाँ प्रसन्न हैं, आचार्य", मैंने कहा, "वे अधिकांश दूसरी स्त्रियों से अलग हैं।"

वात्स्यायन ने सिर हिलाया। "मुझे बेहद खुशी है कि तुम उसके साथ समय बिताते हो," उन्होंने मेरी आँखों में सीधे देखते हुए कहा, यद्यपि उस दृष्टि में अतिक्रमण और

प्रताड़ना का लेशमात्र न था, ''वह मुझे बताती है कि वन में भ्रमण और तुम्हारे साथ को वह कितना पसंद करती है। उसके अकेलेपन को कम करने के लिए मैं तुम्हारा कृतज्ञ हूँ। तुम लगभग हमारे बेटे-जैसे हो।''

कुछ ऐसा हुआ कि उनके स्नेह की इस खुली और दुर्लभ अभिव्यक्ति से मुझे अपेक्षित प्रसन्नता नहीं हुई।

यह ज्ञात तथ्य है कि राजकीय मंदिर के गर्भगृह में स्थापित नीले-भूरे पत्थर से निर्मित लिंगम ब्रह्मांड के केंद्र में स्थित है। शिव की इस महान रात्रि को वाराणसी के सौ शिवमंदिरों या वास्तव में पूरे देश के हजारों शिवमंदिरों में और कोई लिंगम ऐसा नहीं था जो इतना श्रद्धेय, उस देवता की उपस्थिति से इतना व्याप्त और उसकी ऊर्जा से इतना भरा हो, जितना कि यह चार फुट लंबा साँवला स्तंभ, जिसके आधार में फूलों का ढेर लगा था और जो घुटनों के बल बैठी भक्तों की श्रद्धावनत भीड़ के सामने विचारमग्न खड़ा था।

मेरे पिता ने अपना वचन निभाया और प्रधान पुरोहित के निमंत्रणों की व्यवस्था कर दी, जिससे मुझे और मालविका को शिव के महालिंगम रूप में प्रकट होने के पवित्र क्षण पर होनेवाली आराधना में सम्मिलित होने की अनुमति मिल गई। राजकीय मंदिर के इस समारोह में भाग लेने का निमंत्रण बहुत सम्मान की बात है। यह आमंत्रित के सामाजिक स्तर को ऊँचा कर देता है और वाराणसी के कुलीनों में उसकी सदस्यता की पुष्टि कर देता है। इसके बावजूद इन कुलीनों में इस बात को लेकर भिन्नता बनी रहती कि गर्भगृह के बाहर ठीक सामने पहली पंक्ति में बैठे राजा से कौन कितनी दूर बैठा है। राजपरिवार—रानी और उनके बच्चे—राजा के दाहिने बैठते हैं, जबकि उनकी बाईं ओर सम्मानित आसनों पर मुख्य आमंत्रित बैठते हैं, जो प्रायः उन देशों के राजा होते हैं, जिनसे वाराणसी के राज्य को राजनीतिक कारणों से प्रगाढ़ संबंध बनाने होते हैं।

दो सौ से अधिक पुरुष-स्त्रियों से भरे हुए वृहत् कक्ष में आलों में टिमटिमाते दीपकों के मंद प्रकाश के विपरीत गर्भगृह अपने चारों कोनों में प्रज्ज्वलित मशालों और लिंगम से कुछ ऊपर जंजीर से लटक रहे एक विशाल सुनहले दीपक के प्रकाश से दमक रहा था। पुरोहितों के घुटे हुए सिर से उछलती, उनकी चिकनी नग्न छातियों पर सरकती हुई रोशनी घी से स्नान कराए गए भगवान शिव के अंग पर फिसल रही थी, जबकि एक सुस्त कमान से बँधा दीपक इस पर लटक रहा था।

आधी रात को शिव के प्रकट होने के समय मंदिर के घंटे बज उठे और भक्तों का समूह निश्चल हो गया। लिंगम के पास पालथी मारे बैठे छह प्रधान पुरोहितों ने शिव सहस्रनाम के गायन के साथ ही आराधना आरंभ कर दी। तीन घंटों तक इस प्राचीन गीत का उच्चार कभी स्फीत होता तो कभी शांत पड़ जाता। अपनी लय में सूक्ष्म उठान परंतु संपूर्ण सामंजस्य के साथ यह क्रम बार-बार दोहराया गया। पूरे देश में बिलकुल

ठीक उसी समय, मानो किसी दैवी शक्ति ने उसकी एकता का विधान किया हो, यही गीत स्वर्ग तक उठ रहा था और भगवान शिव को हिमालय की दूसरी बर्फ ढँकी चोटियों के ऊपर खड़े कैलाश पर्वत स्थित उनके आवास से प्रेम और समर्पण की डोर से बाँधकर दृढ़तापूर्वक खींचकर ला रहा था। और फिर शिव हमारे बीच थे। उनके आगमन के संकेत के रूप में हमारे सभी विचार और कल्पनाएँ विश्राम पा गईं। उनकी उपस्थिति को हमने अपने शरीरों से महसूस किया। मेरा पहला अनुभव (लेकिन जब सभी अनुभव एक साथ हुए हों, क्या किसी एक को पहला कहा जा सकता है ?) अन्य शरीरों से आनेवाली गरमी में तीव्र वृद्धि का था। वह गरमी ऊर्जा का कोई अनाम पिंड नहीं, बल्कि व्यक्तिगत धाराओं के रूप में प्रवाहित थी, जिनमें उन अज्ञात भक्तों के विशिष्ट, यद्यपि अस्पष्ट हस्ताक्षर सम्मिलित थे। हर जगह उस तरह के आदान-प्रदान हो रहे थे—दूसरे पुरुषों और स्त्रियों की पेशियों के तनाव मेरी अपनी बाँहों, कंधों और जाँघों के तनाव में प्रतिध्वनित होते थे; मुझे छूती हुई शरीरों की त्वचा भक्तों के सामूहिक स्पर्श को मुझ तक लानेवाली नलिकाएँ बन गई थीं। मस्तिष्क और हृदय के बजाय हमारे शरीर के अणुओं को एक-दूसरे से जोड़ते हुए शिव जब हमारे बीच उन्मुक्त विचरण कर रहे थे, तो मेरे अंग-प्रत्यंग, हड्डी और मांस, नसें और शिराएँ, पेशियाँ और स्नायु, रक्त और मज्जा सभी दूसरे भक्तों के प्रति खुल गए थे।

पुरोहितगण 'ऊँ नमः शिवाय' का गान करने लगे। लिंगम के ऊपर ठंडे दूध के प्याले उड़ेलने की उनकी गति बढ़ गई। वे भगवान की शक्ति का विस्फोट सृष्टि विनाशक आग के गोले में होने से रोककर उसे उनके अंग तक सीमित रखने का प्रयास कर रहे थे। मैंने देखा कि काले पत्थर का लिंगम अंदर से जलते हुए लाल कोयले की भाँति दमकने लगा था, जबकि उसके पार्श्व में दूध के नाले बह रहे थे।

'ॐ नमः शिवाय' का अंतिम अवरोह शुरू हुआ। जैसे-जैसे पुजारियों की आवाज धीमी हुई, लिंगम की दमक मंद पड़ती गई, और हमने भगवान की उपस्थिति को विलीन होते हुए महसूस किया। 'अह-ह-ह-ह-ह-ह !' भक्तों के मुँह से दीर्घ निःश्वास निकला। हमने सामूहिक रूप से अपने-अपने शरीर से भगवान को अलग होते हुए महसूस किया। मंदिर के घंटे बजने लगे—जितने आनंद, उतने ही विषाद में। गर्भगृह के आसपास और मंदिर के प्रांगण में उपस्थित भक्तों के समूह ने मुक्त कंठ से भगवान के लिए हर्षध्वनि की। हमारी आँखें फिर से केंद्रित होने लगीं। मालविका और मैं एक-दूसरे की तरफ मुड़े, यद्यपि ऐसा करते हुए भी हम अपने अलग-अलग शरीरों और मस्तिष्कों में लौट रहे थे। हमने अभी-अभी जिस अनुभव में हिस्सेदारी की थी, उसने हमारी निकटता को वह दुर्ग्राह्य गहराई दे दी, जिसने उसे अंतरंगता में रूपांतरित कर दिया था। हम दोनों ने भाँप लिया था कि शिवरात्रि ने हमारे बीच बाकी बचे हर अवरोध को समाप्त कर दिया है। वाराणसी की तेजी से सूनी होती गलियों से होकर जब हम दोनों टलहते हुए घर लौट रहे थे, मुझे विश्वास है मालविका ने भी उस विपुल स्निग्धता के कुछ अंशों को महसूस किया होगा, जिससे मैंने उसे आच्छादित कर दिया था। हम सावधानीपूर्वक प्रेम के

अलावा हर विषय पर बातचीत कर रहे थे। प्रेम जो हमारे बीच पुष्पित हो गया था और जिसकी सुगंध अब हमारे बीच होनेवाली तुच्छ से तुच्छ बातचीत से आने लगी थी।

मैं जीवन में कभी इतना प्रसन्न नहीं रहा, जितना कि शिवरात्रि के तत्काल बाद के दो दिनों में। पिछली रात की हमारी अंतरंगता बिना किसी तनाव या क्रियाशीलता के चुपचाप हमारे बीच बनी रही। यह एक ऐसी अवस्था थी, जो समय के परिपक्व होने पर स्वयं ही अपने को प्रकट करेगी। उस वर्ष वसंत तक बढ़ आई बेमौसम की ठंड जाड़े के अंत को लंबा कर रही थी। कमल अब भी कुम्हलाए हुए थे, तालाबों का पानी ठंडा था। रात में तारे निस्तेज होते थे और चाँदनी बर्फीली चमक बिखेरती थी। प्रातःकालीन सूर्य की कोमल गरमाहट के पृथ्वी में रिसने की शुरुआत के बाद हम कुछ देर से जागे। सुबह शीघ्र उठ जानेवाले मेरे पिता ने मुझसे आँखें मिलने पर, जब हम घर से बाहर जा रहे थे, असहमतिपूर्वक देखा; लेकिन कौशाम्बी नरेश की साली और एक विवादास्पद पर प्रख्यात विद्वान की पत्नी होने के कारण सम्मानित अतिथि मालविका के प्रति वे सतत विनम्र बने रहे।

हम वाराणसी की वेदिकाओं, मंदिरों और विहारों से समृद्ध प्रसिद्ध गलियों में भटकते रहे। स्नान-घाटों के अंदर तक जाती हुई सीढ़ियों की भव्य पंक्तियों की ऊँचाई से हमने नदी का निरीक्षण किया। गंगा में डुबकी लगाते तीर्थयात्री, सीढ़ियों पर अपनी एकांत साधना में लीन या जीवंत समूहों में बैठे भस्म रमाए साधु, अपने प्रियजनों का दाह-संस्कार करने आए लोगों के सिरों का मुंडन करते नाई, जलती हुई चिताओं के आसपास एकत्र शोकाकुल जन। इस पवित्रतम स्थान पर दाह-संस्कार के बाद यह लगभग निश्चित होता है कि मृतक को मोक्ष मिल जाएगा। साथ ही उसे जन्म और पुनर्जन्म के चक्र से मुक्ति का आश्वासन भी मिलता था। हम हर तरह के सामान से ठुँसे और सुदूर दक्षिण के तमिल राज्यों से नगर आए आगंतुकों की भीड़ से भरे बाजारों में घूमे। ये लोग शिव-समारोह में भाग लेने वाराणसी आए थे और दृश्य-दर्शन तथा सत्कर्मों के संचय के लिए कुछ दिन वहाँ रुक गए थे।

राज्यसभा से अपने पिता के संबंध की वजह से मैं मालविका को राजकीय बुनकर-कारखाना दिखा सका। विश्व के सर्वश्रेष्ठ बुनकरों के निवास से गौरवान्वित उस शहर में उसे वरिष्ठ शिल्पी का दर्जा प्राप्त था। देखने में वह अधेड़ आयु का बिलकुल साधारण व्यक्ति था। वह पूरी एकाग्रता से अपने करघे पर झुका हुआ था, जबकि उसके तीन प्रशिक्षु उसके काम के लिए आवश्यक हर वस्तु को तैयार रखते थे। प्रशिक्षुओं ने हमें बताया कि उस शिल्पी को तीन गज कपड़ा बुनने में छह महीने लग जाते हैं। अशिष्टता की परिधि में आने से बाल-बाल बचे अत्यंत संक्षिप्त अभिवादन के बाद बुनकर फिर अपने काम में तल्लीन हो गया। उसकी प्रणाली जितनी पेचीदा थी, उसका शिल्प उतना ही परिष्कृत। अपने करघे पर बाना की नियमित राह को ताना के कुछ निश्चित धागों पर छोड़कर और उसकी जगह बाँस की बारीक छड़ियों से ताना में सोने, चाँदी, रेशम या सूत के धागों को अंतर्ग्रथित करके जरी का जो ढाँचा बनाता था, वह

आदि से अंत तक उसके मस्तिष्क के अदृश्य परदे पर चित्रित रहता था। दूसरे बुनकरों के विपरीत उसे कटे हुए धागों को सही जगह लगाने के लिए ताना के नीचे रखे किसी निर्देशक ढाँचे की जरूरत नहीं पड़ती थी। अपने श्रम का प्रचुर मूल्य प्राप्त होने और राजा के विशेष प्रसन्न होने पर स्वर्णमुद्राओं और मोतियों के हार से पुरस्कृत होने पर भी वह एक खिन्न और यहाँ तक कि उदास व्यक्ति के रूप में जाना जाता था। इसका एक कारण यह था कि उसकी कृतियों की प्रशंसा वाराणसी की राजसभा तक सीमित थी, क्योंकि वह अपनी कला का प्रयोग केवल राजा और राजपरिवार के लिए कर सकता था। अपने कम प्रतिभावान सहयोगियों के विपरीत उसे दूसरी राजसभाओं को अपनी कृतियाँ निर्यात करने की अनुमति 'नहीं' थी। दूसरे, वह उस दिन को लेकर सतत भयभीत रहता था जब राजा यह निर्णय करेंगे कि उसने अपनी सर्वश्रेष्ठ कलाकृति का सृजन कर लिया है, जो कपड़े का इतना सुंदर टुकड़ा होगा कि राजा उसके दाहिने अँगूठे को काट देने का आदेश देंगे, ताकि दुबारा वह उसकी नकल न कर सके। पूर्णता की आंतरिक चाह और उसकी प्राप्ति के भय के बीच का संघर्ष उसके ललाट की गहरी रेखाओं में अंकित हो गया था। हमारे वर्तमान शासक ने कभी किसी बुनकर पर राजकीय अनुग्रह का यह सर्वोच्च चिह्न न्योछावर नहीं किया, लेकिन उनके पिता ने अपने लंबे शासनकाल में दो बार ऐसा किया था। मैंने मालविका को बुनकरों की बस्ती में दो बड़े, या कहना चाहिए कि उन शानदार मकानों की ओर इंगित किया, जिनमें दो 'अँगूठा-कटे-उस्ताद' रहते थे, और जो लोगों के भय, प्रशंसा और दया के पात्र थे। अब वे अपने परिवारों के साथ उदार राजकीय अनुदान पर निर्वाह कर रहे थे।

दूसरे दिन अपराह्न को हम लोगों ने एक नाव किराए पर ली और गंगा में आनंद विहार के लिए निकल पड़े। हम एक दूसरे के समीप अपने आसनों में सहारे के लिए लगे गद्दे की टेक पर पीठ टिकाकर बैठे। हमारे कंधे आपस में लगभग स्पर्शरत थे। हमारी आवाज के अलावा केवल नाविक के चप्पुओं के खेने की हल्की-हल्की ध्वनि आ रही थी। ऐसा नहीं है कि हमने बहुत बातचीत की या फिर उसकी जरूरत ही महसूस की। पिछली रात मंदिर में अकथित वायदों का परस्पर आदान-प्रदान हुआ था, अलिखित समझौतों पर हस्ताक्षर करके उन्हें मुहरबंद किया गया था। इसके अतिरिक्त, वन की तरह नदी भी मौन को प्रोत्साहित करती है। सूर्य की अंतिम गर्म किरणों ने हमारे चेहरों का स्पर्श किया। नदी की सतह से उठती हुई हवा आनंददायक रूप से ठंडी थी। नाविक ने जिस समय हमारी नाव को वापस खेना शुरू किया, सूरज के सातों घोड़े दूर क्षितिज के नीचे अंतर्धान हो रहे थे और नदी के किनारे बने मंदिरों के सुनहले शिखरों को अपनी आभा से मानो प्रज्वलित बरछों में बदल रहे थे। तेजी से उतरते हुए अँधेरे के साथ ही हम दोनों की अंतरंगता की राह से एक और अवरोध हट गया। मैंने अपनी अँगुलियों को मालविका की अँगुलियों की जकड़ में पाया। हमने बिलकुल सहज रूप से, आत्मचेतना के बिना, लेकिन भली-भाँति यह जानते हुए कि हमारा स्पर्श हमारे अंदर और आसपास फूट पड़नेवाले तूफान से पहले शांति का क्षण

भी है, कोमलतापूर्वक एक-दूसरे का हाथ थामे रखा।

वात्स्यायन अभी अपने पिता को समझने की प्रक्रिया में ही थे कि उनका शोक मनाना पड़ा। पिता के निधन पर वात्स्यायन की आंतरिक व्याकुलता उस उथल-पुथल में प्रतिबिंबित हुई जिसमें सम्राट समुद्रगुप्त के आकस्मिक निधन के साथ ही गुप्तसाम्राज्य पड़ गया था। दोनों मौतें कुछ दिनों के अंतर पर हुईं। एक बच्चे के हृदय में मची हलचल की अपेक्षा बाहरी घमासान का विवरण देना सरल है। राज्यारोहण समारोह के दौरान ही समुद्रगुप्त के बड़े बेटे और उत्तराधिकारी रामगुप्त को सीमावर्ती राज्यों में विद्रोह भड़कने की खबरें मिलने लगी थीं, जबकि अभी साम्राज्य को सुदृढ़ करने की प्रक्रिया चल ही रही थी। युवा रामगुप्त को उन अपरिहार्य युद्धों से कम ही लगाव था जिनमें उसे उलझना पड़ा, विशेष रूप से इसलिए भी कि वह अपनी पत्नी ध्रुवदेवी और अपने छोटे भाई चंद्रगुप्त के प्रेमसंबंध के कारण ईर्ष्या से विक्षिप्त हो गया था।

रामगुप्त अपने भाई से घृणा करता था। अपनी छरहरी काया और आकर्षक गढ़नवाले लगभग स्त्रियोचित रंग-रूप, और वाग्मिता के कारण चंद्रगुप्त राजसभा और अंतःपुर दोनों में प्रिय था। अपनी वाग्मिता का प्रचुर उपयोग वह अपने बड़े भाई के विरुद्ध करता था, लेकिन इतनी सूक्ष्मता से कि रामगुप्त यदि जवाब में आक्रामक होता तो अभद्र लगता। अपनी भाभी के साथ उसके संबंध को यद्यपि ठीक नहीं माना जाता था, लेकिन राजपरिवार के दूसरे किसी सदस्य को जितनी सहानुभूति के साथ देखा जाता उससे, कहीं अधिक सहानुभूति के साथ देखा जाता था। अपने प्रति अन्याय के बोध की टीस लिये रामगुप्त उस मौके की तलाश में था जब वह ऐसे महान कार्य कर दिखाएगा जो उसके लिए लोगों विशेषकर उसकी पत्नी के मन में सम्मान जगाएँगे, यद्यपि उसे आशा थी कि उसे स्वयं को रणभूमि में नहीं साबित करना पड़ेगा। इनसान की आशंका उसकी आशा से प्रायः अधिक सच साबित होती है, कम-से-कम रामगुप्त के मामले में ऐसा ही हुआ। गौरव अर्जित करने का मौका साम्राज्य की पश्चिमोत्तर सीमा पर सैन्य चुनौती के रूप में आया। गांधार में समुद्रगुप्त के क्षत्रप कुषाण नरेश किदार का पुत्र पीरो दुर्जेय शक्ति का नेतृत्व करता हुआ पंचनद प्रदेश में प्रवेश कर गया। अपने मंत्रियों के उकसाने पर रामगुप्त ने गुप्त सेना की लामबंदी करके उसे जालंधर की तरफ कूच करने का आदेश दिया, जहाँ कुषाण सेना ने शिविर डाल रखा था।

"और तब हमने एक आश्चर्यजनक कहानी सुनी," वात्स्यायन ने कहा, "आश्रम तक में, जहाँ काशगर से लौटने के बाद मैं अपना अध्ययन आरंभ कर चुका था, लड़के इसकी उतनी ही उत्कंठा से चर्चा करते जितनी कि हमारे शिक्षक। हमने सुना कि रामगुप्त की हत्या करके उसके छोटे भाई ने रानी से विवाह कर लिया और राज्यसत्ता हस्तगत कर ली। पूरे साम्राज्य में तेजी से फैली कथा यह थी कि पीरो ने हमला करके गुप्त सेना को दो भागों में विभाजित कर दिया था। हमले को आगे बढ़ाने के बजाय पीरो

ने घिर चुके सम्राट को यह संदेश भेजा कि अगर वह अपनी सुंदर पत्नी ध्रुवदेवी को प्रदान कर दे तो रामगुप्त की सेना को शांतिपूर्वक वापस जाने की अनुमति मिल जाएगी। अपने जीवन और साम्राज्य से हाथ धोने या किसी पुरुष के लिए महानतम अपमान का कड़वा घूँट पीने की आशंकाओं के बीच किंकर्तव्यविमूढ़ बना रामगुप्त विलंब करता रहा। इस बिंदु पर चंद्रगुप्त ने एक योजना बनाकर उसे क्रियान्वित किया, जिसने सम्राट के जीवन और सम्मान दोनों की रक्षा की। वह ध्रुवदेवी के वस्त्राभूषण से सुसज्जित होकर ऐसे रूप-रंगवाले युवा सैनिकों, जो स्त्रियों जैसे नाजुक दिखते थे, के दल के साथ पीरो के शिविर में जा घुसा और उसकी हत्या करके सुरक्षित गुप्त सेना में लौट आया। कहा जाता था कि चालाकी और बहादुरी भरे इस कृत्य ने सेना में उसकी प्रतिष्ठा बढ़ा दी और उसे रानी का और प्रिय बना दिया। इसने रामगुप्त की ईर्ष्या और बढ़ा दी, जो अब उन्माद की सीमा तक पहुँच चुकी थी। अपने जीवन पर आए तत्काल संकट को भाँपकर चंद्रगुप्त ने अपने बड़े भाई की हत्या कर दी और बड़े भाई की मृत्यु के बाद उसकी पत्नी से छोटे भाई के विवाह की पुरानी प्रथा के अनुसार ध्रुवदेवी को अपनी रानी बना लिया।

"उस समय भी इस कहानी पर अविश्वास करनेवाली संशयात्माओं की कमी नहीं थी। ध्रुवदेवी से चंद्रगुप्त का संबंध बहुत अधिक चर्चित था। जैसा कि प्रायः होता है, लोग भय के कारण शक्तिशाली और सत्ताधारी के विरुद्ध अपनी घृणा व्यक्त नहीं करते और किसी और को उसका शिकार बनाते हैं, यहाँ बेचारी रानी उनका शिकार बनी। उसे व्यंग्य में ध्रुवस्वामिनी—'अपने पति के प्रति एकनिष्ठ समर्पण रखनेवाली' कहा जाने लगा। यह नाम आज भी उसके साथ जुड़ा है।

"वास्तविक कथा बहुत बाद में, पहले एक मजबूत अफवाह के रूप में, प्रकट हुई। कुछ वर्ष पहले मुझे तथ्यों का पता चला। उदयन ने मुझे बताया। उसके पिता इस बात से चिंतित होकर कि उनका बेटा पुरुषत्व का पर्याप्त प्रमाण नहीं प्रस्तुत कर रहा है, उन्हें भी इस अभियान में अपने साथ ले गए थे। जैसा कि कभी-कभी सेनाओं की भिड़ंत में होता है, युद्ध नहीं हुआ। दोनों सेनाएँ रक्षात्मक स्थिति में तैनात रहीं और किसी सेनापति ने हमले का जोखिम नहीं उठाया। दोनों युवा राजाओं ने अपने प्रतापी पिताओं की विरासत को सँभाला था। अपने पहले ही अभियान में मिलनेवाला अपयश उनकी प्रतिष्ठा को अपूरणीय क्षति पहुँचा सकता था। गश्ती सैन्यदलों के बीच छिटपुट झड़पों और विरोध पक्ष की गुप्तचरी की एक-दो घटनाओं को छोड़कर युद्ध का मोर्चा शांत था। और तब पीरो अकस्मात विषाक्त भोजन करने की वजह से मर गया। उसकी मृत्यु दूषित मछली खाने से हुई, जैसा कि कुछ लोग कहते थे, या फिर सिंहासन के लिए उसके किसी प्रतिद्वंद्वी ने उसे विष दिया था, इसका पता अब कभी नहीं चल पाएगा। कुषाण सेना युद्ध किए बिना ही लौट गई। इस 'विजय' से उत्तेजित रामगुप्त राजधानी लौटते हुए राजमार्ग के आसपास के वनों में बार-बार आखेट पर निकलते हुए धीमी गति से आगे बढ़े। इनमें से ही किसी आखेट के दौरान चंद्रगुप्त ने रामगुप्त की हत्या कर दी

और हमारे सम्राट बन गए।

"चंद्रगुप्त उतने ही चालाक हैं जितने कि नैतिकता से निरपेक्ष—कम-से-कम अपनी युवावस्था में वे ऐसे ही थे, यद्यपि मुझे मानना ही होगा कि परिपक्व होने के साथ-साथ उनमें कुछ अच्छे बदलाव आए हैं। उन्होंने अपने आदमियों को साम्राज्य के अलग-अलग भागों में फैल जाने के लिए भेजा। इन आदमियों ने यह खबर फैलाई कि पीरो ने रामगुप्त से ध्रुवदेवी की माँग की, कि चंद्रगुप्त ने एक विषम परिस्थिति से किस तरह मुक्ति दिलाई और एक ईर्ष्यालु भाई के हाथों निश्चित मृत्यु से कैसे बचे। मुझे विश्वास है कि बीतते हुए बर्षों के साथ सम्राट में आया परिवर्तन उनका अधिक शांत, विनम्र और समझदारी भरा रवैया अर्जित करना, जिसके लिए उनके योद्धा व संगीतज्ञ पिता जाने जाते थे—भ्रातृहत्या के अपराध-बोध से जुड़ा हुआ है। यदि बड़े अपराध कुछ लोगों को असाध्य पापी बना देते हैं तो किसी को संत में भी बदल सकते हैं। हमारे सम्राट संत नहीं हैं—किसी साम्राज्य का शासन चलानेवाला संत नहीं बन सकता—लेकिन इस घटना के बाद बीतते बर्षों के साथ उन्हें अधिक दयालु होते हुए देखा है। पहले उन्होंने घोषणा की कि वे अपराधियों के शिरोच्छेद या उन्हें दैहिक दंड दिए बिना शासन करना चाहते हैं। और अब हाल ही में उन्होंने घोषणा की है कि बार-बार विद्रोह करनेवाले का केवल दाहिना हाथ काटा जाएगा, जबकि दुनिया का कोई भी शासक ऐसे अपराधी को मृत्युदंड देता है।

वात्स्यायन के पिता ने काशगर के लिए प्रस्थान करने से पहले उसके अध्ययन के लिए जिस आश्रम का चुनाव किया था, वह कौशाम्बी से कोई बीस मील की दूरी पर राजकीय उद्यान के किनारे एक खुली जगह पर स्थित है। इसमें विशाल अर्द्धवृत्त के आकार में आयोजित बाँस की बनी एक-एक कमरे की पंद्रह झोंपड़ियाँ हैं। एक सँकरे ढलान के सहारे ऊपर लटके पत्तों के छप्परवाली इन झोंपड़ियों में इनके सामने निर्मित चूल्हे की तरफ एक दरवाजा और पीछे प्रकाश के लिए एक गोलाकार खिड़की। वात्स्यायन और मालविका सप्तपर्णी आश्रम में अब जिस झोंपड़ी में रहते हैं, ये झोंपड़ियाँ उससे बहुत कुछ मिलती-जुलती थीं। झोंपड़ियों के बीच खाली जगह के केंद्र में एक विशाल वटवृक्ष के नीचे आश्रम की हवनाग्नि प्रज्वलित होती थी। इस जगह पर रेत की एक परत बिछी हुई थी और प्राकृतिक प्रकोपों से बचने के लिए इस पर ईंटों के बने खंभों के सहारे एक मंडप का निर्माण किया गया था।

यह आश्रम दो भाइयों—मिहिरपाल और अमरपाल—द्वारा संचालित था। दोनों अपनी आयु के चौथे दशक के परवर्ती दौर में थे। बड़े भाई मिहिरपाल धर्मशास्त्र पढ़ाते थे, लेकिन वे ऋग्वेद के मंत्रों के विद्वान भी समझे जाते थे। वे विधुर थे। उनकी झोंपड़ी, जहाँ वे अपने पंद्रहवर्षीय पुत्र के साथ रहते थे, अर्द्धवृत्त के एक छोर पर उनके छोटे भाई की झोंपड़ी से थोड़ी दूरी पर स्थित थी। अमरपाल ने विवाह नहीं किया था और

वे अकेले रहते थे। उनकी विशेषज्ञता साहित्यिक अध्ययन में थी, लेकिन वे छात्रों को ज्योतिष और खगोलशास्त्र से लेकर चिकित्साशास्त्र तक का परिचयात्मक ज्ञान देने के लिए इन विषयों की कक्षाएँ लेते थे, जिनकी जानकारी के बिना कोई सभ्य व्यक्ति अधूरा रहता था। दोनों भाई बातूनी थे और सार्वजनिक रूप से एक-दूसरे के प्रति सम्मान व्यक्त करने के लिए इस तरह झुकते रहते थे, जिस तरह हवा चलने पर धान की शाखाएँ झुकती रहती हैं।

मिहिरपाल आश्रम (बड़े विश्वविद्यालय और बौद्ध विहारों को छोड़कर सभी शैक्षिक संस्थान अपने संस्थापकों के नाम से जाने जाते हैं) में मिहिरपाल के पुत्र समेत पंद्रह वर्ष से कम आयु के कुल पच्चीस छात्र थे। प्रत्येक झोंपड़ी में दो या तीन छात्र रहते थे, जबकि शेष झोंपड़ियाँ भ्रमणकारी विद्वानों और पूर्व छात्रों के लिए खाली छोड़ दी जाती थीं। मिहिरपाल का विश्वास था कि भ्रमणकारी विद्वान आश्रम को बौद्धिक परिवेश को जीवंत बना देते हैं। पूर्व छात्र कुछ महीनों के लिए वापस आते थे और अपना अध्ययन पूरा करने के साथ-साथ छोटे छात्रों को पढ़ाने में भी सहयोग देते थे।

मिहिरपाल आश्रम वेद-विशेषज्ञों, व्यापारियों या सामंतों का प्रशिक्षण-संस्थान न होकर सामान्य शिक्षा प्रदान करनेवाला प्रगतिशील गुरुकुल माना जाता था। वेदों या किसी विशेष विज्ञान के अध्ययन केंद्र की प्रतिष्ठा न रखनेवाले इस गुरुकुल का प्रमुख आकर्षण यह था कि यहाँ प्रवेश के लिए छात्र की वंश-परंपरा संबंधी कसौटी लचीली थी। दोनों भाई अपने को बौधायन का अनुयायी बताते थे जो दूसरे विधिवेत्ताओं के विपरीत यह विचार व्यक्त करते हैं कि विद्यारंभ के अवसर पर होनेवाले उपनयन संस्कार से शूद्रों को वंचित नहीं करना चाहिए और इसे चारों जातियों के लिए आयोजित किया जाना चाहिए। इसका अर्थ यह नहीं कि मिहिरपाल के गुरुकुल के छात्र शूद्र थे। अधिकांश मिली-जुली जातियों के बच्चे थे। वात्स्यायन की तरह वे धनी और शक्तिशाली उच्चजातीय पिता और सुंदर और निपुण निम्नजातीय माँ की संतानें थीं। ऐसे संबंधों में बच्चे को अपने आप माँ की जाति मिल जाती थी।

मिहिरपाल आश्रम में सूर्य की पुत्री और ब्रह्मा की पत्नी, सावित्री छात्रों की दीक्षा के अवसर पर होनेवाले उपनयन संस्कार की अधिष्ठात्री देवी थीं। इस अवसर पर वे ब्राह्मणों के गायत्री मंत्र का नहीं, बल्कि योद्धाओं के त्रिष्टुप या व्यापारियों के जगति का पाठ करती थीं। मिहिरपाल के बेटे के अलावा, जो यज्ञोपवीत पहनने के साथ-साथ उपनयन के अवसर पर ब्राह्मण छात्रों को दिया जानेवाला दंड भी धारण करता था, दूसरे छात्र यज्ञोपवीत पहनते थे और द्विज जातियों के दंड ढोते थे—क्षत्रिय छात्र ललाट तक और वैश्य छात्र नाक तक ऊँचा दंड धारण करते थे। शरीर के नहीं, बल्कि मस्तिष्क और आत्मा के दूसरे जन्म के उपलक्ष्य में आयोजित होनेवाले उपनयन समारोह के अवसर पर वात्स्यायन को पता चला कि दुनिया उन्हें वणिक जाति का सदस्य मानती है। उसकी जाति का प्रश्न इससे पहले कभी नहीं उठा था, या संभवतः उसकी माँ के घर में जान-बूझकर इसकी उपेक्षा की गई थी।

"किसी के लिए अपने दूसरे जन्म को भूलना उतना ही कठिन है जितना कि अपने पहले जन्म को याद करना। एक खाली और अँधेरे कमरे में पीले दरिद्र के लेप लगे नग्न शरीर—एक भ्रूण जो अगली सुबह ज्ञान के संसार में, माँ के रूप में सावित्री और पिता के रूप में शिक्षक के साथ, पैदा होगा—के साथ अकेले पूरी रात बैठना एक ऐसा अनुभव है जिसे कोई बच्चा कभी नहीं भूल सकता। यद्यपि यह पूरा अनुष्ठान बचपन की विदाई को नाटकीयता प्रदान करने के लिए है। मुझे लगा कई महीने पहले मेरे बचपन का अंत उसी समय हो गया था जब मैं अपने पिता के साथ यात्रा पर निकला था। जब गणदास और मेरी माँ ने चंद्रिका और सेवकों के साथ वह खाना, मान्यता के अनुसार जो मेरी माँ के साथ मेरा अंतिम भोजन था, लेकर अगली सुबह उस कमरे में प्रवेश किया तो कुछ घटित होने की आशा नहीं, केवल उदासी थी। खाने में कपूर और इलायची से सुगंधित किया हुआ और पके केले के साथ पकाया गया मीठा दूध, अनार के बीजों और इमली डालकर पकाया गया चावल; शहद, जमीनी दालचीनी और जावित्री मिलाया दही प्रस्तुत किया गया। खाना तत्काल समाप्त हो गया, क्योंकि हममें से किसी को भूख नहीं लगी थी। उसके बाद हम लोग मिहिरपाल के आने की प्रतीक्षा करते हुए चुपचाप बैठे रहे।

" 'मल्ली, तुम कैसे हास्यास्पद लग रहे हो। बिलकुल किसी पीले मेढक की तरह !' चंद्रिका ने उस उदास चुप्पी को तोड़ने की कोशिश करते हुए कहा, जिसने कमरे में मौजूद हर व्यक्ति को अपनी जकड़ में ले लिया था। दीवार से पीठ लगाए और अपनी नग्नता छिपाने के लिए अपनी बाँहों से घुटनों को मजबूती से लेपटे उकड़ूँ बैठा, मैं सचमुच अपने को उछलने को आतुर मेढक की तरह महसूस कर रहा था।

वात्स्यायन के उपनयन संस्कार में बमुश्किल दो घंटे का समय लगा। अपनी सहिष्णुता और स्वच्छंदता के लिए ख्यात होने के बावजूद मिहिरपाल किसी गणिका के घर में जितना अत्यंत अनिवार्य था, उससे अधिक नहीं रुकना चाहते थे। वात्स्यायन के नहाकर आने पर उन्होंने उसके शरीर को सूखने का भी समय नहीं दिया और अपने साथ लाए रूखे कपड़े के अधोवस्त्र को उसकी कमर से लपेटना शुरू कर दिया। तीन वेदों की सुरक्षा का संकेत करती तीन डोरियों से मिलकर बने कमरबंद को भी उनकी कमर में बाँध दिया। जैसे ही मिहिरपाल ने उसके अनावृत कंधे में यज्ञोपवीत डाला और उसके हृदय का अपने दाहिने हाथ से स्पर्श किया, वह दीक्षामंत्र को इसकी सामान्य संयत लय की अपेक्षा तीव्रतर गति से गा उठा।

"यद्यपि मैंने अपना सिर झुकाए, बताए गए मंत्रों का जाप करते हुए उस अनुष्ठान को संपन्न किया, मेरे हृदय में भावनाओं का एक ऐसा पुंज था जिसने हिलने से इन्कार कर दिया, भले ही वे कितनी भी ताकत लगाकर खींचे। वे मेरे पिता का स्थान हड़पने की कोशिश कर रहे थे और मैं इसे होने नहीं दे सकता था।"

आश्रम में रहने के पहले छह महीनों के दौरान वात्स्यायन गृहासक्त थे। प्रवेश लेनेवाले छात्रों को समारोहों के अवसरों पर, अमावस और पूर्णिमा के दिन, और तीन

अष्टकों में से प्रत्येक पर मिलनेवाले तीन दिवसीय अवकाश के वक्त होनेवाली गुरुकुल की छुट्टियों में घर जाने की अनुमति नहीं होती थी, ताकि उनके घरों के बंधन ढीले हों।

"पहली बात यह कि मेरी गृहासक्ति लोगों की अपेक्षा भोजन के कारण अधिक थी। गणदास के स्वादिष्ट व्यंजनों—तेज पत्तों में लिपटी भुनी बटेरों, मथे हुए मक्खन में तर और खट्टे फलों से निर्मित मसालेदार चटनियों के साथ परोसी जानेवाली हिरन की बोटियों की प्रचुर स्मृतियों में इस गृहासक्ति ने अपने को अभिव्यक्त किया।

"मैं लगातार भूखा रहता था। आश्रम का सादा भोजन मेरे लिए एक बोझ था। उसमें न मांस होता था, न शहद। यहाँ तक कि उपवास के दिनों में उसमें नमक और मसाले भी नहीं होते थे। मेरे तालु इनका कड़ाई से प्रतिवाद करते थे। अब मैं यह महसूस करता हूँ कि गृहासक्ति बचपन के अंत का शोक है। आश्रम में मुझे मेरे पूरे नाम से बुलाया जाता था। मैं अब 'मल्ली' नहीं रह गया था। जब कम-से-कम लोग तुम्हें बचपन के नाम से पुकारते हैं तो बचपन का अंत आरंभ हो जाता है। जब चंद्रिका और गणदास मर जाएँगे तो मुझे मल्ली पुकारनेवाला कोई नहीं बचेगा। फिर मैं भी अदृश्य हो जाऊँगा और अपनी अपेक्षा अपने पिता और उनके पूर्वजों की पीढ़ी की कहानी का हिस्सा बन जाऊँगा।

"इसके बाद पहली बार मैंने अपने परिवार को गुरुकुल में लगभग पाँच महीने बिताने के बाद ही देखा। मुझे जाड़े के अंत में आनेवाले एक दिन की याद है, जब हमें कौशाम्बी ले जाया गया था। हमें विनम्रता की शिक्षा देने के लिए वह दिन अनिवार्य भिक्षाटन के लिए नियत था। दूसरे आश्रमों के विपरीत हमारे छात्र धनी परिवारों से आते थे, जो मिहिरपाल को अग्रिम शुल्क के रूप में खासी रकम दे चुके होते थे। उनके लिए भिक्षार्जन वार्षिक अनुष्ठान था, प्रतिदिन का अभ्यास नहीं। मैंने मिहिरपाल के पुत्र से, जिसे भिक्षार्जन में मेरा साथी बनाया गया था, दिन का आरंभ अपने घर से करने का अनुरोध किया। उस दिन के बारे में मुझे केवल इतना याद है कि जब मैं अपने सामने भिक्षापात्र फैलाए, परंपरा के अनुसार अपने घर में प्रवेश वर्जित होने के कारण द्वार के बाहर औपचारिक मुद्रा में खड़ा था और मेरी माँ, चंद्रिका, गणदास और सभी सेवक द्वार के दूसरी तरफ प्रांगण में खड़े थे, तब हम सब—मेरी माँ भी—रो रहे थे। उस समूह से कुछ दूरी पर खड़ी माँ अंदर-ही-अंदर शांत, संयत और संकुचित रुदन करती रही, जबकि चंद्रिका के ऊँची आवाज में किए गए विलाप और आँसुओं के विपुल प्रवाह, जिसने उसकी आँखों के चारों तरफ सुरमे को फैला दिया था, ने हमारा पूरा ध्यान खींच लिया।

"मेरी अपनी आँखों से भी आँसू बहने लगे। मुझे दहाड़ें मारकर रोते हुए अपने पिता की गाड़ी के पीछे अपना दौड़ना याद आ गया, क्योंकि यह उन्हें ब्रह्मदत्त के आश्रम से दूर ले जा रही थी, जहाँ वे मेरे सातवें जन्मदिन पर मुझे छोड़ने आए थे। जब मेरे टूटे हुए हृदय को भूलकर मेरे गुरु के सहयोगी ने मुझे पकड़कर वापस खींच लिया था,

मैं उनके चेहरे पर तकलीफ के निशान देख सकता था।"

"और मिहिरपाल आश्रम में आपका जीवन ?" लंबे अरसे से भूली हुई एक साझा निराशा से हम दोनों का ध्यान बँटाने की गरज से बाध्य होकर मैंने पूछा।

वात्स्यायन ने मेरा समाधान करने का निर्णय करने से पहले मेरी लरजती हुई आवाज पर गौर करते हुए मुझे उत्सुकतापूर्वक देखा।

"अनेक रूपों में यह दूसरे किसी आश्रम से कतई अलग नहीं था। छात्र जीवन पर लागू होनेवाले उन्हीं प्राचीन नियमों से इसका प्रवाह भी संचालित होता था। अपने पिता के समय में उनकी और तुम्हारे समय में तुम्हारी तरह, मैंने भी संध्या-अनुष्ठान को संपन्न करना सीखा। प्रातःकालीन अनुष्ठान को तारों के दृश्यमान रहते शुरू करना और सूर्योदय होने पर समाप्त करना और सांध्यकालीन अनुष्ठान को सूर्य के क्षितिज के ऊपर मौजूद रहने और आकाश में पहले तारे के उपस्थित होने के बीच की अवधि में संपन्न करना। इन प्रार्थनाओं के लिए मैंने अपनी दीक्षा के अवसर पर मुझे दिए गए सावित्री मंत्र का पाठ करना, आश्रम की पवित्र अग्नि में स्थिर की गई विधि से अर्पणों को प्रवाहित करना, वेदी के चारों तरफ पवित्र जल का छिड़काव करना सीखा। तुम्हारी तरह, और युगों से अन्य सभी विद्यार्थियों की तरह, मैंने भी अध्ययन को अर्जित अनेक घंटों के बाद विद्यार्थी के प्रमुख कर्त्तव्य की यातना सही। ये कर्त्तव्य थे—लकड़ी काटना और आग जलाए रखने के लिए आवश्यकतानुसार इनकी आपूर्ति करना, लकड़ियों को बराबर अनुपात के गट्ठरों में काटना, आश्रमस्थल की अपने हाथ से सफाई करना, पानी भरना और शरीर पर पवित्र निशान बनाने के लिए चूल्हे से अंगार और राख एकत्र करना। निश्चय ही, दूसरे आश्रमों के जीवन से उसमें अंतर भी था। उदाहरण के लिए, एक छात्र के रूप में तुम अपने बाल कैसे रखते थे ?"

"हमारे सिरों को हर चौथे दिन घुटवा दिया जाता था।" मैंने जवाब दिया।

"हमारे बाल लंबे और पीठ पर कुंडलीबद्ध होते थे। अनेक युवतर छात्र जब अपने बाल साफ करते थे और रात में अपने बालों को खोलकर सोने की चटाइयों पर लेटते थे, तो लड़कियों जैसे दिखते थे। बाद में मैंने जाना कि हमारा आश्रम वेद गुरुकुलों जैसा कठोर नहीं था, जो यह निर्देशित करते हैं कि स्नान के दौरान शरीर को साफ करने के लिए चूर्ण, उबटन या ऐसी किसी चीज का उपयोग नहीं होना चाहिए। हमें सांध्यकालीन तीसरे स्नान में अपने शरीरों पर साबुन लगाने की अनुमति होती थी। लेकिन तुम वेद-विद्यार्थियों से हम इसलिए ईर्ष्या करते थे, क्योंकि तुम जब चाहो अध्ययन छोड़ सकते थे। युवतर लड़कों के बीच ये अफवाहें थीं कि तुम्हारे आश्रमों में कोई अशुभ आवाज—जैसे गीदड़ का हुआँ-हुआँ करना, कुत्ते का भौंकना, गधे का रेंकना, ऊँट का घुरघुराना, भेड़िए का चीखना, उल्लू का चीत्कार करना या किसी व्यक्ति का विलाप करना—सुनाई पड़ने पर एक दिन और रात के लिए वेदाध्ययन में व्यवधान पड़ जाता था। हम यह मजाक करते थे कि वेद-विद्यार्थी अध्ययन में अंतराल के तात्कालिक लाभ के लिए उल्लू की चीत्कार और ऊँट की घुरघुराहट की नकल करने में माहिर हैं, बजाय

इसके कि वे भविष्य के किसी संदिग्ध मोक्ष का वायदा करनेवाले स्तोत्र गाने में अपने को सन्नद्ध करते।

"यद्यपि हमारे दैनिक जीवन की लय वैदिक गुरुकुलों की दैनंदिनी की लय जैसी ही थी—सुबह ग्यारह बजे तक अध्ययन के बाद प्रार्थना और स्नान, शिक्षक और अन्य छात्रों के साथ दोपहर का भोजन, अपराह्न दो बजे कक्षाओं का पुनरारंभ, सांध्यकालीन प्रार्थना और स्नान के बाद रात का भोजन और शयन। केवल हमारे अध्ययन की विषय-वस्तु उनसे भिन्न थी। उदाहरण के लिए, आषाढ़ से माघ तक के महीने एकांतिक रूप से वेदाध्ययन के लिए आरक्षित थे, जो दूसरे विषयों के अध्ययन के लिए जमीन तैयार करता है। यह वह पवित्र ज्ञान है, जिसे आत्मसात् कर लेने पर छात्र की प्रकृति रूपांतरित हो जाती है—हमें वेदों को समग्रता में कंठस्थ नहीं करना पड़ता था, केवल कुछ छोटे स्तोत्रों को याद कर लेना पर्याप्त था। हमारा अध्ययन पवित्र कर्मकांडों की अपेक्षा धार्मिक विधि ज्ञान पर केंद्रित था और उसमें साहित्य, सौंदर्यशास्त्र और राजनीतिक अर्थशास्त्र का अनुपात अधिक था।

"गुरुकुल के वर्षों की काफी शिक्षा कक्षाओं से बाहर मिलती है। उदाहरण के लिए, मिहिरपाल के आश्रम में मुझे पहली बार उभयलिंग के एक व्यक्ति का अनुभव प्राप्त हुआ—एक ऐसे व्यक्ति का, जो न तो पुरुष है, न ही स्त्री। एक ऐसा व्यक्ति जिसके अंदर प्रजनन की न इच्छा है, न क्षमता। मनु उसे अ-पुरुष कहते हैं। यह चौदह वर्षीय सुकुमार था, जिसे दूसरे लड़के सुकुमारी—'सुंदर कन्या'—कहते थे। कोमल शरीर, गोल-मटोल बाँहों और जाँघों तथा चौड़े नितंबोंवाला सुकुमार निश्चय ही स्त्रैण था। उसके व्यवहार में भी बड़ी मात्रा में 'सुंदर कन्या' वाले व्यवहार मौजूद थे। आत्म-नाटकीकरण की उसकी प्रतिभा और बनाव-शृंगार का उसका आडंबर मुझे चंद्रिका के मनमौजी रूपों की याद दिला जाता। सुकुमार सेनापति का पुत्र था। ऐसी अफवाह थी कि वह सेनापति की प्रिय विदेशी दासी से उत्पन्न हुआ है। सुकुमार की माँ के बारे में यह अफवाह सच हो सकती है। उसके कोमल और सीधे बालों में स्पष्ट भूरी रंगत थी। उसका गोरा रंग हमारे देश के लोगों की पीली आभावाली गोरी त्वचा की अपेक्षा अधिक लालिमा लिये हुए था।

"शीघ्र ही मुझे पता चला कि सुकुमार अपने अध्ययन के अंतिम वर्ष के कुछ बड़ी आयु के छात्रों का, जो युवक बन गए थे, नियमित यौन-सहचर था।

" 'सुकुमारी किसी स्त्री से बेहतर है," वे आपस में एक-दूसरे से मजाक करते। 'उसके उरोज वास्तविक प्रगाढ़ आलिंगन के रास्ते में नहीं आते। उसको न तो यौनावेग में बाधा बननेवाली माहवारी होती है, न उसे गर्भ ठहरने का खतरा है, जो पुरुष के लिए समस्याएँ खड़ी कर दे, और जो सुकुमारी के तरुण सौंदर्य को नष्ट कर दे।' "

"आचार्य", मैंने कहा, "आपने 'कामसूत्र' में उभयलिंग के व्यक्तियों का विवरण नहीं दिया है। क्या वे अंपने पुरुषोचित या स्त्रियोचित स्वरूप के आधार पर केवल दो प्रकार के होते हैं ? उनकी नपुंसक प्रकृति का कारण क्या है ? क्या वे सामान्य पुरुषों और स्त्रियों से केवल उस क्रिया को मौखिक रूप से संपन्न करने की अपनी बाध्यता

के कारण भिन्न हैं, जो अधिकांश मामलों में जाँघों के बीच संपन्न की जाती है ?''

'' 'कामसूत्र' में अ-पुरुष का उल्लेख मैंने केवल सामान्य पुरुष के एक यौन-सहचर के रूप में किया है। अन्यथा उभयलिंग कुछ जटिल और सम्मोहक विषय है। आयुर्वेद पर अपनी पाठ्यपुस्तक में सुश्रुत ऋषि छह प्रकार के अ-पुरुषों को सूचीबद्ध करते हैं। उनमें मुख-मैथुनकर्मी है, जो दूसरे पुरुष के शिश्न को मुँह में लेकर सुख का अनुभव करता है। वह देखने में पुरुष जैसा होता है और अपनी आजीविका के लिए केशसज्जा या मालिश करने का काम करता है, जो उसे पुरुषों के शरीर के अंतरंग संपर्क में लाता है। वह पहले पुरुष को उत्तेजित करता है, फिर आरंभिक अनिच्छा दिखाने के बाद अपने मुँह का प्रयोग करके उसे संतुष्ट करता है। इसके बाद अगला अ-पुरुष वह है, जो किसी दूसरे पुरुष का शिश्न अपनी गुदा में लेता है। यह एक ऐसा कृत्य है जिसे सभी विधि नियामकों ने निषिद्ध ठहराया है। अपुरुष की गुदा में प्रवेश करनेवाले पुरुष लंपट और व्यभिचारी होते हैं। स्त्री की गुदा का इस रूप में प्रयोग करनेवाले पुरुष सामान्यतया क्षीण यौनेच्छाओंवाले होते हैं, जो योनि में संभोग से पहले गुदा मैथुन की जरूरत महसूस करते हैं। मुख-मैथुनकर्मी अपने गुदा-ग्राही दोनों पुंसत्व की क्षमता रखते हैं। फिर भी वे अ-पुरुष कहे जाते हैं, क्योंकि उनका पुंसत्व इस तरह की क्रियाओं में उन्हें मिलनेवाले सुख से उत्पन्न होता है।

''तीसरी श्रेणी के अ-पुरुष वे होते हैं जो एकांतिक रूप से योनि की गंध से उत्तेजित होते हैं। चौथे, दूसरों के यौनांगों और मैथुन को देखकर आनंद प्राप्त करते हैं। पाँचवें, नारी सुलभ रंग-रूप और व्यवहारवाले पुरुष होते हैं, जैसे मिहिरपाल के आश्रम की सुकुमारी। वह किसी अन्य पुरुष के शिश्न को अपने मुँह में लेकर या उसके साथ नितंबाधार निष्क्रिय स्थिति में लेटकर अपने जघनास्थि के बालों में उसका स्खलन कराकर सुख प्राप्त करता है। अंतिम श्रेणी पुरुष जैसे दिखनेवाले स्त्री 'अ-पुरुष' नरिसंध की है, जिसके शरीर पर बाल होते हैं। वह वक्षहीन और पुरुषों से घृणा करने वाली होती है। वह अपने यौन-सहचर के रूप में किसी अन्य स्त्री को वरीयता देती है। दोनों स्त्रियाँ एक दूसरे की योनि को 'काग' की प्रतिलोमित अवस्था में चाटती हैं। सुश्रुत कहते हैं कि जब दो स्त्रियाँ इस क्रिया को निष्पादित करती हैं और किसी प्रकार चरमोत्तेजना को प्राप्त कर लेती हैं, तो उनके प्रेमद्रवों के स्राव और मिश्रण से स्त्री समलिंगी एक अस्थिहीन और जीवन के गुणों से रहित बच्चे को जन्म दे सकती है।

''चरक ऋषि एक और श्रेणी का उल्लेख करते हैं। वह है 'मुड़े हुए शिश्न' का स्वामी। यह एक ऐसा अ-पुरुष है, जो अपने शिथिल शिश्न का अपनी ही गुदा में प्रवेश कराकर आनंद प्राप्त करता है और अपने शिश्न को इस उपयोग के लिए स्थायी रूप से मोड़े रहता है। इसका शिश्न पर्याप्त लंबा होता है या इसे किसी युक्ति से लंबा किया जाता है।''

''कोई व्यक्ति उभय प्रकृति का क्यों होता है, जो स्पष्टतया न तो पुरुष है और न ही स्त्री ?''

"अलग-अलग प्रकार के अ-पुरुषों के लिए अलग-अलग कारण हैं। या तो गुदा-ग्राही और नारी-सुलभ अ-पुरुषों के जो संभोग में नितंबाधार स्थिति अपनाते हैं, पिताओं के वीर्य में कोई दोष था, या फिर उन्होंने उस मैथुन में स्त्री की भूमिका निभाई थी, जिसमें अ-पुरुष गर्भ में आया था। वह तब जन्म लेता है जब उसकी माँ की योनि के तल में स्थित पुत्री और दुहित्रिनी नसें उसका गर्भधारण करते समय समान रूप से उत्तेजित होती हैं। अपने मुँह में दूसरे पुरुष के स्खलन से सुख प्राप्त करनेवाले मुख-मैथुनकर्मी के पिता में वीर्य की अल्पता होती है। नारी अ-पुरुष योनि के एक रोग से ग्रस्त होती है जो या तो उसके माता-पिता के गर्भधारण के समय विपरीत संभोग की वजह से होता है, या फिर माँ की गर्भावस्था में भ्रूण को पहुँचनेवाली क्षति से।

"अ-पुरुष दोषयुक्त होते हैं, शैतान नहीं। इसीलिए जब मनु ने यह विधान किया कि अ-पुरुष, बौड़म या पागल, या जन्म से अंधे या बहरे को संपत्ति में कोई हिस्सा नहीं दिया जाएगा, तब वे यह भी कहते हैं कि इन व्यक्तियों को असीमित मात्रा में भोजन और वस्त्र प्रदान किया जाएगा और किसी राजा को कभी अ-पुरुष की हत्या नहीं करनी चाहिए।"

अपने स्वयं के अध्ययन से मैं जानता था कि धर्मग्रंथों ने असंदिग्ध रूप से मुख-मैथुन का विरोध किया है। मनु घोषणा करते हैं कि अगर किसी व्यक्ति ने किसी गैर-मानवीय मादा में, किसी पुरुष में, किसी मासिक स्रावरत स्त्री में या योनि के अलावा कहीं अन्यत्र—मुँह, गुदा, उसकी अपनी पत्नी के हाथ—वीर्यपात कर दिया है या जल में संभोग किया है तो उसे 'कष्टदायक उत्तापन' व्रत रखना चाहिए, जिसमें वह तीन दिन तक केवल सुबह भोजन करता है, अगले तीन दिन केवल संध्याकाल को और इसके बाद आनेवाले तीन दिनों में वह कुछ भी नहीं खाता है। 'कामसूत्र' इसका ठीक-ठीक समर्थन नहीं करता। यह 'मुख-मैथुन' के लिए, जो सद्गुण और आनंद की राहों के अलग-अलग होने का एक और उदाहरण है, कहीं अधिक सहिष्णुता प्रदर्शित करता है।

"तुम अपने इस निरीक्षण में पूरी तरह सही नहीं हो कि मैंने इस क्रिया के प्रति न तो सहमति प्रकट की है, न असहमति," वात्स्यायन ने कहा, "ग्रंथ में विभिन्न स्थानों पर अपनी आशंकाओं को मैंने व्यक्त किया है और प्रतिबंधों का सुझाव दिया है। मुख-मैथुन करनेवाले सहचर के कुचाग्रों को तो मसला जा सकता है लेकिन इस दौरान उसे बाँहों में नहीं भरा जा सकता। उन सभी लोगों को—जो समाज के सामने उदाहरण प्रस्तुत करते हैं—ब्राह्मणों, विद्वानों, मंत्रियों और दूसरे अधिकारियों, और प्रसिद्ध लोगों—इस क्रिया से बचना चाहिए। मैं अपनी जाति के बाहर के संगी के साथ मुख-मैथुन की अनुशंसा नहीं करता और निचली जातियों के पुरुष के साथ ऐसा करने पर विधिसंगत शुद्धिकरण की अनुशंसा करता हूँ। यह भी कि अपनी वैध पत्नी के मुँह में जो शिश्न डालता है, वह अपने पूर्वजों के पंद्रह वर्षों के पारलौकिक जीवन को नष्ट कर देता है।

"यह सत्य है कि मैं धर्म के उन अधिकांश आचार्यों की तरह इस क्रिया की प्रच्छन्न निंदा नहीं करता, जो इसे श्रेष्ठ नैतिकता के विरुद्ध पाते हैं और कहते हैं कि

यौनांगों का चेहरे से संपर्क होने पर व्यक्ति कलुषित हो जाता है। लगता है, उनकी असहमति केवल इस बात पर है कि कोई अपना शिश्न दूसरे के मुख में डाले। आचार्यों या ग्रंथों ने योनि को चाटने का, यदि यह देशगत रीति है, निषेध नहीं किया है। मैंने भी अल्पसंख्या के विचार को प्रस्तुत किया है, जिसके अनुसार स्त्री के साथ किए जाने पर यह कार्य अनुचित नहीं है :

> 'कुछ लोग कहते हैं कि दूध पीते समय बछड़ा शुद्ध होता है, शिकार पकड़ते समय श्वान का मुँह शुद्ध होता है, पक्षी की चोंच भी फल को काटकर गिराते समय इसी प्रकार शुद्ध होती है, और प्रेमक्रिया में संलग्न स्त्री का प्रवेश-द्वार भी।'

"ऐसे अनेक देश हैं, जहाँ लोग मुख-मैथुन का आनंद उठाते हैं। पूर्वी देशों और गंगा के उत्तर में पांचाल भूमि की स्त्रियाँ पुरुष के शिश्न को चूसना पसंद करती हैं। अयोध्या के लोग इसे बिना किसी उलझन के करते हैं, ऐसा ही पाटलिपुत्र के लोग भी करते हैं। दक्षिण की ओर हमारे पड़ोसी सौरसेन लोग भी बेहिचक मुख-मैथुन में संलग्न होते हैं, लेकिन पवित्रता संबंधी उनकी मान्यताएँ कुख्यात रूप से ढीली हैं।

"मैं सभी कारकों पर विचार करने के बाद अपना सुनिश्चित विचार अध्याय के अंत में प्रस्तुत करता हूँ :

> 'देश, अविध, रीति, पवित्र ग्रंथों के आदेशों की ही तरह अपनी अभिरुचियों को ध्यान में रखते हुए किसी को यह निर्णय करना चाहिए कि उसे इस प्रकार के ऐंद्रिय संबंधों का व्यवहार करना है, या नहीं।'

"गुदा-मैथुन पूरी तरह अलग मामला है। यह एक घृणित वस्तु है। यहाँ तक कि विधिनिर्माताओं ने, जो अ-पुरुष के मुख का प्रयोग करनेवालों पर आनुष्ठानिक स्नान या मामूली अर्थदंड जैसी हल्की सजाओं का नियमन करते हैं, दूसरे पुरुष या स्त्री की गुदा को योनि की तरह इस्तेमाल करनेवाले को कड़ाई से दंडित किया है। उसे इस अपराध के लिए अपनी जाति से बहिष्कृत किया जाएगा। क्या भयानक भाग्य ! लेकिन, मलोत्सर्ग के रंध्र में किसी पुरुष का प्रवेश निकृष्टतम कोटि का प्रदूषण है, जिसे आनुष्ठानिक शुद्धिकरण की कोई मात्रा मिटा नहीं सकती।

"हाँ, मैंने सुना है कि यूनान और रोम जैसे देशों में एक-दूसरे से गुदा-मैथुन करने वाले पुरुष होते हैं, यह क्रिया 'बारी लेना' कही जाती है। ईरान में वेश्यावृत्ति के ऐसे अड्डे होते हैं जहाँ युवक और बच्चे ग्राहकों को अपना मलाशय पेश करते हैं। बाह्लीक में मैंने एक व्यापारिक काफिला देखा, जिसमें ढेर सारे बच्चे और तरुण शामिल थे। आँखें सुरमे से काली किए, गालों पर लाली लगाए, लंबी चोटियाँ किए, अँगुलियों और पंजों पर मेहँदी लगाए ये लोग ऊँटों के हौदों में सवारी कर रहे थे। वे उन व्यापारियों की यात्रारत पत्नियाँ थीं, जिनके प्रति वे समर्पित थे और जिनके साथ वे गुदा-मैथुन करते थे। मेरे मित्र ब्रह्मगुप्त ने मुझे बताया कि चीनी भी इस क्रिया का आनंद लेते हैं। फिर चीनी तो अपनी भोजन और यौन-प्रवृत्तियों में निष्पक्षता के लिए कुख्यात ही हैं। वे

बत्तखों, बकरियों और दूसरे जानवरों का अपनी यौनक्षुधा मिटाने के लिए जो उपयोग करते हैं, उसकी बराबरी उस सुख से की जा सकती है जो उन्हें गुदा-मैथुन से मिलता है।

"हम सभी जानते हैं कि ब्रह्मचर्य छात्र जीवन का केंद्रीय तत्त्व है। एक बारह वर्षीय बच्चा ब्रह्मचर्य पर बहुत ध्यान नहीं देता, लेकिन एक सोलह वर्षीय तरुण के लिए यह चिंता का एक प्रमुख स्रोत होता है। मिहिरपाल आश्रम में जिस पहले लड़के के साथ मैंने एक झोंपड़ी में भागीदारी की, वह सत्रह वर्ष का था.। तीन वर्षों तक साथ रहने के दौरान मैंने विवाह और गृहस्थाश्रम में प्रवेश से पहले जीवन के प्रमुख उद्देश्यों के बारे में धर्मग्रंथों के निर्देशों को लेकर उसे लगातार परेशान देखा। कौशाम्बी राज्य की सीमा पर स्थित सौरसेनों की एक छोटी-सी जागीर का उत्तराधिकारी वीरसेन राजधानी से आनेवाले अधिकांश लड़कों की अपेक्षा कम परिष्कृत था। उसमें संशय के उस तत्त्व का अभाव था, जिसे शहरी लड़के बिलकुल आरंभिक वर्षों में अपने परिवेश से ग्रहण कर लेते हैं। वीरसेन के लिए ब्रह्मचर्य हम बाकी बचे लोगों की अपेक्षा केवल अधिक गंभीर बात ही नहीं थी, बल्कि मोक्ष की सीढ़ी पर उसकी प्रगति के लिए भी यह अत्यंत शोचनीय विषय था। इस आदर्श से प्रत्येक विचलन एक महत्त्वपूर्ण चूक थी, जिसके बाद स्वयं को धर्मग्रंथों द्वारा निर्धारित मात्रा से बढ़ा-चढ़ाकर दोषी मानने और स्व-शुद्धिकरण अनुष्ठानों की बारी आती थी। अन्य बातों में दयालु और मैत्रीपूर्ण वीरसेन ने मुझे आश्रम के जीवन में व्यवस्थित होने में मदद की और वह हमेशा मेरे उन प्रश्नों का समाधान करने के लिए तैयार रहता था, जिन्हें मैं अपने दोनों शिक्षकों से पूछने का साहस नहीं कर पाता था। परंतु उस समय वह पूरी तरह अलग ही व्यक्ति होता था, जब वह ब्रह्मचर्य भंग के लिए अपने को दंडित कर रहा होता था। उसके मामले में यह व्रतभंग सोते समय वीर्य के स्खलन से अधिक और कुछ नहीं होता था। ऐसे मौकों पर शोकमग्न और आत्मकेंद्रित वीरसेन को जब मैं बाहर खींचने का प्रयास करता तो वह मुझ पर झल्ला पड़ता, और अपने को बार-बार धोकर साफ करता, ताकि वह अर्द्धचंद्र की तरह बेदाग हो सके।

"एक दृश्य अब भी मेरी स्मृति में टिका हुआ है। देर रात्रि का समय है और बरसात हो रही है। खिड़की से आनेवाली बादलों के नगाड़ों की गरजदार थाप और बिजली की कौंध से मैं जाग गया हूँ। अपनी चटाई पर लेटकर ऊँघते हुए मैं बरसात की बूँदों की मिश्रित ध्वनियों—छत के ताड़पत्रों पर तीखी, पेड़ों पर मधुर, पत्थरों पर स्पष्ट और कीचड़ में छपछपाती हुई—को सुन रहा हूँ। तभी मैं अपने बगल में वीरसेन को एक झटके से उठकर बैठते हुए देखता हूँ। ऐंठते हुए वह अपनी धोती उतार फेंकता है, मानो उसकी जाँघों के बीच कोई गिरगिट या साँप रेंग गया हो। वह खड़ा होकर झोंपड़ी के बाहर दौड़ पड़ता है। मैं देखता हूँ नग्न अवस्था में वह द्वार से निकलकर बाहर बरसते बारिश के तीरों की बैछार के नीचे खड़ा हो जाता है। ये बौछारें उसके शरीर के अदृश्य प्रदूषणों को तो साफ कर रही होती हैं, लेकिन उसके हृदय के अज्ञात

पापों को नहीं।

"आज मैं बेहतर समझदारी के साथ पीछे-मुड़कर वीरसेन की दुर्दशा को देख सकता हूँ, जो विभिन्न मात्राओं में प्रत्येक युवा के हिस्से में आती है," वात्स्यायन ने अपनी बात जारी रखी, "उसे उन वर्षों के दौरान अनिवार्यतः ब्रह्मचारी रहना पड़ता है, जिस दौरान प्रकृति उसके विपरीत अपने संकल्प पर दृढ़ है। दिन में अधिकतम सतर्कता बरतने के बावजूद, सबसे दृढ़प्रतिज्ञ ब्रह्मचारी तक स्वप्न में कामदेव के सामने सिर झुका लेते हैं। हम भाग्यशाली थे कि हमारे आश्रम में स्वप्नदोष को न तो भयानक रोग के रूप में देखा जाता था, न ही इसे नैतिकता का उल्लंघन मानकर इस पर भृकुटि चढ़ाई जाती थी। इसकी बस उपेक्षा कर दी जाती थी। तुम्हारे गुरुकुलों में जहाँ छात्र में अपवित्रता का संकेत मात्र भी होने पर वेदाध्ययन नहीं हो सकता, वीर्य का निशा-स्खलन हो जाने पर कोई लड़का न केवल स्वप्नदोष के लिए पाँच दिनों तक कड़वे करेले के रस का चिकित्सकीय उपचार प्राप्त करता है, बल्कि सार्वजनिक रूप से, गाय के पाँच उत्पादों को खाकर प्रायश्चित भी अवश्य करता है।

"कभी-कभी मुझे यह सोचकर आश्चर्य होता था कि आश्रमों में सोने के लिए प्रयुक्त होनेवाली चटाइयों को बुनने के लिए कुश का प्रयोग जान-बूझकर नहीं किया जाता है। यह घास वीर्य पर असंगत तरीके से प्रतिक्रिया व्यक्त करती है। इस पर वीर्य का दाग पड़ जाता है जो धुलने के बाद और गहरा हो जाता है। आश्रम के अनेक पुराने लड़कों की चटाइयाँ विविध रूपों, आकारों और गहराई की छायाओं के धब्बों से पट जाती थीं। वे लड़के तक, जो अपने हाथों का प्रयोग नारी-योनि की तरह करते थे, सतर्कतापूर्वक इस स्खलन को अपनी चटाइयों में सुखाते थे, ताकि वे इस अतिक्रमण की एक अहानिकर व्याख्या दे सकें और अधिक स्वीकार्यता प्रदान कर सकें। ऐसे लड़कों की संख्या प्रत्येक आश्रम में आचार्यों के अनुमान से अधिक होती थी।"

जाड़े की धूप से आप्लावित एक अन्य आश्रम के सामने, मौसम के विपरीत घने बादलों के पीछे छिपते पीले सूरज के नीचे और सघन पत्रावलियों से छनकर बमुश्किल आती आश्रम के जीवन की ध्वनियों के बीच बैठा मैं उस अपरिहार्य प्रश्न को पूछने में अपने को असमर्थ पा रहा था—और आप, आचार्य ? कामदेव के साथ आपके तरुण संघर्ष किस प्रकार के थे ? उनका अंत कैसे हुआ ? आपने अपनी पराजयों को शांति से स्वीकार किया या उन्होंने आपको निराशा में डुबो दिया ?

वात्स्यायन ने मेरे कठिन प्रश्नों को भाँप लिया, लेकिन उनकी उपेक्षा कर दी।

"अपने अवांछित अतिक्रमण के कारण वीरसेन की पीड़ा और सुकुमारी का उपयोग स्त्री की तरह करनेवाले पुराने छात्रों की प्रफुल्ल निश्चिंतता के दो छोरों के बीच हमारे आश्रम का यौन-जीवन उस धरती के चारों ओर खुले दूसरे आश्रमों में जो कुछ होता है, उससे अलग नहीं था। उसमें अपने हाथों से एक दूसरे को आनंद देने वाले कुछ लड़के थे। कुछ छुट्टियों में कौशाम्बी जाकर वेश्याओं या अपने घर में सेविकाओं के साथ मैथुन करके अपना व्रत तोड़ते थे। शायद वहाँ एक-दो ऐसे भी लड़के रहे हों,

जो मादा जानवरों से यौन-सुख प्राप्त करते हों, यद्यपि मेरे सामने ऐसा कोई उदाहरण नहीं आया। पुराने छात्र नवागंतुकों को इस गंदी आदत से सावधान करते थे। वे हमें उस लज्जाजनक घटना के बारे में बताते जिसमें कुछ वर्ष पहले एक लड़के ने एक कुतिया के साथ संभोग का प्रयास किया था, जो उससे बहुत हिली-मिली थी और उन दिनों गर्म थी। कुतिया ने अपनी आदत के अनुसार अपनी योनि से लड़के के फूले हुए शिश्नमुंड को इस तरह भींच लिया कि स्खलन के बाद उसे वापस खींचना असंभव हो गया। कुत्ते का वीर्य बहुत धीमे-धीमे निकलता है और जब तक वह पूरी तरह निकल नहीं जाता, कुतिया उसे अपनी जकड़ से मुक्त नहीं करती है। इस अप्राकृतिक मैथुन से भ्रमित कुतिया की योनि ने संभोग के पूरा होने का संकेत ग्रहण नहीं किया और लड़के के शिश्न को अपने अंदर बंद रखा। अन्य बातों में सहिष्णु मिहिरपाल ने आश्रमवासियों की पूरी सभा के सामने उस फँसे हुए युगल पर ठंडे पानी की बाल्टियाँ उड़ेलकर उसे लज्जित किया। वे हमें उस पतन की चेतावनी देने से अपने को नहीं रोक सके जो कामुकता, जाग्रत होने पर, अपने साथ लाती है। उन्होंने यह निष्कर्ष निकाला कि कुत्ते और कुतिया का मैथुन भी उस पुरुष और स्त्री के विपरीत नहीं है, जो अपने को कामेच्छा से तब भी मुक्त नहीं कर पाते, जब वह घृणा में बदल चुकी होती है।''

''आचार्य !'' मैं अपने को रोक न सका, ''ठीक यही घटना हमारे आश्रम में भी घटित मानी जाती है और प्रत्येक नवागंतुक को पुराने छात्र इसके बारे में बताते हैं।''

वात्स्यायन शुद्ध आनंद की धीमी आवाज में हँसे, ''शायद यह कहानी सभी आश्रमों में सुनाई जाती है और प्रत्येक छात्र की अनौपचारिक शिक्षा का एक अंग है।''

वाराणसी से मालविका के लौटने के बाद यह हमारी दूसरी भेंट थी। मैंने गौर किया कि वात्स्यायन के मेरे प्रति रवैए में एक सूक्ष्म परिवर्तन आ चुका है। अपनी गहन औपचारिकता को छोड़े बिना उनके तौर-तरीके घनिष्ठ हो गए हैं—पिता की तरह या शायद उससे अधिक मामा की तरह। उनकी आवाज में कभी-कभी सह अपराधबोध; उभयनिष्ठ रहस्यों और अव्यक्त स्मृतियों और हमें परस्पर बाँधनेवाली अपेक्षाओं, के सांयोगिक संकेत छिपे रहते थे। वे मुझसे अब कुछ इस तरह स्नेह करने लगे थे, जिसमें किसी गुरु के सद्‌भाव से पूरी तरह अलग भावना थी। इनमें से स्नेह भाव तो साझा क्षणों से उत्पन्न होता है और अधिक निजी होता है जबकि दूसरा, गुरुवाली सद्‌भावना की उत्पत्ति में समय का कोई योगदान नहीं होता।

।। तेरह ।।

प्यार न मिलने पर स्त्री आहत और उग्र हो जाती है। फिर वह या तो पुरुष मात्र से द्वेष करने लगती है या पराए पुरुष से प्रेम कर बैठती है।

—कामसूत्र 3. 2.35

हमारी आगामी बैठकों में वात्स्यायन मिहिरपाल आश्रम में बिताए अपने सात वर्षों की स्मृतियों के साथ स्वयं को उद्घाटित करने में उत्तरोत्तर उदार होते चले गए। उनका यह विचार था कि उनके मामले में एक बच्चे से पुरुष बनने की प्रक्रिया दूसरे लड़कों और पुरुषों से उनके निकट शारीरिक संपर्क से निर्णायक रूप से निर्धारित हुई थी। आश्रम का दैनंदिन जीवन इस संपर्क को प्रोत्साहित करता था। स्त्रियों और उनके शरीरों से अंतरंगता के उनके बचपन के अनुभव से यह आत्यंतिक रूप से भिन्न था। बारह से चौदह वर्ष की आयु तक अपने निवास के प्रारंभिक दो वर्षों में वात्स्यायन पुरुषों, विशेषकर पुरुषत्व की चरम अवस्था में प्रवेश कर रहे अधिक आयु के छात्रों के शरीरों से सम्मोहित रहा। नदी में नहाते समय उनकी नग्नता की झलक पाते हुए या सोने की चटाई पर पसरे वीरसेन की धोती के जाँघों के ऊपर खिसक जाने पर उसके उत्तेजित लिंग को देखते समय वात्स्यायन मंत्रमुग्ध हो उठता था। बाद में जब वह कुछ बड़ा हुआ और आश्रम में हाल ही में प्रवेश पानेवाले एक युवा छात्र के साथ एक झोंपड़ी में रहने लगा, तब उसने जाना कि इस आयु के सभी युवा लड़के वयस्क लिंगम और अपने अविकसित यौनांगों में अंतर के प्रति सघन रूप से विचारमग्न रहते हैं।

"हमारे छोटे-छोटे शिश्न प्रायः एक जैसे और शरीर के ही रंग के थे", उन्होंने याद किया, "वे विकसित पुरुषों के बड़े अंग नहीं थे जो आकार में वैविध्य रखते हैं और शेष शरीर की अपेक्षा गहरे रंग के होते हैं। जब कभी मैं वीरसेन के शानदार अंग को उसकी नींद में कड़ा होते हुए देखता, मैं इसके विस्तार में जाकर इसकी गहरी रेशमी त्वचा में अंकित उन सभी सूक्ष्म नसों और लकीरों में अनंत दिलचस्पी लेता। इसे दोनों हाथों में पकड़ने की मेरी सख्त इच्छा होती। जितना ही मैं इसे देखता, अपने कूल्हे में गर्मी महसूस करने लगता, और मेरा अपना छोटा-सा शिश्न फूलना शुरू कर देता।

"बाद में, जब मैंने अपने साथ झोंपड़ी में रहने के लिए नियत युवा लड़कों की

आँखों में वही क्षुधा देखी, तो मैंने उन्हें अपने लिंगम को पकड़ने दिया। मैंने उन्हें इस इच्छा के कारण लज्जित न होने के लिए कहा, क्योंकि यह स्वयं भगवान शिव के यहाँ से आती थी, 'काम' के यहाँ से नहीं। किसी युवा लड़के के लिए लिंगम विकसित पुरुष की महानता, शक्ति, स्वतंत्रता, साहस, बुद्धिमत्ता, ज्ञान, पुंसत्व, दूसरे पुरुषों पर अधिकार और वांछनीय स्त्रियों के स्वामित्व का प्रतिनिधित्व करता है—उन सभी विशेषताओं और उपलब्धियों का, जिन्हें कोई भक्त भगवान शिव में ढूँढ़ता है और जिन्हें कोई बच्चा किसी पुरुष में खोजता है और जिनकी कामना अपने लिए करता है। फिर भी मैंने किसी लड़के को अपना लिंग मुँह में लेने या भींचने नहीं दिया, भले ही मैंने उसकी आँखों में इस कामना को भड़कते हुए देखा हो या स्वयं अपने अंगों में 'काम' के ताप को चढ़ते हुए अनुभव किया हो। 'काम' के हमले से शिव के गौरव की रक्षा करने के लिए उसे एकजुट रखना और इसे पुरुषों के बीच का यौन प्रेम समझकर भ्रमित न होना हम दोनों के लिए निर्णायक रूप से महत्त्वपूर्ण था।

"जननांगों के प्रति मेरी उत्सुकता किसी-न-किसी रूप में मेरी आरंभिक दिलचस्पी की निरंतरता थी। होश सँभालने के बाद से ही मैं शरीरों के आश्चर्य में डूबा रहा हूँ—चंद्रिका के, अपनी माँ के, मेरे अपने, उनमें पैदा होनेवाली उत्तेजना और उनसे मिलने वाले आनंद के द्वारा। एक विकसित पुरुष के रूप में मैंने अपने आपको निष्ठापूर्वक कामदेव की सेवा में लगाया है—उन असंख्य तरीकों का अध्ययन और मनन करते हुए, जिनसे वे पुरुषों और स्त्रियों में अपने आपको प्रकट करते हैं। फिर भी इस समग्र आनंदमग्नता के दौरान मैं ब्रह्मचारी रहा हूँ। मैं यौन-सुख को लेकर उत्सुक रहा हूँ। निश्चय ही इसने मुझे हमेशा सम्मोहित किया है, पर इसका अपने लिए विशेष रूप से अनुभव करने की इच्छा मैंने नहीं की।

"इसका अर्थ यह नहीं कि मैं कभी किसी स्त्री के साथ नहीं रहा, लेकिन वह संबंध केवल स्थूल शरीर के स्तर तक रहा। मैंने दो बार संभोग किया, लेकिन मेरे मस्तिष्क ने किसी यौन-आनंद को दर्ज नहीं किया। मेरी शारीरिक संवेदनाओं के प्रति यह उदासीन रहा, जब तक कि चरमोत्तेजना का क्षण नहीं आया, और जब कोई बहुत आश्चर्यजनक चीज घटित हुई। हम इन गोपनीय मामलों पर किसी और समय चर्चा करेंगे।"

वात्स्यायन के आश्रम निवास के अंतिम वर्ष की सबसे महत्त्वपूर्ण घटना मिहिरपाल के विवाह के साथ घटित हुई। यह छात्रों के लिए आश्चर्यजनक था, क्योंकि कोई नहीं मानता था कि उस गुरु में विवाह की इच्छा थी। धार्मिक विधि में विशेषज्ञता प्राप्त मिहिरपाल ने छात्रों को आयुविहीन, कामविहीन व्यक्ति के रूप में प्रभावित किया था। एक ऐसा व्यक्ति, जिसके विचार पूरी तरह धर्मतत्त्व के चारों ओर घूमते थे और जो जीवन के प्रवाह को केवल इस शैली में देखता था कि क्या धर्म है और क्या नहीं।

"अब मैं पुनरावलोकन करता हूँ तो दोबारा विवाह करने के उनके निर्णय को पहले

से बेहतर समझ पाता हूँ। हमारे आचार्य अब पाँचवें दशक के परवर्ती वर्षों में थे। उन्होंने अनुभव किया कि उन्होंने अपना जीवन कुछ बुनियादी चीजों के बगैर बिताया है और अब वे इसके अंत के लिए तैयार नहीं हैं। बीस वर्ष की उम्र में एक पंद्रह वर्षीया कन्या, जिसकी अगले ही वर्ष बच्चे को जन्म देते समय मृत्यु हो गई थी, से विवाहित मिहिरपाल ने अपने वयस्क वर्षों को ऐकांतिक रूप से पुरुषों की संगति में बिताया था, चाहे वे विद्वान हों या युवा छात्र। उन्होंने जीवन के ऐंद्रिय संतुलन की उपेक्षा की थी। उनके जीवन का अनजिया हिस्सा, यौन-अंतरंगता, एक प्रतिबद्धता थी जिसे ढलती हुई उम्र में अब जाकर उन्होंने अंगीकार किया था, यद्यपि हममें से बहुतों के अनुसार, मूर्खतापूर्ण ढंग से। जीवन में कुछ ख्याति पाने के बाद अपने से बहुत कम आयु की स्त्री से विवाह करनेवाले अधिकांश वयोवृद्ध लोगों की तरह मिहिरपाल अपने द्वारा उठाए जा रहे कदम की मूर्खता को जानते थे, लेकिन वे इतने आत्मलीन हो चुके थे कि इसका बहुत खयाल नहीं कर सकते थे।

"जिस कन्या को उन्होंने अपनी वधू बनाने के लिए चुना, वह बमुश्किल बीस वर्ष की थी, उनके बेटे से दो वर्ष छोटी जिसने अभी हाल ही में आश्रम में अपना अध्ययन पूरा किया था और अब कौशाम्बी में रहता था। वह कन्या वत्स देश स्थित अपने पैतृक गाँव लवंका के एक अकिंचन ब्राह्मण परिवार से आती थी। ऊँची जाति और दरिद्रता के मेल, जिसने उसके परिवार के लिए उसके योग्य वर की प्राप्ति को असंभव कर दिया था, की वजह से वह अब तक अविवाहित थी। स्त्री के विवाह की उचित आयु उसके संभावित पति की आयु के आधे में सात वर्ष जोड़कर प्राप्त की जाती है। इस परंपरागत सूत्र ने बीतती हुई सदियों के व्यवहार में अपनी उपयोगिता सिद्ध की है। पुरुष और स्त्री दोनों के युवा होने पर यह उनकी आयु के अंतर को कम कर देता है ताकि वे साथ-साथ परिपक्व हो सकें। जबकि बड़ी आयु का व्यक्ति यदि पुनर्विवाह करना चाहता है, तो यह उच्चतर विषमता की अनुमति देता है। आदर्शतः, मिहिरपाल की पत्नी की आयु उनतीस वर्ष होनी चाहिए थी; बीस वर्षीया स्त्री की उपस्थिति समस्याएँ पैदा कर सकती थी। इनके आने में अधिक समय नहीं लगा।

"हमारे आचार्य की पत्नी गौरी में ऐसा आकर्षण था, जो रूप या आकार की किसी विशिष्टता में नहीं, बल्कि यौवन के प्राचुर्य में निहित होता है और जो उसकी स्त्रैणता को विकसित करनेवाली आंतरिक ऊष्मा बनकर उसमें नख से शिख तक फैल गया था। गेहुँए रंग की उसकी त्वचा यौवन के इस आवेग से, जो आश्रम में मर्दानी गंध के हमारे अभ्यास के बिलकुल विपरीत उसे कस्तूरी गंध और पीली आभा प्रदान करती थी, अंदर से ऊष्ण हो गई थी। शायद गंध के प्रति असाधारण रूप से संवेदनशील होने के कारण मैंने गौरी की बाध्यकारी सुगंध को दूसरों की अपेक्षा अधिक उत्सुकतापूर्वक दर्ज किया। यद्यपि अपनी उपस्थिति को तड़क-भड़क से प्रदर्शित न करने को लेकर गौरी सावधानी बरतती थी—वास्तव में वह इसे छिपाने की कोशिश करती थी—पर वह उस अशांति को नहीं दूर कर सकती थी जो वह पुराने छात्रों में पैदा करती थी। ऐसा इस तथ्य के

बावजूद होता था कि जब वह किसी लड़के के निकट से होकर गुजरती थी तो उसकी आँखें अपने आप धरती की तरफ झुक जाती थीं। यह निर्देश कि गुरु की पत्नी को अबाध रूप से केवल बलि, विवाह के अवसरों पर या आग लगने अथवा बाढ़ आने जैसी आपदाओं के समय देखा जा सकता है, उन युवा ब्रह्मचारियों के दिमागों में गहरी जड़ें जमा चुका था। अधिकांश लड़कों के लिए गौरी के सुडौल, लाल रंग से रंजित पैर, जिसके पंजों पर धारियाँ बनाई गई थीं, उसके चेहरे या उरोजों की अपेक्षा अधिक परिचित थे। आश्रम की भूमि पर उसकी क्षणिक उपस्थिति का पता लड़कों को अभिनदंनों या मुसकानों के आदान-प्रदान से नहीं, बल्कि उसके कपड़ों की सरसराहट और उसकी लुभावनी खुशबू की हल्की गमक से चलता था, जिसमें उसके गजरे की खुशबू भी मिली होती थी और जो उसके पीछे तैरती रहती थी। उन लड़कों को छोड़कर जिन्होंने मिहिरपाल की झोंपड़ी में काम किया था और इसकी स्वामिनी से कुछ अधिक परिचित हो सके थे, यह सबके बारे में कहा जा सकता है। अकस्मात् यह अनिवार्य सेवा—हर लड़के को वर्ष में दस दिन मिहिरपाल की झोंपड़ी में गुरु के प्रति श्रद्धा-स्वरूप झाड़ने-बुहारने, सफाई करने और खाना पकाने में मदद करने का कार्य करना पड़ता था—अत्यंत वांछनीय हो गई। अब यह और अधिक एक काम नहीं रह गया था, जिसे संस्कृत क्रियारूपों की तरह निबटाया जाना हो, बल्कि एक ऐसी घटना हो गई थी जिसकी प्रतीक्षा पुराने छात्र करते थे। इस सेवा के लिए पाक्षिक सभाओं में मिहिरपाल जिस लड़के का चुनाव करते थे, वह पर्याप्त ईर्ष्या का विषय बनता था और इस अवधि के बीतने के बाद कुछ दिनों तक उसकी माँग बढ़ी रहती, जब दूसरे लड़के उससे गौरी और उसके वैवाहिक जीवन के बारे में बताने के लिए अनुनय-विनय करते थे। हमें पता चला कि वह मैत्रीपूर्ण लेकिन तेजस्विनी स्त्री है—मिहिरपाल के सामने अड़ जानेवाली, जब कभी उसे लगता कि उनकी कोई माँग अतार्किक है। वह अपने केश और त्वचा का काफी ध्यान रखती थी। उसके गले के दाहिनी ओर तिल था। वह मिठाइयाँ खाना पसंद करती थी और भरे-पूरे वक्ष और चौड़े नितंबोंवाली स्त्री थी। मिहिरपाल के साथ उसका यौन जीवन विरल या फिर बेहद शांत था। झोंपड़ी से आनेवाली प्रेम-ध्वनियाँ इतनी अनियमित थीं कि वे न होने के बराबर थीं। कुछ लड़के इस बात पर अनिश्चित थे कि उन्होंने आचार्य की तेज घुरघुराहटों को सपने में सुना था, या सचमुच में।

"मिहिरपाल के आश्रम में सेवा की मेरी अवधि का संयोग उनकी, आश्रम से दस दिवसीय, अनुपस्थिति से जुड़ गया। वास्तव में एक संगोष्ठी में भाग लेने के लिए अपने आसन्न वाराणसी-प्रस्थान की वजह से ही संभवतः उन्होंने सभा में मेरा नाम लिया। मेरी ख्याति एक गंभीर और जिम्मेदार लड़के की थी, जो अपने आप से काम रखता था और उन्नीस-बीस वर्षीय दूसरे लड़कों के ऊधमी समूह का हिस्सा नहीं था।

"मेरे लिए हर उस चीज की चर्चा करना आसान नहीं है जो गुरुपत्नी के साथ मेरे अकेले रहते हुए उस पखवाड़े में घटित हुई। कभी-कभी अमरपाल अपनी भाभी का हाल-चाल पूछने आ जाता, लेकिन वह आश्रम का प्रशासन चलाने और अपने अलावा

अपने भाई के अध्यापन का भार सँभालने में ही व्यस्त था। गौरी और मैं लगातार साथ रहे। मैं घर के काम में उसकी मदद करता और उसके गाँव और माता-पिता के साथ उसके जीवन के बारे में उनकी बातें सुनता। वह गृहासक्त थी। हमारे बीच तेजी से पैदा होती अंतरंगता और इससे उत्पन्न उद्विग्नता पर मैं खामोश रहूँगा। उसे इतना लंबा अरसा बीत गया। मैं अब भी अपने अंदर अपने पतन के बोध और उसके परिणाम का बोझ लिये फिरता हूँ। मैं तुम्हें केवल वह रहस्य बताऊँगा, जिसकी चर्चा मैंने अभी हाल में की थी। 'काम' का रहस्य, जो बहुत थोड़े लोगों के सामने उद्घाटित होता है और उन चुनिंदा लोगों में से भी अधिकांश इसे उसी क्षण विस्मृत कर देते हैं। यह मेरे सामने तब उद्घाटित हुआ जब पहली बार मैंने किसी स्त्री से संभोग किया–अपने गुरु की युवा से पत्नी से।"

एक सर्वनाशी क्षण के लिए मेरे कान बहरे हो गए। जब उनके शब्दों के अभिप्राय मेरी चेतना तक पहुँचे, मैं अवाक् होकर विस्फारित नेत्रों से वात्स्यायन को देखता रह गया। उनकी आँखें बंद थीं और साँस तेज चल रही थी। उनके चेहरे पर अस्त-व्यस्त और धुँधली-सी अभिव्यक्तियाँ, जिन्हें मैं केवल वेदना के रूप में व्याख्यायित कर सकता था, तेजी से आ-जा रही थीं। मौन के कुछ क्षणों के बाद, जो एक युग के अंत और दूसरे के जन्म के बीच की अनंतता की तरह फैल गए थे, उन्होंने अब तक एकाग्रताविहीन अपनी आँखें खोलीं और अपने भूरे बालों की लटों को तेजी से झटका दिया। अपनी शांतचित्तता को वापस पाने का उनका प्रयास मैंने देखा, लेकिन केवल गहरी प्रतिक्रिया का अनुभव कर सका, सहानुभूति का नहीं। जिस समय उन्होंने स्मृति की लहरों के सामने आत्मसमर्पण किया और अपने को रोक पाने में असमर्थ और अनिच्छुक होकर फिर बोलना शुरू किया, उनकी पलकों के पीछे कोई अदृश्य परदा गिर रहा था।

"मेरे चरमोत्तेजन का आनंदातिरेक, जिसमें अतीत और भविष्य के सभी आनंद आप्लावित हो जाते हैं, दिल धड़काने और नब्ज फड़कानेवाली किस्म का नहीं था, बल्कि यह परमानंद की उस शांत संवेदना जैसा था, जिससे विश्व की सृष्टि हुई है। क्षितिज से चढ़ती हुई हरी, नीली और बैंगनी रोशनी में मेरे शिश्न से वीर्य का फुहारा निकल रहा था। रात्रिकालीन आकाश में तरंगायित उस उन्मुक्ति की आभा में मैं विलीन हो गया। लेकिन जैसे ही मेरे चरमोत्तेजन का ज्वार उतरा, हर्षोन्माद द्वारा खाली की गई जगह को घेरने के लिए दौड़ता हुआ भय आ पहुँचा। अगर मैं विलुप्त हो गया और वापस अपने शरीर में कभी न पहुँच सका तो क्या होगा ? उस अनुभव की लालसा और भय, जिससे मैं अभी निकला था, दोनों इतने सघन थे कि मैं बेहोश हो गया। चेतना की यह क्षति संक्षिप्ततम क्षणों के लिए ही हुई होगी। जब मैं होश में आया तो मेरे नीचे लेटी स्त्री अपने घटते हुए आनंद की निजी कसक से बस उबर ही रही थी। हमारे अब तक युगलबद्ध शरीरों को ढके हुए झोंपड़ी भूरी और निर्जीव थी, इसके ऊपर का आकाश

अभिन्न था। गौरी के उष्ण मांसल शरीर से चिपका हुआ मैं अब भी ठंडा और निपट अकेलेपन की असहनीय निराशा के भाव से भरा हुआ था, जिसने मुझमें यह इच्छा पैदा कर दी कि मैं बाहर भाग जाऊँ और सितारों के सामने विलाप करके, मुझे फिर से आश्वस्त करने के लिए, देवताओं को बाध्य कर दूँ।

"दूसरा अनुभव उसी रात को कुछ घंटों बाद घटित हुआ। गौरी के बिस्तर से उठकर अपने बिस्तर पर जाने के बाद मैं किसी योगी की तरह सोया। मेरी नींद खाली और स्वप्नविहीन थी। बाद में उस रात मैं झटके से उठा। मुझे पहला भयावह विचार यह आया कि सुबह की पूजा के लिए मुझे विलंब हो गया है। आकाश की तरफ देखकर मैं फिर से आश्वस्त हुआ। तारों की चमक अभी निकट आती भोर से मद्धिम नहीं पड़ी थी। मुझे लज्जा के अनंत सागर में डुबोते हुए मेरा शरीर मेरी संकल्पशक्ति से परे किसी ताकत के वश में गौरी के बिस्तर की ओर बढ़ चला। वह मेरी प्रतीक्षा कर रही थी।

"पारे की तरह चमकता हुआ वीर्य मूत्रमार्ग के द्वार से निकला और पाँच-छह सौ फीट दूरी पर स्थित शुक्राणुओं की द्रवीभूत चाँदी जैसी चमकती झील की ओर झपट पड़ा। वह अनंत चमकीला स्तंभ उन ऊँचे, सुदूर जल-प्रपातों की तरह झिलमिला रहा था, जिन्हें मैंने पामीर घाटियों में देखा था। मेरे स्खलन से प्राप्त हुआ अतिशय आनंद, मानो मैं अपने वीर्य का एक हिस्सा होऊँ, और उसके बाद मुझे जकड़ लेनेवाले भय, मानो मेरे शरीर के अणु उन तरल बूँदों के साथ निकलते जा रहे हों, का सिलसिला पहले अनुभव से अभिन्न था। दूसरे अनुभव ने पहले से प्राप्त काम के रहस्य की पुनरावृत्ति की : 'काम' आनंद की कामना नहीं करता बल्कि स्व के, अहंकार के विलीन होने की इच्छा करता है। पहला केवल दूसरे की प्राप्ति के मार्ग का पड़ाव है। आनंद और भय उस व्यक्ति के अभिन्न साथी होते हैं जिसने इस देवता की इच्छा को अपनी इच्छा बना लिया है। अपने चरमोत्तेजनात्मक दृश्य में 'काम' के गुप्त चेहरे की झलक पा लेने के बाद मैं समझ गया कि वही अकेला देवता है, जिसकी मैं सेवा कर सकता हूँ—लेकिन ब्रह्मचारी के रूप में। मैं उस देवता के विशाल क्षेत्र का अध्ययन करके उससे परिचित होने का प्रयास करूँगा, लेकिन कभी उसकी गहराइयों में प्रवेश नहीं करूँगा। हम मनुष्य सतह पर जीते हैं—गहराइयाँ देवताओं के लिए हैं—और सतह की स्पष्ट समझदारी हमारी जीवन के लिए अनिवार्य है। क्या तुम इसे समझते हो ?"

नहीं, मैंने नहीं समझा। कम-से-कम तत्काल नहीं। मैं अब तक आतंकित था। मेरे विचार अपने गुरु की पत्नी के साथ वात्स्यायन के व्यभिचार के उद्घाटन के चारों तरफ नाच रहे थे। मैंने अपने आप से कहा कि उनकी ज्वरग्रस्त कल्पनाएँ एक पवित्र नियम के उल्लंघन का परिणाम थीं—गुरु की शैया के अतिक्रमण की। उनके प्रति सहानुभूति मुझमें बाद में तब आई जब मैंने मालविका के वाराणसी से लौटने के लगभग एक पखवाड़े बाद अपराह्न को वन की तरफ कदम बढ़ाया। इस दौरान मैंने उससे होनेवाली सांयोगिक भेंटों की भी अपेक्षा करने की कोशिश की। मेरे पाँव जिस समय मुझे उसके प्रिय स्थल की ओर ले चले, मैंने पाया कि आचार्य के प्रति मेरी वेदना नें गुरु के प्रति

मेरी अनुकूलित श्रद्धा को नष्ट कर दिया है। इन अनेक महीनों में मैंने समर्पण के जिस भवन में वात्स्यायन को प्रतिष्ठित किया था, उसकी नींव में रिसकर यह उसे बुरी तरह कमजोर कर रही थी। बहरहाल मालविका के इर्द-गिर्द सुरक्षा-घेरा न केवल यथावत था, बल्कि उस दिन से वह और प्रदीप्त होता गया। उससे मिलने की उम्मीद में मैंने अपने डगों को लंबा होते हुए पाया, उन नैतिक आशंकाओं के बगैर जो अतीत में प्रायः इनमें हिचक भर देती थीं।

।। चौदह ।।

स्त्री को देखकर आँखों में प्रेम छलक उठना, मन का संकल्प उत्पन्न होना, नींद का न आना, दुर्बल होते जाना, विषयों से वैराग्य हो जाना, निर्लज्जता, उन्माद, मूर्च्छा और मृत्युकाम आवेग की ये दस अवस्थाएँ हैं।

—कामसूत्र 5.1.5

मालविका की वापसी के बाद एक पखवाड़े तक मैं उससे अकेले मिलने से बचता रहा। अपने पिता की बीमारी के कारण वाराणसी जल्दी लौटने का बहाना बनाकर मैंने अपराह्न में वन जाना छोड़ दिया था। उसकी वापसी के बाद पहली सुबह जब सप्तपर्णी आश्रम के लिए मैं चला तो सड़क पर दौड़ती अपनी गाड़ी के साथ उमड़ती अपनी उत्तेजना पर मैं कठिनाई से नियंत्रण कर सका। यह वसंत के अंतिम दौर में वर्ष का एक ऐसा समय था, जब धरती गरम होने लगती है। दोपहर तक ग्रामीण इलाके धूप की तपिश में प्रायः खाली हो जाते हैं। छोटे-छोटे वृत्तों में उड़ते पतंगों, जुते हुए खेतों में इधर-उधर चोंच मारते मयूरों, हरी काई से ढके तालाबों में घुटनों तक पानी में डूबी और अपनी पूँछ से मक्खियाँ उड़ातीं भैंसों से जीवन के कुछ संकेत मिलते थे।

मैं आश्रम के जितना निकट पहुँच रहा था, वह भय उतना ही बढ़ता जा रहा था। उसने मेरी उत्तेजना की धार को कुंद करना शुरू कर दिया। जब मैं झोंपड़ी में पहुँचा तो मालविका अपने पति के साथ चूल्हे के सामने खड़ी थी। वाराणसी में साथ बिताए तीन दिनों की उत्तरदीप्ति अब तक इतनी सशक्त थी कि उसने मुसकानों के साथ एक-दूसरे का अभिनंदन करने के लिए हमें प्रेरित किया।

"क्या आपकी यात्रा सुविधाजनक रही ?" मैंने अपने उल्लास को शिष्ट वक्तव्यों की आड़ में छिपाते हुए पूछा।

"मालविका मुझे बिलकुल अभी बता रही थी कि वाराणसी में तुमने उसका कितना ध्यान रखा," वात्स्यायन ने अपनी पत्नी को अनुरागपूर्वक देखते हुए उसकी तरफ से जवाब दिया, "मैंने उससे कहा कि आखिर वह ऐसा क्यों नहीं करता, वह हमारा पुत्र है जो हमें नहीं मिला।"

मैं बहुत असुविधाजनक महसूस करने लगा।

"क्या तुम इसके बाद वन की ओर आओगे ?" मालविका ने पूछा।

"आज नहीं। मेरे पिता बीमार हैं। मुझे जल्दी वापस जाना है।" मैंने जवाब दिया। इस झूठ पर मेरे कान की लवें दहक रही थीं।

मालविका की आँखें आश्चर्य से फटी रह गईं। उसने मुझे अत्यंत आत्मविश्वास से देखा। वात्स्यायन की विनम्रतापूर्वक पूछताछ करती दृष्टि की छाया में उसने तेजी से अपने को शांत किया और उसका चेहरा फिर पहले जैसा हो गया। "कृपया, मेरे बाहर रहने पर इस घर को अपना ही घर समझें।" उसने रूखी औपचारिकता के साथ कहा।

मैंने प्रायः अपने आपसे यह प्रश्न किया कि हम दोनों वाराणसी में ही प्रेमी-प्रेमिका क्यों नहीं बन गए। इसमें हिचकिचाहट मेरी ओर से ही थी। वह मेरे पिता का घर था और वह उनकी अतिथि थी, मैंने अपने आपसे कहा। यह मुहावरा कि 'वह तुम्हारे गुरु की पत्नी है' मेरे सिर में प्रतिध्वनित होता रहता था। ठीक उसी समय वात्स्यायन का यह प्रायः दोहराया गया श्लोक भी गूँजता रहा कि लालसा का ज्वार चढ़ने पर निषेध गायब हो जाते हैं और सब कुछ की अनुमति होती है। लेकिन मैं जानता हूँ कि मेरी हिचकिचाहट मेरे तैयार न होने के कारण थी। मैं एक ऐसी लालसा की राह में सोची-समझी रुकावटें डाल रहा था, जो हमारे रक्त को निर्ममतापूर्वक गरम कर रही थी।

वसंत का अंत होते-होते, वात्स्यायन के रहस्योद्घाटन की अपराह्न, वन में एक खुली जगह के किनारे एकांत में, जंगली हंसों की प्रेमोन्मादी गुनगुनाहट से घिरे और धरती की अवनत गहराई में किसी आकस्मिक दर्शक से छिपे हुए घसियल गलीचे पर हम प्रेमी-प्रेमिका बन गए।

कल जब मैंने मालविका को यह बेढंगा वाक्य दिखाया तो वह हँसने लगी, "अभी तक, इतने वर्षों बाद, तुम उस अपराह्न को याद करके चिंतित हो जब हमने पहली बार प्यार किया था। उस पखवाड़े के दौरान मैं प्रतिदिन वन में तुम्हारी प्रतीक्षा करती थी।"

"लेकिन तुम मुझसे इतनी नाराज थीं। वाराणसी के बाद पहली बार तुमसे मिलने पर मैंने इसे तुम्हारे चेहरे पर देखा था। निश्चय ही तुम्हें क्रोधित होने का पूरा अधिकार था। मैं डर गया था। जब कभी आचार्य मेरी तरफ देखते, मैं शर्म से धरती में गड़ जाता। मुझे महसूस होता कि वे सब कुछ जानते हैं।"

"क्रोध का लालसा से क्या रिश्ता ? क्या तुम समझते हो कि कोई व्यक्ति इनमें से एक को, या फिर दूसरे को ही धारण कर सकता है ? उन्होंने हमेशा यह कहा है कि लालसा और क्रोध एक-दूसरे से आश्चर्यजनक रूप से एकताबद्ध होते हैं; एक के लिए ढक्कन उठाओ तो दूसरा बिना किसी तुक-ताल के प्रवाहित हो सकता है।"

"जिस सुबह सप्तपर्णी आश्रम जाने के लिए तुमने वाराणसी छोड़ा और तुम्हारी उपस्थिति मंद पड़ने लगी, मेरे सभी भय वापस आ पहुँचे," मैंने उससे अपने पीछे हटने के दयनीय कृत्य की व्याख्या करते हुए कहा, "आचार्य की सुंदर पत्नी भला कभी मुझ जैसे किसी व्यक्ति को क्यों चाहेगी—मैंने अपने आपसे निराशापूर्वक पूछा। अपने उत्तर

के लिए मैंने 'कामसूत्र' तक की छानबीन की।"

" 'कामसूत्र' की ?" मालविका आश्चर्यचकित थी।

" 'हाँ। मेरी मदद के लिए और कोई नहीं था। मैं चतुरसेन पर विश्वास नहीं कर सकता था। तुम मेरे लिए पूज्य थीं–किसी देवी का तरह असीम रूप से श्रेष्ठतर। मेरे समर्पण के आवरण को चीरने के उद्देश्य से चतुरसेन कोई भद्दी टिप्पणी कर सकता था, जिसे मैं सह नहीं पाता।"

"और क्या तुम अपने लिए मेरी चाहत के रहस्य का पता लगा सके ?" मालविका ने एक शरारती मुसकान के साथ पूछा।

"नहीं, लेकिन विवाहित स्त्री को लुभाने के तरीकों के बारे में लिखे अध्याय पढ़ने पर मुझे कई संभावनाओं पर विचार करने का सूत्र मिला। आसानी से प्रलोभित हो जाने वाली स्त्रियों के बारे में आचार्य की टिप्पणियों को भी उन कारणों के विमर्श के रूप में पढ़ा जाना चाहिए जिनके चलते विवाहिताएँ अपनी पतियों से अप्रसन्न रहती हैं और आसानी से प्रलोभन में आ जाती हैं। तुम्हारे बारे में उनकी और तुम्हारी एकसाथ बिताई जिंदगी के बारे में जो कुछ मैं जानता था, उसके आधार पर उनमें से कुछ संभावनाओं को मैंने तत्काल खारिज कर दिया। तुम्हारे पति चिड़चिड़े, गंदे, सुस्त, डरपोक, कुबड़े, ठिगने, विकलांग, लंपट, गँवार, दुर्गंधयुक्त या बीमार नहीं हैं। न उनकी कोई पहली पत्नी थी, न बहुत सारे भाई। वे लंबी यात्रा पर भी नहीं गए थे। वे न तो तुम्हें तुम्हारे समान स्तर के व्यक्तियों के सामने अपमानित करते थे, न ही उन प्रतिभाओं की निंदा करते थे जिनके कारण तुम्हें अपने ऊपर गर्व की अनुभूति होती थी। तुम स्वयं न तो झगड़ालू स्वभाव की थीं, न व्यभिचारिणी। और मैं जानता हूँ कि तुम उन स्त्रियों में से नहीं हो जिनका विवाह युवावस्था में बलपूर्वक कर दिया जाता है और वे जिसे चाहती हैं, उससे विवाह की अनुमति नहीं दी जाती है।"

"वे शेष कारण कौन से हैं जो मुझ पर लागू हो सकते थे ?"

"कोई स्त्री अपने ऐसे पति से अप्रसन्न हो जाती है जो बूढ़ा या नपुंसक हो। कोई स्त्री जो गर्वीली, लेकिन पति से तिरस्कृत है, वह उसी प्रकार प्रलोभन के सामने असुरक्षित हो जाती है, जैसे मस्तिष्क, बौद्धिकता, चरित्र और अभिरुचि में पुरुष के समकक्ष स्त्री।"

"और ? मैं इनमें से कौन हूँ ?" मालविका ने आग्रह किया।

"मुझे पता नहीं है," इस वार्तालाप को समाप्त करने की इच्छा से मैंने अप्रसन्नतापूर्वक कहा, 'शायद इनमें से सब।"

मालविका जोरों से हँस पड़ी। एक शुद्ध लेकिन रुचिकर मनोरंजक हँसी।

"...ओह, तुम पुरुष ! तुम स्त्रियों के बारे में इतना कम जानते हो। तुम्हें जब मैंने अपनी बाँहों में जकड़कर मैदान में अपने ऊपर खींचा तो तुम कितने मृदु थे। किसी भयभीत सारस की तरह काँपते हुए, और अचानक तुम मदमस्त हाथी हो गए जिसे रोका नहीं जा सकता था।"

मैं इस क्षण के प्रति असावधान नहीं था। मालविका के वाराणसी दौरे से पहले, विगत कुछ महीनों से मैं वेश्यालय में कलावती के यहाँ नियमित रूप से जाया करता था। हाँ, यही था उस स्त्री का नाम जिसके साथ मैंने काम के क्षेत्र में पहला धावा बोला था और जो शानदार होते-होते रह गया था। मैं उसका नियमित प्रेमी नहीं हो सकता था—इसके लिए मैं बहुत निर्धन था—लेकिन चतुरसेन की उदारता से सहारे मैं सप्ताह में एक रात उसके साथ बिता सकता था। आरंभिक क्रियाओं के बाद मिलनसारितापूर्वक—हम बहुत जल्दी मित्र बन गए थे—हम बिस्तर की तरफ बढ़ते, जहाँ मैं हिचकिचाते हुए वात्स्यायन से वार्तालाप के दौरान सीखे गए कुछ पाठों को व्यवहार में लाता।

मेरे बालों में हाथ फेरती और कभी अनायास मेरे गाल थपथपाती कलावती बहुत उत्साहित तो नहीं, लेकिन मेरी यौनेच्छाओं के प्रति पर्याप्त साहिष्णु और अपने शरीर को देने में पर्याप्त उदार थी। आरंभ में ये कामुक सूत्र अविश्वसनीय रूप से उत्तेजक और मर्मभेदी पीड़ा से भरे हुए थे। स्पर्श की सुखद प्रचुरता से मेरा शिश्न उस हद तक कड़ा हो जाता कि मुझे लगता, प्रेम-देवता के योनि-रस के बिना यह दो भागों में टूट जाएगा। फिर भी उस दिशा में कोई गतिविधि अपने साथ घबराहट लाती जो उत्तेजना को तेजी से निगल लेती। यह मानकर कि मेरा शिश्न अपनी अस्वीकृति को ही दोहराएगा, मैंने फिर उसमें प्रवेश करने का साहस नहीं किया। शायद पुरुष का शिश्न उससे कहीं अधिक परावर्तक होता है, जितना कि उसकी ख्याति उसे श्रेय देती है। कोई विशिष्ट स्त्री जब इसके स्वामी के लिए कोई खतरा पैदा करती है तो उसके किसी प्रारंभिक स्तर पर ही उसे इसका ज्ञान हो जाता है। यद्यपिं कलावती की सुगम प्रकृति की वजह से मैं समझ नहीं सका कि यह खतरा क्या हो सकता है। जैसे ही अधिक आसानी से ऐंद्रियता की धारा में डुबकियाँ लगाने लगा, मैं अपने प्रयोगों में साहसी हो गया। उदाहरण के लिए, सुगंधों पर वात्स्यायन के संभाषणवाले दिन मैंने इस विशिष्ट मार्ग का अन्वेषण करने की अपनी इच्छा प्रकट की। कलावती को कोई आपत्ति नहीं थी, यद्यपि मुझे लगा कि मैंने उसकी आँखों को मनोरंजन से चमकते हुए देखा है। जब हम दोनों ने कपड़े उतार दिए तो मैं उसमें नाक घुसेड़कर आनंद लेने लगा। मैं उसकी कोमल दरार में छिप गया, लेकिन हल्के स्वेद से मिली हुई केसर की मृदु गंध मेरी नासिकीय जरूरतों के लिए, जो जबर्दस्त उभार पर थीं, बहुत सौम्य थी। मेरा दूसरा पड़ाव उसके बगल की गहराइयाँ थीं। इसके कटे हुए बाल मेरी नाक को गुदगुदा रहे थे। उसके पसीने की तीखी गंध मेरी लालसा को भड़का रही थी। अपने अंतिम लक्ष्य की आश्चर्यजनक सुगंध का वर्णन करने की मैं चेष्टा तक नहीं करूँगा। कलावती की अधर-कस्तूरी की मदहोश करनेवाली गंध से मैं उत्तेजित और उसके वशीभूत हो गया।

उस रात के बाद मैंने सोचा कि मैं संभोग के लिए तैयार हूँ। जब मैं कलावती के साथ बिस्तर में होता था तो मेरे भय क्षणभंगुर होते थे, जो कभी-कभी मेरे फूले हुए जननांगों को अपने काले पंख से छू देते थे। यद्यपि पहले कुछ मौकों पर मैं शीघ्र स्खलित हो गया, उसके बाद किए गए संभोग के मेरे प्रयासों को वैसी मामूली असफलता नहीं

मिली। लेकिन कहीं-न-कहीं मैं जानता था कि अपनी देवी, अद्वितीय मालविका के मंदिर में पूजा का अधिकारी होने से पहले मुझे कलावती के पवित्र स्थल में कुछ और प्रार्थना करनी होगी। मैं जानता था कि गुरु पत्नी के साथ सोना बहुत अधिक गंभीर मामला है, किंतु यह नहीं जानता था कि हम दोनों का एक-दूसरे में डूबना इंद्रियों को किस सीमा तक मदहोश करनेवाला, मस्तिष्क को किस कदर चूस लेनेवाला आश्चर्यजनक अनुभव साबित होगा।

''मैं जानता हूँ कि तुम मुझसे मेरे महान पाप के परिणाम के बारे में पूछना चाहते हो,'' वात्स्यायन ने अगली सुबह कहना शुरू किया, ''लेकिन एक संक्षिप्त, रहस्यमय बीमारी के अलावा कुछ भी नहीं हुआ।''

कल की गहरे तक अशांत करनेवाली घटनाओं के बाद एक-दूसरे से जुड़ने में हिचकिचाते हुए, दिन का काम शुरू करने के प्रति अनिच्छुक, हम दोनों खामोश बैठे रहे। प्रत्येक अपने ही विचारों में खोया हुआ था, यद्यपि वात्स्यायन की बात से पता चलता था कि वे अपनी विचारमग्नता के कारण को ही मेरा कारण भी समझते हैं।

मिहिरपाल के आश्रम में अगली सुबह वात्स्यायन तेज ज्वर के साथ जगा। उतार-चढ़ाव के साथ यह ज्वर दो सप्ताह तक टिक गया और उसने कौशाम्बी से बुलाए गए चिकित्सक के प्रयासों को विफल कर दिया। तुलसी और पुदीने की पत्तियों का शीतल लेप लगाकर और सामान्य प्रतिज्वर औषधियों से शरीर के अशांत तत्त्वों को शांत करके ज्वर को तुरंत उतारने में उस चिकित्सक को कोई परेशानी नहीं हुई। लेकिन, कुछ घंटों के बाद ताप फिर ऊँचा चढ़ जाता और वात्स्यायन की अवस्था सरसाम से कुछ कम लेकिन चेतना के धुँधलाने से कुछ अधिक खराब हो जाती। उस बच्चे में सन्निपात ज्वर के कई लक्षण थे जिसमें वात, पित्त और कफ सभी उत्तेजित हो जाते हैं। इनकी उत्तेजना से शरीर में बारी-बारी से ठंडी और गर्मी की सनसनी चढ़ती है, सिर और जोड़ों में दर्द होता है, आँखों से पानी आता है, कानों में धीमा दर्द होता है और घंटी बजने की आवाज आती है। फिर भी वह चिकित्सक इस बीमारी का कारण पूरी तरह शारीरिक व्यवस्था को मानने से हिचकिचाता था। इसकी वजह यह थी कि जब कभी वह ताप को नीचे लाने में सफल होता था, वात्स्यायन जैसे विषाद, उदासीनता और विशेषकर साँस उखड़ने जैसे मानसिक ज्वर के विशिष्ट लक्षणों का प्रदर्शन करता, जिनका संबंध रत्यात्मक ज्वर से है। आश्रम के ब्रह्मचारी जीवन में चूँकि कामोत्तेजना के लिए कोई जगह नहीं थी, स्वभावतः वह चिकित्सक भ्रमित हो गया था। ज्वर की सविराम निरंतरता के कारण शिक्षक बंधुओं ने वात्स्यायन को वापस उसके कौशाम्बी स्थित घर भेजने का निर्णय किया। अनिवार्य 'घर वापसी' अनुष्ठान के अतिरिक्त वात्स्यायन की शिक्षा हर तरह से पूरी हो चुकी थी। मिहिरपाल ने सोचा कि जीवन की छात्रावस्था के अंत के प्रतीक इस अंतिम कर्मकांड को उस समय संक्षिप्त रूप से संपन्न किया जा सकता है, जब अस्थायी रूप से ज्वर उतर गया हो।

इस प्रकार वात्स्यायन की कुंडली के सावधान निरीक्षण के बाद मिहिरपाल द्वारा चुने

गए एक पवित्र दिन की अपराह्न बेला में उस युवा के बालों और छितरी दाढ़ी का मुंडन कर दिया गया, हालाँकि वह अपनी चटाई पर ही लेटा हुआ था। चूर्णों और सुगंधियों—छात्रों के लिए वर्जित—के भरपूर प्रयोग के साथ संपूर्ण स्नान के बजाय, जो उसकी स्थिति को बदलकर 'स्नान किया हुआ व्यक्ति' या स्नातक बना देती है, वात्स्यायन के शरीर को प्रतीकात्मक रूप से पानी और चंदन के लेप से नम कर दिया गया। छात्रों की पूरी सभा की उपस्थिति में जब उसके वस्त्र उतारे गए, गौरी अपनी झोंपड़ी की खिड़की से देख रही थी। उसके ऊपर और नीचे के वस्त्र, कमरबंद और दंड एक जगह एकत्र कर दिए गए थे। इस ढेर को आश्रम की पवित्र आग के हवाले कर दिया गया। इसके बाद वात्स्यायन को कुछ कठिनाई से, बारीक रेशम में लपेटा गया, क्योंकि वह अपना हाथ भी शायद ही उठा पाता था। उसके कानों में सोने के नए छल्ले पहना दिए गए। हवन-अनुष्ठान को छोटा कर दिया गया और मिहिरपाल द्वारा बोले जानेवाले विदाई के समापान श्लोकों को एक अकेले वाक्य : 'अब से अपने को दूसरे कर्त्तव्यों में लगाओ' तक सीमित कर दिया गया। वात्स्यायन को जब घर जाने के लिए बैलगाड़ी में बिठाया गया तो वह फिर ज्वरग्रस्त हो चुका था। वापसी के दो दिन बाद यह ज्वर उसी रहस्यमयता के साथ गायब हो गया जैसे चढ़ा था, यद्यपि चिकित्सक ने उसे ठीक करने का दावा किया और उस युवक के कृतज्ञ परिवार में भी उसके स्वास्थ्य का पूरा श्रेय उसे दिया।

"उस ज्वर ने मुझे सभी यौनेच्छाओं से स्थायी रूप से वंचित कर दिया। उसने मुझे साधक बना दिया, हालाँकि मैं अभी गृहस्थाश्रम में प्रवेश करने जा रहा था। 'कामसूत्र' लिखते समय कभी-कभी गौरी के साथ उस रात के बिंब अनियंत्रित रूप से आ जाते थे, लेकिन मुझे गतिशील करने की शक्ति उनमें नहीं थी। वे बस बिंब बनकर रह गए। मैं उनका बिना किसी शर्म या अफसोस के निरीक्षण कर सकता था, और वैसे ही निरावेग रूप से उन्हें मुक्त कर सकता था।

"कुछ वर्षों पहले मैंने अपनी बीमारी के लक्षणों को राज चिकित्सक के सामने रखा। उनका विचार था कि यह घ्राणेंद्रिय के माध्यम से किसी दुष्टात्मा द्वारा रोपा गया अस्थायी पागलपन हो सकता है। राक्षसी पागलपन सभी तीन हास्यबोधों को अव्यवस्थित कर देता है जिससे पैदा हुई दुर्बलता वही दिशा अपनाती है, जैसा मेरे साथ हुआ था।

" 'क्या तुमने इसका कोई आरंभिक लक्षण महसूस किया था, जैसे ईशनिंदा की इच्छा, ब्राह्मणों और तपस्वियों पर क्रोध या अपने गुरुओं की हत्या की इच्छा ?' " उस चिकित्सक ने पूछा।

"मैं सचाईपूर्वक यह नहीं कह सकता कि मुझे ऐसे किसी संकेत की याद है। मिहिरपाल की हत्या की इच्छा ? यह विचार तक घृणित था।

" 'और स्वप्न ? क्या तुम अपने स्वप्नों में देवता की झिड़की का अनुभव करते थे ?'

" 'नहीं,' मैंने फिर सचाईपूर्वक उत्तर दिया। मैं चिकित्सक की परेशानी को देख

सकता था। वह बीमारी एक रहस्य बनी रही।

मैं अपनी आँखों को मजबूती से सामने धरती पर टिकाए रहा। मैंने कोई टिप्पणी नहीं की। मेरी इच्छा उसके समीप होने की थी। मैं कल्पना कर रहा था कि वह वन की खुली जगह में स्थित तालाब के किनारे बैठकर मेरी प्रतीक्षा कर रही होगी। उसके बाएँ पैर के वक्र तलवे नीचे पालतू हिरन की तरह लेटे पानी की शांत सतह का संकोच से स्पर्श कर रहे होंगे।

मिहिरपाल के आश्रम से जब तक वात्स्यायन घर लौटे, तब तक उदयन को राजा बने दो वर्ष बीत चुके थे। रुद्रदेव के कठोर, सैन्य शासन के बीतने के साथ ही अधिक सुरुचिपूर्ण व्यवस्था पूरे कौशाम्बी में दिखाई पड़ने लगी थी। नए सम्राट की रुचियों को सबसे पहले प्रतिबिंबित करनेवाले राजमहल से अधिक स्पष्ट वह कहीं नहीं थी। केंद्रीय चौराहे, जहाँ चारों दिशाओं को जोड़नेवाले दो राजमार्ग एक-दूसरे को काटते हैं, की उपेक्षा करके महल को एक बाहरी दीवार से घेर दिया गया था। चार नगर द्वारों की ही तरह इसके प्रमुख द्वार का विशाल कक्ष भी देर शाम अपने बंद होने तक लोगों के एकत्र होने की जगह था। उदयन के पिता अपने प्रिय सैन्य अभियानों से जब कभी राजधानी लौटते थे तो वे अपने खाली समय का अधिकांश भाग महल के बाहरी प्रांगण में अस्तबलों, गोशालाओं, हस्तिशालाओं और कोचवानों के घरों या राज्य-शस्त्रागार के कारखाने में बिताते थे। वे घंटों घोड़ों और हाथियों का प्रशिक्षण देखते और संतुष्टिपूर्वक शस्त्रागार के कारखाने के आसपास घूमते। इसमें कुशल कारीगर धनुष और तलवार, तीर और तरकश, बल्लम, भाला, ढाल, कटार, अंकुश और सैनिकों तथा युद्ध में प्रयुक्त होनेवाले पशुओं के लिए सुरक्षात्मक कवच तैयार करने के लिए दिन-भर श्रम करते थे। हाथियों और घोड़ों का दृश्य और उनकी गंध और कारखाने की आवाजें बूढ़े राजा को आराम पहुँचानेवाली चीजें थीं, जिनकी जरूरत उन्हें राज्य के उबाऊ मामलों से उबरने के लिए पड़ती थी।

उदयन ने राज्यारोहण के बाद सबसे पहले जो काम किए, महल के व्यक्तिगत हिस्सों का पुनरुद्धार उनमें से एक था। महल के सबसे भीतरी प्रांगण में स्थित यह एक तीनमंजिला इमारत थी जिसके ऊपरी तलों में रहने के कमरे थे और जो लंबे समय से सैनिक शासक की उपेक्षा की शिकार थी। खजाने में सोने के घटते हुए ढेरों की अपेक्षा मालगोदामों में चंदन की लकड़ी और अगरु के भंडारों से अधिक सरोकार रखने वाले राजा ने राजमहल के अपने स्वप्न को पूरा करने के लिए मुक्त हस्त से खर्च किया। नृत्य, संगीत-समारोहों और रंगमंचीय प्रदर्शनों के लिए निर्मित विशाल कक्ष की, जो वर्षों से अप्रयुक्त पड़े थे, मरम्मत की गई। उनके खंभों पर नीले और लाल रोगन की परत चढ़ाई गई और उन्हें स्वर्णनिर्मित, रत्नजड़ित वृत्तीय बेल-बूटों से सजाया गया। महल की खिड़कियों पर फिर से झिलमिलाती हुई बिल्लौरी परत चढ़ाई गई। रंगीन और नक्काशीदार

चौखटों से सुसज्जित क्रीड़ा-कक्षों, स्वागत और सभाकक्षों के फर्शों पर संगमरमर की बनी नई बिसातें बिछी रहती थीं। उच्च तल स्थित राजा का निवास कक्ष सबसे ऊपरवाली मंजिल पर एकांत और अकेला था, जिसकी छत अलग थी। इसकी दीवारें ऐसी थीं कि बारजा निकल आया था और उन पर हाथी दाँत की परतों से धारियाँ बनाई गई थीं और बारजे की छत पर फीरोजी नीले रंग की खपरैल लगी थी।

महल में नए मंडप बनाने के लिए तक्षशिला जितनी दूरी से भी वास्तुविदों को आमंत्रित किया गया था। अवंती के सर्वश्रेष्ठ ज्ञात प्राकृतिक दृश्य कलाकार से कहा गया था कि वे फौव्वारों, नहरों, कृत्रिम झीलों और मत्स्य-सरोवरों से परिपूर्ण उद्यान तैयार करे। मत्स्य-सरोवर पिछले कुछ वर्षों से तब से प्रचलन में थे, जब से सम्राट चन्द्रगुप्त ने राजधानी के प्रासाद-उद्यानों में अपने लिए एक मत्स्य-सरोवर बनवाया। कौशाम्बी में आनेवाले वास्तुविदों, संगतराशों, बढ़इयों, मूर्तिकारों, चित्रकारों और दूसरे कलाकारों का ताँता लगा हुआ था, क्योंकि वहाँ के अभिजात वर्ग और धनी व्यापारियों ने राजधानी के सैन्य परिवेश को बदलकर उसे वह लालित्य प्रदान करने के राजकीय उद्‌देश्य का अनुसरण किया, जिसके लिए वह आज प्रसिद्ध है।

कलाओं के प्रति उदयन का प्रशंसा भाव और जीवन के ऐंद्रिय पक्ष की ओर उसके रुझान ने धीरे-धीरे कौशाम्बी को अनिर्वचनीय शृंगार रस से भर दिया; उस रस से, जो हर उस चीज का सारतत्त्व है जो सुंदर, सम्मोहक और दीप्त है। उस नगर ने भवन निर्माण के कारोबार से जुड़े लोगों के अतिरिक्त अन्य लोगों, विशेषकर कवियों और गणिकाओं को भी आकर्षित करना आरंभ कर दिया। इनमें से दूसरे तबके के लोगों का आगमन वात्स्यायन के घराने की नियति को विशेष रूप से क्षति पहुँचानेवाला सिद्ध हुआ।

"पतन पहले ही शुरू हो चुका था," वात्स्यायन ने कहा, "मेरी माँ ने वस्तुतः संन्यास ले लिया था और अब वह अपना अधिकांश समय गोशिताराम मठ में ही बौद्ध गुरुओं के संभाषणों और पीड़ा तथा नश्वरता पर उनके संदेशों को सुनते हुए बिताती थी। घर चलाने के लिए पर्याप्त आमदनी करना अब अकेले चंद्रिका की जिम्मेदारी थी। यद्यपि, चंद्रिका अब वह नहीं रह गई थी, जो वह कीर्तिसेन से हुई हिंसक मुठभेड़ से पहले थी। चंद्रिका के दाहिने उरोज पर, जहाँ से उस व्यापारी ने मांस की एक बोटी नोच ली थी, एक सिक्के जैसे लाल निशान के अलावा शरीर पर दाँतों और नाखूनों से पड़े दूसरे निशान अब हल्की काँटेदार धारियों और धब्बों में बदल चुके थे जो उसकी सुनहली-भूरी त्वचा पर अस्पष्ट छाया मात्र थे। हालाँकि चंद्रिका के लिए वे उसे स्थायी कुरूपता का अभिशाप देनेवाली विरूपक लकीरें थीं। किसी स्त्री के लिए सुंदरता जितनी शारीरिक विशेषता है, उतनी ही उसके विश्वास की वस्तु भी है, और चंद्रिका ने अपने सौंदर्य में विश्वास खो दिया था। उसकी उम्र भी बढ़ रही थी, हालाँकि वयो-वृद्धि की प्रतीक लकीरों और झुर्रियों को अभी उसकी बेदाग त्वचा पर अभिव्यक्त होना बाकी था।

जिन वर्षों में वात्स्यायन सुदूर मिहिरपाल के आश्रम में अध्ययनरत रहे, अवंतिका-निवास—उनके घर को इसी नाम से पुकारा जाता था—आनेवाले ग्राहकों की संख्या धीरे-धीरे घटती गई। वात्स्यायन की वापसी के समय तक यह गिरावट बहुत तेज हो गई थी। नवागंतुक गणिकाओं से प्रतिस्पर्द्धा के कारण चंद्रिका के प्रेमियों की धारा लगभग सूखकर टपकती हुई बूँदों में बदल गई थी। अधिकांश संध्याओं को एक कोने में बैठे, उदासीनतापूर्वक अपने वाद्ययंत्रों के सुर मिलाते या असंबद्ध वार्तालाप में लीन दो संगीतकारों के अलावा मनोरंजन-कक्ष खाली रहता था। चंद्रिका सीढ़ियों से ऊपर अपने कमरे में देर रात तक उन ग्राहकों की प्रतीक्षा करती पड़ी रहती, जो नहीं पहुँचते थे। वयोवृद्ध कारागार-प्रमुख अब भी उसे मासिक भत्ता भेजता था। उस उदार व्यक्ति ने वात्स्यायन के पिता की मृत्यु की वजह से इस घराने की आय में हुई गिरावट की भरपाई करने के लिए इस राशि में सौ पणों की वृद्धि कर दी थी। लेकिन नए प्रेमियों और इच्छुक प्रतियोगियों से मिलनेवाले धन और आभूषणों के उपहारों के सतत प्रवाह के बिना उस घर की आर्थिक स्थिति तेजी से बिगड़ती चली गई। एक-दो हफ्तों में एक बार उसकी बहन के आभूषणों, कीमती गलीचों और महँगे घरेलू सामानों को, जो बिक्री के लिए थे, आँकने और खरीदने के लिए व्यापारी आते थे। घोर विषादग्रस्तता की तरफ अटल रूप से बढ़ते उस घर के बैलों को बेच दिया गया और नौकरों की संख्या में भारी कटौती कर दी गई।

अपने आध्यात्मिक अनुसंधानों में तल्लीन वात्स्यायन की माँ दरिद्रता में उनके गिरते जाने के प्रति उदासीन बनी रही। अपनी आर्थिक समस्याओं के समाधान की तलाश में अपनी बहन को शामिल करने के चंद्रिका के प्रयास निष्फल हुए। जब तक उसके दर्पणों का संग्रह यथावत था, घर का सारा सामान बिक जाने पर भी अवंतिका को कोई अंतर नहीं पड़ता था। हाल ही में चंद्रिका ने कौशाम्बी में नई आई कुछ युवा वेश्याओं को, जो गणिका का स्तर पाना चाहती थीं, रत्यात्मक कलाओं की विकसित छात्राओं के रूप में अपनाया था। यद्यपि चंद्रिका स्वयं गणिकाओं की शिक्षा के लिए वांछित चौंसठ कलाओं में से अनेक में दक्ष थी, पर इन कलाओं में उसकी बड़ी बहन की निपुणता किंवदंती बन चुकी थी। इस शैक्षिक परियोजना में अगर वह चंद्रिका के साथ जुड़ती तो न केवल अधिक छात्राओं को आकर्षित करती, बल्कि तब दोनों बहनें शुल्क के रूप में खासी बड़ी रकम वसूलने में सक्षम हो जातीं। बहरहाल, अपने बीते जीवन के किसी भी हिस्से को फिर से शुरू करने से अपने इन्कार पर वात्स्यायन की माँ हठपूर्वक कायम रही। वह चंद्रिका की शिकायतों और आपत्तियों को ऐसे धैर्य के साथ ग्रहण करती कि छोटी बहन गुस्से से पागल हो जाती।

इस प्रकार वात्स्यायन चंद्रिका के असंतोष और दोनों बहनों के बीच मनमुटाव से आक्रांत एक ऐसे घर में लौटे, जो आसन्न दरिद्रता के भय से जकड़ा हुआ था। यहाँ तक कि गणदास भी इस भय से अछूता नहीं था।

रसोईघर में व्यय होनेवाले धन को बचाने की गरज से उसे अपने सभी सहायकों

की छुट्टी करनी पड़ी थी। उसने अतिरिक्त श्रम या सब्जी काटने और रसोईघर को साफ करने जैसे छोटे कामों पर एतराज नहीं किया। उसने उन व्यंजनों में तीव्र कटौती को भी धैर्य के साथ स्वीकार किया जिन्हें पकाने की उसे अनुमति थी। पाक-कला के शिक्षक के पद से पदावनति गणदास को सर्वाधिक खटकी। छात्रों के बिना वह सिर्फ एक रसोइया था, एक तुच्छ कर्मचारी। वह रसोईघर के चारों ओर उस पराजित सेनापति की तरह घूमता, जो युद्धभूमि और अपने अपमानस्थल को देखने दोबारा आया हो। उसकी तोंद अब मोटी और चमकदार नहीं थी। वह उदासीनता से ढल गई थी। जब वात्स्यायन उसका आलिंगन करने के लिए दौड़े तो स्वागत में उभरी उसकी मुसकान शीघ्र ही उसकी आँखों से गायब हो गई।

वात्स्यायन के सामने यह स्पष्ट था कि गणदास उसे एक संभावित उद्धारक के रूप में देख रहा था, जो परिवार के भाग्य को पलट सकता है। उसकी उदात्ततापूर्वक उदासीन माँ के अलावा घर का हर सदस्य इस अपेक्षा में भागीदारी करता प्रतीत होता था। उस इक्कीस वर्षीय युवा के सामने यह स्पष्ट था कि उसे धनार्जन करना है, और वह भी शीघ्र। उसे अवंतिका-निवास की खाली होती संपत्तियों को रोकने के लिए पर्याप्त संख्या में, तेजी से आय पैदा करनी थी।

''कौशाम्बी उन दिनों संभावनाओं से परिपूर्ण एक हलचल भरा शहर था। यद्यपि ये संभावनाएँ सभी उपयोगी योग्यताओं से हीन एक ऐसे युवा के लिए नहीं थीं, जिसकी एकमात्र योग्यता साहित्य से परिचय था। मेरा अनुमान है कि मैं चंद्रिका की छात्राओं को उन तीन कलाओं की शिक्षा देकर जो 'कामसूत्र' में दी गई चौंसठ कलाओं की मेरी अपनी सूची में चौवन से छप्पन संख्या तक हैं, उसकी सहायता कर सकता था। ये कलाएँ हैं : शब्दकोश का ज्ञान, काव्यात्मक छंद, पद्यरचना और साहित्यिक रूप। चंद्रिका ने मुझे उत्साहित नहीं किया। उसे इस बात में संदेह था कि वे स्त्रियाँ गुरुकुल से अभी-अभी निकले छात्र से शिक्षा लेना पसंद करेंगी, जबकि ऐसे वृद्ध और प्रसिद्ध कवियों की कोई कमी नहीं है जो उन स्त्रियों के शारीरिक सौंदर्य को साहित्यिक संवेदना से संवर्धित करने के लिए उत्सुक हैं।

''और तब मुझे एक उपाय सूझा। अगर मैं इतना युवा न रहा होता, तो मैंने कदापि इस उपाय को इसकी नियति तक न पहुँचाया होता। मैंने अपने आपको यह विश्वास दिलाया होता कि जो लक्ष्य मैं अपने लिए तय करनेवाला हूँ, वह मेरी क्षमताओं से बहुत परे है। मैं कागज की नाव में समुद्र पार करने की कोशिश कर रहा हूँ। लेकिन युवावस्था का विश्वास इसकी असफलताओं की भरपाई करता है। एक सप्ताह तक मैंने दिन में पंद्रह से सोलह घंटे विह्वलतापूर्वक लिखते हुए बिताया।''

वात्स्यायन की योजना एक रोमानी नाटक लिखने की थी, जो राजा की कल्पना को आकर्षित कर ले। उदयन ज्ञान और कलाओं के संरक्षक के रूप में ख्यात होने के लिए उत्सुक था, और यद्यपि अवंती, मगध और दूसरे राज्यों से कविजन कौशाम्बी की ओर खिंचे चले आ रहे थे, ऐसी अफवाह थी कि स्थानीय प्रतिभा की कमी से राजा

निराश है। वात्स्यायन कौशाम्बी के परिवेश पर एक नाटक लिखना चाहते थे, जो एक तरफ उदयन के दंभ को संतुष्ट करे, तो दूसरी तरफ उसकी रुचि को प्रभावित।

"मैंने उदयन के बारे में एक नाटक लिखने का निश्चय किया। नहीं, वर्तमान राजा नहीं—मैं अपने आपको इतना प्रकट नहीं करनेवाला था—बल्कि उसके अनुश्रुत पूर्वज के बारे में, जिसने बुद्ध के समय में कौशाम्बी पर शासन किया था। मैंने महसूस किया कि कौशाम्बी के नागरिकों को अपने यशस्वी समनाम की पुनः याद दिलाने से उदयन खुश हो जाएगा। कथानक उस प्राचीन शासक के जीवन की उन अनेक कथाओं में से एक से लिया गया जिन्हें अब भी भ्रमणशील चारण गाते हैं।

"मैंने जो कथा चुनी थी वह उदयन की अपनी पत्नी वासवदत्ता के प्रति उसके अत्यधिक प्यार, और परिणामस्वरूप राजकाज की उपेक्षा के बारे में थी। राजा की आसक्ति से सावधान उसके मंत्री राजा को वासवदत्ता की मृत्यु का विश्वास दिलाने और मगध के राजा की बेटी पद्मावती से विवाह के लिए उसे राजी करने का निश्चय करते हैं। मंत्रियों से एक जादुई खुराक प्राप्त करके, जो उसे अपना रूप बदलने में सफलता प्रदान करता है, वासवदत्ता एक ब्राह्मण स्त्री का वेश बनाकर अपनी प्रतिद्वंद्वी पद्मावती की सेवा करने के लिए मगध की राजसभा में जाती है। पद्मावती से विवाह करके जब उदयन कौशाम्बी लौटता है, वासवदत्ता नई रानी की परिचारिका के रूप में उसके साथ आती है। वह पद्मावती के लिए एक ऐसी तकनीक से गजरा बनाती है जो उसने राजा से सीखी है। उदयन इस गजरे को पहचान जाता है और पद्मावती से पूछता है कि उसने इसे कहाँ से पाया। रानी जवाब देती है कि उसकी दासी ने गूँथा है। राजा महसूस करता है कि यह दासी निस्संदेह वासवदत्ता है। मंत्रीगण सब कुछ स्वीकार कर लेते हैं और इसके बाद राजा अपनी दोनों पत्नियों के साथ हमेशा सुख से रहता है।"

"लेकिन आचार्य !" मैं विस्मित हुआ, "आपका कथानक भास के महान नाटक 'स्वप्नवासवदत्ता' से बिलकुल मिलता-जुलता है।"

"पूरी तरह ऐसा नहीं है", वात्स्यायन हँसे, "मेरा मित्र भास भी अपने कथानक के लिए इसी कहानी को चुनता है लेकिन वह इसमें दूसरी कहानियों के तत्त्वों को भी जोड़ता है। वह वासवदत्ता के रूप बदलने और गजरे के माध्यम से राजा द्वारा पहचाने जाने को समुचित रूप से प्रसिद्ध, स्वप्नों के सिलसिले से प्रतिस्थापित करता है। इसमें पद्मावती के बिस्तर में सोते समय उदयन वासवदत्ता का स्वप्न देखता है, जबकि बिस्तर के कोने पर बैठी वासवदत्ता सोते हुए राजा से वास्तव में वार्तालाप करती है, और वह उससे स्वप्न में बात कर रहा होता है।

"तुम्हें यह अवश्य याद रखना चाहिए कि मैं नाटककार बनने की आकांक्षा तक नहीं रखता था, जबकि भास ने जब उदयन और वासवदत्ता के बारे में अपना नाटक लिखा था, वह इस विधा में पारंगत माना जाता था। मेरा उद्देश्य उत्कृष्ट साहित्यिक कृति की रचना नहीं, बल्कि राजा का ध्यान और संरक्षण आकर्षित करके धनार्जन करना था। रंगमंच के बारे में मैं जो कुछ जानता था, वह मैंने बचपन में उत्कंठित दर्शक के

रूप में और अपने अध्ययन के दौरान अमरपाल द्वारा प्रदत्त नाटक को सिद्धांत और दर्शन के ज्ञान से सीखा था। यद्यपि दोनों नाटकों में प्रिय रानी की काल्पनिक मृत्यु और उसे खोने का विश्वास कर चुके पति द्वारा उसकी खोज का विवरण है, भास की उत्कृष्ट कृति के मुकाबले मेरा अपना प्रयास नगण्य था।

''अगर कोई इन दोनों नाटकों का विश्लेषण करे तो उसे यह समझने में कठिनाई नहीं होगी कि मैंने भी अपनी कृति की रचना नाटक के नियमों के अनुसार करने की कोशिश की : उदाहरण के लिए, यह सिद्धांत कि आख्यान को हमेशा बिछोह और पुनर्मिलन पर आधारित होना चाहिए। मैंने कर्त्तव्यपूर्वक इस सूत्र का अनुसरण (भास की ही तरह) किया कि नाटकीय गतिविधि को सौभाग्य से दुर्भाग्य और वापस फिर सौभाग्य से होकर गुजरना चाहिए, कि नाटक के अंत को किसी-न-किसी रूप में इसके आरंभ को दोहराना चाहिए। फिर भी मेरा नाटक सिद्धांतों का कंकाल बनकर रह गया, जबकि भास हड्डियों पर मांस चढ़ा सके, देह में आत्मा डाल सके और इस प्रकार जीवन से गुंजायमान एक नाटक प्रस्तुत कर सके।

''आज मैं अपनी असफलता का कारण समझ सकता हूँ : सौंदर्यशास्त्र के सर्वोच्च सिद्धांत, सामंजस्य को संघटित करनेवाली चीज की गलत समझ और उसका प्रयोग। विरुद्धों का संतुलन, शांति का आनंद त्रासदी की कष्टदायक गहराइयों की यांत्रिक उपेक्षा या शुद्ध हास्य के गैरजिम्मेदार उल्लास से प्राप्त नहीं होता। भास संतुलन को अतिथियों की अकादमिकीय अनुशंसित उपेक्षा से नहीं, बल्कि विपरीतों, संघर्षों और विरोधी शक्तियों में कुछ इस तरह डुबकी लगाकर प्राप्त करते हैं कि वे कभी टकराव में नहीं जाते, कभी अशांत नहीं होते। इसमें स्वप्न-शृंखला की उनकी निपुण कल्पना को जोड़ लो जो उनके नाटक को संश्लिष्टता और अर्थच्छटा की अविश्वसनीय संपन्नता प्रदान करती है, क्योंकि यह वास्तविकता और स्मृति, वस्तुस्थिति और भ्रम, जीवनदृष्टि और अंतर्दृष्टि के परस्पर प्रतिद्वंद्वी दावों से संबंध रखती है। मैंने भास से बहुत कुछ सीखा है और मुझे उनकी मित्रता पर गर्व है। उन्होंने संतुलन और सामंजस्य के मेरे ज्ञान को तीक्ष्ण किया। जहाँ तक मेरे साहित्यिक प्रयासों का संबंध है, मैंने इन चीजों को बहुत देर से सीखा, लेकिन 'कामसूत्र' के लेखन में ये मेरे बहुत काम आईं।

''जहाँ तक उदयन का संबंध था, मेरे नाटक की सौंदर्यशास्त्रीय असफलता ही इसकी सफलता का कारण बन गई। उनमें इसके प्रति रुचि जगाने के लिए मैंने सुख-दुर्भाग्य-सुख वृत्त के प्रारंभिक सुख अंश को रत्यात्मकता की भारी मात्रा से सराबोर कर दिया था। मैंने वासवदत्ता के प्रति उदयन की प्रारंभिक आसक्ति और अंततः दोनों के पुनर्मिलन को शारीरिक रूप से यथार्थवादी बनाना चाहा था। इसमें मैं कुछ अधिक ही सफल हो गया था। कारागार-प्रमुख ने इस नाटक के सृजन को प्रायोजित किया था और राजकीय रंगमंच पर अभिनीत करवाने में भी जो सहायता की थी, उसने मुझे इससे पैदा हुए उपद्रव के बारे में बताया। उदयन के कवि और विद्वान इसमें व्याप्त असंतुलन, शृंगार रस पर अनुचित जोर और उस भौंडेपन पर अचंभित थे, जिससे मैंने प्रत्यक्षतया

रत्यात्मक भावनाओं का चित्रण किया था। उन्होंने आरोप लगाया कि इसमें करुणा का तत्त्व शोचनीय रूप से कम है। लेकिन मैं जानता था कि अगर मैंने नाटक के मानकों के अनुसार संतुलन और सामंजस्य के सिद्धांतों को लागू किया होता तो मेरा नाटक सक्षम हो सकता था...और अनुल्लेखनीय भी। निश्चय ही मुझमें भास की प्रतिभा नहीं थी।

''नाटक की विनाशकारी प्रस्तुति के एक सप्ताह बाद जब मुझे राजा से भेंट के लिए महल से बुलावा आया, मैं विषादग्रस्त मनःस्थिति में था। स्वाभाविक रूप से मैं आशंकित था और कम-से-कम निंदात्मक आलोचना तथा अधिक-से-अधिक कौशाम्बी से निर्वासन की अपेक्षा कर रहा था। महल के रास्ते में मैं किसी अपशकुन को तलाशता रहा, लेकिन मेरी दाहिनी पलकों में हल्की फड़कन के अलावा जो मेरी कल्पना भी हो सकती थी और नहीं भी, कोई अशांतिजनक संकेत मुझे नहीं मिले। मुझे आश्चर्यचकित करते हुए उदयन ने अपने निजी कक्ष में मुझसे भेंट की। इस कक्ष की दीवारें हाथी दाँत और सोने के भृत्तिचित्रों से देदीप्यमान थीं और वहाँ राजा के निर्देशों को ग्रहण करने के लिए केवल एक लिपिक उपस्थित था। न्यूनतम शिष्टाचार के अलावा शेष सब कुछ छोड़कर वे सीधे मुद्दे पर आ गए।

'' 'मेरे प्रिय वात्स्यायन', अपने स्वर की अंतरंगता और संबोधन के स्वरूप से मुझे फिर अचरज में डालते हुए उन्होंने कहना आरंभ किया, 'परंपरा को तोड़नेवाले' और 'संस्कृति को भ्रष्ट करनेवाले', जैसाकि कुछ कवियों ने तुम्हें कहा है, के विरुद्ध अब भी इतनी प्रबल भावनाएँ हैं कि किसी प्रकार के राजकीय संरक्षण को बाधित कर सकें। वे तुम्हारी प्रवृत्ति और लेखन में बाह्लीक और स्त्रीराज्य जैसे पश्चिमी राज्यों का घातक प्रभाव खोजते हैं। विशेष रूप से वे तुम्हारी अश्रद्धा और प्राचीन ऋषियों के प्राधिकार पर, जो उनकी दृष्टि में देवतुल्य हैं, प्रश्नचिह्न लगाने के तुम्हारे कार्य को नापसंद करते हैं।'

''उनके स्वर की उष्णता और उनके शब्दों को झुठलाती हुई षड्यंत्रपूर्ण मुसकान से मेरी आशाएँ पुनर्जीवित हो उठीं।''

'' 'साहित्य के अपने सर्वाधिक दक्ष लोगों के निर्णय से मैं असहमत नहीं हूँ, यद्यपि वे कुछ कठोर हो सकते हैं,' उन्होंने मेरे हाव-भाव पर दृष्टि रखते हुए जोड़ा, जबकि मैंने अपनी उड़ान भरती भावनाओं पर नियंत्रण पाने की कोशिश की। 'जीवन के रत्यात्मक, ऐंद्रिय पक्ष की तुम्हारी पक्षधरता निस्संदेह अतिरेकपूर्ण और यहाँ तक कि अमर्यादित है। कविताएँ और नाटक लिखने की अपेक्षा 'काम' पर ग्रंथ लिखने के यह अधिक अनुकूल है।'

'' 'हम्-म्-म्,' वे अचानक विचारमग्न दिखे मानो किसी नए विचार से चकित हो गए हों, 'मैं जो कुछ कर सकता हूँ वह यह है कि अगर तुम 'काम' पर एक नया ग्रंथ लिखना चाहो, जो सभी सुदीर्घ ग्रंथों के सारतत्त्वों का निचोड़ प्रस्तुत करता हो तो मैं तुम्हें तीन वर्षों तक आठ सौ पण प्रतिमाह भेज सकता हूँ। हमारी यह व्यवस्था गुप्त

रहेगी। यदि तुम सभा के सामने प्रस्तुत करने योग्य स्तरीय कृति की रचना कर लेते हो, तब हम उस समय अपने इस समझौते की पुनः समीक्षा कर सकते हैं।'

"मैंने शांतिपूर्वक उन्हें धन्यवाद दिया। अभी-अभी जो कुछ घटित हुआ था, उससे मैं इतना अभिभूत था कि और कुछ कहने में असमर्थ था। बाद में मैंने समझा कि मेरे नाटक के अतिरेकों ने ही उदयन को प्रभावित किया था। सभी रूढ़िगत निर्णयों पर प्रश्न करने की अपनी प्रवृत्ति के अलावा कदाचित् अपनी निजी यौन प्रकृति की अनिश्चितताओं के कारण उदयन ने इस नाटक की अपरिष्कृत रत्यात्मकता को किया। उन्होंने इसकी व्याख्या यौन मामलों में युवकोचित अकुशलता की अभिव्यक्ति के रूप में की, जो उन्हें मुझमें उतनी ही प्रिय लगी जितनी कि अपने आपमें।

"'मैं नहीं चाहता कि तुम संन्यासी बनो,' उदयन ने जोड़ा, जो अब एक मित्र अधिक थे, संरक्षक कम, 'हमारे यहाँ उनकी संख्या बहुत है। मैं आशा करता हूँ कि तुम अपने कार्य की प्रगति से मुझे अवगत कराने के लिए नियमित रूप से महल में आओगे और अपने अनुसंधान के दौरान पाई गई दिलचस्प जानकारियों—विशेषकर इस धरती के दूसरे राजाओं की कामुक चुहलबाजियों से मेरा मनोरंजन करोगे।'

"इस कार्य के लिए अपनी अयोग्यता को मूर्खतापूर्ण ढंग से अभिव्यक्त न करते हुए मैं मौन रहा। मैंने मान लिया कि कामशास्त्र के विद्वान की भूमिका निभाने के लिए आवश्यक तैयारी की मेरी कमी से उदयन परिचित थे। वे मेरी संभावना और आवेग पर अपना भरोसा जता रहे थे, मेरी योग्यताओं और क्षमताओं पर नहीं।"

॥ पंद्रह ॥

जहाँ धन और प्रेम दोनों उपस्थित हों, वहाँ प्रेम को छोड़कर धन को अपनाना चाहिए।

—कामसूत्र 6.1.19

उदयन के अनाधिकारिक संरक्षण से घर की गिरती हुई आर्थिक दशा के सँभल जाने के कारण वात्स्यायन अब आर्थिक चिंताओं के बिना कामशास्त्र के अध्येता के रूप में अपने कार्य की शुरुआत कर सकते थे। प्रख्यात अध्ययन केंद्र की अपनी प्रतिष्ठा के अनुकूल गोशिताराम मठ के भव्य पुस्तकालय में कामशास्त्र पर लिखी गई सत्रह पुस्तकों और उनकी बयालीस टीकाओं में से कुछ को छोड़कर शेष सभी सूचीबद्ध थीं। उपलब्ध पांडुलिपियों में ये शास्त्रीय ग्रंथ शामिल थे—दत्तक का 'वेश्याओं के बारे में', सुवर्णनाभ का 'रत्यात्मक प्रस्ताव', घोटकमुख का 'प्रलोभन की कला', गोनार्दीय का 'पत्नियों के बारे में', कुसुमार का 'गुप्त व्यवहार', चारायन का 'कामुकता पर सामान्य टिप्पणियाँ', और बाभ्रव्यों की स्तरीय पाठ्यपुस्तक 'कामशास्त्र'। पुस्तकालयाध्यक्ष एक वृद्ध भिक्षु था, जिसने वात्स्यायन की शोध-रुचियों के प्रति अपनी असहमति को छिपाने का कोई उपक्रम नहीं किया। उसने इस युवक को बताया कि गोशिताराम-संग्रह में अनुपलब्ध ग्रंथों के लिए उसे वाराणसी की यात्रा करनी होगी। उस पवित्र लेकिन अकादमिक रूप से पातकी शहर में कम-से-कम चार अन्य विद्वान रहते हैं। भिक्षु ने नाक-भौं चढ़ाई, जो वात्स्यायन के विषयासक्त सरोकारों में भागीदार हैं और उसे उन पुस्तकालयों का पता बता देंगे जहाँ ये पांडुलिपियाँ उपलब्ध होंगी। बौद्ध धर्म के साधक हीनयान संप्रदाय से जुड़े भिक्षु के रूप में वह पुस्तकालयाध्यक्ष जीवन के बारे में इस संप्रदाय के विवादग्रस्त दृष्टिकोण को मानता था। इस संप्रदाय के मतानुसार, वह 'काम' को मृत्यु के देवता 'मार' से समीकृत करता था, और रत्यात्मकता और यौन-आनंद से असहमति रखता था।

लगभग एक वर्ष तक वात्स्यायन ने अपने कठोर अध्ययन के पहले चरण में दिन का अधिकांश भाग मठ के पुस्तकालय में पांडुलिपियों की नकल करते हुए बिताया। वात्स्यायन के अपने काम के प्रति अध्यवसाय और निष्ठा को देखकर वृद्ध पुस्तकालयाध्यक्ष उसके प्रति कुछ नरम हुआ, यद्यपि उसके अध्ययन के विषय के प्रति नहीं। रत्यात्मक कलाओं की उसे, हालाँकि बहुत कम जानकारी थी, परंतु दूसरे क्षेत्रों के बारे में उस भिक्षु

का विशाल ज्ञान और भाषा में उसकी निपुणता उन ग्रंथों के अनेक कठिन अंशों का वांछित अर्थ समझने में वात्स्यायन के लिए बहुत सहायक थी। वात्स्यायन के शोध-लक्ष्यों और उद्देश्यों के प्रति पुस्तकालयाध्यक्ष का कठोर विरोध भी उस आकांक्षी अध्येता के उद्यम के लिए लाभदायक सिद्ध हुआ।

"उसने मुझे छात्र और विद्वान के बीच के अंतर का बोध कराया। शिक्षा प्राप्ति की अनुकूलतम अवस्था वह होती है जब छात्र ज्ञान के प्रति अपने मस्तिष्क और गुरु के प्रति अपने हृदय को पूरी तरह खोल देता है। विद्वान इन दोनों को कुछ बंद करके रखता है। शिक्षा छात्र और उसके विषय के बीच अधिकतम संभव तादात्म्य की माँग करती है, जबकि विद्वता की माँग उनके बीच कुछ दूरी की, प्राप्त ज्ञान के प्रति श्रद्धास्पद दृष्टिकोण के बजाय आलोचनात्मक दृष्टिकोण अपनाने की होती है। मैं अभी आधिकारिक विद्वानों और लिखित शब्दों से आतंकित एक छात्र ही था, विशेषकर अगर ये दोनों प्राचीनकाल के हों। बौद्ध भिक्षु के रूप में पुस्तकालयाध्यक्ष ब्राह्मण परंपरा के मूलभूत ग्रंथों में निहित मूल्य-मान्यताओं का खुलेआम उपहास कर सकता था। मैं उसके पूर्वाग्रहों से भले ही सहमत नहीं था, उसकी अश्रद्धा ने मेरा एक संशयात्मक परिप्रेक्ष्य निर्मित किया, जो अन्यथा बहुत बाद में विकसित हो पाता। जिन सिद्धांतों को मैं पवित्र मानता था, उनका कड़ा परीक्षण करके उसने प्राचीन ऋषियों की कृतियों के प्रति मेरे आधारभूत सम्मान को मिटाए बिना उनके प्रति मेरे युवकोचित उत्साह की तीव्रता को घटा दिया। मैं उस चिड़चिड़े आदमी के प्रति अब भी अतिशय स्नेह महसूस करता हूँ, जो सही अर्थों में मेरा शिक्षक था, हालाँकि उस समय हम दोनों में से कोई इस संबंध को पहचान नहीं सका। मेरे कार्य की समाप्ति और उदयन की राजसभा में मेरी विजय से पहले ही उसकी मृत्यु हो गई।"

वैसे, वात्स्यायन के जीवन में केवल काम ही काम नहीं था। अपने काम में हुई प्रगति की सूचना देने के लिए समय-समय पर उनके महल-आगमन ने राजा की दिनचर्या की लय और राजसी जीवन में उनकी अनिवार्य भागीदारी सुनिश्चित की। आरंभ में उनसे अपेक्षा की जाती थी कि वे पखवाड़े में एक बार राजा के समक्ष प्रस्तुत होंगे। यह भेंट दोपहर में होती जब उदयन मंत्रिपरिषद की अध्यक्षता, अपने अधिकारियों और गुप्तचरों से दैनिक समाचार ग्रहण, कौशाम्बी के नागरिकों की शिकायतों की सुनवाई और अपने खजाने, शस्त्रागार, लड़ाकू हाथियों, घोड़ों और रथों के उबाऊ निरीक्षण के दायित्वों से मुक्त हो पाते। वात्स्यायन को सीधे राजा के निजी कक्ष में स्थित स्नानगृह में ले जाया जाता। यह एक छोटा-सा मंडप था जिसके फर्श पर नीली पटरियाँ लगी थी, खंभे रंगीन थे और दीवार से चमकीले रंगोंवाले चित्रपट लटक रहे थे। वहाँ यह युवा अध्येता राजा को तैलीय आभा से चमकते हुए काली सतहवाले शीशम के एक तख्ते पर, एक कोने में निर्वसन लेटे, अपने दो पसंदीदा मालिश करनेवालों से मालिश करवाते हुए पाता, जबकि एक सेवक कमल के नम पत्तों के पंखे से उसके चेहरे पर हवा कर रहा होता। राजा के शरीर को तेल लगाकर, कसकर मलने की ध्वनियों और राजा के हुँकारों और

आनंदपूर्ण सीत्कारों के बीच पर्याप्त ऊँची आवाज में वात्स्यायन अपने कार्य में प्रगति का विवरण देते। वात्स्यायन को शीघ्र यह पता चल गया कि उदयन उनसे विभिन्न देशों में यौनाचारों के रोचक किस्सों और देवताओं और प्राचीन राजाओं की यौन-दुस्साहसिकताओं की कथाओं से अपना मनोरंजन करने की अपेक्षा रखते हैं।

"उदाहरण के लिए, राजा की रुचि के अनुसार विवरण देते हुए मैंने उन्हें वत्स और गुल्म के राज्यों की प्रथाओं के बारे में बताया, जहाँ मंत्रियों और उच्चाधिकारियों से संबंधित अंतःपुर की स्त्रियों को प्रतिमाह एक रात के लिए शासक के पास भेज दिया जाता है। आंध्र में किसी नवविवाहिता को राजा के उपभोग के लिए विवाह के दसवें दिन अंतःपुर में एक रात्रि के लिए भेजा दिया जाता है। विदर्भ में सुंदर ग्रामीण बालाओं को प्रेमक्रिया की शिक्षा प्राप्त करने के लिए पंद्रह दिन के लिए अंतःपुर में भेज दिया जाता है। या राजा के सामने, किसी दूसरे व्यक्ति के घर में कामेच्छा से प्रवेश करने पर आनेवाले खतरों की व्याख्या करते हुए मैंने उन्हें आभीरों के राजा की कहानी सुनाई, जो एक व्यापारी के घर में उसकी पत्नी से संभोग करने के लिए घुसा था और उस व्यापारी के भाई के आदेश पर एक धोबी ने उसकी हत्या कर दी थी। इसी प्रकार वाराणसी नरेश जयसेन की हत्या उसके सेनापति ने कर दी थी, जिसने उसे अपने बिस्तर में अपनी पत्नी के साथ पकड़ लिया था।"

मालिश के बाद उदयन स्नानकक्ष के बीच बने बिल्लौरी आसन पर बैठते और सेविकाएँ उन पर दीवार के किनारे पंक्तिबद्ध रखे विशाल घड़ों से सुगंधित जल उड़ेलतीं। बाद में उदयन उन्हें अधिक से अधिक बुलाने लगे, महल में जाने के लिए वात्स्यायन पर समय की कोई पाबंदी नहीं रही। उन्हें देर अपराह्न महल के उद्यानों का निरीक्षण करते समय राजा का साथ देने के लिए बुलाया जा सकता था, किसी सांध्यकालीन संगीत समारोह या उदयन के पूर्वजों की प्रशस्ति गाते चारणों के कार्यक्रम में उनके साथ शामिल होने के लिए बुलाया जा सकता था। या फिर शाम के और ढल जाने पर, रात के खाने के बाद अगर राजा का मन शतरंज या द्यूतक्रीड़ा की एक बाजी खेलने को करे, तब भी बुला लिया जाता था।

"उदयन मेरा साथ क्यों चाहते थे ? मेरे पास इसके कुछ उत्तर हैं, यद्यपि मैं उनमें से किसी को पूरी तरह विश्वसनीय नहीं मानता। हम लोग समवयस्क थे और शायद वे मेरे साथ अपने उन कुलीनों की अपेक्षा अधिक सुविधाजनक महसूस करते थे जो व्यापक रूप से विरासत में मिले दरबार के हिस्से थे। रुद्रदेव के लोगों के रूप में अधिकांश दरबारी जीवन के प्रति उदयन के सौंदर्य-बोध से अनुप्राणित होने की क्षमता से कोसों दूर थे। एक बार शराब के नशे में धुत होकर उदयन ने स्वयं 'एक गणिका के पुत्र के साथ एक अ-पुरुष' के रूप में मुझसे अपनी अंतरंगता की भावना व्यक्त की थी। यह काफी बाद में, हमारी प्रारंभिक भेंट के लगभग पाँच वर्षों बाद की बात है जब हम मित्र बन गए थे, या फिर इतने मित्रवत हो गए थे जितना कोई अपने शासक और संरक्षक के साथ हो सकता है। इस समय तक मेरी उपस्थिति में राजा अपने को

नशे में धुत करने लगे थे। जब वे अपनी माँ की बात करते, जिनकी अत्यधिक निकटता में वे बचपन से लेकर पंद्रह वर्ष की आयु तक रहे थे, तो रोने लगते थे। तभी उनकी माँ की मृत्यु हो गई थी। वे अपने पिता की निंदा करते, जिन्होंने उनका अपमान किया था और उस चीज का उपहास किया था जो उनकी माँ को सर्वाधिक प्रिय थी—बेटे का शारीरिक सौंदर्य। 'कैसा सुंदर बच्चा है मेरा,' जब कभी वे आमने-सामने होते तो रुद्रदेव अपने साथियों से कहते थे, 'इसके सुंदर हाथों और सुडौल बाँहों की प्रशंसा करो, जो किसी बच्चे की तलवार भी नहीं सँभाल सकते !'

"उदयन अपने योद्धा पिता से हमेशा भयभीत रहते थे, जो घर पर रहते हुए भी अपने पुत्र के लिए विरले ही उपलब्ध होते थे। जिस पर भी, वर्ष के उन तमाम महीनों में जब रुद्रदेव अपने सैन्य अभियानों में कौशाम्बी से बाहर रहते थे, वह बच्चा अपने पिता की उपस्थिति के लिए लालायित रहता। लेकिन जैसे ही वे आते, उदयन फिर उन्हें डराने, निराश करने, और अभिभूत करनेवाला पाते।"

" 'देवताओं का यह उचित प्रतिशोध है कि उनका पुत्र स्त्रियों पर पुरुषों को वरीयता देता है, जिससे पूरे विश्व के सामने यह प्रदर्शित होता है कि या तो उस महान योद्धा के वीर्य में दोष था, या फिर संभोग के समय उन्होंने नारी स्थिति अपनाई थी,' उदयन ने इतनी कटुता से यह बात कही थी, जिसकी मुझे उनसे आशा नहीं थी।

"उदयन के शयनकक्ष में अनेक संध्याओं को मदिरा का प्याला भरनेवाले एकमात्र सेवक की मौजूदगी में मैंने उनकी बातों को बिना उनके प्रवाह को बाधित किए सुना था। उन्हें अकेलेपन से घृणा थी और जब उनके प्रिय दास अनुपलब्ध या अवांछित होते तो वे मुझे रुकने के लिए कहते। रात के बढ़ने के साथ नशे में उनकी बातें झक्की होने लगतीं। ऐसी एक संध्या को उन स्वस्थ अंतरालों में से एक में उन्होंने मुझसे कहा, 'मेरे मित्र, मैं तुम्हारी विशेषताओं में सबसे मूल्यवान उस अकेलेपन को मानता हूँ जो तुम्हें घेरे रहती है, किसी कवच की तरह नहीं, बल्कि ऐसे लबादे की तरह जिसे पहनकर राहगीर भी गरमाहट ले सकते हैं। यह किसी ऋषि का एकांत है, जो वन में अकेलेपन का नहीं बल्कि नगर में दूसरे व्यक्तियों के रहते हुए भी अनुभव करनेवाला है। मेरे साथ इस समय बैठे रहने पर भी तुम आश्चर्यजनक रूप से अकेले हो सकते हो।' "

वात्स्यायन उदयन की टिप्पणियाँ दोहरा रहे थे, तब मैंने अभिज्ञान की कौंध का अनुभव किया। हाँ, यह उस व्यक्ति और उसकी रचना की एक कुंजी है ! मैंने अचानक यह अनुभव किया कि लोगों का यह विश्वास बिलकुल उचित था कि 'कामसूत्र' को एक साधक ने लिखा है। लेकिन उन्होंने साधना को केवल ब्रह्मचर्य से समीकृत करने की भूल की थी। उन्होंने किसी साधक की दूसरी विशिष्ट पहचान एकांत को विस्मृत कर दिया था।

अगले कुछ वर्षों में वात्स्यायन के कार्य ने अच्छी प्रगति की। कौशाम्बी के लिए यह सांस्कृतिक प्रस्फुटन और समृद्धि में बढ़ोतरी का काल था। बाहरी शत्रुओं के विरुद्ध गुप्त साम्राज्य ने न केवल अपनी सीमाओं को सुरक्षित कर रखा था, बल्कि साम्राज्य

के अंतर्गत आनेवाले राज्यों के बीच भी शांति-स्थापना के लिए कठोर कदम उठाए गए थे। वर्ष 83 में ही वह एकमात्र अवसर आया जब युद्ध ने कौशाम्बी के नागरिकों के जीवन का स्पर्श किया, और वह भी अस्पष्ट रूप से, और जब चंद्रगुप्त ने गुजरात विजय करके साम्राज्य की पश्चिमी सीमाओं को समुद्र तक फैलाने का निश्चय किया। उस देश का शक राजा रुद्रसिंह एक सभ्य शासक था जो विहारों, मंदिरों और कलाओं को संरक्षण देने के लिए सुविख्यात था। चंद्रगुप्त को इस बात का श्रेय जाता है कि जिस युद्ध की वह योजना बना रहा था, उसे न्यायसंगत सिद्ध करने के लिए उसने रुद्रसिंह का चरित्रहनन करने का प्रयास नहीं किया। राष्ट्रवादी भावनाएँ भड़काने के लिए उसने शक नरेश के विदेशीपन को छेड़ा तक नहीं।

अगर कोई सम्राट चक्रवर्ती कहलाने की इच्छा रखता है तो दूसरे देशों की विजय और साम्राज्य की सीमाओं का विस्तार उसके लिए अनिवार्य है, और महानता के अपने संधान में चंद्रगुप्त ने कभी संकोच नहीं किया था। अपनी महानता स्थापित करने के उसके प्रयासों ने एक लघु उद्योग का ही रूप ले लिया था। यह इन बातों से प्रकट होती है—कवियों की संख्या से, जिन्हें वह अपनी प्रशस्ति में काव्यरचना करने के लिए संरक्षण देता था, और नागरिक मामलों में उसकी दूरदर्शिता और युद्ध में वीरता के अतिशयोक्तिपूर्ण दावों से, जिन्हें उसने पूरे साम्राज्य में विभिन्न स्थानों पर गड़े पाषाण और लौह स्तंभों पर खुदवा रखा था।

उदयन ने कौशाम्बी की सेना को समारोहपूर्वक चन्द्रगुप्त के अधीन कर दिया, जब वह गुजरात के रास्ते में इस राज्य से होकर गुजरा। जहाँ तक उदयन की व्यक्तिगत भागीदारी की बात थी, उसने कुछ महीने बाद वसंत के आरंभ में इस अभियान में शामिल होने की अनुमति देने की प्रार्थना की। केवल इसलिए नहीं कि हाल में उसका स्वास्थ्य खराब था और उसके फेफड़ों की हालत गुजरात की शीत-शुष्क जलवायु में और खराब हो सकती थी, जैसाकि उसने सम्राट को बताया था, बल्कि इसलिए भी कि वह शक राज्य पर गुप्त सम्राट की प्रतिष्ठाजनक विजय के उपलक्ष्य में चलाए जानेवाले सिक्कों का स्वयं रूपांकन करना चाहता था। चन्द्रगुप्त ने प्रच्छन्न अप्रसन्नता के साथ ही सही, सहमति दे दी। कौशाम्बी से गुजरती हुई सेना का उदयन ने जैसा भव्य स्वागत किया, उसने उसके क्षोभ को कुछ शांत किया।

सम्पूर्ण राजमार्ग पर प्रत्येक तीर की मारक दूरी पर सैन्य हिरावल के लड़ाकू हाथियों के गुजरने योग्य ऊँचे, फूलों के तोरणद्वार बनाए गए थे। राजमार्ग के दोनों तरफ ठसाठस खड़े राजधानी के सुसज्जित नागरिकों ने सैन्य रथों, अश्वारोही और पैदल सेना, जो हाथियों के बाद आते थे, का हर्षोल्लासपूर्वक अभिनंदन किया। जब सेना गुजर चुकी थी और सम्राट के आगमन से पहले झाड़ू लगानेवाले सड़क से हाथी और घोड़े की लीद साफ कर रहे थे, तब उदयन अपने मंत्रियों और अन्य पदाधिकारियों के साथ महल से बाहर आया। पर्याप्त अंतराल के बाद अपने व्यक्तिगत अंगरक्षकों के अश्वारोही दल के पीछे-पीछे चन्द्रगुप्त का हाथी विशाल डग भरता हुआ प्रकट हुआ। सड़क के दोनों

तरफ कतारबद्ध लोगों ने 'सम्राट की जय हो' का भारी उद्घोष किया। मंदिरों की घंटियाँ बजने लगीं और महल की प्राचीर से शंख गूँज उठे, जबकि कौशाम्बी नरेश और उनके दरबार ने अपने अधिपति के सामने सिर झुकाकर और जुड़ी हुई हथेलियों को ललाट पर लगाकर अपना सम्मान अर्पित किया।

गुजरात की यात्रा के पहले चरण में कौशाम्बी के सैन्यदल ने वही मार्ग चुना, जिसे वर्षों पहले वात्स्यायन और उनके पिता ने अपनाया था, जब उनका काफिला काशगर के लिए चला था। यह रास्ता मथुरा से होकर गुजरने के बाद प्राचीन मौर्य राजमार्ग से दक्षिण को मुड़ता था और फिर उज्जयिनी के बाद पश्चिम को मुड़कर रुद्रसिंह के राज्य में स्थित बारीगाजा नामक बंदरगाह शहर में जाकर समाप्त होता था। मथुरा के रास्ते में वात्स्यायन की पिछली यात्रा की स्मृतियाँ वास्तविक यात्रा से टकराकर उनके कालबोध को भ्रमित कर देतीं। पिछली यात्रा में उनके काफिले ने पहली रात जहाँ पड़ाव डाला था, वहाँ गाड़ियों के घेरे के बाहर जुगनुओं के दृश्य या दूसरी शाम काफिले के विराम स्थल के पास मंदिर के निकट भौंकते कुत्तों के दृश्य की स्मृतियाँ अब उदयन के साथ रास्ते में पड़नेवाले स्थलों के धूमिल प्रभाव से अधिक जीवंत थीं।

उदयन गुजरात के पूरे अभियान के दौरान कुढ़ता रहा था। वह घोड़े की पीठ पर बैठने से घृणा करता था। इससे उसके नितंबों पर घाव हो जाते थे। वह खुले में पड़ाव डालने की असुविधाओं से भी घृणा करता था और अपने महल के रसोइयों के हाथों बने खाने का अभाव महसूस करता था। वह वास्तविक युद्ध की, जिसे टालना उसने अधिक पसंद किया होता, आशंकाओं से अनावश्यक रूप से चिंतित नहीं था, क्योंकि वह लगभग उतना ही सुरक्षित था जितना कि स्वयं सम्राट। युद्ध के क्रम में जब शंख, घंटे और नगाड़े आक्रमण की सूचना देते हैं, मदहोश हाथियों की विशाल पंक्ति अग्रिम दस्ते को सुरक्षा प्रदान करने के लिए एक-दूसरे के बहुत निकट मोर्चे पर तैनात होती है। तीन धनुर्धरों से युक्त रथ प्रत्येक पार्श्व पर नियुक्त रहेंगे। उनके ठीक पीछे अश्वारोही दल रहेगा। उदयन का हाथी सैन्य दल केंद्र में चन्द्रगुप्त के बगल में होगा, जहाँ तक पहुँचना सबसे साहसी शत्रु के लिए भी मुश्किल था। निष्कर्ष यह निकला कि उदयन को लड़ाई में भाग लेने की नौबत ही नहीं आई। कौशाम्बीवासी जब सम्राट के शिविर में पहुँचे तो युद्ध समाप्त हो चुका था। वास्तव में, जिस दिन चन्द्रगुप्त ने रुद्रसिंह के विरुद्ध निर्णायक युद्ध जीता था, उसी दिन संध्या को ये युद्धभूमि पहुँचे।

उदयन और उसके सेनापतियों का अनुसरण करते हुए सम्राट के शिविर की राह में वात्स्यायन हँसते और गाते हुए सैनिक दलों के पास से होकर गुजरे। उनमें से अनेक सैनिक नशे में धुत होकर जमीन पर पसरे हुए थे। घोड़ों और हाथियों के रखवाले उनकी सफाई और देखभाल कर रहे थे। रसोइए विजय भोज के लिए सीखचों पर हिरण भून रहे थे। पालकी ढोनेवाले घायलों को एक कोने में बने रणक्षेत्र के चिकित्सा-शिविर में

ला रहे थे। पीड़ितों की चीखें-कराहें आमोद-प्रमोद की ध्वनियों में दब रही थीं। सम्राट के शिविर में, जो गुप्तों की विजय का उत्सव मनाते सेनापतियों और सामंतों से भरा हुआ था, उदयन के लुप्त हो जाने के बाद वात्स्यायन ने युद्धभूमि तक जाने का निश्चय किया, जहाँ पश्चिमी द्वार से एक घंटा पैदल चलकर पहुँचा जा सकता था।

जैसे ही वे उस खुले रणक्षेत्र के समीप पहुँचे, खून और सड़ते हुए मांस की दुर्गंध तीव्रतर हो गई। उसने उन्हें कुछ तीरों की मार की दूरी पर ही रुकने को विवश कर दिया। सूर्य डूब चुका था और अँधेरा धीरे-धीरे गहनतर हो रहा था। चिताओं की शृंखला—मृत सैनिकों में से हर जाति के लिए एक—से आते प्रकाश के बावजूद युद्धभूमि में घूमते लोग काली आकृतियों जैसे ही दिखते थे। वात्स्यायन यह देखकर आश्चर्य में पड़ गए कि युद्ध के समाप्त होने के कई घंटों बाद भी युद्धभूमि में कितनी व्यस्तता है। विजेता सेना के दास चलाए गए तीरों को रणभूमि के कार्यशिविर में सीधा करने या सुधारने के लिए उन्हें एकत्र कर रहे थे। शवों को, बिना इस बात का ध्यान दिए कि वे किसकी ओर से लड़े थे, उनकी जाति के आधार पर एकत्र किया और पहचाना जा रहा था। पशु-चिकित्सक घायल हाथियों और घोड़ों की देखभाल कर रहे थे। दोनों सेनाओं के चिकित्सक और सेवक मामूली घायलों की मरहम-पट्टी कर रहे थे, जबकि पालकी ढोनेवाले अधिक गंभीर घायलों को लेकर उनके शिविरों की ओर ले जा रहे थे। युद्ध का कूड़ा-कचरा साफ करनेवालों के बीच एक विशिष्ट मैत्रीभाव था—दुख का भ्रातृत्व, जो सुख की मैत्री की अपेक्षा अनंतगुना अधिक जोड़नेवाला था।

और, हाँ, चन्द्रगुप्त उदयन के देर से आने पर अनावश्यक रूप से क्षुब्ध नहीं हुआ। यह सहज क्षमा, आंशिक रूप से, उस मुद्रा के कारण मिली जिसका रूपांकन उदयन ने किया था। इसके एक ओर गुप्तों का चित्र गरुड़—विष्णु का वाहन—था और दूसरी ओर शेर का शिकार करते सम्राट का चित्र। उदयन इस विशेष प्रेरणा पर खासतौर पर मुग्ध था। सम्राट द्वारा मारा जानेवाला शेर उस काल में गुजरात के जंगलों में बहुतायत में पाया जानेवाला पशु था। इस प्रकार यह सम्राट के अन्यथा सामान्य आखेट-कौशल की प्रशस्ति थी। यह 'रौद्ररूपधारी सिंह' भी था, जो शकराज का अपना नाम था। इस चित्र में सम्राट की तुलना उसके महान पिता से करके उसकी और चापलूसी की गई थी। पिता द्वारा जारी सिक्कों पर केवल एक व्याघ्र को मारते हुए दिखाया गया था।

गुजरात से उनकी वापसी के कुछ महीनों बाद उदयन ने वात्स्यायन को महल की भूमि में बने छोटे-छोटे अतिथिगृहों में से एक में रहने के लिए आमंत्रित किया। इस प्रस्ताव को, जो एक बड़ा सम्मान भी था, स्वीकार करने में वात्स्यायन की संक्षिप्त हिचकिचाहट शिष्टाचार के तकाजों के सामने औपचारिक समर्पण-भर थी। बढ़ती हुई मनहूसियतवाले घर से, जिसके अँधेरे कोनों में अतीत की रंगरेलियों के शव उपेक्षित पड़े रहते थे, बाहर आकर वे प्रसन्न थे। वह घर कभी शृंगार का प्रसिद्ध मंदिर था, पर अब तेजी से उसका

तिरस्कृत शवगृह बनता जा रहा था। इसकी आय में वृद्धि ने घबराहट के ज्वार को तो थाम लिया था, लेकिन उस उदासी को दूर करने के लिए यह कुछ न कर सका जिसने अवंतिका को अपने मजबूत शिकंजे में जकड़ लिया था। उस घबराहट ने कम-से-कम, उस घर के सदस्यों को एक सूक्ष्म बंधन में बाँध रखा था। इसके अदृश्य होते ही प्रत्येक व्यक्ति—वात्स्यायन की माँ, चंद्रिका, गणदास—अपनी-अपनी कक्षा में घूमते अशांत ग्रहों की तरह, एक-दूसरे से दूर चले गए।

''समय ने ही यह परिवर्तन किया था, और उन बहनों को उनकी युवावस्था में दिए गए सौंदर्य के ऋण को, जिसे उन्होंने रखने योग्य उपहार समझा था, वापस माँगकर उसी ने उनके आकर्षण को नष्ट कर दिया था। मेरी माँ समय की इस प्रकृति को बेहतर समझती थी और इस वजह से अपनी अटल यात्रा में वह चंद्रिका की अपेक्षा अधिक शांत थी, जो समय के न्यायालय में घसीटी जा रही थी। दोनों स्त्रियाँ बुद्धिमान और शिक्षित थीं। वे न केवल चौंसठ कलाओं में प्रवीण थीं, बल्कि महाकाव्यों से भी उनका घनिष्ठ परिचय था। मैंने प्रायः अपनी माँ को 'महाभारत' के इस अंश का पाठ करते हुए सुना था :

समय झंझा की शक्ति से हवा को बहाता है,
समय बादलों से वर्षा कराता है।
समय कमलों को खिलाता है और समय वृक्षों को मजबूत बनाता है।
समय से प्रकाश या रात अँधेरी होती है और यह समय है
जो चंद्रमा को पूर्णता प्रदान करता है।
यदि समय नहीं आया है, तो वृक्षों में फूल या फल नहीं आते।
नदी की धारा तीव्र नहीं होगी, यदि इसका समय नहीं आया है।
यदि समय नहीं आया है, स्त्रियाँ गर्भधारण नहीं करेंगी।
यदि समय पूरा नहीं हुआ है, कोई बच्चा न तो पैदा होगा, न मरेगा,
न ही बोलना शुरू करेगा।
उचित समय के बिना, यौवन नहीं आता और
बोए हुए बीज नहीं उगते।

''अपने कमरे में संग्रहीत दर्पणों के रूप में अपने अतीत पर दावा ठोंकती, उसे रोक लेने को कटिबद्ध अपनी एक विद्रोही मुद्रा के बावजूद मेरी माँ ने जहाँ समय के आधिपत्य को स्वीकार कर लिया था, वहीं अब भी कामदेव की सेवा में तल्लीन चंद्रिका समय के गुजरने और अपने जीवन में अटल परिवर्तन के साथ अपना तालमेल नहीं बिठा सकी थी।

''मेरे घर छोड़ने के समय तक मेरी माँ हम सबसे बहुत हद तक अलग हो चुकी थी। घर या गोशिताराम मठ में, जहाँ मैं पुस्तकालय में काम करता था, जब हम एक-दूसरे के आमने-सामने होते थे, उसका अभिनंदन किसी संन्यासिनी की तरह दयालु और शांत लेकिन दूरस्थ होता था। उसमें व्यक्तिगत रिश्तों की कोई झलक नहीं होती थी, जो इसे प्राप्त करनेवाले में जीवन के बोध को तीव्र कर देती है। बौद्ध विमर्शों को

सुनने, प्रार्थना करने और दया और करुणा भरे कार्य करने से आगे बढ़कर अब वह जैनों के अपेक्षाकृत अधिक साधनामय पथ पर अपनी यात्रा आरंभ कर चुकी थी। उसके अधिकांश रत्न-आभूषण पहले ही बिक चुके थे। शेष को उसने रोग और जरा से ग्रस्त पशुओं के उस आश्रय स्थल को दान कर दिया, जो जैन साधुओं और साध्वियों द्वारा संचालित था। वहाँ वह प्रतिदिन कई घंटे काम करती थी। शीघ्र ही उसने अपनी अधिकांश रातों को भी उसी आश्रय स्थल में बिताना शुरू कर दिया। उसका घर आगमन विरलतर होता चला गया। उसके कमरे में पड़े दर्पणों पर धूल की गहरी से गहरी परत चढ़ती चली गई। चंद्रिका और गणदास ने मुझे बताया कि वह कैसी पुण्यात्मा हो गई है, और उसने घायल पक्षियों के लिए एक छोटा-सा चिकित्सालय खोला है। जिन पक्षियों का वह इलाज करती थी, वे महलों और निवास-गृहों में रहनेवाले तोता-मैना नहीं बल्कि कहीं अधिक दीन-हीन गौरैये, कबूतर, फाख्ते और कौवे होते हैं, जिनके बचने की तनिक भी उम्मीद होती है। हमने उसकी बढ़ती आत्म-प्रताड़ना और विलक्षण उपवासों के बारे में सुना, जो जैन गुरुओं की ईर्ष्या और दूसरे जनसामान्य की प्रशंसा का कारण थे। इस धर्म से परिचित लोग भविष्यवाणी कर रहे थे कि वह सल्लेखना व्रत को निभाने के लिए नियतिबद्ध है। इस व्रत में अपने को भूखा रखकर प्राण त्याग दिए जाते हैं। जीवन के सबसे उपयुक्त अंत के रूप में जैन इस विधि के प्रति श्रद्धा रखते हैं। सचमुच, मेरी माँ ने इस विशिष्ट व्रत का पालन किया, लेकिन कई वर्षों बाद। इस बीच मैं विवाहित हो चुका था और हमारा संपर्क, जो अपनी सर्वश्रेष्ठ अवस्था में भी बहुत क्षीण था, अस्तित्वहीन हो चुका था।

''बीतते हुए वर्षों के साथ मेरी माँ ने जितने भी विमर्शों में भाग लिया हो, वह बुद्ध के संदेश को वास्तव में कभी समझ नहीं सकी। उसका विश्वास था कि पीड़ा से बचने के लिए बुद्ध हमसे अनुरक्ति छोड़ने के लिए कहते हैं। यह युक्ति अधिक-से-अधिक, धर्मगुरु पर लागू होती है। संबोधि को प्राप्त उस व्यक्ति ने कहा था कि मानवीय दुःख का प्रमुख कारण है, उन व्यक्तियों से दूर रहना जिन्हें तुम प्यार करते हो, और उनके निकट रहना जिन्हें तुम प्यार नहीं करते। इस महा वाक्य पर जितना ही चिंतन-मनन करो, उतना ही महान सत्य इससे प्रकट होता है। उदाहरण के लिए यह हमें बताता है कि हम केवल उन लोगों के ही साथ होने से दुःख नहीं पाते, जिनसे घृणा करते हैं, बल्कि उनकी उपस्थिति से भी दुखी होते हैं जिनके प्रति हम महज उदासीन हैं। फिर निश्चेष्ट प्रेम भी दुःख का कारण बन सकता है। तब दुःख का समाधान लगाव को तोड़ने और उसे नियंत्रित करने, अपने आप को प्रेम में न पड़ने देने में कदापि निहित नहीं हो सकता, क्योंकि तब तुम ऐसे लोगों के साथ होने के लिए, जिन्हें तुम प्यार नहीं करते, और ऐसे लोगों का साथ कभी न पाने के लिए जिन्हें तुम प्यार करते हो, हमेशा नियतिबद्ध रहोगे। मेरी माँ ने अंततः शायद जान लिया था कि वह सिर्फ जख्मी पक्षियों को ही प्यार कर सकती है। शायद वह अपने चिकित्सालय में खुश थी।

''चंद्रिका ने समय के साथ वही व्यवहार किया जो वह कर सकती थी, यानी किसी

पुरुष के प्रति बुरी तरह आसक्त होना वात्स्यायन ने दयनीय मुसकान के साथ कहा, जिसने अपनी मौसी के प्रति उनकी आसक्ति को चुपके से जाहिर कर दिया।

"'इस बार उसके आवेग का विषय उससे दस वर्ष छोटा उज्जयिनी का एक वास्तुकार था, जो उदयन के नए मंडपों में से एक का निर्माण कर रहा था। अपनी मित्रमंडली के साथ वह युवक अवंतिका निवास काम-क्रीड़ा के लिए कम और उत्सुकता के चलते अधिक आया था। अपने नियमित भक्तों से रहित हमारा घर अब एक तरह का अप्रयुक्त मंदिर हो गया था, जो अपनी अतीतकालीन भव्यता के लिए प्रसिद्ध था और जो शहर में आनेवाले उन पर्यटकों के सांध्यकालीन भ्रमण के बखूबी योग्य था जो गणिका-परंपरा की सूक्ष्मतर अर्थच्छटाओं की सराहना कर सकते थे।

"बाद में मुझे संगीतकारों ने बताया कि उस विशेष संध्या को चंद्रिका ने स्वयं को भी मात दे दी थी। उन्होंने उन छवियों की अत्यधिक प्रशंसा की, जो उसने नृत्य करते हुए अपने चेहरे और शरीर से रची थीं। वे चतुर थे और सरल भी। जिस तरह उसने एक अटूट तरंग की-सी चाल में प्रेमी के निवेदन और नायिका के अस्वीकार को प्रदर्शित किया, उसे वे कभी भूल नहीं सकेंगे। इसी प्रकार अभिव्यक्ति या पद-संचालन में स्पष्टता का निर्वाह करते हुए भी जिस आश्चर्यजनक और प्रचुर कोमलता के साथ उसने प्रेमी के चुंबन की प्रस्तुति की, वह अविस्मरणीय थी।

"वह युवा वास्तुकार एक मिथकीय, यद्यपि बढ़ती उम्र के सौंदर्य को अपनी ओर आकर्षित पाकर प्रसन्न हो गया, और उसने कुछ समय तक अपने को प्यार किया जाने दिया। उन कुछ दिनों के लिए चंद्रिका खुशी से दमक उठी। अपने निरुत्साही प्रेमी के लिए अधिक कमनीय बनने के प्रयास में उसे वास्तुशिल्पीय सिद्धांतों के रहस्य में लीन होते देखना अत्यंत मर्मस्पर्शी था। हम सभी की तरह उसने पहले कभी गृह-निर्माण की जटिलताओं पर बहुत ध्यान नहीं दिया था। वास्तुकला का उसका ज्ञान किसी भी दूसरे शिक्षित व्यक्ति जैसा ही अल्प और अस्पष्ट था। हम सबकी तरह वह भी जानती थी कि दीर्घ आयु के लिए शयनकक्ष का मुँह सदा आवश्यक रूप से पूरब या दक्षिण की ओर होना चाहिए और दक्षिण की ओर मुँह करके खाने से व्यक्ति की प्रसिद्धि बढ़ती है। अब, शामों को अपने प्रेमी की प्रतीक्षा करते हुए वह संगीतकारों से भवन निर्माण-सामग्री के बारे में चर्चा करने का यत्न करती।

"मुझे उसकी वह बात याद है जो उसने तब कही थी जब दोपहर के भोजन के लिए मैं घर गया था और गणदास के स्वादिष्ट व्यंजनों के रसास्वादन के बाद हम चंद्रिका के कक्ष में बैठे थे। उसने कहा था—मल्ली ! मैं भवन-विन्यास, उसके लिए स्थान का चयन, उसकी दिशा के अनुरूप दीवारों और खंभों की मोटाई, निर्माण आरंभ करने के दिन और समय तथा उस खास क्षण में सितारों की स्थिति को निर्धारित करनेवाले तमाम अलग-अलग सिद्धांतों को नहीं याद कर पाती। मैं इस बारे में प्रायः भ्रमित हो जाती हूँ कि भवन-योजना में किस वर्ग का इष्ट देवता कौन है। मेरा प्रेमी मुझे मूर्ख तो नहीं समझेगा, क्या वह ऐसा समझेगा ?"

“ ‘नहीं मौसी,’ मैंने जवाब दिया था, ‘तुम सुंदर और बुद्धिमान हो। तुम्हें मकान बनाने के लिए कभी नहीं बुलाया जाएगा।’

“मैं इस प्रेम संबंध की प्रगति या इसकी कमी के बारे में गणदास से सूचनाएँ पाता रहता था। वह प्रायः महल में मेरे पास आता था, प्रत्यक्ष रूप से तो मेरे प्रिय व्यंजनों को पकाने, लेकिन वास्तव में गपशप करने। गणदास का उस वास्तुकार के प्रति समग्र असहमति का भाव था। प्रचलित प्रथा के विपरीत चंद्रिका का प्रेमी दाढ़ी रखता था। इसी के कारण वह एक ऐसे व्यक्ति के रूप में उस रसोइए की आँख से गिर गया, जो बर्बर यूनानियों का प्रशंसक था।

“ ‘वह एक दंभी युवक है जिसने अपनी पहली सफलता का स्वाद चखा है,’ रसोइए ने नाक-भौं चढ़ाई, ‘अपने बारे में उसके विचार बेहद ऊँचे हैं, जो उसके जन्म और कर्म दोनों दृष्टि से अवांछनीय हैं।’

“मैं चंद्रिका के चुनाव पर कोई टिप्पणी नहीं कर सकता, क्योंकि मैं उससे कभी नहीं मिला।”

“अपरिहार्य संयोगवश उस वास्तुकार ने चंद्रिका को छोड़ दिया। एक युवा गणिका के रूप में दूसरी प्रेमिका को पाने के बाद उसने पीछे हटना शुरू किया। चंद्रिका हताशा में विक्षिप्त-सी हो उठी। प्रत्येक सुबह एक सेवक उस घर से निवेदन संदेशों और भेंटों के साथ, जिनका वह बमुश्किल जुगाड़ कर पाती थी, रवाना होता। उसने उसे गणदास के स्वादिष्ट व्यंजनों से लुभाने की कोशिश की और अपनी प्रतिद्वंद्वी के कामकला के सूक्ष्मतर बिंदुओं की शिक्षा देने का प्रस्ताव भी किया, बशर्ते इस निर्देशन के दौरान उसका प्रेमी भी मौजूद रहे। उसने यहाँ तक कि मुझसे चाहा कि मैं उदयन से अनुनय-विनय करके उस वास्तुकार की हमारे घर पर उपस्थिति का राज्यादेश प्राप्त करूँ। जब मैंने उसके सुझाव की व्यर्थता की ओर संकेत किया तो वह रूठ गई। वह अपने से दूर जाते निर्मम प्रियतम को जकड़ लेना चाहती थी। उसने फुसलाया, चिरौरी की, घबराहट में याचना की और क्रोध से भड़क उठी। आशा के आनंदातिरेकमय क्षणों के बाद उसने झुलसानेवाली निराशा के लंबे अंतरालों का सामना किया। उसने अपनी अनियंत्रित भावनाओं को निश्चित रूप से बहुत पीड़ादायी पाया होगा। वह एक गर्वीली स्त्री थी। एक ओर तो वह अपने आप को नीचा दिखा रही थी, तो दूसरी ओर अपने गर्व की क्षति से भी जूझ रही होगी। बहुत बाद में, एक प्रतिष्ठित साध्वी के रूप में पीछे पलटकर इस प्रसंग में झाँकती हुई चंद्रिका इस रत्यात्मक झंझा की शक्ति पर आश्चर्य में अपना सिर हिलाती, जिसने उसके आत्म-नियंत्रण की चिंदियाँ बिखेर दी थीं। जिस यौन लालसा के वेग से वह दूसरों को दास बनाती थी, उसी से खुद दास बन जाना—कुछ ऐसा था, जिसे वह कुछ मात्रा में हतबुद्धि होकर देखती थी।

“मुझे अब ताज्जुब होता है कि क्या चंद्रिका का आत्म-अनादर अध्यात्म की ओर उसकी प्रवृत्ति का ही एक भाग तो नहीं था। अपने जीवन की अगली अवस्था में जाने के लिए अपने मान-अपमान से परे जाना शायद उसके लिए जरूरी था। वे कपड़े के

अंतिम टुकड़े थे, जिन्होंने उसकी पुरानी आत्मा को ढक रखा था। अनावृत्त चंद्रिका अब बौद्ध भिक्षुणी की नई भूमिका अपना सकती थी, जैसाकि उसने पीड़ा और अपमान से भरकर गोशिताराम मठ में जाकर किया। पक्षियों के चिकित्सालय के अपने छोटे-से कक्ष में सुखपूर्वक बैठी अपनी माँ को जब मैंने यह खबर दी तो वह उदासीन बनी रही। शांति पाने के लिए सबसे पहले मस्तिष्क को आँसुओं के ऋण से अवश्य मुक्त कर देना चाहिए। अपनी बहन के जीवन में आए भूकंप के बारे में कहने को उसके पास बस इतना ही था।

स्त्रियों की कामुकता पर वात्स्यायन के लेखन की पहली प्रस्तुति को कोई कवि शानदार ढंग से सफल बताता था, तो कोई महान कलंक। जहाँ तक उदयन का संबंध है, उसके लिए ये दोनों अभिन्न थे, और वर्ष 88 में वात्स्यायन को समारोहपूर्वक कौशाम्बी के विद्वानों की सभा में शामिल कर लिया गया। वात्स्यायन ने स्त्रियों की यौन-स्वायत्तता, संभोग के क्रम में उनकी प्रतिक्रियाओं के पुरुष की यौन क्रियाओं पर ही आधारित न होने के जो तर्क दिए थे या प्रेम विवाह को पारंपरिक विवाह से श्रेष्ठ बताने और गणिकाओं तथा उनके कौशल की जो खुली प्रशंसा की थी, उन सबके चलते यह निश्चित था कि रूढ़िवादी विद्वान उनकी भर्त्सना करेंगे, जबकि आधुनिकतावादी विद्वान पूरे आवेग से उनका समर्थन करेंगे। वैसे, यह और बात है कि वात्स्यायन ने अपने इन विचारों को प्राचीन विद्वानों की देन बताया था।

सभा में रूढ़िवादियों के छोटे-से समूह का नेता था चौकोर चेहरे और उभरी हुई आँखोंवाला राजनीतिशास्त्र का विद्वान रजनीकांत। यह समूह रुद्रदेव के युग का अवशेष था। रजनीकांत ने वर्षों पहले अर्थशास्त्र पर एक टीका लिखी थी और इसके बाद अपने आप को दोहराते हुए अपने पेशेवर जीवन को सँवारा और अपनी प्रतिष्ठा बनाई। अतीत के ग्रामीण युग की शुद्धता की तुलना में वर्तमान के सार्वजनिक जीवन में व्याप्त भ्रष्टाचार पर विलाप करनेवाला रजनीकांत किसानों और आत्मनिर्भर गाँव का भरपूर प्रशंसक था और दुष्टताओं से भरे नगरों, लालची व्यापारियों और महान साम्राज्य से घृणा करता था। रजनीकांत में नैतिकतावादी उत्साह और ब्राह्मणवादी श्रेष्ठता का दंभ भरा हुआ था। वह वात्स्यायन की सार्वजनिक निंदा इन शब्दों में करता था, 'वह निम्न जाति का, वेश्या का लड़का है और सभा में हम उच्च कुल के ब्राह्मणों पर अपना प्रभुत्व जमाता है।'

"मैं जानता था कि वह मुझसे घोर घृणा करता था, लेकिन मैंने कभी इसका पता लगाने या इसे कम करने की जरूरत नहीं महसूस की। जैसाकि ऐसी स्थितियों में हमेशा होता है, घृणाभाव परस्पर था। उसकी घिसी-पिटी बातें और स्पष्ट बातों को दोहराने की उसकी प्रतिभा मेरे किसी काम की न थी। यदि सड़क पर कोई नीले रंग की गाय हो तो रजनीकांत पर भरोसा किया जा सकता है कि वह पहला व्यक्ति होगा जो उसकी ओर संकेत करेगा और कहेगा, 'देखो ! वहाँ एक गाय है।'

अपनी निश्चितताओं को लेकर कठोर, और एक ऐसी परंपरा की, जिसे वे अपनी खुद की परंपरा के रूप में स्थापित करना चाहते थे, सुरक्षा में लगा रजनीकांत और धर्मशास्त्रियों का उसका समूह राजा के ऊपर वात्स्यायन के प्रभाव और अपनी पीढ़ी में कामशास्त्र के सबसे संभावनाशील विद्वान के रूप में मध्यदेशों में बढ़ती उनकी प्रतिष्ठा का सामना करने की निरर्थक कोशिश कर रहा था। उदयन अपने मित्र की सफलता पर खुलेआम उल्लसित हुआ। गुप्त साम्राज्य के बौद्धिक आकाश में चमकते कौशाम्बी के चंद सितारों में एक वात्स्यायन राजधानी के गौरव थे, वैसे ही जैसे इसके स्वर्णकारों की कारीगरी और इसकी गणिकाओं की दक्षता।

''यद्यपि रजनीकांत कौशाम्बी में मुझे क्षति नहीं पहुँच सका, उसका संबंध मध्यदेशों में फैले रूढ़िवादी विद्वानों के एक ढीले-ढाले समूह से था, जो गुप्त साम्राज्य की नैतिकता में आई तथाकथित सामान्य गिरावट का जबर्दस्त विरोध करता था। इस समूह के सदस्यों में वह मुझे एक ऐसे खतरनाक मूर्तिभंजक के रूप में चित्रित करने में सफल रहा, जो धर्म और प्राचीन जीवन-शैली के लिए खतरा बन चुका था।''

'कामसूत्र' के प्रणयन में तल्लीन वात्स्यायन की उपलब्धियों को पहचाना गया था और उन्हें उदारतापूर्वक पुरस्कार मिला था। अपने जीवन से संतुष्ट होने का उनके पास हर कारण मौजूद था। वे अकेले खुश थे। उनके दिन उतने ही लंबे या छोटे होते थे, जितना वे चाहते थे। फिर भी उन दिनों का एक निश्चित क्रम था जो उनके काम, राजा के साथ बीतनेवाली सांयोगिक संध्याओं और गोशिताराम मठ में अपनी मौसी के पास उनके साप्ताहिक आगमन से निर्धारित होता था। लगभग पैंतालीस वर्षीय चंद्रिका कुछ इस प्रकार वृद्ध हुई थी कि वह जीवंत कन्या और मनमौजी सौंदर्य के वे अधिकांश चिह्न लुप्त हो गए थे, जिन्हें वात्स्यायन अपने पूरे बचपन के दौरान जानते रहे थे।

''अब उसके आस-पास शांति और गंभीरता छाई रहती थी, जिसे मैंने इससे पहले संभव नहीं माना होता। जब कभी मैं उससे मिला, मैंने बाध्य होकर उसके चेहरे पर उस चंद्रिका की याद दिलानेवाले उन निशानों की तलाश की, जिसे मैं जानता था। गोशिताराम में सामान्यतया वह अपने आप तक सीमित रहती, पारंपरिक ज्ञान पर विमर्शरत भिक्षुओं, भिक्षुणियों और गुरुओं से दूर मठ के विशाल उद्यान के एक गुप्त कोने में अपना दिन बिताती।

'' 'मल्ली, मैं बिना कुछ किए और बिना किसी से बोले केवल इस वृक्ष के नीचे बैठकर अपने को पर्याप्त खुश पाती हूँ,' उसने एक बार मुझसे कहा, 'उस समय मेरा मस्तिष्क सभी विचारों से मुक्त होता है और मेरे स्व की संगति उन सबके साथ बनी रहती है, जिन्हें मैं अपने चारों ओर देखती हूँ : फूल पर उतरते हुए भौंरे को, शाखा पर भाग-दौड़ करती गिलहरी को, पेड़ की एक डाल से दूसरी डाल पर झूलते बंदरों के परिवार को।

'' 'तुम चाहते हो कि मैं प्रेम और अपने प्रेमियों की बात करूँ। वे अब स्मृति की झिलमिल छायाएँ-भर हैं। जब मैं रात को सोती हूँ तो अपनी बाँहों में किसी को

नहीं घेरती, स्वप्न में भी नहीं। और तुम जानते हो, मल्ली, मैं इसे यौवन के उन्माद और निराशा पर, इस झूले पर वरीयता देती हूँ, जिस पर उन तमाम वर्षों में झूलती रही और जो नियति के कठोर धक्के से एक ऐसी लय में उठता और गिरता रहा, जिस पर मेरा कोई नियंत्रण नहीं था।

" 'इसका यह अर्थ नहीं कि मैं तुमसे मिलकर खुश नहीं होती,' उसने तेजी से जोड़ा, 'मुझे बताओ कि राजसभा में क्या चल रहा है, और तुम अब तक अविवाहित क्यों हो ?'

" 'केवल इसलिए कि तुम्हारे जैसी कोई स्त्री मुझे नहीं मिली, चंद्रिका मौसी ! मेरे लिए ऐसी एक स्त्री ढूँढ़ दो और मैं इंद्र के बज्र से भी अधिक तेज गति से विवाह कर लूँगा।' मैंने उसके अंतिम प्रश्न को मोड़ते हुए कहा। मिहिरपाल के आश्रम से लौटने पर आए ज्वर के परिणामस्वरूप यौनेच्छाओं का मेरा परित्याग एक रहस्य था, जिसे मैंने केवल राजा के चिकित्सकों के सामने उद्घाटित किया था।

"अपनी नई-नई गंभीरता के बावजूद चंद्रिका राजसभा की गपशप के आकर्षण से मुक्त नहीं थी। वह खासतौर पर राजसभा में हाल ही में शामिल हुए कवि भास की, जो मुझे अपना मित्र बनाने के लिए प्रयासरत था, शरारतों के बारे में सुनकर आनंदित होती।"

"पीछे मुड़कर देखने पर मुझे यह अधिक स्पष्ट जान पड़ता है कि ब्रह्मगुप्त के बाद, जिसके साथ बाह्लीक से काशगर की यात्रा करने के बाद मैं केवल तीन बार मिला था, एकमात्र भास ही मेरा दूसरा मित्र बन सका। मैं उदयन को अपने मित्र के रूप में जानता हूँ लेकिन कभी उनके साथ पूरी तरह उन्मुक्त होकर नहीं रह सका। वे एक ऐसे व्यक्ति थे, जिसके बारे में पहले से कुछ नहीं कहा जा सकता। इस बात से कोई फर्क नहीं पड़ता था कि मैं उन्हें कितने समय से जानता हूँ। वे आवेश में कभी स्नेही मित्र बन जाते थे, तो कभी दंभी अधिपति और पुनः मित्र भास उत्तेजित हो सकता था, लेकिन परिवर्तित कभी नहीं।

"भास को जब कौशाम्बी की सभा के लिए आमंत्रित किया गया, तब तक महाभारत की विषयवस्तु पर लिखे अपने नाटकों से वह खासी प्रतिष्ठा अर्जित कर चुका था। वेश्यालयों का बारंबार श्रमपूर्वक दौरा करनेवाला भास गणिकाओं की संगत को पसंद करता था और धन के बदले, जिसका उसके पास लगभग हमेशा अभाव रहता था, अनायास फूट पड़नेवाली अपनी कविताओं से उनका शुल्क चुकाने का निरंतर प्रयास करता था। वह मुझे अपने सांध्यकालीन भ्रमण में शामिल करने का प्रयास करता, मेरें मना करने पर मुझे 'भिक्षु' कहकर छेड़ता और फिर अपने यौन उद्यमों के लिए मुझसे धन उधार लेता। अपने हृदय पर शासन करनेवाली देवियों में से किसी एक के पास जाने से पहले—प्रेम के मामले में वह स्वाभाविक बहुदेववादी था—वह खासी भावप्रवणता के साथ मेरा आलिंगन करता।

"वह कहता, यही तो वह बात है जिसके कारण मैं तुम्हें प्यार करता हूँ। नारी-संगति

से उदासीन होने के बावजूद तुम उदार हो। सामान्यतया मैं साधकों से घृणा करता हूँ !'

"अपने विभिन्न प्रेम संबंधों के संचालन में भी भास लगातार मेरी सलाह चाहता था। अपने प्रेम-प्रसंगों में लगातार बने रहनेवाले संकटों के बावजूद भास एक गंभीर और प्रतिभाशाली कवि था, जिसने शास्त्रीय नाटक में अनेक परिवर्तन किए थे। उसने कृति और लेखक की प्रशंसा करनेवाले परंपरागत पूर्वकथन में व्यापक कटौती कर दी। आदर्श रूप से वह विष्णु की मांगलिक प्रार्थना के बाद सीधे नाटकीय कार्य-व्यापार में ही छलाँग लगाने को वरीयता देता। कौशाम्बी में रहते हुए उसने जो नाटक लिखे, उनमें अनिवार्य माने जानेवाले हास्य दृश्य नहीं हैं और अभिनेताओं के संवाद जितने पद्य में हैं, उतने ही गद्य में। परंपरा से उसके प्रस्थान ने स्वाभाविक रूप से रजनीकांत और उसके गुट के क्रोध को आकर्षित किया। धन तो मैं उसे उधार देता था, परंतु गणिकाओं के संबंध में यौन परामर्श देने से मैंने इन्कार कर दिया था। इन दो बातों के अतिरिक्त उदयन की विद्वत् सभा में सामूहिक शत्रु की उपस्थिति के चलते भी हम दोनों एक-दूसरे के निकट आए।

"यद्यपि मैं उसे दूसरे मामलों में भी परामर्श देता था। उदाहरण के लिए सभा के नए सदस्य के रूप में उसके उद्‌घाटन-नाटक की विषयवस्तु के चयन के बारे में। उसकी असाध्य आर्थिक दुरावस्था को देखते हुए और मिहिरपाल के आश्रम से लौटने पर उदयन का संरक्षण प्राप्त करने के अपने प्रयत्नों को याद करते हुए, मैंने भास को उस नाटक के बारे में बताया जिसे मैंने राजा के हमनाम नायक को लेकर लिखा था। इस सुझाव के लिए भास इतना कृतज्ञ हुआ कि मैं लगभग संकुचित हो गया। निस्संदेह, उसकी असाधारण प्रतिभा के चलते ही 'स्वप्नवासवदत्ता', जिसे उसने इस विषय पर हमारी बातचीत के दो महीने के भीतर लिखकर अभिनीत करा लिया, आधुनिक नाटक की एक उत्कृष्ट कृति के रूप में मूल्यांकित होता है।

"भास को बड़ी धनराशि की, जिसकी उसे निरंतर आवश्यकता रहती थी, अपेक्षा प्रशंसा से पुरस्कृत करने में उदयन को विकृत आनंद मिलता था। भास ने उसकी तरफ से अनुनय-विनय करने का मुझसे आग्रह किया। एकांत में वह राजा की कंजूसी की निंदा करता, और सार्वजनिक रूप से राजा की काल्पनिक वीरता और विचक्षणता की तारीफ के चापलूसी भरे काव्यात्मक पुल बाँधता। इस चापलूसी से भी उसे उतना ही अल्प लाभ हुआ जितना कि अपने नाटकों में दिए गए उन नैतिक उपदेशों से, जो विशेषकर उदयन को संबोधित थे। इन उपदेशों में संकेत होता कि राजा को उन योग्य ब्राह्मणों—जैसा कि स्वयं भास था—के प्रति उदार होना चाहिए जो सर्वोच्च सम्मान के पात्र हों। मुझे अब तक मंच के एक ओर खड़े भास का उदयन को अर्थपूर्ण दृष्टि से देखना याद है, जब उसके एक नाटक में एक अभिनेता ने यह घोषणा की : 'राजा को अपने राज्य की संपूर्ण संपत्ति ब्राह्मणों को दान कर देनी चाहिए और अपने पुत्रों के लिए केवल एक धनुष छोड़ना चाहिए।'

"उदयन ने केवल एक दीर्घ मुसकान फेंकी। पीछे झुककर सिर को मेरी ओर

झुकाते हुए—मैं उनके पीछे की पंक्ति में बैठा था—वे फुसफुसाए, 'इसके बजाय मैं अपने पुत्रों के लिए ब्राह्मणों को छोड़ूँगा।'

"यह अपमानजनक फुसफुसाहट और लोगों ने भी सुनी और सभा के रूढ़िवादी धड़े का यह विश्वास और दृढ़ हुआ कि कौशाम्बी पर एक पतित राजा का शासन है, जो धर्म की अवमानना करने और परंपरा का मजाक बनानेवाले कवियों का समर्थन करता है।

"निस्संदेह, रजनीकांत और उसके साथी अंततः अपना बदला लेने में तब सफल हो गए जब भास की मूर्खता के चलते उन्हें इसका मौका मिला। लेकिन यह बहुत बाद में उदयन और माधवी के विवाह के कुछ वर्षों बाद और खुद मेरी उसकी बहन से शादी के तीन वर्षों बाद घटित हुआ। भाग्य सचमुच रहट पर लगी पानी की बाल्टियों की तरह काम करता है; यह कुछ को खाली करता और कुछ को भरता है, कुछ को उठाता और दूसरों को गिराता और फिर कुछ अन्य को बीच में रखता है। इस प्रकार यह लगातार इस दुनिया में हमारे जीवन की कड़ी सच्चाइयों की शिक्षा हमें प्रदान करता है।

।। सोलह ।।

"स्त्री का जैसा शील स्वभाव होता है, जैसी उसकी कामवासना होती है, वह विपरीत रति से प्रकट हो जाता है।"

—कामसूत्र 2.8.40

मैं चकित था कि हम दोनों के परस्पर आवेग ने संकोच की मेरी पूर्ववर्ती भावनाओं को कितनी सहजता से दबा दिया। सुबह मैं वात्स्यायन के साथ अपने साक्षात्कार को संपन्न करके रंचमात्र पश्चात्ताप का अनुभव किए बिना अपराह्न को टहलता हुआ वन की तरफ निकल जाता। मेरे कंधे की पेशियाँ अब तनावग्रस्त नहीं होती थीं, जैसा कि कुछ समय पहले होता था जब मैं वन से लौटते हुए पाता कि वात्स्यायन अपनी झोंपड़ी की दालान से मुझे देख रहे हैं। कहने का आशय यह नहीं कि मैं अपने अपराध-बोध से मुक्त हो गया था। लज्जा, जिसका मैंने अनुभव किया होगा, के अमूर्त संकेत आने लगे थे, लेकिन अबाध लालसा और प्रेम के प्रतिदान ने इन विचारों को इनकी भावनात्मक जड़ से ही काट दिया था। वात्स्यायन की कृति के बारे में बात करते समय मैं उनकी आँखों में झाँकने से नहीं झिझकता; न तो उनके जीवन के बारे में सवाल पूछने में हकलाता था। हमारा साथ काम करना पहले की तरह, मालविका से मेरी अंतरंगता से अछूता, जारी रहा, यद्यपि मुझे यह लगता था कि हम दोनों के बीच जो झीना परदा मैंने डाल रखा है, वह उठनेवाला है।

वन में ढलते हुए वसंत के उन अपराह्नों की अनेक छवियाँ अब एक दृश्य में घुलमिल गई हैं। हम साथ-साथ लेटे हैं। मालविका का सिर मेरे कंधे पर है। संभोग के बाद हमारे शरीर अपनी-अपनी निजता में लौटते हुए अलग हो रहे हैं। हरसिंगार के फूल मालविका के बालों में मुरझा रहे हैं। सूरज-तपी धरती, ताजा घास, प्रेम का प्रतिध्वनित मौन—सब एक इतने सघन आनंद में समाहित हो रहे हैं कि हमारी वाणी अवरुद्ध हो गई है। कीड़े हमारे चारों तरफ व्यग्रतापूर्वक भनभना रहे हैं और कभी-कभार जब तालाब से कोई बगुला उड़ता है तो उसके पंखों के फड़फड़ाने की आवाज आती है। हमारे ऊपर आकाश फीरोजी रंग में नहाया हुआ है। वर्षा से फूले रोएँदार चपल भूरे बादल चमकदार नीले आकाश के आर-पार तैर रहे हैं। अपने सिर को एक कोहनी पर टिकाए, अपने एक उरोज के वजन को मेरे कंधे पर

डाले, मुझसे चिपकी मालविका मेरे सीने के बालों को कोमलतापूर्वक अपनी तर्जनी के इर्द-गिर्द लपेट रही है।

हम दोनों वासना के आवेग में धँस चुके थे। वासना पर ध्यान केंद्रित करते हुए हम अपनी अनुभूतियों से उसे अनुभूत करना चाहते थे, जिसे इंद्रियाँ छू नहीं सकतीं, और इसलिए कभी पा नहीं सकतीं। आरंभ में जैसे-जैसे हर मुलाकात के बाद एक-दूसरे की मनोदशा को सहजता से समझने की हमारी क्षमता बढ़ती गई, शब्द प्रायः उस दुनिया के बिन बुलाए मेहमान जान पड़ते, जिन्हें हम जंगल के किनारे छोड़ आए थे। फिर भी कुछ समय बाद, प्रेमी जैसे अपनी भावनाओं को अभिव्यक्त करने की दुर्दमनीय आकांक्षा के आगे पराजित हो जाते हैं, हम बोलने की जरूरत महसूस करते। हम प्रेम में पड़ने से पहले के अपने जीवन के बारे में बातें करते। एक-दूसरे की दृष्टि में विशिष्ट बनने से पहले हम दोनों क्या थे, इस बारे में बातें करते। मैंने मालविका को वाराणसी के घर में, जहाँ वह हाल ही में मेहमान थी, अपने युवा होने के बारे में, अपने पेशे के बारे में, पिता की आशाओं और कैसे मैंने उन्हें निराश किया, इन सबके बारे में बताया। मैंने अपनी माँ की चर्चा की, जिसका मेरी पाँच वर्ष की आयु में देहांत हो गया था, और चेहरा मेरी स्मृति में धुँधला पड़ चुका है, लेकिन जिसकी उपस्थिति मेरे मस्तिष्क में बनी हुई है। मालविका ने अपने परंपरागत सुखी बचपन और अपने विलक्षण वैवाहिक जीवन के बारे में बताया। उन परिस्थितियों के संक्षिप्त बयान के अलावा, जिनमें उन दोनों की भेंट हुई थी, अपने विवाह के बारे में मौन रहनेवाले वात्स्यायन ने मुझे स्पष्ट तौर पर बता दिया था कि यह उनके जीवन का ऐसा प्रसंग है, जिसे वे हमारे वार्तालाप के दायरे से बाहर रखना पसंद करते हैं। इस प्रकार वात्स्यायन के विवाह की कथा मूलतः मालविका की आवाज में कही गई है।

मालविका वत्स देश के एक छोटे राजा की, जिसने राजा उदयन का आधिपत्य स्वीकार कर लिया था, छोटी बेटी थी। दोनों बहनों में निकटता थी, और जब उदयन ने सोलह वर्षीया माधवी को अपनी एक रानी के रूप में चुन लिया तो चौदह वर्षीया मालविका भी उसके साथ कौशाम्बी आ गई। राजा को अपने दामाद के रूप में पाकर उनके माता-पिता अपने सौभाग्य पर खुशी से फूले नहीं समा रहे थे और बड़ी बहन के घर रहने के अपनी छोटी बेटी के निर्णय पर उन्होंने आपत्ति नहीं की। निस्संदेह उन्होंने यह भी सोचा कि मालविका महल में रहेगी तो कौशाम्बी के कुलीनों में से अच्छा वर पाने की उसकी संभावनाएँ बहुत बढ़ जाएँगी।

महल के अंतर्तम प्रांगण में आठ मंडपों से युक्त और अशोक वृक्षों से भरे उद्यान से घिरा हुआ कौशाम्बी का अंतःपुर अपने प्राचीरों से आबद्ध था। उसका प्रधान रखवाला भद्रक नामक एक वृद्ध हिजड़ा था, जो अपने सफेद कंचुक और अपने गंजेपन को छिपानेवाली एक टोपी में, अंतःपुर के चारों ओर एक छड़ी के सहारे, अपनी तमाम

अशक्तताओं और स्त्रियों—छह रानियाँ और उनकी सेविकाएँ—द्वारा खड़ी की गई परेशानियों पर भुनभुनाता हुआ, लँगड़ाकर चलता रहता। उदयन, राजपुरोहित और चिकित्सक के अलावा किसी अन्य पुरुष को अंतःपुर में जाने की अनुमति नहीं थी। इसके प्रवेशद्वार की रक्षा स्त्री सैनिक करती थीं, जो भालों और कमर से लटके कटारों से लैस होती थीं।

मालविका अंतःपुर के जीवन के सुस्त प्रवाह को देखने में पूरी रुचि लेती, लेकिन उसमें भागीदारी कभी-कभी ही करती। इसकी दिनचर्या का सबसे उत्तेजक हिस्सा सुबह का होता था, जब रानियाँ दिन के लिए तैयार होना शुरू करतीं। अंतःपुर की नारी संगीतकारों द्वारा मौसम के अनुकूल बजाए गए प्रातःकालीन राग की तान से जगे हुए मंडप शीघ्र ही हलचल से भर उठते। बड़े-बड़े, उभरे हुए मिट्टी के घड़ों में नहाने का सुगंधित जल तैयार किया जाता। सेविकाएँ चंदन की लकड़ी की छाल को कस्तूरी के तेल में पीसकर रानियों के शरीर पर मलने के लिए लेप बनातीं, उनके तलवों को रँगने के लिए लाख को पतला करके उसका घोल बनातीं, और उनकी पलकों में आँजने के लिए ताजा सुरमा तैयार करतीं। दूसरी सेविकाएँ पक्षियों के पिंजरों को साफ करतीं, जबकि रानियाँ स्वयं उस दिन के लिए घाघरों, सहायक वस्त्रों और आभूषणों का चयन करतीं। रानियों के श्रृंगार के समाप्त होने और उनके अपने श्रेष्ठ वस्त्राभूषण में सुसज्जित होने—इस प्रक्रिया में तीन घंटे लगते थे—के बाद करने के लिए बहुत कुछ नहीं बचता और सन्नाटा घिर जाता। रानियाँ एक-दूसरे के यहाँ जाकर महल और नगर के बारे में गपशप करतीं। बाहर उद्यान में जाकर वे मजबूत शाखाओं से लटके और सेविकाओं द्वारा पींग लगाए जानेवाले झूलों पर बैठतीं। सप्ताह में एक बार वे पूरे दिन के लिए नगर के बाहर राजकीय उद्यान में भ्रमण के लिए जातीं। निश्चय ही, उनके बीच तमाम अनुष्ठानों से जुड़े अनेक समारोही दिवस आते रहते थे, जिनमें वे उत्साहपूर्वक भाग लेतीं। शाम को एक बार फिर श्रृंगार किया जाता, यद्यपि सुबह की अपेक्षा यह कम विस्तृत होता। बालों को अगरु के धुएँ से सुगंधित किया जाता, ताजे फूलों से उन्हें गूँथा जाता, और ऊँचा जूड़ा बनाया जाता। कपड़े बदल दिए जाते और राजा के आगमन के लिए आरक्षित सभा-कक्ष में रानियाँ एकत्र हो जातीं, भले ही उदयन बिरले ही अंतःपुर में जाते। यहाँ वे संगीत सुनकर, नृत्य देखकर या पुरुषों का कपड़ा पहने एक नारी बौने के, जो किसी प्रणयी पुरुष की ध्वनियों और गतिविधियों की नकल करने में माहिर था, मसखरेपन पर हँसकर समय बितातीं। समारोह दिवसों की शामों को महल के रंगमंच पर एक नाटक अभिनीत होता था। इस अवसर की रानियों को उत्सुकतापूर्वक प्रतीक्षा रहती।

दोनों बहनें अपनी सुंदरता के लिए विख्यात थीं—भले ही पहली बार कौशाम्बी आने तक मालविका अभी तनिक गोलमटोल थी—लेकिन अपने स्वभावों में वे बुनियादी तौर पर भिन्न थीं। माधवी बाहर जाने, आमोद-प्रमोद में रस लेने और सहेलियों से घिरी रहने वाली थी। मालविका अधिक शांत, कलात्मक अभिरुचियोंवाली थी और अपने कमरे में

चित्रकारी करते हुए या सार्वजनिक उपवन में निश्चल सारसों और तालाब की लहरों का रेखांकन करने के लिए आकस्मिक भ्रमण पर जाकर अपना समय बिताना पसंद करती थी। वह अंतःपुर की अश्लील वार्ताओं से अलग रहना पसंद करती थी। मालविका उन शिक्षकों की प्रिय थी, जो लड़कियों को साहित्यिक रचना, चित्रकला और वीणा-वादन सिखाने के लिए आते थे। दूसरी तरफ माधवी अपनी माँ की सिखाई गई कलाओं को पसंद करती थी। वह बुनाई और कढ़ाई सीखने में पर्याप्त आलसी थी, लेकिन उद्यान में पेड़ों और फूलों के बीच खुश रहती थी। वह किसी उद्यान के निर्देशन में गंभीरतापूर्वक अपने पाठ पढ़ती थी। जिन चीजों को वह सचमुच पसंद करती थी, वे थीं सौंदर्य व्यवहार की क्रियाएँ, उबटनों और सुगंधियों का प्रयोग और मालिश की कला; यद्यपि वह इनकी तैयारी में रुचि नहीं लेती थी। यही सेविकाओं का कार्य-क्षेत्र था।

मालविका एक उत्कंठित पाठिका भी थी। उसकी रुचि महाकाव्यों की प्रेम कथाओं पर आधारित नाटकों में थी। राजसी जीवन ने उसे अपनी साहित्यिक अभिरुचि को तृप्त करने का पूरा अवसर दिया। कौशाम्बी का दरबार विद्वानों, लेखकों, कवियों, दार्शनिकों, कर्मकांडियों, धर्मशास्त्रियों और व्याकरणविदों की अपनी उत्कृष्ट सभा के लिए मध्य देशों में ख्यात था। उदयन की प्रजा में से कुछ लोग उनके योद्धा पिता से उसकी तुलना करने पर यह निंदात्मक निष्कर्ष निकालते कि युवा राजा सैनिक की अपेक्षा कवि होने की कहीं अधिक आकांक्षा रखता है, कि वह संग्रामी जीवन पर मानसिक जीवन को वरीयता देता है। राज महल एक स्थायी रंगमंच का समर्थन करता था, जहाँ राजसभा के अपने नाटककारों द्वारा शास्त्रीय और नई प्रस्तुतियों को विवेकपूर्ण ढंग से मिलाने वाले कार्यक्रम में नाटकों के मंचन के माध्यम से समारोह मनाए जाते थे। विद्वानों और लेखकों की सभा सप्ताह में दो बार गूढ़ विषयों--जैसे विशुद्ध कल्पना के सहारे क्या कला में यथार्थवाद की रचना संभव है—पर सैद्धांतिक बहस के लिए आयोजित होती थी। शुक्रवार की संध्या को रुचि लेनेवाले दरबारियों के लिए खुली सभा होती, जहाँ कविगण अपनी नवीनतम रचनाओं को सभा के सामने पढ़कर आलोचना के लिए प्रस्तुत करते। उदयन शुक्रवार की सभाओं की अध्यक्षता करने से कभी नहीं चूकता, जिनका अंत समस्यापूर्ति जैसे साहित्यिक खेलों से होता था, जिनमें राजा बढ़-चढ़कर हिस्सा लेता। उदयन अपने राजकीय प्रतीकों--दो चवँरों और सिर के ऊपर लगे सफेद छत्र--के कारण ही दूसरे कवियों से अलग दिखता था, वरना अपने आनंद और असहमति की मुखर अभिव्यक्तियों और प्रायः सद्भावपूर्ण और कभी-कभी कटु साहित्यिक प्रत्युत्तरों में वह उनके जैसा ही दिखता।

महल में मालविका के व्यवस्थित हो जाने के बाद उदयन ने, शुक्रवार की सभाओं में भाग लेने की अनुमति देने की उसकी प्रार्थना को तुरंत स्वीकार क लिया, यद्यपि यह अंतःपुर की किसी स्त्री के लिए अस्वाभाविक था।

''काश, तुम्हारी बहन की रुचियाँ भी तुम्हारे जैसी होतीं।'' उसने कुछ उदास होते हुए कहा।

"मैं उस समय पंद्रह की थी," मालविका ने कहा, "और लोग मुझे कहते थे कि मैं सुंदर हूँ, पर मैं अपने सौंदर्य को भारी बोझ समझती थी। पुरुष मुझे उस विशेष क्षुधातुर दृष्टि से देखते मानो वे मुझ पर झपट्टा मारकर मुझे निगलना शुरू करने के अवसर की प्रतीक्षा में हैं। पुरुषों का घूरना मुझमें जुगुप्सा पैदा करता था। कविगण खासतौर पर बुरे थे। युवा हों या वृद्ध, वे समान रूप से लोलुप थे। जब कभी उनमें से कोई चाँदनी को पीते चकोर या किसी सुंदर स्त्री के पाद-प्रहार से फूलते अशोक वृक्ष जैसे किसी रूढ़िगत काव्यात्मक बिंब का उपयोग करता, तो वह कवियों के वासनामय ढंग से मुझ पर अर्थपूर्ण दृष्टि डालता। इससे कविता में मुझे मिलनेवाला आनंद नष्ट हो जाता और उस बेचारे वृक्ष के बदले उस व्यक्ति को ठोकर मारने की इच्छा मुझमें भड़क उठती। अपनी आयु के तीसरे दशक के उत्तरार्द्ध में ही खल्वाट हो चुका कवि सुधाकर सबसे बुरा था। मेरा ख्याल है कि अपनी चमकीली आँखों और ढीठ मुसकराहट के कारण उसे सुंदर माना जाता था, यद्यपि पुरुषों के रूप की मैंने कभी परवाह नहीं की। वह एक बड़े कामुक और गप्पी के रूप में विख्यात था, और अंतःपुर में कहा जाता था कि वह पूर्वी बस्ती के सस्ते वेश्यालयों का नियमित ग्राहक था। जब कभी वह सभा में बोलता, पहले मुझे षड्यंत्रपूर्ण दृष्टि से देखता, मानो वह जो कुछ कहनेवाला था, उस पर हम पहले ही एकांत में विचार कर चुके हैं। मैं इस बात से घृणा करती थी।

"मेरे बहनोई उन कुछ पुरुषों में से एक थे, जिनके प्रति मैं सहिष्णु थी, क्योंकि वे मुझे भोग्य वस्तु के रूप में नहीं देखते थे। ओह हाँ, वे रिवाज के मुताबिक इशारे करते थे। 'साली आधी घरवाली होती है,' वे मुस्कराते, विशेषकर अगर अन्य लोग आस-पास होते। लेकिन वास्तविकता में यह मेरे लिए गहरे संतोष का (यद्यपि मेरी बहन के लिए पश्चात्ताप का) विषय था कि उनकी रुचि स्त्रियों के रूप में नहीं थी। ऐसा नहीं है कि संक्षिप्त आरंभिक चरण के बाद माधवी को गंभीर आपत्तियाँ हों। वह निश्चित रूप से उन गुणी पत्नियों में से नहीं थी जो सूखा पड़ने पर वर्षा कराने की क्षमता रखती हैं। राजसभा में अनेक सुंदर पुरुष थे और उदयन एक सहिष्णु पति। उनका पूरा अव्यक्त आग्रह इस बात पर था कि उनकी पत्नियाँ अपने विवेक का कम-से-कम उपयोग करें।"

उदयन की छह पत्नियाँ उसके व्यक्तिगत चुनाव की वजह से नहीं, बल्कि राजकाज के अपने तर्कों के कारण थीं। कौशाम्बी जैसे शक्तिशाली राज्य के शासक के लिए यह आवश्यक था कि उसका अंतःपुर स्त्रियों से वैसे ही भरा रहे जैसे कि अन्नागार अन्न से, वन आखेट से या राजसभा विद्वानों से। उदयन बिरले ही अपनी पत्नियों के पास जाता था। प्रजा की दृष्टि में अपने पुंसत्व के दिखावे के लिए ही वह अंतःपुर में आता था। जब कभी उदयन अपने आवास से अंतःपुर के द्वार की ओर बढ़ रहा होता, वह असहज दिखता। उसके पीछे एक हट्टा-कट्टा दास एक लाल गद्दी पर हाथी दाँत का लिंग लेकर चलता। रानियाँ भी अपने पति के 'पौरुष'-प्रदर्शन से डरती थीं। लेकिन कोई

उपाय भी नहीं था। एक ही रात में अनेक स्त्रियों को 'संतुष्ट' करने के लिए कृत्रिम लिंग के प्रयोग की परंपरागत अनुमति–वात्स्यायन ने अपनी पुस्तक के पाँचवें खंड के अंतिम अध्याय में इस पर टिप्पणी की है–प्राप्त होने के कारण उदयन को भी मैथुन का दिखावा करना पड़ता, जिसके लिए वह बेहद अनिच्छुक रहता था। स्त्रियाँ इसे उबाऊ, प्रायः कष्टकारक पातीं, और जैसे ही मर्यादा अनुमति देती, वे समुचित प्रेम-चीत्कार कर देतीं। यह इस बात का संकेत था कि राजा उनके ऊपर अपने शरीर को उछालना बंद कर सकता है। उदयन भी अपने इस खास राजसी कर्त्तव्य में कटौती से कृतज्ञ होता था। राजसभा में यह अफवाह थी, यद्यपि फिर, बड़ी सावधानी से, कि वह हाथी दाँत का लिंग और दास उसके अपने आनंद के साधन थे।

"अच्छा तो उदयन के अंतःपुर में स्त्रियों को 'कामसूत्र' में सूचीबद्ध युक्तियों का प्रयोग करने की आवश्यकता नहीं पड़ती थी ?" मैंने पूछा।

मुझे याद है कि उस समय हम वन की खुली जगह में घास पर बैठे हुए थे। मालविका की आँखें निष्प्रयोजन हिलते हुए एक पैर पर लगी थीं। उसने मुझे खाली दृष्टि से देखा। मैंने उसे याद दिलाया :

"अंतःपुर में कभी-कभी स्त्रियों की तरह पोशाक पहने नागरिकों को सेविकाओं के रूप में ले जाया जाता है।

"रक्षक का वेश बनाए, वह अकल्पित सही क्षण में प्रवेश करता है।

"अगर कोई खाने-पीने का सामान ला रहा है तो; पीने-पिलाने की दावतों और उद्यानों की सैर के समय, जब सेवक भाग-दौड़ कर रहे हों; निवास या रक्षकों के परिवर्तन के समय; देश-भ्रमण के दौरान या यात्राओं के लिए प्रस्थान के समय और रानियों को महल में छोड़कर राजा के लंबी यात्रा पर चले जाने पर भी अंतःपुर में प्रवेश और उससे बाहर निकलना संभव होता।"

मालविका यह सुनकर हँस पड़ी और उसके दाँत वर्षा के बीच कौंधती बिजली से चमकते पानी के बूँदों की तरह चमक उठे। उसने कहा, "अगर मेरे बहनोई ने साहस किया होता, तो उसने रानियों के प्रेमियों के अंतःपुर प्रवेश के और भी ऐसे रास्तों की तलाश के काम में अपने विद्वानों को लगा दिया होता, जिससे प्रजा में टीका-टिप्पणियाँ न उभरें।"

मालविका पर अपना पति चुनने का दबाव बढ़ रहा था। महीने में एक बार, कभी उससे अधिक, उसके माता-पिता के यहाँ से संभावित वरों से संबंधित सुझावों और उसके पिता की इन चेतावनियों के साथ एक संदेशवाहक आ जाता था कि अविवाहित रहकर प्रत्येक मासिक धर्म के साथ वह भ्रूणहत्या का पाप पिता के ऊपर थोप रही है। बेफिक्र रहनेवाली माधवी ने अचानक बड़ी बहन के रूप में अपने कर्त्तव्यों को पहचाना और विवाह के लिए मैं उसके सिर पर सवार हो गई। उदयन भी इसमें शामिल हो गया।

शुक्रवार की एक सभा के समाप्त होने के बाद उसने दो युवा कुलीनों की तरफ संकेत करके मालविका से पूछा कि क्या वे उसे सुंदर नहीं लगते। मालविका ने जवाब न देकर सीधे उसकी आँखों में देखा। राजा झेंप गया। अंततः उसके माता-पिता कुछ अधिक समय तक ठहने के लिए कौशाम्बी चले आए। उसी वर्ष उसके विवाह की व्यवस्था कर देने पर दृढ़ वे लोग महल के मैदान में स्थित लघुतर अतिथि-गृहों में से एक में रहने लगे।

मालविका के सुविख्यात सौंदर्य और राजा की साली होने के कारण उसका हाथ माँगनेवालों की कमी नहीं थी। समस्या यह थी कि वह पुरुषों के साथ यौन-संभोग के विचार को घृणित समझती थी। अपने कैशौर्य में जब उसकी उम्र की लड़कियाँ कामशास्त्र के पाठों में रस लेती हैं और शिक्षक के जाने के बाद हँसी-ठिठोली करती हैं, मालविका अपने चेहरे पर कोमल भाव बनाए रहती, लेकिन अपने मस्तिष्क को कक्षा और प्रवचन से काट लेती। अपने परिवार को प्यार करनेवाली एक संवेदनशील लड़की के रूप में मालविका अपने सभी संभावित पतियों को अस्वीकार करते जाने पर अपने माता-पिता की नाखुशी और उनके बढ़ते हुए क्षोभ से पूरी तरह अवगत थी। कभी-कभी गरमागरम दृश्य उपस्थित होते थे, जिनमें पिता क्रोधित होते थे, माँ रोती थी और माधवी उन्हें सांत्वना देने का प्रयास करते हुए छोटी बहन पर उलाहना भरी नजरें डालती रहती थी। बीस प्रस्तावों को ठुकराने के बाद इस सामूहिक गोला-बारी को झेल पाने में असमर्थ मालविका ने अंततः समर्पण कर दिया और शादी के लिए हाँ कर दी।

उसके परिवार ने सेनापति के दो बेटों में से एक को चुना, जो सेना में एक शानदार जीवन आरंभ करने ही वाला था। माधवी ने मालविका को उसके भावी पति और उसकी सांसारिक संभावनाओं के बारे में उत्साहित करने की कोशिश की, लेकिन वह उदासीन बनी रही। 'वह ऐसा व्यवहार करती मानो वह अपने जीवन की चर्चा में बिलकुल अभी-अभी विषयांतर कर देनेवाली कोई विनम्र अतिथि हो।' माधवी अपने माता-पिता से भुनभुनाती।

ज्योतिषियों ने जन्मकुंडलियों का मिलान किया और प्रस्तावित जोड़ी की राह में कोई आकाशीय बाधा उन्हें नहीं मिली। ज्योतिषी के निर्णय के अगले दिन सेनापति के पारिवारिक पुरोहित एक थाली में मिट्टी के आठ गोले लेकर आए। प्रत्येक अलग-अलग मैदान में तैयार किया गया था। उनके साथ सेनापति की दासियों की निर्देशिका थी, जिस पर मालविका के होनेवाले ससुर ने उस लड़की का सटीक और पूर्वाग्रहरहित मूल्यांकन प्रस्तुत करने के लिए भरोसा व्यक्त किया था। मिट्टी के गोलों का अनुष्ठान सरलतापूर्वक संपन्न हो गया। मालविका ने समाधि-स्थल की मिट्टी से बनी गेंद को नहीं चुना, जिसका अर्थ होता कि वह अपने पति की हत्या करने को अभिशप्त है। न ही उसने बाँझपन या अविवेकी मनोदशा को इंगित करनेवाली गेंदों का चुनाव किया। उसने सौभाग्यशाली गेंदों में से एक कभी न सूखनेवाले तालाब की मिट्टी से बनी गेंद को चुना, जिसका आशय था कि उनके विवाहित घर में सब चीजों का प्राचुर्य रहेगा।

मालविका ने वैवाहिक वार्ताओं में कोई रुचि नहीं ली, जो वास्तव में अब जाकर शुरू हुई थीं। वर के परिवार से उसके माता-पिता के घर आनेवाले पेशेवर मध्यस्थ के सामने उपस्थिति अपेक्षित होने पर वह बमुश्किल उसकी बातें सुनती। वह व्यक्ति उस पुरुष की पूर्व शिक्षा, त्रुटिहीन व्यवहार, माता-पिता के लिए स्नेह और सम्मान की उसकी भावना, और उसकी अनिंद्य शारीरिक अवस्था, जिसमें दुर्बलता या कुरूपता का नामो-निशान नहीं था, आदि के संबंध में अतिशयोक्तियाँ करता। मालविका के परिवार से गया हुआ मध्यस्थ सेनापति के घर ठीक यही काम कर रहा था। वित्तीय वार्ता की प्रारंभिक गतिविधियाँ एक सप्ताह बाद समाप्त हुईं, जब उसके पिता उसके दहेज के रूप में एक बड़ी धनराशि देने के लिए तैयार हो गए। यह सहमति बन जाने के बाद वह युवक अपने पारिवारिक पुरोहित और दो चाचियों के साथ उनके घर, मालविका के पिता से औपचारिक रूप से उसका हाथ माँगने आया। इस मौके पर उसने पहली बार उसे देखा था। उसे वह पर्याप्त सुंदर लगा, लेकिन उसने कुछ महसूस नहीं किया। पूरी प्रक्रिया को उसने अवसन्न मस्तिष्क के साथ निबटाया। अपने भविष्य के पति को थोड़ी दूरी से उसने देखा, जो आनुष्ठानिक विधि से उसके पिता को अपने नाम के साथ अपने गोत्र के सभी पूर्वजों का नाम उच्चरित करके अपना परिचय दे रहा था। उसने उन्हें फूलों से भरे मिट्टी के एक घड़े, भुने हुए बीजों, फलों और सोने के टुकड़ों को छूते हुए देखा और फिर उसके पिता ने अपनी पुत्री के सिर पर वह घड़ा रखकर उसे धन समृद्धि का आशीर्वाद दिया। दोनों ओर से फिर ज्योतिषियों को बुलाया गया। उन्होंने नक्षत्रीय संयोगों की गणना की, दंपति की शारीरिक विशेषताओं की चर्चा की और दूसरे शकुनों का परीक्षण करके वैवाहिक समारोह के लिए चार महीने बाद की एक मांगलिक तिथि तय की।

विवाह से तीन महीने पहले अव्याख्येय और डरावनी भावी शृंखला की पहली आश्चर्यजनक घटना शुक्रवार की सभा में घटी। उज्जयिनी का प्रतिभाशाली कवि भास, जो नाटककार के रूप में अपनी छाप छोड़ रहा था और हाल ही में कौशाम्बी के दरबार में शामिल हुआ था, अपने नए नाटक 'स्वप्नवासवदत्ता' के कुछ अंशों को पढ़ रहा था। पाठ के समाप्त होने के बाद अपनी प्रतिक्रिया व्यक्त करने के लिए उठनेवाला कवि सुधाकर पहला व्यक्ति था। हमेशा की तरह, राजा के सामने झुकने के बाद, उसकी टकटकी एक पल को मालविका पर रुकी, जो उदयन के ठीक पीछे उसकी बाईं तरफ बैठी थी। मालविका ने उस अंतरंग दृष्टि की उपेक्षा करने के लिए अपना चेहरा दूसरी तरफ घुमा लिया। सुधाकर के बोलते समय मालविका ने राजा की गरदन के पिछले भाग पर, उसके कंधे तक लंबे घुँघराले बालों को घूरते हुए, अपनी दृष्टि मजबूती से जमा रखी थी। और तभी, बिना किसी चेतावनी के, किसी अदृश्य शक्ति के तीव्र खिंचाव ने उसके सिर को उठाकर उसकी आँखों को सुधाकर की उरुसंधि (पेट और जाँघों के बीच का हिस्सा) पर लगा दिया। आतंकित होकर उसने महसूस किया कि वह अपनी आँखों को नहीं हटा सकती, जो कवि की चुन्नटदार कंचुक के उभार पर केंद्रित थीं।

संकोच से लाल होकर और शर्म के आँसुओं की टीस से भरते हुए मालविका अपने आसन से सायास उठी और सभा छोड़कर चली गई।

उसने किसी को यह नहीं बताया कि उस शाम क्या हुआ था। कुछ रातों की बेचैन नींद के बाद शुक्रवार की उस घटना को वह अपने दिमाग से बाहर निकालने में कामयाब हो गई। तब दूसरी घटना घटित हुई। इस बार वह अपनी सेविका के साथ नगर से बाहर राजकीय उपवन में दिन के चित्र के लिए गई थी। जैसे ही वह गाड़ी से उतरी, एक बूढ़ा भिखारी भीख माँगने के लिए उसके पास आया। कोई सिक्का तलाश करते हुए उसने उसके जीर्ण-शीर्ण आंतरिक वस्त्रों में बमुश्किल दिखनेवाले उभार से आँखें हटाने में अपने को असमर्थ पाया। उसकी निगाह की दिशा को भाँपकर उस बूढ़े भिखारी ने खीसें निपोरकर अपने दाहिने हाथ से, मानो अपने जननांगों को उनके बंधनों से मुक्त करने की, अश्लील मुद्रा बनाई। इस हरकत ने जादू को तोड़ दिया और मालविका, वापस गाड़ी में बैठकर हड़बड़ी में अंतःपुर की सुरक्षा में पलायन कर गई।

उसने अब पुरुषों का सामना होने और इस डरावनी और विस्मयकारी अनिवार्यता के दोहराए जाने के भय से स्त्रियों की बस्ती से बाहर निकलना बंद कर दिया था। वह इतनी लज्जित थी कि इसे किसी के सामने प्रकट नहीं कर सकती थी। जब उदयन ने सभा में उसकी लगातार अनुपस्थिति के विषय में पूछा तो उसने उसकी उत्सुकता को किसी साधारण नारी-व्याधि का अस्पष्ट बहाना करके शांत किया। उदयन ने, जो रहस्यमय नारी-रोगों से डरता था, अपनी उत्कंठा का निवारण किया, और जिन साहित्यिक सभाओं में वह नहीं जा सकी थी, उनमें जो कुछ हुआ था उसका ब्यौरा देने लगा।

दूसरी घटना के बाद दो सप्ताह तक मालविका अंतःपुर के अपने कमरे में पड़ी रही। धीरे-धीरे उसका आत्म-नियंत्रण वापस लौटा। किसी दुःस्वप्न की तरह, वह अपनी प्रतिक्रियाओं की सघनता को भूलना शुरू कर रही थी, जबकि खुद वे घटनाएँ उसके दिमाग में गड़ी हुई थीं। फिर एक सुबह जब उसकी सेविका उसके पैरों के तलवों को रँग रही थी, उसने अपने आपको उस स्त्री के उरोजों को घूरते हुए पाया। सौभाग्य से, पुरुषों के साथ उसके अनुभवों के विपरीत, जिस क्षण वह इसके प्रति सतर्क हुई कि वह क्या कर रही है, उस स्त्री से अपनी आँखें हटाने में उसे कठिनाई नहीं हुई। उस स्त्री के उरोजों को घूरने की अनैच्छिक क्रिया बारंबार होने लगी। ये संतुलन के व्याकुल कर देनेवाले उल्लंघन थे, लेकिन उसे संदेह था कि वे इतने लंबे खिंचते थे कि दूसरों का ध्यान खींच सकें। फिर भी, उनमें मालविका को मानवीय संपर्क से और दूर ले जाने की क्षमता थी। वह अपना अधिक से अधिक समय अपने कमरे में, चित्रकारी करते हुए बिताने लगी।

माधवी ने अपनी बहन की इस प्रवृत्ति पर गौर किया और इसका श्रेय उसने अपने आसन्न विवाह से जुड़े क्षणों को दिया। उसने वैवाहिक जीवन के आनंद की बातचीत करके मालविका को पुनः आश्वस्त करने की कोशिश की, यद्यपि इसमें बहुत आग्रह नहीं था। वह यौन आनंद के विषय पर अधिक विश्वसनीय थी, यद्यपि यह स्पष्ट था

कि वह जिन व्यक्तिगत अनुभवों को इतने उत्साह से याद कर रही थी वे उसके पति के अतिरिक्त दूसरे पुरुषों के साथ के थे। माधवी को अत्यंत घबराहट में डालते हुए अचानक मालविका के आँसू बरस पड़े। दोनों हथेलियों को अपने कानों पर लगाते हुए वह चीख पड़ी, 'मैं यह सब सुनना नहीं चाहती ! मैं अब और कुछ सुनना नहीं चाहती !' माधवी पीछे हट गई। उसने अपने आपसे कहा कि यह विस्फोट एक युवती की पीड़ित शिराओं की अभिव्यक्ति-भर है। उसकी बहन को जो कुछ परेशान कर रहा है, जल्द ही विवाह उसका समाधान कर देगा। किसी युवती की अतिरेकपूर्ण भावुकता का यह विश्वसनीय इलाज था।

इस दौरान विवाह की तैयारियाँ बाकायदा जारी थीं। मालविका के माता-पिता अपने पारिवारिक आवास लौट गए, जिसकी अच्छी तरह साफ-सफाई की गई। पूरे घर के लिए परिष्कृत रेशम और जरी के कपड़े सिलाए गए। घर के सेवकों के उच्चताक्रम के अनुसार उनके वस्त्रों, जरी की मात्रा और गुणवत्ता में कमी रखी गई। मालविका के लिए वधू के साज-सामान की तैयारी के क्रम में दर्जियों और जौहरियों का आना-जाना लगा रहता। उसके पिता ने निजी देखरेख में अपने घर में फैले आँगन में व्यापक रूप से नक्काशी किए गए काष्ठ-मंडप का निर्माण कराया। उसकी माँ इसकी फर्श-सज्जा और पुष्प-सज्जा की निगरानी करती थी। युवा दंपति वैवाहिक अनुष्ठान के लिए इस मंडप के चंदोवे तले खड़ा होगा।

मालविका पर आधिपत्य कायम कर लेनेवाली दुष्टात्मा ने अचानक अपना केंद्र बदल दिया। इसने अब उसके हाथों पर चित्रकारी करते समय कब्जा करना शुरू कर दिया। मालविका कमल के फूल का चित्र बना रही होती कि अचानक आत्मविस्मृति की अवस्था से उबरकर वह भयभीत होते हुए पाती कि कमल के कंद ने अंडकोषों का आकार-ग्रहण कर लिया है या कमलनाल ने किसी उत्तेजित शिश्न की वक्रता, सघनता और शिरायुक्त बनावट का रूप धारण कर लिया है। वह लड़की बुरी तरह डर जाती। उसने अपने आपको वस्तुओं—पक्षियों, बादलों, तालाबों—तक सीमित रखकर, जिनमें ऐसे किसी रूपांतरण की आशंका नहीं थी, चित्रकारी जारी रखने की कोशिश की। यद्यपि, कभी-कभार यह फिर भी हो जाता; किसी पक्षी की गरदन अश्लीलतापूर्वक लंबी हो जाती, आकाश में कोई बादल ऐसे विशिष्ट आकार में लटकता कि वह डर जाती, किसी तालाब के शांत केंद्र में एक कुचाग्र उग आता।

सबसे बुरी बात इसके बाद तीव्र अनुक्रम में होनेवाली थी, मानो नाटक का अंतिम दृश्य तीव्रतर गति की माँग करता हो। सुधाकर ने उससे बात करना शुरू कर दिया। वह उसकी आवाज वास्तव में नहीं सुनती थी। वह कवि उसके मस्तिष्क में बात करता था, जहाँ वह उसकी उत्तेजक आवाज को बाहर निकालने के लिए कुछ नहीं कर पाती थी। उसने मालविका से कहा कि उसकी इस हालत के लिए वह जिम्मेदार है और उसी ने हर घटना की योजना बनाई है। वह उसे अपने सामने आत्मसमर्पण के लिए तैयार करना चाहता है। उसने उसे कामुक विस्तार के साथ बताया कि वह शीघ्र उसके साथ

क्या करने जा रहा है।

"इस बात को बंद करो ! इसे रोको।" मालविका चीख पड़ी।

लेकिन सुधाकर निर्दय था। मालविका की दिनचर्या अब ऐसी नहीं बची थी कि वह अपने दैनिक जीवन को सँभालकर अपनी परेशानियों पर काबू पा लेती। शेष अंतःपुर के साथ जगने, वस्त्र धारण करने और अपने चित्रों पर काम करने के लिए चित्रफलक तक जाने के बजाय, मालविका घंटों बिस्तर में पड़ी रहती। उसके बाल बिखरे रहते, आँखें छत को घूरती रहतीं। अब उसका जीवन असहायतापूर्वक एकमात्र उसकी भुतही आवाज से निर्देशित होता।

पहले सुधाकर ने सपने में उससे प्रेम-संबंध बनाया। उसने सपने में अपने पीछे दरवाजा बंद किए बिना कमरे में प्रवेश किया। जिस समय वह उसके ऊपर लेटा था, वह यह चाहते हुए कि उसका मस्तिष्क उसके शरीर में दौड़ती अन्य सभी संवेदनाओं की उपेक्षा कर दे, उसके नंगे कंधे के पार इस डर से देखती रही कि कहीं उसकी सेविका अंदर न आ जाए। वह उसे परे धकेलना चाहती थी और फिर उसने यह नहीं चाहा। चरमोत्तेजना पर पहुँचकर वह जाग गई और उसने अपने शरीर को अर्द्धवृत्ताकार पाया। चरमोत्तेजन जारी रहा और वह बेहोश हो गई। अगली सुबह उसकी दोनों जाँघों के बीच धीमा दर्द हुआ। दोपहर में वह फिर उसके कमरे में आया। वह पूरी तरह जगी हुई थी। इस बार उसने उसे देखा नहीं, केवल अपने अंदर प्रवेश करते हुए महसूस किया, जिससे फिर चरमोत्तेजन प्राप्त हुआ।

"कृपया मेरे साथ यह मत करो !" उसने प्रार्थना की।

वह केवल हँस पड़ा। अगले कुछ दिनों तक—या वे केवल कुछ घंटे थे ?—उसने उसके कमरे और शरीर में, पीड़ित आनंद का आवेग—जिसके घटने के साथ ही वह उससे घृणा करने लगती थी—पैदा करते हुए, मनचाहा प्रवेश जारी रखा।

मालविका की सेविका ने गौर किया कि पिछले चार हफ्तों से उसकी मलिका लगातार अपने आप में खोती चली गई है। उसे अनखाए व्यंजनों, हफ्तों बनी रहनेवाली भयभीत दृष्टियों और लंबी चुप्पियों पर चिंता हुई। उसने अपनी आशंका दूसरे सेवकों पर जाहिर की। उन्होंने उसे भरोसा दिलाया कि ये सभी लक्षण एकतरफा प्यार के हैं। उन्होंने उस व्यक्ति की पहचान की जिज्ञासा व्यक्त की। वह सेविका उसकी उत्सुकता को शांत न कर सकी। यद्यपि, उसी दिन सुबह जब उसने मालविका को किसी अदृश्य उपस्थिति से भुनभुनाते हुए देखा, उसकी असंबद्ध बातचीत में इन्कार की चीखों, लंबी कराहों का अनुसरण करती हुई संतप्त आनंदातिरेक की मरोड़ों और ठुनकनों का समावेश था, वह सेविका माधवी के कमरे में मदद के लिए दौड़ पड़ी।

माधवी को, जो अन्य रानियों सहित उदयन के साथ चार दिवसीय आखेट-यात्रा पर बाहर थी, अपनी बहन की दशा से धक्का पहुँचा। मालविका हड्डियों का ढाँचा-भर रह गई थी। उसका शरीर ऐसे कुम्हला रहा था मानो किसी नाजुक लता को झुलसाने वाली लू लग गई हो। वह मरियल चेहरा अब पूरी तरह उन बड़ी-बड़ी काली आँखों

के प्रभुत्व में था, जो अपनी तरुणोचित चमक खोकर किसी अमानवीय प्रकाश से उद्दीप्त थीं। त्वचा कमलनालों की किसी सूखी हुई क्यारी की तरह शिथिल होकर मुरझा गई थी, होंठों पर दंत-क्षतों से सूजन आ गई थी और दरार पड़ गई थी।

माधवी ने अपनी बहन को बाँहों में लिया और उसके बालों को सहलाते हुए अपने बचपन की शामक पंक्तियों को गुनगुनाने लगी। उसे उस समय की याद आ रही थी जब उसकी छोटी बहन खेल-खेल में अपने को चोट मार लिया करती थी। एक बार फिर उस शैतानी ताकत की जकड़ में आने से पहले उसने शांति की एक संक्षिप्त अवधि में प्रवेश किया, जिसमें सुबकियों के बीच, उसने माधवी को पूरा किस्सा कह सुनाया। तत्काल दरबार के चिकित्सक बुलाए गए। उन चिकित्सकों ने केवल कुछ मिनटों तक लड़की के व्यवहार का निरीक्षण करके यह निर्णय कर दिया कि यह योगियों के क्षेम शिर संप्रदाय के किसी श्रमण द्वारा झाड़-फूँक का सुस्पष्ट मामला है। इनका आश्रम नगर से कुछ लीग बाहर था। राजा के निजी आग्रह के साथ एक गाड़ी भेजी गई। शाम तक उस संप्रदाय का सबसे सम्मानित श्रमण राजधानी में था।

वह श्रमण नाटे कद का, झुर्रीदार अधेड़ अवस्था और विनम्र व्यवहारवाला व्यक्ति था। उसने मृगचर्म धारण कर रखा था और उसकी कमर से जड़ी और बूटियों से भरा चमड़े का एक थैला बँधा हुआ था। उसका विचार था कि मालविका को एक दुष्टात्मा ने पकड़ लिया है, जिसे भगाने से पहले संतुष्ट करना पड़ेगा। मालविका को बलात् सूअर का खून पिलाया गया, जो उसके मुँह के कोने से बह निकला और सामने उसके उरोजों को ढकनेवाली बारीक सूती ओढ़नी पर बिखरने लगा। इस क्रिया का दुष्टात्मा पर शांतिकारी प्रभाव तुरंत देखा जा सकता था। लड़की की आँखों से अलौकिक चमक गायब हो गई और वे अब अपने आसपास की चीजों पर निस्तेज भाव से टिकने लगीं। श्रमण ने कमरे में एक छोटी अँगीठी लाने को कहा। उसमें जलते हुए लकड़ी के टुकड़ों में उसने अपने थैले से निकालकर कुछ वनस्पतियाँ मिलाईं और मालविका से उसके तीखे धुएँ को अंदर खींचने के लिए कहा, जबकि वह उस पर आभिचारिक मंत्रों को उच्चरित करता रहा। यह सब कुछ घंटों तक चला। धीरे-धीरे मालविका सामान्य हो गई। उसने राजा का माधवी के लिए यह संदेश भी दिलचस्पी से लेकिन प्रतिक्रिया व्यक्त किए बिना सुना कि अपना काला जादू बंद करने के लिए सुधाकर को महल के तहखाने की कालकोठरी में प्रताड़ित किया जा रहा है। कवि को दी जानेवाली सजा की खबर से स्वास्थ्य लाभ की प्रक्रिया तेज होती हुई प्रतीत हुई। आखिरकार जब वह सोई तो यह नींद पूरे छत्तीस घंटों की थी, जिसके दौरान श्रमण कमरे के एक कोने में बैठा अपने मंत्रों का पाठ करता रहा। जब वह जगी तो उसने उसकी आंतरिक शुद्धि के लिए उसे गाय के आनुष्ठानिक रूप से शुद्ध उत्पादों—कच्चे दूध का एक लंबा गिलास, एक चम्मच मूत्र, थोड़ा-सा गोबर—खिलाया। इसके बाद उसने उसके स्वस्थ होने की घोषणा की।

उस आधिपत्यकारी दुष्टात्मा से मुक्त होकर भी मालविका तत्काल अपनी सामान्य अवस्था में नहीं लौट सकी। शीघ्र ही वह गहरे अवसाद की अवस्था में चली गई।

"इसका विवरण देना असंभव है कि उस समय मुझे क्या हुआ था और मैंने क्या महसूस किया था। इसकी बिलकुल साधारण वजह यह है कि उन अनुभूतियों की मुझे बहुत थोड़ी याद है। मैं पहले जो व्यक्ति थी और अवसाद के खत्म होने के बाद फिर जो होनेवाली थी, उससे कट चुकी थी।"

मुझे मूर्ख की तरह बैठे देखकर वह अपनी हालत को समझने-समझाने की कोशिश करने लगी।

"यह अनुभव ऐसा था मानो पूरी दुनिया अचानक खाली हो गई हो। इसकी हर अच्छी चीज हमेशा के लिए खो चुकी थी। यह ऐसी क्षति थी जिसने मेरे चारों तरफ की हर चीज—आकाश, पृथ्वी, लोगों, पशुओं, पक्षियों, वृक्ष की पत्तियों—को प्रदीप्त कर दिया था। यह क्षति और इसके साथ आनेवाली गहरी उदासी कोई ऐसी चीज नहीं थी जिसे मैंने महसूस किया हो—यह वह थी जो मैं थी। यह इसकी अपनी स्मृति, इसकी अपनी कहानी, जगत् का अनुभव करने के इसके अपने तरीकों, अन्य लोगों से जुड़ने की अपनी विधियों के साथ होने की अवस्था थी।"

तदुपरांत, मालविका को पता चला कि चिकित्सकों ने उसके अवसाद का निदान रत्यात्मक उन्माद के एक विरल प्रकार के रूप में किया है, जो किसी व्यक्ति को अत्यधिक उत्तेजित कर देनेवाले सामान्य प्रकार के बजाय, रोगी को आत्यंतिक रूप से उदास कर देता है। वह काल्पनिक बलात्कार के परिणामों को भुगत रही थी जो उसकी कौमार्यावस्था के कारण खासतौर पर भयावह थे। रत्यात्मक पागलपन एक ऐसी बीमारी है, जो शरीर में पैदा होती है लेकिन, शरीर और मस्तिष्क को एक दूसरे से और दूर करते हुए, अपने को मस्तिष्क में अभिव्यक्त करती है। इसका उपचार बताई गई चिकित्सा और आहार-प्रणाली से किया जाता था। चिकित्सकों की सलाह पर वात्स्यायन को राजा ने खासतौर पर मालविका को यौनिकता के रहस्यों से परिचित कराने और इस प्रकार उसके मस्तिष्क को उसके शरीर पर गुजरे अनैच्छिक अनुभवों के निकट संपर्क में लाने के लिए निर्देशित किया।

निश्चय ही, मालविका की अवस्था के सार्वजनिक गपशप का विषय बन जाने के कारण उस विवाह को स्थगित कर दिया गया। दोनों परिवारों ने एक-दूसरे को जो उपहार दिए थे, वे वापस कर दिए गए।

।। सत्रह ।।

गड्ढों और खाइयों से बेखबर सरपट उड़ान भरते, अपनी गति से मदहोश घोड़े की तरह लालसा में अंधे, उन्मत्त संभोगरत दो प्रेमी अपने कृत्य में निहित जोखिम पर ध्यान नहीं देते।

—कामसूत्र 2.7.33

"वे उस समय पैंतीस वर्षीय, अधेड़ व्यक्ति थे और अब तक उस प्रदेश में कामशास्त्र के सर्वश्रेष्ठ विद्वान की ख्याति अर्जित कर चुके थे", मालविका ने कहा, "मैंने सभा में उन पर गौर किया था, क्योंकि वे अकेले व्यक्ति थे जो मुझ पर रत्ती-भर भी ध्यान नहीं देते थे। क्या तुम जानते हो कि अगले तीन महीनों में उन्होंने मुझसे जो कुछ कहा उसे मैं, पहली मुलाकात में कहे गए दो वाक्यों को छोड़कर, पूरा का पूरा भूल चुकी हूँ ? हम छोटी कुर्सियों पर आमने-सामने बैठे थे। मेरी आँखें अपने सामने कालीन पर पड़े एक काले धब्बे पर केंद्रित थीं। शुभकामनाओं के आरंभिक आदान-प्रदान के बाद मैं उनकी मौजूदगी से लगभग अनभिज्ञ हो गई थी। अपनी असाधारण आवाज में बोलने से पहले उन्होंने थोड़ी देर तक अवश्य ही मेरे कुछ कहने का इंतजार किया होगा।

" 'कोई अपने ऊपर थोपे गए आनंद का क्या करे ? अनामंत्रित आनंद का ?' उन्होंने मानो अपने आप में चिंतन करते हुए कहा।

"उनकी आवाज की स्पष्ट सहानुभूति ने मुझे अपने मस्तिष्क के उन अँधेरे कोने से धक्का देकर बाहर कर दिया, जिसमें उस क्षण मैं घूम रही थी। उसने मुझे ग्रीष्म के अपराह्न की धूप से नहाए हुए उस कमरे में वापस खींच लिया। मैंने ऊपर देखा। उनकी आँखें बहुत दयालु थीं।

" 'मैं उससे घृणा करती थी। यह आनंद नहीं था। मैं इसे नहीं चाहती थी।' मैं चीख उठी।

" 'कामना करना लेकिन चाहना नहीं,'—यह कैसी असंभव स्थिति होती है ! उन्होंने सहृदयता के साथ कहा, जिसे मैं बाँट न सकी। मैं नहीं जानती थी कि वे क्या कह रहे थे। लेकिन वे मेरा ध्यान खींचने में सफल हो गए थे।

"हाँ, बाद में उन्होंने स्त्रियों और पुरुषों के शरीरों, योनियों और शिश्नों, आकार, समय और मनोदशा की बातें जरूर कीं, लेकिन मेरी घृणा को देखकर, इस विषय को

शीघ्र बंद कर दिया। तब भी मुझे ऐसा लगा था कि वे काम से मेरी विरक्ति को न केवल समझते थे, बल्कि मेरी उस अनुभूति में भागीदारी भी कर रहे थे। इसका अर्थ यह नहीं कि वे वास्तव में जो कुछ कह रहे थे, वह सब मुझे याद है। मुझसे बात करने के लिए उन्हें शब्दों की जरूरत नहीं पड़ती थी। पहली ही मुलाकात से मैं उनकी आवाज की ऊष्मा को ही सुना करती थी। यह मेरे ऊपर और चारों तरफ गर्मी की शाम को उथले पानी की धीमी बहती धारा की तरह बहने लगती। मैंने उनकी गहरी भूरी आँखों में करुणा महसूस की थी। मैं उनसे अपनी मुलाकातों की राह देखने लगी, ताकि मैं उनकी आवाज के स्पर्श का रस ले सकूँ। और फिर मैं इसकी दुलारनेवाली ऊष्मा की आदी हो गई, और मुलाकातों के बीच की अवधियों में इसकी कमी मुझे बुरी तरह खलने लगी।

"अपने प्रति मेरी भावनाओं की सघनता को जानने में वात्स्यायन को अधिक समय नहीं लगा। वास्तव में, अपने संबोधन के समय मेरी आँखों में आ जानेवाली चमक के प्रति वे बमुश्किल ही अचेत बने रह सकते थे। मैंने उन्हें इस बात पर बेहद असुविधा महसूस करते देखा कि मैं उनकी बातों को संगीत की तरह, समझदारी की जगह हर्षातिरेक के साथ, सुनती थी। वे हमारी साप्ताहिक मुलाकातों के लिए आने तो लगे, परंतु बढ़ती हुई अनिच्छा के साथ और फिर वे उतनी ही जल्दी लौटने को उत्सुक रहते जितनी कि शिष्टचार या जिम्मेदारी का उनका अपना बोध उन्हें अनुमति देता। वे उन भावनाओं की उपेक्षा की कोशिश करते जिन्हें मैं और अधिक नहीं छिपाती थी। वे उनकी अवहेलना करते मानो वे अजनबियों की लाशें हों। जब कभी मैं उनसे महल के प्रांगण में मिलती तो ऐसा बहाना करती कि ये मुलाकातें सांयोगिक आमना-सामना हैं, यद्यपि मैंने राजा के यहाँ उनके निर्धारित आगमन का पता लगाने के लिए अपनी सेविका को लगा रखा था। मगर इन मुलाकातों में उनका अभिनंदन शिष्ट से अधिक कुछ नहीं होता। फिर वे बिना मुसकराए मुझसे दूर-दूर, कुछ इस तरह गुजरते, जैसे वे केवल ईश्वर के निकट रहनेवाले कोई धर्मात्मा हों।"

मालविका वात्स्यायन की बढ़ती हुई परेशानी के प्रति सचेत थी और खुद से उनकी बढ़ती हुई दूरी को भाँप रही थी, लेकिन अपने लिए भी समान रूप से असुविधाजनक इस स्थिति को बदलने में असमर्थ पा रही थी।

"जब भी मैं उनके स्पर्श की अभिलाषा करती, अपनी अभिलाषा पर शर्म से भर उठती। जब भी मैं चाहती कि वे मेरी तरफ प्यार से देखें, इससे भयभीत हो जाती कि वे सचमुच ऐसा कर सकते हैं।"

उसके लिए सबसे अच्छा तरीका इन मुलाकातों को खत्म कर देना हुआ होता, जो दोनों के लिए कष्टकर बन चुके थे। मालविका को अपने बहनोई से सिर्फ यह कहने की जरूरत थी कि उसकी शिक्षा पूरी हो चुकी है और उसे अब शिक्षक की और जरूरत नहीं है। ऐसा करने में असमर्थ, हर बार जब मालविका वात्स्यायन के कमरे में प्रवेश करने पर अपने अंदर खुशी की तरंग को दौड़ते हुए महसूस करती, तो अपने प्रति

नफरत से भर उठती। आखिरकार यह निर्णय उसके हाथ से निकल गया। एक दिन वात्स्यायन ने घोषणा की कि यह उनकी अंतिम मुलाकात है। वे अपनी पांडुलिपि के अंतिम अध्याय पर काम करने छह महीने के लिए वाराणसी जा रहे थे।

उनके प्रस्थान के बाद दो दिन तक मालविका ने कुछ भी महसूस नहीं किया। वह न तो खुश थी, न दुखी; वह उनकी अनुपस्थिति से न तो बहुत राहत महसूस कर रही थी न ही अत्यधिक बोझिल। उसने उनकी यादों पर विचार न करने की कोशिश की, यद्यपि उनकी पिछली मुलाकातों के बिंब उसके सामने कभी-कभी कौंध जाते थे—वात्स्यायन सिर झुकाए गंभीरतापूर्वक बैठे सुन रहे हैं, वात्स्यायन अपनी कोमल आवाज में बोल रहे हैं, वात्स्यायन की भूरी आँखें करुणा से नम हो गई हैं। तीसरे दिन वह टूट ही गई। वह सुबह अपने सपनों की याद नहीं बल्कि, भारी हृदय और आँखों में आँसू लिये उठी। पूरे दिन उसके अंदर एकांत और परित्याग की भावना विकसित होती रही। उसकी भूख गायब हो गई। उसकी परिचारिका ने जब उसे खाने के लिए फुसलाया तो वह दाने चुगती रही।

वात्स्यायन से अलग होने पर मालविका का दुख न तो उसकी चेतना को उतना अभिभूत करनेवाला था और न ही उसके मस्तिष्क को उतना अस्वीकार्य था, जितनी कि उस कवि के साथ मैथुन की दीप्तियाँ। भले ही अलगाव की पीड़ा कभी-कभी असहनीय हो जाती हो, मालविका अब भी सोचती थी कि वह इसे नियंत्रित कर सकती है। इसने उसे उन यौन-छवियों की उत्तेजना और प्रतिक्रिया की तरह अवशोषित नहीं किया था।

रातें खासतौर पर कठोर थीं।

''महल में जब दूसरे लोग मीठी नींद में डूबे होते, मैं जगी हुई अपने आँसू बहाती लेटी रहती। चाँदनी दुष्ट शत्रु थी। मैं पूर्ण अंधकार में गुड़ी-मुड़ी होकर सोना और फिर कभी रोशनी को नहीं देखना चाहती थी।''

समय के साथ मालविका का दुख ऐसा रोग बन गया, जिसने उसके समस्त सौंदर्य को नष्ट कर दिया। किसी भृंग की कुतरी हुई कुमुदिनी की तरह कुम्हलाकर वह दिन पर दिन दुर्बल होती चली गई। उसकी बाँहें पतली हो गईं। उसकी क्षीण होती कलाइयों से चूड़ियाँ फिसल जातीं। अपने जीवन में पहली बार प्रेमकाव्य को हमेशा नीची नजर से देखनेवाली मालविका ने वियोग पर लिखे काव्यों को पसंद करना और उन्हें एक के बाद एक पढ़ना शुरू किया। शीघ्र ही राज-पुस्तकालय का छोटा-सा भंडार खाली हो गया। गीत उसे सांत्वना देते और ठीक उसी समय उसकी पीड़ा की चेतना को बढ़ा देते। अधिकांश कविताएँ दोषयुक्त दर्पणों की तरह थीं; वे उसकी कुछ भावनाओं को पकड़ तो लेतीं, लेकिन उन्हें ठीक-ठीक अभिव्यक्त नहीं कर पातीं। जब वात्स्यायन उसके पास थे, उसने 'रंगरेलियों से हर्षविह्वल नगर जैसा' नहीं महसूस किया, यद्यपि यह सच था कि उनके जाने पर 'वह किसी परित्यक्त मकान की तरह दुखी हो गई जिसके सामने गिलहरियाँ खेला करती हैं।'

"मेरी अवस्था का सटीक चित्रण करनेवाली एकमात्र कविता, विस्मयजनक रूप से, अब तक महल के कारागार में सड़ते उस दुष्ट सुधाकर की थी। क्या तुम इसे जानते हो ? मैंने उन कविताओं को इतनी बार पढ़ा कि मैं अपने शेष जीवन के लिए उन्हें याद रखने को अभिशप्त महसूस करने लगी :

'लोग कहते हैं कि तुम्हें इसे सहना होगा...
क्या वे नहीं जानते कि भावावेश किसे कहते हैं ?
या यह कि वे कितने मजबूत होते हैं ?
जहाँ तक मेरी बात है,
अगर मैं अपने प्रिय को नहीं देखता
मेरा हृदय दुःख में डूब जाता है
और चट्टानों पर पछाड़ खाई
ऊँची लहरों के फेन की परत जैसा
मैं थोड़ा-थोड़ा करके बिखरता हूँ
और निःशेष हो जाता हूँ।'

इस बार हरकत में आने के लिए माधवी ने लंबा इंतजार नहीं किया। सेविकाओं से कड़ी पूछताछ और मालविका से लंबी बातचीत करके अपनी बहन की हालत के कारण का पता लगाकर, उसने तत्काल अपने पति से भेंट की।

"वह लड़की अपनी भावनाओं को जितनी सघनता से अनुभव करती और जीती है, उतनी सघनता से मेरे जानते कोई नहीं करता," आधी प्रशंसा और आधी उत्तेजना में उदयन बड़बड़ाए, 'अपने समस्त गुणों के बावजूद बहुत थोड़ी भावना रखनेवाले मेरे कवियों से निश्चय ही अधिक। तुम क्या सुझाव देती हो ?"

"वात्स्यायन से उसका विवाह कर दें।" माधवी ने तुरंत जवाब दिया।

"क्या वह उसके लिए अधिक वय का नहीं होगा ? फिर उसकी जाति का भी मामला है।" उदयन ने हिचकिचाते हुए जवाब दिया।

माधवी ने समझा कि राजा अपने मित्र को उसकी पत्नी से बाँटना नहीं चाहता, भले ही वह पत्नी उसकी पसंदीदा साली हो।

"सोलह से ऊपर की मालविका विवाह की आयु को लगभग पार कर चुकी है। उसके बाद जो कुछ हुआ है—मैं आवेशग्रस्तता रोग की बात कर रही हूँ जिसके बारे में सभी जानते हैं—उसके बाद उसके पास अपने पति की आयु, परिवार या जाति का चुनाव करने का मौका शायद ही है। जहाँ तक वात्स्यायन की बात है, उनके विवाह के लिए यह उपयुक्त समय है। पत्नी उन्हें सभी घरेलू दायित्वों से मुक्ति दिला देगी। वह दैनंदिन के ब्यौरों का ध्यान रखेगी जो इतना अधिक समय लेते हैं और उन्हें उनके काम और मित्रों से दूर रखते हैं।"

उदयन अभी पूरी तरह से कायल नहीं हुआ था।

"शायद वह विवाह नहीं करना चाहता ?"

"आप राजा हैं या नहीं ?" माधवी की ऊँची आवाज में घृणा का पुट था, "आपको ऐसा करने के लिए बस आदेश देना होगा। लोग पहले ही संदेह करते हैं कि आप कौशाम्बी की राजगद्दी पर बैठने के लिए पर्याप्त शक्तिशाली हैं। वे आपकी तुलना आपके पिता से करते हैं, जिनका हर शब्द कानून था, हर दृष्टि आदेश थी।"

"वे कहते हैं कि मैं पर्याप्त शक्तिशाली नहीं हूँ, है न ? अपने माता-पिता को सूचित करो और विवाह की तैयारियाँ शुरू कर दो। आज से एक महीने के भीतर शादी होगी।" उदयन के यह कहने पर माधवी ने बातचीत की प्रगति से पूरी तरह संतुष्ट होकर जाने की अनुमति ली।

"पर्याप्त शक्तिशाली नहीं।" उदयन अपने आप से भुनभुनाया। वात्स्यायन की तुरंत वापसी के आदेश के साथ वह कल ही वाराणसी के लिए एक घुड़सवार को भेज देगा। अगर तुरंत नहीं तो कम-से-कम दो महीने के अंदर। इससे उसे वाराणसी के पुस्तकालयों से संपर्क के लिए पर्याप्त समय मिल जाएगा। उदयन अपने दोस्त और मानवीय कामुकता की सनकों के किस्सों के भंडार की कमी महसूस करने लगा था। अगर जरूरी हुआ तो निश्चय ही वह वात्स्यायन को मालविका से विवाह करने का आदेश देगा, लेकिन उदयन निश्चिंत था कि यह मामला कभी ऐसी अप्रिय अवस्था में नहीं पहुँचेगा। अधिकांश पुरुषों की तरह उसका मित्र भी एक समझदार आदमी था जो हर व्यक्ति की स्थिति की अनिवार्यताओं को समझेगा। राजा के रूप में उदयन पिता की भूमिका में भी था, जिनका साया वात्स्यायन के सिर से उठ चुका था। मित्र के रूप में यह उसका दायित्व ही नहीं था, बल्कि इस विवाह की व्यवस्था करना उसका पितृवत् कर्त्तव्य भी था। वात्स्यायन के संकोच या विरोध के बावजूद।

विलक्षण बात थी कि समय आने पर वात्स्यायन ने इस विवाह पर आपत्ति नहीं की। न ही उन्होंने कोई उत्साह या उत्तेजना प्रकट की; लेकिन उदयन ने उनसे इनमें से किसी की अपेक्षा नहीं की थी।

"हाँ, यह विवाह के लिए उचित समय है और मैं गौरवान्वित हूँ कि रानी ने स्वयं अपनी बहन को मेरे लिए चुना है। जैसी पत्नी मैं चाहता हूँ वह ठीक वैसी है।" उन्होंने कुल इतना ही कहा।

विवाह का समारोह सादगी से हुआ। जिसमें केवल निकट संबंधी आमंत्रित थे। एकमात्र अपवाद गणदास था जो अपने गाँव से आया था, जहाँ वह उनके घराने के भंग होने के बाद लौट गया था। विवाह के बाद नवविवाहित दंपति महल के अहाते में स्थित एक बड़े मकान में चले गए। माधवी ने आग्रह किया कि उसकी बहन अंतःपुर के बगल में रहे। उदयन ने इस सुझाव का न केवल स्वागत किया, बल्कि सक्रियतापूर्वक वात्स्यायन को वांछित कार्य के लिए तैयार करने में उसकी मदद की। सम्राट चंद्रगुप्त के शासन के पाँचवें वर्ष में यहाँ वात्स्यायन और मालविका ने गृहस्थी बसाई।

"हमारे दिन एक सुखद लीक पर गुजर रहे थे।" मालविका ने याद किया। पुरुष और स्त्री परिचारक—वात्स्यायन का आग्रह था कि ये केवल दो हों—अनुभवी और

कुशल थे और उन्हें न्यूनतम निर्देशन की जरूरत थी। सुबह सुस्त और अलसाई हुई होती जो प्रायः हमारे बनाव-शृंगार की बारीकियों में ही निकल जाती। वात्स्यायन अपने शरीर को स्वच्छ रखने के प्रति हमेशा अति सावधान रहे हैं।

" 'शरीर एक मंदिर है,' वे प्रायः कहते, 'दैवी वास के लिए इसे अनिवार्यतः चमकदार, मधुर और सुगंधित रखना चाहिए।'

"जगने के बाद वे अधिकतर वही प्रणाली अपनाते जिसे 'कामसूत्र' में उन्होंने रसिक पुरुष के लिए व्याख्यायित किया है। वे प्रतिदिन स्नान करते, हर दूसरे दिन तेल की मालिश करते और अनुशंसित तीसरे दिन के बजाय हर दूसरे दिन अपने शरीर में साबुन से झाग उठाते। सामान्यतया चौथे दिन के बजाय वे हर तीसरे दिन दाढ़ी भी बनाते और हर दसवें दिन एक नाई से अपने बाल कतरवाते। स्नान के बाद अपने वस्त्रों को अगरु के धुएँ से सुगंधित करते, आँखों में काजल और होंठों पर लाख-रंग लगाते। ताजे मौसमी फूलों की माला पहने और सुंगधित ताम्बूल-पत्र चबाते हुए जब वे दिन के काम का आरंभ करते, लगभग दोपहर हो चुकी होती। उनके प्रभाव में, यद्यपि उन्होंने कभी आग्रह नहीं किया और न सीधा सुझाव ही दिया, मैंने स्त्रियों के अंगरागों और पोशाकों की पेचीदगियों में अधिक रुचि लेना शुरू कर दिया—जिनसे अंतःपुर में रहते हुए मैं घृणा करती थी।

"माधवी मुझमें नवजाग्रत इस रुचि पर प्रसन्न हो गई और एक उत्साही शिक्षिका बन गई। 'शिव की महिमा से विवाह तुम्हें एक सामान्य स्त्री में बदल रहा है', उसने कहा, और मुझे तेलों, लेपों, चूर्णों, उबटनों और इत्रों से भरी हुई बोतलें, शीशियाँ, मर्तबान और कुप्पियाँ नियमित भेजने लगी। यद्यपि अपराह्न को अपने कमरे में चित्रों पर काम करते हुए मैंने चित्रकारी जारी रखी, जबकि मेरे बादवाले अपने कमरे में वात्स्यायन पढ़ते-लिखते रहते।"

वात्स्यायन 'कामसूत्र' में अच्छी पत्नी के आदर्श का जो विवरण देते हैं, मालविका ने उसका अनुसरण करने की भरपूर कोशिश की। खाने की मेज पर उनकी जरूरतों के बारे में वह निजी तौर पर मंत्रणा करती। वह उनके व्रतों और उपवासों में उनका साथ देती, यद्यपि इससे उसे कोई कठिनाई नहीं हुई क्योंकि वात्स्यायन, ऐसे मामलों में गैर-रूढ़िवादी होने के कारण, वर्ष में केवल चंद उपवास ही रखते थे। समारोहों, सामाजिक सभाओं, मंदिरों में होनेवाले यज्ञों और धार्मिक प्रदर्शनों में भाग लेने के लिए वह लगभग हमेशा उनकी अनुमति लेती। वह कभी अप्रसन्नता का खुला इजहार नहीं करती। वह गृह-देवताओं का ध्यान रखती और व्यक्तिगत रूप से उन्हें दिन में तीन बार नैवेद्य अर्पित करती। वह प्रतिदिन घर की सफाई, फर्श को रगड़कर चमकीली चिकनाई प्रदान करने, कमरों को गुलदस्तों से सजाने का निर्देशन करती। लेकिन वह माली को सब्जियों, औषधियों और अन्य पौधों को क्यारियों में लगाते हुए निर्देशित करना सर्वाधिक पसंद करती। इस समय वे बागवानी के तकनीकी आयामों और फूलों और पौधों से जुड़ी विभिन्न किंवदंतियों, दोनों पर चर्चा करते।

वात्स्यायन अपनी अधिकांश शामों को महल में उदयन के साथ व्यतीत करते थे, जो एक दर्जन कवियों और विद्वानों की छोटी गोष्ठियाँ करना पसंद करता था। आने वाले हर अक्षर-पुरुष को अपनी कृति की प्रस्तुति के लिए आमंत्रित किया जाता था। इसके बाद राजकीय सुरागार से लाई गई मदिरा से जीवंत बनाई गई बहस देर रात तक खिंचती। शुक्रवार की पूर्ण सभा, जिसमें मालविका ने सुधाकर-मामले के बाद भाग नहीं लिया था, अधिक औपचारिक अवसर होता था, जहाँ प्रत्येक राज कवि की उपस्थिति अनिवार्य थी। यह जल्दी खत्म हो जाती जिससे युवा दंपति को सप्ताह में कम-से-कम एक बार रात का खाना साथ खाने का मौका मिलता। माधवी के अनुसार, जिसके साथ वह अधिकांश शामें बिताती, गोष्ठी और समाज दोनों में वात्स्यायन के योगदान को बड़े सम्मान के साथ ग्रहण किया जाता था। इसमें कोई संदेह नहीं था कि वे कौशाम्बी की राजसभा के सबसे चमकदार रत्न थे। उनकी प्रतिभा उदयन के उस गर्व में प्रतिबिंबित होती थी, जिसके साथ वह उनका परिचय दूसरे राज्यों से आए राज-अतिथियों से कराता था।

अधिकतर रातों को वात्स्यायन के घर लौटने तक मालविका सो चुकी होती थी। उसे व्यवधान न पहुँचाते हुए, वे अँधेरे में ही वस्त्र उतारते और उससे कुछ दूर अपने बिस्तर में चुपचाप घुस जाते। अलग-अलग बिस्तर का होना एक रहस्य था, जिसके बारे में नौकरों को भी पता नहीं था। रात में, सोने से पहले, मालविका से यह अपेक्षित था कि वह अपनी चारपाई थोड़ी दूर खिसका लेगी। प्रातःकाल, स्नान का पानी लेकर आने वाले नौकरों के आने से पहले, चारपाई वापस खींच ली जाती थी।

"पहले मैंने सोचा कि सुधाकर-मामले की वजह से उन्होंने मेरा स्पर्श नहीं किया। वे काम के प्रति मेरी घृणा और अधिकांश पुरुषों के प्रति नापसंदगी को जानते थे। मैंने सोचा कि वे दूसरों का ध्यान रखनेवाले बन रहे हैं। मैने उनके संयम पर कोई आपत्ति नहीं की और वास्तव में इस बात पर राहत महसूस की कि उन्होंने विवाह को संपूर्णता प्रदान करने का आग्रह नहीं किया। सच कहूँ तो, विवाह के बाद आनेवाली पहली कुछ रातों में मैं बुरी तरह भयभीत थी। यह महसूस होने के बाद ही मैं अधिक आत्म-नियंत्रित हो सकी कि वात्स्यायन का मुझसे काम-याचना की कोई इच्छा नहीं है। हम जिस ढंग से रहते थे, मैं उससे संतुष्ट थी। मैं उनके साथ एक ही घर में रहकर पिता के आलिंगन की तरह उनकी उपस्थिति, जब वे सोते तो उनकी गहरी साँसों का स्वर, जब वे मेरे पास से गुजरते तो उनकी खुशबू, और मैं जब सुबह सोकर उठती तो हम दोनों की मिली-जुली गंधों को सूँघकर खुश थी। जब कभी मैं उनकी कमी महसूस करती, उनके कमरे में चली जाती। मेरे आने पर वे आपत्ति नहीं करते थे। मैं एक कोने में बैठ जाती और उन्हें अपनी पांडुलिपि पर काम करते हुए देखती रहती। उनके सुडौल हाथों में पकड़ी हुई सरकंडे की कलम स्याही के दावात में गरिमापूर्वक डूबती और भोजपत्र पर थोड़ी देर ठहरकर उसकी सतह पर अधिकारपूर्वक चलने लगती। भाववेश में मैं उन्हें छू सकती थी, या उनके बालों को सहला सकती थी। इतना ही

मैं चाहती थी—कोमलता, कृतज्ञता या कभी-कभी घबराहट का रहस्यमय उभार महसूस करने पर उन्हें छू पाने में समर्थ होना।

''विवाह के कुछ महीनों बाद मैं उनके प्रति अपनी भावनाओं में आए अचूक बदलाव के प्रति सचेत हुई। जो कुछ हमारे बीच हल्का और चमकीला था, वह भारी और धुँधला हो गया। उनकी उपस्थिति और स्पर्श की कामना की कभी-कभी उठने वाली टीस ने खुले यौन-संबंध की लालसा की सतत थाप का मार्ग प्रशस्त कर दिया। उनके पासवाले बिस्तर में पड़ी मैं अपनी अभिलाषा की निरंकुशता और उन अशांत करनेवाले बिंबों से परेशान हो उठी, लेकिन डरी नहीं। मुझमें आए परिवर्तन से वे निश्चित रूप से अवगत थे। उस भूमि पर कामशास्त्र के सर्वश्रेष्ठ विद्वान के लिए उन तरीकों से अनभिज्ञ रहना असंभव था, जिनसे कोई युवती अपनी लालसा की अव्यक्त अभिव्यक्ति करती है। आखिरकार, 'कामसूत्र' में वे स्वयं बीस से अधिक ऐसे लक्षणों को सूचीबद्ध करते हैं, जो किसी लड़की की संभोग की लालसा और तत्परता को प्रकट करते हैं। लेकिन उन्होंने मेरी वासना का भेद खोलने वाली फैली हुई पुतलियों को छिपाने के लिए अपनी आँखों को अनिच्छापूर्वक सिकोड़ने की मेरी कोशिशों और मेरी उसाँसों को अनेदखी करने की सोची। उन्होंने ऐसा दिखावा किया कि उनकी उँगलियों को सहलाती हुई मेरी उँगलियाँ मेरी घनीभूत संवेदनाओं को प्रेषित नहीं कर रही थीं। स्वयं महायोगी शिव के लिंगम की तरह तने हुए और अविचलित रहते हुए उन्होंने निःशब्द सूचना दे दी कि ब्रह्मचारी-विवाह की हमारी मूलभूत समझदारी ही कायम रहेगी। अब वे मेरे स्पर्श से भी कतराते थे। अगर मैं उनके अधिक निकट आ जाती तो उनका शरीर कड़ा हो जाता था, मानो मैं किसी घृणित रोग से पीड़ित हूँ जिसे केवल उनकी आँखें देख सकती हैं। मुझे अब भी उनकी इतनी सख्त जरूरत थी कि वह किसी विरोध को रोक सकती थी। हमारी अंतरंगता पर नई सीमारेखा खींचने के उनके निर्णय के आगे मैंने चुपचाप सिर झुका दिया और शांतिपूर्वक अपनी लालसा के अंगारे पर राख डाल दी।

''मैं जानती हूँ कि वे मुझे सुंदर मानते थे। वे प्रायः ऐसा कहते थे। सुबह के समय, वे मेरे उठने का इंतजार करते बिस्तर में लेटे रहते। पहले मैं स्नान के बाद निर्वसन सामने आने में उलझन महसूस करती। वे स्वयं कम-से-कम एक आंतरिक वस्त्र पहनने की सावधानी बरतते। शर्मीलेपन के साथ जिसे मैं प्रीतिकर पाती थी, उन्होंने मुझे बताया कि स्नान के बाद जब हल्की लालिमायुक्त त्वचा 'इतनी ताजी, इतनी स्वच्छ' होती है, उसे निहारना उन्हें कितना अधिक प्रिय है। जब मैं अपने पैरों पर घी कुवाँर का उबटन और वक्ष पर चंदन का लेप करती, तो मैं उनकी चमकती हुई आँखों में कामना नहीं, बल्कि आराधना देखती। वे देवी की पूर्णता की आराधना करनेवाले किसी मंदिर के पुजारी की तरह थे, किसी स्त्री के शरीर की लिप्सा रखनेवाले पुरुष की तरह नहीं। जब उन्होंने मुझसे अपनी जाँघों के बीच के बालों को रिवाज के मुताबिक छठे दिन नहीं, बल्कि प्रतिदिन साफ करने का आग्रह किया तो वे वरदान माँगनेवाले एक

भक्त थे।

" 'कामदेव के टीले पर यह काला हिस्सा तुम्हारी अन्यथा बेदाग त्वचा पर अकेला धब्बा है।' उन्होंने कहा।

"जैसे-जैसे दिन बीतते गए, उनकी प्रातःकालीन आराधना धीरे-धीरे घटती गई और दूरस्थ स्नेह ने उसकी जगह ले ली। आराधक दृष्टि की जगह अनुरक्त दृष्टि ने ले ली। प्रातः आराध्य देवी से मैं सांसारिक स्त्री बन गई।

"बाद में, जब उन्होंने मुझसे कहा उससे भी पहले, मैं यह समझ गई कि वात्स्यायन किसी स्त्री में शारीरिक क्रियाओं से अप्रदूषित पवित्रता की खोज कर रहे हैं। यह ऐसा था मानो वे इस पवित्रता से पोषण लेना चाहते हों, उसके वक्ष से दूध की तरह इसे पीना चाहते हों, ताकि काम के तीरों से रक्षित कोई नया शरीर बना सकें, जो रत्यात्मक उत्तेजना के विरुद्ध जीवन के लिए कवचबद्ध हो। इसके लक्षण ढेर सारे थे, यद्यपि उन्हें समझने में मुझे समय लगा। जब हम लोग खाना खाते तो वे मेरे मुँह से परे देखते और अगर यह संभव होता तो मेरे चबाने की आवाज पर उन्होंने अपने कान मूँद लिये होते। जब कभी मैं दूध या मधुपालक पीती, मेरे होंठों पर बचे रह जाने वाली सफेद तरल बूँदों का दृश्य उन्हें बेहद अरुचिकर लगता। जब मैं खँखारती, नाक छिनकती या पीकदान का प्रयोग करती, घृणा की बमुश्किल छिपाई गई अभिव्यक्ति उनके चेहरे पर दौड़ जाती। बिस्तर में उनके बेचैनी से करवटें बदलने के तरीके से मैं जान जाती कि रात में मेरे उपयोग में आनेवाले पात्र के तल और दीवारों से पेशाब की धारा के टकराने की आवाज उन्हें नापसंद है। इसी प्रकार अपने लिए वे तीव्रतम ठंडी रातों में भी मेरा ध्यान आकर्षित करने के बजाय पेशाब करने के लिए बाहरी घर तक जाते।

"हम जब एक-दूसरे के साथ अधिक सहजता से थे, उन्होंने मुझसे कहा कि मैं शुद्धता के उतने निकट पहुँचती हूँ जितना कोई स्त्री पहुँच सकती है।

" 'निश्चित रूप से', उन्होंने कहा, 'तुम देवी नहीं हो क्योंकि रजस्वला हो। लेकिन गंध न्यूनतम है। दिन की समाप्ति पर भी तुम्हारी गंध इतनी हल्की होती है, लगभग भ्रम की उपज जैसी। इसका तुम्हारे यौवन से कोई लेना-देना नहीं, हालाँकि यह सही है कि वृद्धों की अपेक्षा युवा कम गंध छोड़ते हैं। गंध शरीर के कोटरों और निर्बलता में निवास करती है, और अपनी झुर्रियों और सिलवटों के साथ बूढ़े लोग प्राकृतिक रूप से अधिक गंध छोड़ते हैं। स्त्री होने के बावजूद तुममें गंध नहीं है, जबकि स्त्रियाँ अपने अतिरिक्त छिद्रों के कारण पुरुषों की अपेक्षा अधिक गंधित होती हैं। नहीं, यह तुम्हारा यौवन नहीं, बल्कि तुम्हारी शुद्धता है जो तुम्हें किसी गंधरहित देवी के इतने निकट ला देती है। किसी देवी की तरह तुम्हारी योनि में प्रेमद्रव का स्राव नहीं होता। चंद्रिका भी चिकनी, चुस्त और बेदाग त्वचावाली युवती थी, फिर भी उसमें स्त्रियोचित भारी गंध थी, जो तुरंत स्नान करने के बाद भी उसके रोमछिद्रों से होकर रिसती थी और उन सुगंधित तेलों के बीच अपना जायका बनाए रखती थी, जिन्हें मैं उसकी त्वचा

पर मलता था।'

"मैं उनके हर शब्द का विश्वास करना चाहती थी", मालविका ने कहना जारी रखा, "मैं उन्हें प्यार करती थी। मैं उनका आदर करती थी। आखिरकार, ठीक वैसे ही जैसे महान ऋषिगण मनुष्य के आध्यात्मिक शरीर के सभी रहस्यों को जानते हैं। क्या वे भी यौन शरीर के क्रियाकलापों के सुविदित ज्ञाता नहीं थे ? उन्हें प्रसन्न करने के लिए, शुद्धता के उनके आदर्श के जितने निकट मैं जा सकूँ, जाने के लिए दृढ़प्रतिज्ञ थी। मैं हर सुबह इकट्ठा किए गए, ताजे ओस से चमकते और उनके पसंदीदा ढंग से अपने बालों में गुँथी हुई माला में उत्तेजित हरसिंगार के फूलों जितनी शुद्ध बनूँगी।

" 'ये हैं तुम्हारे फूल—उदासी और असंभव प्रेम के फूल।' उस राजकुमारी के आख्यान की ओर संकेत करते हुए उन्होंने कहा, जो निराशाजनक रूप से सूर्यदेव के प्रेम में पड़ गई थी।

"मैं उस कहानी को अच्छी तरह जानता था। सौंदर्यवान सूर्यदेव द्वारा छोड़ दिए जाने के बाद राजकुमारी का दिल टूट गया और उसने आत्महत्या कर ली। शरीर का दाह-संस्कार कर दिया गया और उसकी राख से 'उदासी का पौधा'—हरसिंगार उगा। चूँकि राजकुमारी की मृत्यु का जिम्मेदार सूर्यदेव है, यह वृक्ष इसका दृश्य सहन नहीं कर पाता। यह रात में फूलता है और सूर्योदय की पहली किरण के साथ सफेद फूल, जिनका मध्य भाग नारंगी रंग का होता है, धरती पर गिर पड़ते हैं।"

मालविका से यह जानकर कि वह ऋषि जिसकी कृति का लक्ष्य पुरुषों और स्त्रियों की यौन-उत्तेजना को बढ़ाना है स्वयं शांति चाहता है, मैं जितना चकित हुआ, उससे कहीं अधिक आश्चर्यचकित होना चाहिए था। स्त्रियों की शारीरिक क्रियाओं के प्रति वात्स्यायन की घृणा की बात सुनकर मैं और भी कम चकित हुआ। दोनों उद्‌घाटनों का यदि उन्हें यह कहा जा सके, पूर्वाभास हमारे वार्तालाप में मिल चुका था। मेरे मन में यह संदेह आ चुका था कि अपने जीवन के बारे में उनके दिए हुए विवरण और उनकी कृति में घोषित बातों में कहीं-न-कहीं अंतर्विरोध या कम-से-कम अनिरंतरता अवश्य है। मालविका ने मेरी परेशानी के स्रोत को अधिक आसानी से मुझे महसूस करा दिया। एक तरफ, वात्स्यायन के बचपन की स्मृतियाँ गंधों से ढकी हुई और शायद उनसे उत्पन्न हैं : हाथी के ताजे गोबर की तीखी गंध, गणदास के रसोईघर और मसालों की चरपरी गंध, बगीचे में फूलते हुए अशोक वृक्ष की हल्की खुशबू, घर की स्त्रियों की अनेक प्रकार की खुशबुएँ। उसकी संवेदनशीलता ने मुझे आख्यानों में वर्णित उस ब्राह्मण की याद दिला दी, जिसने पके हुए चावल की थाली को ठुकरा दिया था, क्योंकि उससे जले हुए मुर्दों की दुर्गंध आती थी और फिर उसे पता चला कि वह चावल सचमुच श्मशान भूमि के बगल की धरती पर उगाया गया था। एक अन्य अवसर पर, इसी ब्राह्मण ने एक सुंदर और सुगंधित गणिका पर यह दावा करते हुए घृणा से नाक-भौं सिकोड़ ली थी कि उससे बकरी की गंध आती है। बाद में पता चला कि उस स्त्री को बचपन में बकरी का गोश्त खिलाया गया था।

फिर भी 'कामसूत्र' में गंध गौण भूमिका निभाती है। विभिन्न योनिगंधों के बारे में वात्स्यायन का विमर्श, जिसने मुझे इतना सम्मोहित कर लिया था, उनके प्रबंध से रत्यात्मक संपूर्णता के दावे के बावजूद गायब है। 'कामसूत्र' में स्वाद भी बमुश्किल वर्णित है। यद्यपि बचपन के विभिन्न खाद्य पदार्थों की वात्स्यायन की स्मृतियाँ अत्यंत सुस्पष्ट हैं वे अपनी कृति में चाटने का उल्लेख तो करते हैं, जैसे गुजरात में प्रचलित होंठ, उरुसंधि और बगलों का चाटना, फिर भी अगले ही श्लोक में उनका ठीक-ठीक समर्थन नहीं करते।

> 'वात्स्यायन का विचार यह है कि लोग आवेग की उत्तेजना में और स्थानीय रीति के अनुसार इन अंगों और स्थानों को चाटते हैं। इसका अर्थ यह नहीं है कि हर व्यक्ति को ऐसा करना चाहिए।'

मुझे प्रेमद्रवों से संबंधित चीनी क्रियाओं पर उनकी सख्त असहमति याद आई। यह भी कि 'कामसूत्र' के वर्णन के अनुसार चुंबन की क्रिया होंठों और दाँतों से संबंधित है, स्वाद और जीभ से नहीं। स्वादेंद्रिय से संबंधित एकमात्र चुंबन 'जिह्वा युद्ध' है और इसमें भी इसकी गहरे रत्यात्मक साहचर्य की क्षमता के बजाय इस क्रिया के प्रतियोगितात्मक चरित्र पर अधिक जोर दिया गया है।

तभी मालविका सुधाकर से फिर मिली। उसे ज्ञात हुआ कि सुधाकर कारागार से मुक्त हो गया। वही श्रमण जिसने उसका आभिचारिक उपचार किया था, राजा के पास उस अभागे कवि के बारे में अपने एक स्वप्न की कथा लेकर आया। उसने कहा, ऐसा लगता है कि सुधाकर अनजाने ही काले जादू का प्रयोग कर बैठा था। जिन दुष्ट आत्माओं को उसने अनुमानतः मुक्त किया, उनका वह शिकार अधिक था, स्वामी कम। उसे और अधिक कारागार में रखना राजा के दुष्कर्मों में वृद्धि करेगा। श्रमण के स्वप्न में एक विशिष्ट भयावह दृश्य राजा की जीभ में चुभे हुए पतले लाल-गर्म लोहे की छड़ का था। यह वाणी, कविता जिसका उच्चतम रूप थी, के विरुद्ध अपराध के लिए नरक में दिया जानेवाला दंड था। वात्स्यायन समेत अनेक सभासदों ने इस स्वप्न की प्रामाणिकता पर संदेह किया। ऐसी अफवाहें थीं कि कवि के मित्रों और रिश्तेदारों ने उस श्रमण को रिश्वत दी थी। बहरहाल अपनी भलाई के मामले में उदयन एक सतर्क व्यक्ति था, वह चाहे इस जीवन में हो या अगले जीवन में। सुधाकर को मुक्त कर दिया गया। राजसभा से निर्वासित, यद्यपि राज्य से नहीं, कवि अब धनी नागरिकों के बच्चों और काव्य रचना की कला की आकांक्षी गणिकाओं को शिक्षा देकर, और समारोहों के दौरान सार्वजनिक गायन करके अपना जीविकोपार्जन करने लगा। अपने विवाह के छह महीने बाद, ग्रीष्म के आरंभ का पता देनेवाले एक समारोह में मालविका सुधाकर से मिली।

उस शाम वह सूर्य मंदिर गई थी। उसने सोचा था कि वहाँ अवंती से आया

हुआ एक भ्रमणकारी दल 'मृच्छकटिक' का प्रदर्शन करनेवाला है। एक ढिंढोरची ने इस घटना का प्रचार कौशाम्बी के बाजारों में एक हफ्ते तक नागरिकों को उनके जीवन के सर्वश्रेष्ठ रंगमंचीय अनुभव का वायदा करते हुए किया था। मालविका ने प्रदर्शन की तिथि को गलत समझ लिया था—वह नाटक अगले दिन होनेवाला था। मुख्य मंदिर के प्रवेश द्वार के विपरीत पश्चिमी द्वार से जब उसने नृत्य-सभाकक्ष में प्रवेश किया तो अपने आपको एक काव्य-पाठ के बीच पाया। वापस लौटने के लिए अब बहुत देर हो चुकी थी, क्योंकि उसने चालक को दो घंटे बाद आने का निर्देश देकर अपनी गाड़ी को वापस कर दिया था। कविताएँ सुने हुए उसे एक लंबा समय बीत चुका था। वह समय अब उसे अपने पिछले जीवन से जुड़ा हुआ प्रतीत होता था। नृत्य-सभाकक्ष के बीच स्थित मंच से पढ़ी गई कविताएँ थीं तो गुम हो गए, धोखा खाए हुए, एकतरफा प्यार की, लेकिन वे प्रेम के तेजी से गायब होते क्षणों को दर्ज करनेवाली और इसके प्रवाह को बाँधनेवाली रचनाएँ भी थीं :

'चंदन की खुशबुओं से नहाई हुई स्त्रियाँ
हिरनी-सी आँखों को चमकाती हुईं
कुंज, झरनों, फूलों,
और चाँदनी का एक बारजा
चमेली के फूलों की
सुरभित बयार से सराबोर—
ग्रीष्म में वे उत्तेजित करती हैं
प्रेम को और स्वयं प्रेम-देवता को।'

जैसा कि ज्यादातर पाठों में होता है, इसमें भी श्रोता कम ही थे। चार सौ लोगों के आराम से बैठने की जगह में सौ से कम काव्यप्रेमियों का श्रोतासमूह बिखरा हुआ था। मालविका सभाकक्ष के पृष्ठ भाग में प्रवेश द्वार के निकट, चौबीस ताखों में से एक के पीछे आंशिक रूप से छिपी हुई, देवी चामुंडा के आधार से टेक लगाकर, उस उत्कीर्ण पत्थर से होकर आती किसी दिव्य ऊर्जा को महसूस करती हुई बैठ गई। सुधाकर मंच पर बुलाया जानेवाला अंतिम कवि था। मालविका ने जब उसे दोनों हाथ जोड़कर ललाट पर लगाए सभी दिशाओं में घूमकर श्रोताओं का अभिवादन करते देखा, तो वह अनचाहे ही देवी की प्रस्तरमूर्ति के पीछे संकुचित होकर इस तरह सिकुड़ गई कि अपने सामने स्थित पुरुषों के झुंड के पीछे छिप सके। सुधाकर के एक कविता का पाठ शुरू कर देने के बाद ही वह स्थिर हो सकी। वह ताखे से खिसक आई और मंच पर देखने लगी। सुधाकर बदला हुआ लगा। उसकी स्मृति और कल्पना की भयावह आकृति अधिक देर तक नहीं टिक सकी। कारागार में वह वजन के साथ अपना आत्मतुष्टि का बाँका भाव भी खो चुका था, जिससे वह परेशान होती थी। उसके बाल पूरे के पूरे जा चुके थे, या शायद बढ़ते हुए गंजेपन को चुनौती और उसके समाधान के रूप में उसने उसे साफ करा लिया था। वह दुबला-पतला मरियल-सा था। अपने गंभीर आचरण के कारण वह

किसी जैन साधु जैसा लगता था, जिसने संसार की मायावी प्रकृति को समझ लिया था और जिसमें अब दुःख भोग रहे जीवों के प्रति करुणा ही शेष थी। उसकी गहरी परिचित आवाज ने जैसे ही मालविका को भली-भाँति ज्ञात कविताओं की पंक्तियों का गायन किया, मालविका के दिल की धड़कन धीमी पड़ गई। कविता सुनने से उसे राहत मिली और सुपरिचित अश्लीलताओं का उफान उसमें नहीं आया। उसे इतना अधिक आनंद मिला कि वह मुक्त अट्टहास कर सकती थी।

'...और चट्टानों पर पछाड़ खाई
ऊँची लहरों के फेन की परत जैसा
मैं थोड़ा-थोड़ा करके बिखरता हूँ
और निःशेष हो जाता हूँ।'

सुधाकर ने अपने पाठ की अंतिम पंक्तियों को ऐसी मृदुनिराशा से युक्त आरोह-अवरोह के साथ प्रस्तुत किया, जिसके योग्य मालविका ने उसे कभी नहीं माना था। अनुमोदन की कुछ आहें और प्रशंसा की चंद फुसफुसाहटें उठीं, लेकिन कविता-सत्र निश्चित रूप से मामूली से कुछ अधिक सफल रहा था।

लोग जाने के लिए उठे। मालविका को भी चले जाना चाहिए था, लेकिन वह हिली तक नहीं। वह अपना सिर झुकाए बैठी रही। अपने ऊपर उसकी छाया पड़ते महसूस करके भी उसने ऊपर नहीं देखा।

''मेरी गाड़ी आने में कुछ समय बाकी है।'' उसने कहा और फिर अचानक दीप्त हो उठी। क्षमायाचना की मुद्रा में कही गई बात आमंत्रण की तरह ध्वनित हुई थी।

''मालविका !'' अभिलाषा से प्रकंपित और पराजय से दमित आवाज में उसने बस इतना ही कहा।

उसकी आवाज से मालविका की धड़कन तेज हो गई। ऊपर देखने पर उसने उसके चेहरे को अपनी तरफ झुका पाया। उसके धूमिल स्वप्नों का वह आग्रही और मांसभक्षी चेहरा अब अनुनय-विनय में कोमल और विनम्र हो गया था। भावावेश में उसने उसकी ओर अपना हाथ बढ़ाया, लेकिन वह अपना हाथ बढ़ाकर उसे थामने से हिचक गया। मालविका की शक्ति और गर्व की भावना एक उदात्त ऊष्मा में बदल गई थी, जो उसके शरीर में नख से शिख तक, उसकी स्मृति को बुरी तरह झकझोरते हुए, प्रवाहित हो रही थी। वह उसे प्रोत्साहित करते हुए मुसकराई, लेकिन लालसा और भय के बीच जकड़े सुधाकर को मानो लकवा मार गया था। मालविका खड़ी हो गई और उसके निकट आई। दुनिया में यह सबसे स्वाभाविक चीज होती—उनके सभी पिछले जन्मों द्वारा पूर्वनिर्धारित क्षण—कि वह उसकी बाँहों में आकर नए मर्तबान की मिट्टी में पानी की तरह विलीन हो जाती।

मंदिर की घंटियाँ बजने लगी थीं। रात-भर के लिए देवता शैया पर जा रहे थे। घंटियाँ सूर्यास्त के बहुत बाद सूर्य की अंतिम अदृश्यता की घोषणा कर रही थीं। घंटियों

ने उसे चौंकाकर काल्पनिक आलिंगन से बाहर निकाल दिया। जैसे ही उसने फिर से आत्मनियंत्रण प्राप्त किया, उसके शरीर की हर कोशिका एकत्व के गहरे बोध से बाहर खींचे जाने के विरुद्ध चीत्कार कर उठी। उसने अपने गाल पर बहक आए बालों के एक गुच्छे को पीछे धकेला और चमेली के कुचले हुए गजरे को तोड़ दिया जो अब उसकी कलाई से निर्जीव-सा लटका हुआ था। भक्तगण सांध्यकालीन सेवा के लिए मंदिर की सीढ़ियाँ चढ़ रहे थे। सुधाकर और मालविका साथ नहीं देखे जा सके। उसकी गाड़ी किसी भी क्षण आनेवाली थी। वह ऊर्जा से भरपूर, प्रफुल्लित महसूस कर रही थी। अगर उनका संबंध कभी होना है तो उसे ही पहल करनी होगी; सुधाकर तो वह जो कुछ थी, राजा की साली, उससे अत्यधिक भयभीत था। काम की गरिमा से जाग्रत जिसने उसके चारों ओर के परिवेश को एक नए प्राप्त सौंदर्य से आच्छादित कर लिया था—मंदिर-सभाकक्ष के उत्कीर्ण स्तंभों को, आलों में टिमटिमाते दीयों और सुधाकर की आवाज को, मालविका जानती थी कि वह जीवन की इस नई समझ को कायम रखने के लिए कोई भी जोखिम उठाने और कोई भी कीमत चुकाने के लिए तैयार है।

"हम शीघ्र मिलेंगे", वह फुसफुसाई, "मेरे संदेश की प्रतीक्षा करो।"

बिना पीछे देखे वह नृत्य-सभाकक्ष की सीढ़ियाँ उतर गई और मंदिर के प्रांगण से होकर सूर्य-सरोवर को पार करती हुई सड़क पर आ गई।

सभी गुप्त प्रेमियों को हैरत में डालते हुए यह पता चलता है कि मुलाकात, नसों को तड़का देनेवाला काम है। सबसे स्पष्ट व्यावहारिक दिक्कत एक ऐसी जगह की होती है, जहाँ वे अज्ञात हों। संभावित देखनेवाले—पड़ोस के नौकर और दोस्त, दुकानदार, उपवनों में माली—हर जगह घात लगाए बैठे होते हैं। लेकिन बाहरी कारकों से कहीं अधिक प्रेम करनेवालों की उत्तेजना और भयमिश्रित अपनी आंतरिक अवस्था ही वह चीज होती है जो हर मुलाकात को असंतोष के भाव से भर देती है। मिलन-स्थल की तरफ कोई प्रेमी कभी निश्चिंत होकर कदम नहीं बढ़ाता। भय और पूर्वनिश्चित मिलन का रोमांच गलबहियाँ डाले आते हैं, स्फुरण तीक्ष्ण भी होता है और पता चल जाने के भय से बाधित भी।

"मैं सुधाकर से हुई भेंट के नशे में इस कदर चूर थी कि कोई व्यावहारिक योजना बनाना मेरे वश में नहीं था। मैंने माधवी से मुलाकात की व्यवस्था करने को कहा। मैं जो चाहती थी, वह हैरत में पड़ने के साथ-साथ व्याकुल भी हो गई। अपनी विह्वल इच्छाओं के वशीभूत, अपनी कल्पनाओं से प्रलोभित, मैंने उसकी असहमति—मेरे उत्तरदायित्व से नहीं, चुनाव से—की उपेक्षा कर दी।

" 'मेरी प्रिय, वह एक दुष्ट आदमी है जो तुम्हें केवल दुःख देगा।' उसने कहा।

" 'वह अपनी यातना से बदल चुका है, माधवी,' मैंने कहा, 'मैं इसे जानती हूँ। मैंने इसे महसूस किया है।'

" 'ऐसा आदमी कैसे बदल सकता है ? क्या दूध में साफ करने से कोयला सफेद हो सकता है ? क्या गंगा में नहाने से कोई कौवा हंस बन सकता है ?' "

बहरहाल, अवैध यौन-अभिसारों को आयोजित करने की उत्तेजक संभावना के चलते माधवी ने अपनी आरंभिक रुकावटों पर शीघ्र ही काबू पा लिया। उसने सुधाकर को ज्योतिषी के वेश में उसे इस कठिन विद्या की शिक्षा देने के लिए अंतःपुर में बुलाने की तरकीब सुझाई। ताक-झाँक करनेवाली निगाहों से छिपा हुआ, बाहरी दुनिया की घुसपैठ से सुरक्षित और अपनी अंतःवासिनों के यौन-संबंधों के प्रति कृपालु सहिष्णुता से युक्त परिवेशवाला, अंतःपुर वास्तव में प्रणय-अभिसारों के लिए सबसे सुरक्षित स्थान था। अगर उदयन को, जिसे रानी के राजनिवास में किसी अजनबी पुरुष के प्रवेश की अनुमति देनी थी, जन्मकुंडलियों और ग्रहों के संयोग में माधवी की अचानक रुचि पर संदेह भी होता तो वह इसे अपने तक ही रखता।

"यह चमत्कारिक था। वह मजबूत, कोमल, आवेगमय, हालाँकि पूरी क्रिया के दौरान मौन था। अंत में, जैसे ही वह स्खलित हुआ, उसने ऐसी आवाज की जो एक धीमी कराह से शुरू हुई और फिर एक लंबी, कँपकँपानेवाली आह में बदल गई। यह एक ऐसी आवाज थी, जैसी इससे पहले मैंने कभी नहीं सुनी थी...न बाद में। मैं नहीं जानती कि उसकी व्याख्या कैसे करूँ। वह आह आनंद या संतोष की अभिव्यक्ति से अनंत गुना अधिक थी। यह समर्पण की आवाज थी, लेकिन अंतर्निहित शक्ति की थी, मरने और विलीन होने की आवाज थी, फिर भी अमरत्व और स्थायी उपस्थिति की सरगोशी के साथ। किसी अवस्थितिविहीन अतल में गिरने से पहले यह उसके सूक्ष्म शरीर की अज्ञात गहराइयों से उठती हुई प्रतीत हुई। मैंने किसी पुरुष की यौन-उपासना से कभी इतनी खुशी नहीं महसूस की जितनी कि सुधाकर की आह को सुनकर। जब हम प्यार में रत थे, मैंने चरमोत्कर्ष का अनुभव नहीं किया था, लेकिन उसकी आह ने मुझे इसके बहुत निकट ला दिया। उस क्षण मैंने उसे जितना प्यार किया, उतना फिर कभी नहीं कर सकूँगी।

"हम केवल देर अपराह्न मिल पाते थे जब वात्स्यायन महल को चले जाते थे, यद्यपि मेरी उत्तप्त इच्छा थी कि हम रात में मिलते। जब मैं उसकी बाँहों में, उसके सीने पर अपना चेहरा गड़ाए और आँखें कसकर मूँदे लेटती, सिर्फ तभी अपनी उत्तेजना को, इसके बंधनों—पकड़े जाने के भय, विश्वासघात के अपराध-बोध, आंतरिक सतर्कता की ठंडी दृष्टि से मुक्त, पूरी तरह महसूस कर पाती। प्रेमी के आलिंगन की सुरक्षा और सुविधा या अपनी त्वचा पर दबाव डालती उसकी त्वचा की मधुर अनुभूति नहीं, बल्कि कामना का संरक्षक अंधकार, इसकी खामोशी ही उत्तेजना को बढ़ाती है।"

आगामी महीनों में मालविका ने अनुभव किया कि वह न केवल एक आवेगमय स्त्री थी, बल्कि वह यौन क्रिया की ऐसे लोभ और सघनता से कामना करती थी, जो उसे आश्चर्य में डाल देता और धीरे-धीरे कवि को भयभीत करने लगा। शायद उसकी कामना का संबंध इस तथ्य से भी था कि यद्यपि वह अपने बालों की जड़ों से लेकर गर्भाशय की गहराइयों तक अत्यंत गहन उत्तेजना महसूस करती, वह चरमोत्तेजन में असमर्थ थी। या शायद, वह निष्पत्ति और विस्फोटक मुक्ति के उन क्षणों को नहीं पा

सकी थी, जिनका अनुभव उसने सुधाकर की छाया के साथ किया था।

माधवी, जिसने इस संबंध में अपनी छोटी बहन को निर्देशित करने की जिम्मेदारी अपने ऊपर ली थी, स्वयं उससे अधिक विचलित प्रतीत होती थी।

''मुझे याद है कि हम दोनों मेरे बिस्तर पर बैठे थे कि उसने चर्चा छेड़ दी कि वह जिसे 'मेरी मुश्किलें' कहती थी उसकी जड़ में क्या है। पहले तो मैं उलझन में पड़ गई लेकिन फिर उत्सुक हो उठी।

'' 'संभोग के तीन मूलभूत तत्त्वों—आकार, समय और मनोदशा—में से किसी एक का इस संबंध में निश्चय ही गलत मेल है। तुम्हारा पति भी इसे स्त्री के चरमोत्तेजन की राह में बाधा मानता है', उसने कहा, 'सबसे आसानी से चरमोत्तेजन बराबरी के यौन मैथुन—शश पुरुष का मृगी स्त्री के साथ, अश्व पुरुष का हस्तिनी स्त्री के साथ और वृष पुरुष का बड़वा स्त्री के साथ—में आता है। असमान संबंधों में, निम्नरत, जैसे शश पुरुष का हस्तिनी स्त्री के साथ, शिश्न योनि की दीवारों पर पर्याप्त घर्षण नहीं करता, ताकि योनि की खुजली को शांत करने के लिए पर्याप्त प्रेमसुधा पैदा हो सके, असमान उच्चरत—जैसे अश्व पुरुष का मृगी स्त्री के साथ में कोमल योनि में विशाल शिश्न के कारण उत्पन्न दर्द इसे पूरी तरह गीला होने से रोकता है। सोचो, मालविका ! तुम्हारा रत उच्च है या निम्न ?'

''मैंने बिना उसकी ओर देखे, अपने दाहिने पैर के अँगूठे के कटे हुए नाखून पर आँख गड़ाए, सिर हिलाया।

'' 'तब क्या यह समय का प्रश्न है ? पुरुषों की तरह, स्त्रियाँ थोड़ा, मध्यम या लंबा समय चरमोत्कर्ष तक पहुँचने में लेती हैं। यहाँ भी सर्वश्रेष्ठ मैथुन तब होता है जब पुरुष और स्त्री के समय मिल जाते हैं। यह मेल आसान नहीं होता। इसमें पुरुष और नारी प्रकृतियों के बीच अंतर का ध्यान अवश्य रखना चाहिए। पहले संभोग में पुरुष का समय छोटा होता है, लेकिन इसके बाद उस दिन होनेवाले संभोगों में यह दीर्घ से दीर्घता होता जाता है। नारी में इसके विपरीत होता है। सामान्यतया, नारी इच्छा की पूर्ति में दीर्घतर समय लगता है। स्त्री ऐसा संभोग चाहती है जिसमें योनि की खुजली लंबे समय तक स्थिर रहती है, न कि ऐसा जिसमें यह तुरंत शांत हो जाती है। क्या वह बहुत तेज है ?'

''मैंने अपना सिर झुकाए रखा। मेरे नाखूनों को रँगने की जरूरत थी।

'' 'तब इसका कारण क्या बेमेल मनोदशाओं में निहित हो सकता है ?' उसने कहना जारी रखा, 'पुरुषों की तरह, स्त्रियाँ मंद, मध्यम या उच्च यौन आवेगवाली हो सकती हैं। स्त्री के लिए सर्वश्रेष्ठ मैथुन वह है जिसमें शिश्न योनि में सटीक बैठ जाता है और इसे हर जगह रगड़ता है, और दोनों के समय और मनोदशा का मेल हो जाता है।'

''इसे सुनते हुए भी मैंने महसूस किया था कि माधवी के संभाषण से कोई निर्णायक चीज छूट रही थी। मैं अपने अनुभव से जानती थी कि अलग-अलग समयों

पर स्त्री का आनंद अलग-अलग होता है। शायद आचार्य जब आकार, समय और मनोदशा को स्त्री के चरमोत्तेजन के लिए महत्त्वपूर्ण मानते हैं, वे सही होते हैं। शायद कामना-पूर्ति के रूप में चरमोत्तेजन एक सरलता प्राप्त कर लेता है जो अन्यथा कामना के अपनी राह पकड़ लेने पर नारी-आनंद का निर्माण करनेवाले सभी तत्त्वों की जटिलता में अनुपस्थित है। अब मैं जानती हूँ कि नारी-आनंद के बारे में बोलने का मतलब है सरलीकरण का जोखिम उठाना, क्योंकि यह आनंद अनेक रूपों और रंगों में आता है। कभी-कभी केवल प्रेमी की बगल में लेटना, उसकी साँसों को सुनना, उसके फुसफुसाए हुए शब्द और उसकी परिचित गंध अचानक कामना की लहर उठा देते हैं और प्रेम देव के निवास में स्पंदित हलचल मचा देते हैं। दूसरे मौकों पर, शरीरों के आपसी आलिंगन और स्पर्श में, वासना के अपने चंगुल में लेने से पहले, मैं एक गहरी कोमलता से पराभूत हो जाती हूँ जिसकी व्याख्या मुश्किल है। वह कोमलता संभोग की आतुर लय नहीं चाहती, बल्कि किसी निश्चित दृष्टि, किसी विशिष्ट मुद्रा के माध्यम से प्रेमी से केवल हल्का, सावधान संपर्क चाहती है।

"जैसे-जैसे उत्तेजना चढ़ती है, मेरे पेट और योनि में स्पंदित उष्णता आने लगती है। मैं योनि की आर्द्रता और धीरे-धीरे उसके, दरअसल पूरे शरीर के, खुलने को महसूस कर सकती हूँ जो प्रेमी से समुचित ध्यान की माँग करता है। कोई अच्छा प्रेमी अंतःप्रज्ञा से नारी-इच्छा की इस अवस्था के प्रति, जागरूक होता है; सुधाकर एक अच्छा प्रेमी था। निश्चय ही, तुम अतुलनीय हो।" उसने तेजी से जोड़ा।

"पुनः तुम्हारे विपरीत, अगर वह पुरुष मेरे धीमे-धीमे खुलने से तालमेल नहीं बैठाता और अपनी चाहतों और विचारों में पहले ही संभोग की अवस्था में होता है, तब पूरी क्रिया के दौरान असंतोष की एक छिपी हुई भावना बनी रहती है और इसके अंत में चिरकालिक निराशा हाथ लगती है। बहरहाल, अगर उस पुरुष ने मेरे धीमे-धीमे खुलने पर ध्यान दिया तो अत्यंत आनंददायक ऊर्जा उन्मुक्त होती है। यह ऊर्जा पूरे शरीर में बिखर सकती है या प्रेम देव के निवास में एक प्रचंड तूफान के रूप में घनीभूत हो सकती है। तब मैं उस पुरुष से गहराई तक जुड़ी हुई महसूस करती हूँ। प्रेम और कोमलता की भावनाएँ गहराइयों से प्रेमी को ढकने के लिए उठती हैं, जबकि ठीक उसी समय में, अपने शरीर की आनंददायक सनसनाहटों के प्रति सूक्ष्मता से सचेत, अपने आप में लौट जाती हूँ। इस क्षण मैं पुरुष के शिश्न के अपने अंदर प्रवेश की अभिलाषा करती हूँ। जब यह अंदर सरकता है, मैं एक ऐसे संपर्क की तलाश में कभी-कभी अपनी आँखें खोलती हूँ जो मुझे अपने आत्म से बाहर खींच लाए। ये सभी भावनाएँ और सनसनाहटें इतनी सघन होती हैं कि मुक्ति की मामूली संभावना के साथ, वे प्रायः अवरुद्ध और सीमित महसूस करती हैं। ऐसे मौकों पर मेरी प्रेमक्रीड़ा पर एक सुनिश्चित आक्रामता चढ़ जाती है, जिसमें मेरी योनि शिश्न पर कब्जा करके उसे निगल जाती है; मैं प्रभुत्व कायम करना, प्रेमी के शरीर को जीतना और उसे अपने में मिला लेना चाहती हूँ।

"पुनः, वास्तविक संभोग का अनुभव अलग-अलग गहराइयों से किया जाता है। कभी-कभी योनि की दीवारों पर घूमते शिश्न की रगड़ ऊष्मा और गीलेपन के अत्यंत ऊँचे स्तरों को, आनंद की उन लहरों को उत्पन्न करती है, जो एक ऐसे बाँध से टकराती है जो शीघ्र ही टूटनेवाला है। अन्य मौकों पर ये रगड़ और धक्के मेरे शरीर के रंध्रों और मेरी बालों की जड़ों से होकर धीमे-धीमे बहती हुई आनंद की लहर को मुक्त कर देते हैं। यह लहर, मेरे शरीर में टेढ़े-मेढ़े बहती गहरी शांति की छोटी-छोटी नदियों को छोड़कर, धीरे-धीरे शांत हो जाती है। इसकी कल्पना मैं चरमोत्कर्ष, जिसे मैंने कभी प्राप्त नहीं किया, के परिणाम के रूप में करती हूँ। और भी दूसरे मौकों पर, प्रेम देव की छतरी को रगड़ने से मैं अपने अंदर शिश्न के कठोर और गहरे प्रवेश की लालसा से उन्मत्त हो सकती हूँ। लेकिन ऐसी स्थितियाँ भी आती हैं जब पुरुष द्वारा केवल प्रेम देव की छतरी पर ही ध्यान केंद्रित कर देने से मेरी टाँगों और शेष शरीर के निचले हिस्से के बीच ऊर्जा का विच्छेद हो जाता है। मैं अपनी अनुभूतियों की दुनिया से बाहर आ जाती हूँ क्योंकि मेरा मस्तिष्क सक्रिय हो जाता है। मेरी उँगलियों के पोरों और बालों की जड़ों में होती ऐंद्रिय झुनझुनी थम जाती है। अगर वह पुरुष स्खलित हो गया है तो मैं उसका हाथ पकड़कर, और अधिक उत्तेजना के लिए नहीं, बल्कि तेजी से बिखरती ऊर्जा को अपने अंदर कुछ देर रोक रखने के लिए, अपनी योनि पर रख देती हूँ।"

जब मैं अंततः वात्स्यायन की जीवनी और 'कामसूत्र' पर टीका लिखूँगा, मुझे सावधान रहना होगा कि ये दोनों ऐसी कृतियों के लिए स्वीकृत शैली के अनुरूप हों, और स्त्रियों के आनंद की प्रकृति के प्रति मेरी आसक्ति मेरे छंदों में न घुस सके। विद्वता के नियम और जीवनी की रूढ़ियाँ किसी को अपने संपूर्ण ज्ञान को अभिव्यक्त करने की अनुमति नहीं देतीं। कोई व्यक्ति जितना लिखता है वह उससे हमेशा कम होता है जितना वह जानता है। अपने अध्ययन के दौरान मैं हमेशा इस नियंत्रण पर झुँझलाता था। इसके चलते मैंने विद्वता के पेशे से मुँह मोड़ लिया। मैं उन कवियों जैसा बनने से डरता था, जिन्हें मैं अपने आसपास देखता था और जो अपने ज्ञान को इसकी अभिव्यक्ति के आदेशों द्वारा मिली अनुमति तक सीमित रखते थे। यह अनुभव करना दुःखद है कि गंभीतापूर्वक लिये जाने के लिए मुझे भी अपनी कृति में, जिस पर मैं इस समय मनन कर रहा हूँ, इसी ढर्रे का अनुसरण करना होगा। अपनी टीका में मुझे वात्स्यायन के पाठ का कड़ाई से अनुसरण करना होगा और एक-दूसरे का प्रेमी बनने के बाद मैंने स्त्रियों की कामकुता के बारे में मालविका से जो कुछ सीखा, उसे छोड़ देना होगा।

मालविका कवि के मंद पड़ते आवेग से परेशान थी, लेकिन इस बात से बहुत अधिक चिंतित थी कि उसके संबंध की भनक वात्स्यायन के कानों तक पहुँच सकती है। उसने गौर किया कि सुधाकर से मिलना शुरू करने के एक महीने बाद, उसके प्रति उसके पति का व्यवहार बदल गया है। सुबह जब वह स्नान करके उनके कमरे में कदम रखती

थी, वह उसे अपना चेहरा घुमाने से पहले व्यथित मुद्रा में देखते थे। उसके सौंदर्य और पवित्रता के लिए उसकी प्रशंसा करना भी उन्होंने बंद कर दिया था। उनकी आँखों की प्रशांत भक्ति की जगह किसी वैसी ही अलौकिक चीज ने ली थी, जैसी सुधाकर के आँखों की निगल लेनेवाली वासना होती थी, जब वह उदयन की शुक्रवार सभा के दौरान उसे घूरा करता था। वात्स्यायन की दृष्टि बहुत अधिक परिवर्तनशील थी, जो तेजी से उस अरुचि भरी दृष्टि से प्रतिस्थापित कर दी जाती थी जो, बदले में, उनकी उदार असंपृक्तता की अभ्यस्त भंगिमा के लिए रास्ता दे दिया करती थी। जब कभी वह उनके पास से गुजरती, उनके नथुने फड़कते थे। वह जानती थी कि चूँकि वे प्रेम द्रवों की हल्की से हल्की गंध को भी भाँप सकते हैं, उनके शरीर और मस्तिष्क की दुरूह प्रक्रियाएँ विवादरत होंगी कि जो कुछ उन्होंने सूँघा है वह सुखद है या न ही, नासिका-उद्दीपन के स्रोत तक पहुँचना है या उससे पलायन कर जाना है।

"क्या सुधाकर के बारे में आचार्य कभी जान सके ?" मैंने पूछा।

"हाँ, उन्हें पता लगा। निश्चित रूप से इससे उन्हें गहरा आघात लगा होगा। उन्होंने मुझसे बात करना बंद नहीं किया—वे इतने अधिक विनम्र हैं कि ऐसा अतिवादी कदम उठा ही नहीं सकते—लेकिन हमारा वार्तालाप न्यूनतम हो गया। वे औपचारिक भी हो गए, समस्त जीवंतता और स्वतःस्फूर्तता से हीन। कभी-कभी वे मेरे दिन और घर-गृहस्थी के मामलों में मुझसे पूछकर दिलचस्पी लेने का प्रयास तो करते थे, लेकिन घर में होने पर अधिकांशतः अपनी पांडुलिपि पर काम करते हुए अपने आपको अपने कमरे में बंद रखते। मेरा ख्याल है कि उन महीनों में वे गुप्त साधनों के अध्याय का लेखन कर रहे थे। हमारी प्रातःकालीन दिनचर्या नहीं बदली, न ही वह दूरस्थ शिष्टाचार बदला जिससे वे मुझसे पेश आते थे। सुधाकर से मेरे संबंध के अपने ज्ञान को अपने बोध से काट देने के लिए उन्होंने अटल एकाग्रता अपना रखी थी। अपनी निर्धारित सीमा को पार करने की अनुमति शायद उन्होंने सपनों को भी नहीं दी थी।"

"लेकिन उन्हें सुधाकर के बारे में पता कैसे चला ?" मैंने आग्रह किया।

"ऐसे हास्यास्पद तरीके से कि यह उन लोकप्रिय नाटकों का हिस्सा मजे में बन सकता है, जिन्हें इन दिनों कविगण लिखते हैं। एक शाम, जब वात्स्यायन महल से लौटे, वे मेरे लिए हाथी दाँत का एक सूक्ष्म नक्काशीदार घोड़ा लाए जिसके माथे पर एक सींग था। वह इतना छोटा था कि किसी स्त्री की मुट्ठी में समा सकता था। उसे उदयन ने उन्हें दिया था। मेरा अनुमान है कि इसकी वास्तविक कीमत ने नहीं, बल्कि इसकी अद्वितीयता ने—यह चीन से आया था—इसे इतना महत्त्वपूर्ण बना दिया था कि यह राजा द्वारा उपहार में दिया जा सके। मैंने यह घोड़ा सुधाकर को दे दिया। आगे चलकर वह हमारे संबंध को खत्म करने का संकेत देने लगा था। वह हमारी नियत मुलाकातों के लिए देर से आता था और प्रायः मामूली बहानों से उन्हें खारिज कर देता था। मैं इस उपहार के बारे में भूल गई। इसको लेकर चिंता करने का कोई कारण नहीं था कि वात्स्यायन कभी इस खोए हुए घोड़े के बारे में पूछेंगे, क्योंकि वे भौतिक वस्तुओं और

संपत्तियों के प्रति उदात्ततापूर्वक उदासीन थे।

"फिर एक दिन, यह पूरा मामला तीन दृश्यों में खुल गया। जो महल के उच्च तल पर राजा के निवास के बाहर बारजे पर घटित हुए पहले दृश्य में कृतसंकल्प उदयन, एक भयभीत वेश्या, और उत्तेजित वात्स्यायन शामिल थे। दूसरा दृश्य अंतःपुर में माधवी के कक्ष में अभिनीत हुआ, जिसमें क्रोधित उदयन, उद्धत माधवी, और पश्चात्तापी मालविका शामिल थे। तीसरा दृश्य कुछ घंटों बाद हमारे घर में घटित हुआ, जिसमें केवल दो अभिनेता थे—तिरछी आँखों से ठंडी दृष्टि डालकर प्रश्न पूछते हुए वात्स्यायन और अपनी अंतर्निहित निराशा को छिपाकर उनका उत्तर देने की कोशिश करती, शांत मालविका। उदयन इतने गुस्से में था कि उसने अपने सैनिकों को देखते ही सुधाकर का सिर काट लेने का आदेश दे दिया था।

"सुधाकर के भाग्यवश, माधवी की एक सेविका जो अंतःपुर के दृश्य की साक्षी थी और कवि से लगाव रखती थी—अब मुझे विश्वास है कि यह लगाव पारस्परिक था—उसे चेतावनी देने उसके घर भागी। सैनिकों के आने तक सुधाकर शहर छोड़ चुका था।"

मैं घटनाओं की शृंखला को ठीक से नहीं समझ सका था, इसलिए मैंने मालविका से इसे और स्पष्ट करने के लिए कहा।

"अच्छा, क्या हुआ था कि मेरे अनजाने सुधाकर ने उस हाथीदाँत के घोड़े को एक गणिका को दे दिया था, जिसमें उसकी उस समय रुचि थी। राजा के एक मंत्री के विरुद्ध इस गणिका की कुछ शिकायत थी और राजा के लिए उपहार के रूप में उस हाथीदाँत के घोड़े को लेकर वह उदयन के सामने प्रार्थना लेकर दरबार में आई थी। उदयन ने, निश्चय ही, एकदम से पहचान लिया कि यह वही घोड़ा है जो उसने वात्स्यायन को दिया था। तीनों दृश्य उस रास्ते को उद्घाटित करते हैं, जिस पर कदम चाल करते हुए वह घोड़ा राजा तक वापस पहुँचा।"

।। अट्ठारह ।।

इच्छा स्वाभाविक होती है, जो क्रिया से बढ़ती है।
बुद्धि से संशोधित उद्वेग इसे स्थायी बना देता है।

—कामसूत्र 5.1.55

हम उज्जयिनी की उन चंद सड़कों में से एक पर, जहाँ जातियाँ मिश्रित हैं, मनोरंजन करनेवालों की बस्ती के किनारे एक छोटे लेकिन आरामदेह घर में रहते हैं। हमारे पड़ोसी—व्यापारी, विद्वान, कारीगर—साम्राज्य के हर भाग से आए हुए दीर्घ अवधि के आगंतुक हैं। वे यात्रियों से बढ़कर हैं, लेकिन प्रवासियों से कम। हमें उज्जयिनी में रहते अब चार वर्ष बीत गए हैं, हमारे अधिकांश पड़ोसियों से अधिक, लेकिन इस शहर में स्थायी रूप से निवास करने की हमारी कोई योजना नहीं है। मेरी आमदनी, हमारे घर की तरह, छोटी लेकिन सुविधाजनक है। अपने पारिवारिक पुरोहितों से बहुत दूर रहनेवाले उन अस्थायी निवासियों के लिए पुरोहित का काम आकस्मिक रूप से करके, और उज्जयिनी के प्रमुख ज्योतिषी के लिए तालिकाएँ बनाकर मैं जीविका अर्जित करता हूँ। प्रमुख ज्योतिषी के पास ग्राहकों की भारी भीड़ है और वे मेरे सहयोग के इच्छुक रहते हैं। मुझे खुशी है कि वेदों की मेरी शिक्षा, अपनी युवावस्था में जिसे मैं हेय दृष्टि से देखता था, अंततः कुछ व्यावहारिक उपयोग के लायक सिद्ध हो रही है।

लोग हमें एक मित्रवत युवा दंपति के रूप में जानते हैं, जो वाराणसी से आया है और जिसकी एक छोटी-सी प्यारी पुत्री है। वे मुझे एक योग्य अनुष्ठान-विशेषज्ञ के रूप में जानते हैं, लेकिन इस बात से अपरिचित हैं कि मैं कामशास्त्र का एक महत्त्वाकांक्षी अध्येता भी हूँ, जो इस क्षेत्र के आधुनिक गौरवग्रंथों में से एक पर टीका लिख रहा है। वे 'कामसूत्र' के लेखक वात्स्यायन से मेरे संबंध के बारे में नहीं जानते। वे नहीं जानते कि मालविका वात्स्यायन की पत्नी है, या कि हम विवाहित नहीं हैं। मैं आश्चर्यचकित हूँ कि जान-बूझकर झूठ बोले बिना केवल कुछ चीजों को छोड़कर, गलत अनुमानों को ठीक न करके और सत्य को काफी जोर से न बोलकर कितनी आसानी से एक नितांत भिन्न अतीत गढ़ा जा सकता है।

यह लिखते समय मैं अपनी बेटी को बगल के कमरे में अपनी तोतली आवाज में अपनी माँ से तर्क-वितर्क करते हुए सुन सकता हूँ। वह उसे यह विश्वास दिलाने

की कोशिश कर रही है कि उसके बालों में तेल लगाने और उन्हें गूँथने की कोई जरूरत नहीं है। मालविका उसके साथ जितनी नरमी और धीरज से पेश आती है, उतनी ही दृढ़ता से भी। वाराणसी के राज्य को छोड़ने के बाद जो वर्ष बीते हैं, उनमें हम प्रसन्न रहे हैं। जो कुछ हुआ था उसके बाद, हम वहाँ रह नहीं सकते थे। हम किसी अपराध के दोषी नहीं थे, फिर भी हमारे साथ परित्यक्तों जैसा व्यवहार किया गया। मेरे पिता की सामान्य उलाहना भरी दृष्टि में भी पीड़ा भरी घृणा उभर आई। चतुरसेन अकेला व्यक्ति था, जिसने मुझसे मुँह नहीं मोड़ा था, यद्यपि उसके साथ भी मैं बढ़ती हुई दूरी को महसूस कर सकता था। उज्जयिनी, जहाँ हमारी बेटी पैदा हुई थी, अच्छा चयन रहा है। वाराणसी और कौशाम्बी दोनों से दूर, इसकी गुमनामी ने न केवल पीड़ादायी घावों को भरने में बल्कि, बाहरी दुनिया को बाहर ही रोककर, मुझे और मालविका को एक-दूसरे के अधिक निकट लाने में भी सहायता की। हमारे प्यार को परिपक्व करती यह निकटता, जिसमें समय के साथ दुराव-छिपाव खत्म हो गए हैं, कामेच्छा में गिरावट या उसके निषेध की कीमत पर नहीं आई थी। मेल-जोल से आवेग नहीं घटा था। दिन में जब हम एक-दूसरे का स्पर्श करते या आस-पास से गुजरते हैं, या रात में बिस्तर में लेटते हैं, मेरी बाँह उसके उरोजों को घेरे रहती है, मेरा बदन उसकी पीठ पर मुड़ा होता है, एक-दूसरे से ऐसे जुड़े जैसे एक ही आवरण में बिना प्रत्यंचा के दो धनुष हों, हमारा स्पर्श कामुक तनाव से प्रकंपित होता है। शायद अवैधता और व्यभिचार का आभास ही हमारी प्रेमक्रिया को सतत उत्तेजना की धार देता है। समय के चुराए गए टुकड़ों से निर्मित इस आभास ने हमें उस कुंठा से बचाया है, जो लंबी अवधि तक साथ रहने पर आ जकड़ती है।

हमारी अंतरंगता ने कामदेव के एक नितांत नए रूप को भी अनावृत कर दिया, जिसे वात्स्यायन ने, प्राचीन ऋषियों का अनुसरण करते हुए, अपने ग्रंथ में गुप्त रखा है। यह रूप किसी नश्वर यौन-संबंध में नहीं दिख सकता, चाहे वह कितना भी विस्तृत और स्वतःस्फूर्त हो। मालविका के साथ इतने वर्ष बिताने के बाद, अब जाकर मैं कभी-कभी अपने रात्रिकालीन मिलन के परिणामस्वरूप इसकी झलक पा लेता हूँ। मूसलाधार बारिश के गुजरने के बाद उगे इंद्रधनुष की तरह, अकथनीय अंतरंगता के उन विरल, स्वर्गिक क्षणों में जब हमारे शरीर अलग होकर अगल-बगल लेटे होते हैं, लेकिन अपनी प्रतिक्रियाओं में वे दो नहीं होते हैं, मैं काम के दूसरे चेहरे को देख पाता हूँ। मेरे सामने यह उद्घाटित होता है कि कामेच्छा का उद्देश्य इसका विभाजन है; कामना एकत्व को भंग करना चाहती है। पुरुष और स्त्रियाँ जिसके लिए लालायित रहते हैं, वह स्थायी प्रशांति उस कामना की देन है जो शांत हो, न कि परितृप्त, विजित या दमित। जब भगवान शिव ने काम को भस्म करने के लिए अपना तीसरा नेत्र खोला तो उन्होंने यह नहीं अनुभव किया कि वे काम की सबसे गुप्त आकांक्षा को पूरा कर रहे हैं। मैंने प्रेम के देवता का यह रूप सांयोगिक रूप से ही देखा है, फिर भी इसके पीछे छूटे निशानों ने मेरे हृदय में ऐसा अवकाश पैदा कर दिया है, जो मेरे शरीर और

मस्तिष्क को शांति की गहरी भावना से प्रदीप्त कर देता है। यह शांति आत्मसंतोष नहीं, बल्कि कामोत्तेजक तन्मयता और विश्रांति है। यह एक ऐसा अवकाश है, जो आवेग से उस समय भी अछूता रहता है जब मैं यौन-झंझावात की केंद्र, काम की विरल भेंट मालविका के साथ सोता हूँ।

उदयन के पास चुनने के लिए सचमुच बहुत कुछ नहीं बचा था। वह मालविका को पसंद करता था और वात्स्यायन उसके निकटतम मित्र थे, फिर भी उन्हें बचाने में उसने अपने को अशक्त महसूस किया। सामान्यतया, किसी पत्नी का व्यभिचार सार्वजनिक रुचि का विषय नहीं था; इसे बड़े आराम से संबंधित दंपति के हाथों में किसी निजी समझदारी पर पहुँचने के लिए छोड़ा जा सकता था। अपनी युवावस्था में स्वयं सम्राट के अपनी भाभी से व्यभिचारिक संबंध के उदाहरण के कारण गुप्त साम्राज्य के दरबारों में यह प्रसंग कुछ उत्सुकता जगाता था, लेकिन नैतिक निंदा लेशमात्र की ही होती। मालविका के मामले में, यद्यपि, व्यभिचार उदयन की कठिनाई का एक छोटा ही हिस्सा थी। सुधाकर के साथ उसका संबंध राजा के अंतःपुर की पवित्रता से जुड़ा हुआ था, जिसे परंपरागत रूप से उतना ही अक्षत माना जाता था, जितना कि स्वयं राजा को। उदयन के पिता ने इससे छोटे अपराधों के लिए लोगों को दंडित किया था। माधवी या वात्स्यायन से, जो अन्यथा उसके सबसे नजदीकी सलाहकार थे, लेकिन इस तकलीफदेह समस्या से व्यक्तिगत रूप से जुड़े थे, परामर्श करने में असमर्थ राजा समझ नहीं पा रहा था कि वह क्या करे।

उदयन की दुविधा को रजनीकांत और उसके अनुयायियों ने और बढ़ा दिया। वे खुले तौर पर राजा की साली को प्राणदंड देने की माँग कर रहे थे। सार्वजनिक नैतिकता और राज्य की संस्थाओं के उचित संचालन के स्वयंभू संरक्षक के रूप में रजनीकांत मालविका-प्रसंग को निष्पक्ष न्याय करने की उदयन की इच्छा को परीक्षा में बदलने की कोशिश कर रहा था।

"मैं सुनता हूँ कि यह आदमी साप्ताहिक जन-सभाओं में एक मंदिर से दूसरे मंदिर जाकर यह सवाल उठाता है कि क्या मैं रीति और परंपरा के अनुसार सचमुच मालविका को प्राणदंड दूँगा," राजा ने वात्स्यायन से अपना दुखड़ा रोया, "उसके लिए मैं यह जरूर कहूँगा कि वह आदमी चालाक है। मैं सुनता हूँ कि इन सभाओं में वह अपने को ऐसे प्रस्तुत करता है मानो वह मेरी अपनी अंतरात्मा का प्रवक्ता हो–'आइए ईश्वर से प्रार्थना करें कि वह राजा को अपना कर्त्तव्यपालन करने की शक्ति दे।' वह अंत में कहता है–'हो सकता है कि वह भगवान राम के उदाहरण से संचालित हो जिन्होंने अपनी पतिव्रता पत्नी सीता को एक साधारण धोबी के व्यभिचार का संदेह व्यक्त करने पर निर्वासित कर दिया था। हो सकता है कि हमारा यह प्रधान, सद्गुणी राजा हरिश्चन्द्र के उदाहरण को याद करता हो जो भाग्यवश श्मशान के पहरेदार हो गए

थे और जिन्होंने एक निष्ठावान सेवक के रूप में अपना धर्म निभाने के लिए अपने दुधमुँहे बेटे का अंतिम संस्कार नहीं करने दिया था, क्योंकि उनकी पत्नी वांछित शुल्क नहीं चुका सकी थी। धर्म की सदा विजय हो।' "

मालविका को दंडित करने का विचार उदयन को पसंद नहीं था, लेकिन अनिच्छापूर्वक वह इस निर्णय पर पहुँचा कि उसकी साली को कौशाम्बी से निश्चित रूप से निर्वासित होना होगा।

"यह केवल कुछ वर्षों के लिए होगा, जब तक भावनाएँ शांत हो सकें।" उसने वात्स्यायन से कहा।

"आप जानते हैं कि मैं उसके साथ जाऊँगा।" वात्स्यायन ने कहा।

राजा ने कहा, "मैं समझता हूँ। उसका कोई और नहीं है।"

वात्स्यायन ने उत्तर दिया, "मेरा कोई नहीं है।"

राजा ने कहा, "मैं तुमसे वायदा करता हूँ कि यह दो वर्षों से अधिक के लिए नहीं होगा, भले ही वह मेंढक-मुँहा उसके पुनरागमन के विरोध में जन-भावनाओं को उभारता फिरे।"

वात्स्यायन ने कहा, "यद्यपि मैं अपने पुत्र के पुत्र का मुँह कभी नहीं देखूँगा, मेरे बाल पकने लगे हैं। शायद यह मेरे लिए सांसारिक बंधनों को छोड़कर वन में संन्यास लेने का समय है, ताकि मैं जीवन के सर्वोच्च लक्ष्य, मोक्ष की तलाश में अपने बचे हुए वर्षों को लगा सकूँ।"

स्वयं अपनी बढ़ती हुई उम्र की याद से घबराकर उदयन ने चेतावनी भरे स्वर में विरोध किया, "नहीं, नहीं ! संन्यास की चर्चा केवल वे विद्वान करते हैं जिनके मुँह से घिसे-पिटे ज्ञान की दुर्गंध आती है। हम शतरंज और द्यूत खेलेंगे, भुनी हुई बटेरों की दावत उड़ाएँगे और ईरानी मदिरा पिएँगे। तुम दूसरी पुस्तकें लिखोगे, जो कौशाम्बी के नाम में चार चाँद लगाएँगी और तुम्हारी अपनी ख्याति में वृद्धि करेंगी।"

वात्स्यायन की जवाबी मुद्रा अनिश्चित थी।

उदयन ने कहा, "मैं आशा करता हूँ कि तुमने मालविका को क्षमा कर दिया है, स्त्रियाँ ऐसी चूक कर बैठती हैं।"

"क्षमा करने के लिए कुछ नहीं है। स्त्रियाँ गलतियाँ करती हैं, लेकिन देवियाँ नहीं; वे केवल अपने भक्तों की परीक्षा लेती हैं।"

"देवियाँ ?" उदयन परेशान हो गया।

वात्स्यायन ने सह-अपराधिता और रहस्यमयता से भरी हुई अजीब-सी मुसकान फेंकी, मानो वे किसी रहस्य से परिचित हों, जिसका उद्घाटन अभी होना हो।

"मालविका देवी नहीं है—अभी। उसमें अब भी स्त्रियों की शारीरिक क्रियाएँ होती हैं। लेकिन उसकी नारी-गंध हल्की से हल्की होती जा रही थी कि यह हो गया।"

"गंध ?" उदयन अब पूरी तरह चकरा गया था।

"इसकी व्याख्या कठिन है। अपनी वास्तविक प्रकृति को फलीभूत करने के लिए उसे आगे की तैयारियों और समय की आवश्यकता है।" वात्स्यायन ने कहा।

उदयन ने भाँप लिया कि वार्तालाप को आगे बढ़ाने में उनका मित्र अनिच्छुक भी है और असमर्थ भी। "मालविका एक विश्वसनीय स्त्री है", उसने कहा "अपनी जाति के अनेक दूसरे सदस्यों जितनी दुर्बल वह नहीं है।"

वात्स्यायन पहले तो ठंडे क्रोध की गिरफ्त में आए, लेकिन शीघ्र ही वे पुनः शांतचित्त हो गए। अपनी उदासीन विशिष्ट उदासीनता के साथ वे एक बार फिर मालविका के प्रति अचूक उदार हो गए। सुधाकर का नाम फिर कभी नहीं लिया गया, न ही राजा के अनिच्छुक निर्णय के बारे में बताते समय वात्स्यायन ने इसकी तरफ संकेत किया। अब भी मानसिक आघात की-सी अवस्था में पड़ी मालविका ने अपने भावी निवास के रूप में सप्तपर्णी आश्रम के वात्स्यायन के चयन को जड़वत् चुपचाप स्वीकार कर लिया। वर्षों पहले, अपने ग्रंथ पर काम करते हुए, उन्होंने यहाँ एक सप्ताह व्यतीत किया था, और इसके शांत और निरभिमानी वातावरण का आनंद उठाया था।

"हमारे आगमन के कुछ दिनों के अंदर", मालविका ने कहा, "मैं यह समझने लगी कि उनकी बाह्य उदासीनता के पीछे वे मेरी उपस्थिति के प्रति अत्यधिक जागरूक थे। एक आश्चर्यजनक, विदेह रूप में वे मेरे चारों ओर मँडराते हुए प्रतीत होते थे। उनके कान मेरे द्वारा की गई छोटी से छोटी आवाज पर लगे रहते। जब कभी मैं उन्हें अपनी तरफ चोरी-चोरी देखते पकड़ लेती, उनकी आँखें अपनी पुतलियों की चमक को छिपाने के लिए तेजी से सिकुड़ जातीं। मुझे लगा कि वे मुझसे कुछ अपेक्षा कर रहे हैं, एक ऐसी अपेक्षा जिसे वे अपने व्यवहार की औपचारिकता और मेरी कुशलता के प्रति चिंतित सरोकार के आवरण में ढकने की कोशिश कर रहे हों।"

"उनकी अपेक्षा क्या थी ?"

"वे प्रतीक्षा कर रहे थे कि मैं देवी बनूँ ! 'स्त्रियों का देवियाँ बनना बहुत विरल घटना है', उन्होंने कहा था, 'मनुष्यों और देवताओं के बीच की सीमा रेखा को दूसरी दिशा में अधिक आसानी से पार किया जा सकता है। लेकिन इतिहास से हमें पता चलता है कि स्त्री का देवी बनना या पुरुषों का देवता बनना असंभव नहीं है।' मेरे रूपांतरण में आश्रम से बाहर का वन एक भूमिका निभानेवाला था। इसके अतिरिक्त अन्य अनेक परीक्षाएँ थीं जिन पर मुझे खरा उतरना था। जब मैं अपराह्न को झोंपड़ी में खुशी से दमकती हुई लौटती थी, क्योंकि वन में अकेले दिन बिताना मुझे प्रिय था, उनकी आँखें संतोष से चमक उठतीं, मानो घटनाएँ ठीक किसी योजना के अनुसार घटित हो रही हों। मुझे याद है, उन्होंने एक बार कहा था कि वन-शक्ति, जिसके सामने मैं प्रतिदिन प्रस्तुत होती थी, मुझे आगे आनेवाली परीक्षा के लिए तैयार कर रही है, और कि सुधाकर बहुत जल्दी आ गया था।

"भोजन करके जब हम शाम को अपनी झोंपड़ी के बाहर बैठते, वे कभी-कभी पवित्रता की चर्चा करते। ऐसे मौकों पर मुझे यह दृढ़ अनुभूति होती कि वे जितना मुझसे बात कर रहे हैं, उतना ही अपने आप से, कि वे कोई ऐसी चीज समझने की कोशिश कर रहे हैं जो अब भी उनके मस्तिष्क में अस्पष्ट है।"

"वे कहते, 'पवित्रता, अपवित्रता से द्वंद्व करके पाई जाती है, इसकी उपेक्षा करके नहीं। पवित्रता का सबसे बड़ा प्रतीक, कमल कीचड़ में धँसा रहता है। क्या कमल के रहस्य कीचड़ में बंद पड़े रहते हैं ? पवित्रतम देवी का जन्म होते ही उनकी कामना उनके पिता ने कर ली थी। क्या उन्हें अपनी पवित्रता को पुरुष की वासना की आग, जिसने उन्हें जन्म के साथ ही घेर रखा था, में तपाकर नहीं गढ़ना पड़ा था ?' "

अब मुझे पता है कि जिस तरह मैंने आश्रम की अपनी पहली यात्रा में वात्स्यायन को अपने गुरु के रूप में चुना था, उसी तरह वे मेरा चयन उस परीक्षा के लिए कर रहे थे, जिससे होकर उनकी पत्नी को गुजरना था, देवी बनने के लिए। इस परीक्षा को वास्तविक होना था, लेकिन बहुत कठिन नहीं। यह आवश्यक था कि चुना गया पुरुष युवा हो, लेकिन रूप-रंग से विशेष आकर्षक या प्रेम और नारी विषयक मामलों का जानकार न हो। मैं निष्कपट, अंतर्बाधाग्रस्त, स्त्रियों से भयभीत और अपनी वासना से आशंकित था–ठीक वह सम्मिश्रण जिसे वे किसी पुरुष में तलाश रहे थे। हम दोनों का चयन हमारी अपेक्षाओं को झुठलाने के लिए नियतिबद्ध था। मैं अब भी वात्स्यायन के चेहरे की अभिव्यक्ति को देख सकता हूँ, जब जंगल के खुले स्थान में ग्रीष्म की उस अपराह्न को हमारे ऊपर उनकी धुँधली छाया पड़ी थी। मालविका और मैं उस समय एक-दूसरे से गुँथे हुए जमीन पर लेटे थे। हमारे कपड़े हमारी अधीर देहों के इर्द-गिर्द बिखरे हुए थे। उन्होंने जिस दृष्टि से हमें देखा उसमें न तो क्रोध था, न अवसन्नता थी। मात्र गहरी पीड़ा थी। वे वहाँ कुछ क्षण खड़े रहे, फिर मुड़े और एक भी शब्द बोले बिना वहाँ से दूर निकल गए। सूखे झाड़-झंखाड़ों में आहिस्ता गड़ते उनके कदमों के स्वर मंद पड़ने के बाद जंगल की नीरवता, कीड़े-मकोड़ों की भनभनाहट, सविरामी पक्षियों की पुकारों और एक हिरन की दूरस्थ घुरघुराहट ने हमें फिर अपने आगोश में ले लिया। तत्काल एक-दूसरे का सामना करने में असमर्थ, हमने अपनी आँखें बंद कर ली थीं। हमारे द्वारा किए गए कृत्य का ज्ञान हमारे ऊपर तूफान की तरह टूट पड़नेवाला था।

मैंने वात्स्यायन को फिर कभी नहीं देखा। जब तक मैं और मालविका उनके क्रोध से भयभीत हिचकिचाते हुए आश्रम लौटे, उनको गए हुए लंबा समय बीत चुका था। उन्होंने चतुरसेन की गाड़ी को उन्हें वाराणसी पहुँचाने का आदेश दिया। रात एक सराय में काटी और सुबह गायब हो गए। बीतते हुए वर्षों के साथ, उन्हें देखे जाने की विभिन्न अफवाहें फैलती रही हैं। किसी ने उन्हें कुछ दूरी से घुमक्कड़ साधुओं के एक दल के साथ हिमालय में गंगा के उद्गम स्थल पर हिमनद की तलछट के निकट देखा था। दूसरों का कहना है कि तक्षशिला के ऊपरी पर्वतों की एक गुफा में वे साधनारत

हैं। इनके अलावा कुछ अन्य ने सुन रखा है कि वे बौद्ध भिक्षु हो गए हैं और तकलामकान मरुस्थल के दक्षिणी किनारे पर स्थित एक मठ में रहते हैं। कौशाम्बी के एक सौदागर ने, जिसके काफिले पर पंचनद प्रदेश में डाकुओं ने हमला किया था, वात्स्यायन को उन डकैतों के सरदार के रूप में पहचानने का दावा भी किया।

परंपरावादी विद्वानों और रूढ़िवादी पुरोहितों के समूह ने, जो गुप्त साम्राज्य में प्रभावशाली बना रहा है, और सचमुच अब पुनरुत्थान के दौर से गुजर रहा है, श्रमपूर्वक जो अफगाह फैलाई है, वह इस ऋषि के जीवन के अंतिम भाग के बारे में ऐतिहासिक सत्य बनने की प्रक्रिया में है। चूँकि वात्स्यायन के जीवन पर मेरी पुस्तक शायद कभी नहीं लिखी जाएगी, ऐसा लगता है कि रजनीकांत ने उनकी कहानी के अंतिम अध्याय की रचना करके अपना बदला ले लिया है। उसके संस्करण में, वात्स्यायन, कामशास्त्र की ऐसी मूलगामी व्याख्या करने और इस प्रकार धर्म को कमजोर करने की अपनी युवावस्था की भूल पर ईमानदारी से पश्चात्ताप करते हुए, पहले देश के चार कोनों में स्थित चार प्रमुख मंदिरों की एकवर्षीय तीर्थयात्रा पर, क्षमायाचना करते हुए, गए। फिर उन्होंने हिमालय के पदतल में स्थित सुदूर वन में पश्चात्तापस्वरूप अत्यंत कठोर तपस्या करने के लिए संन्यास ले लिया। एक योगी के रूप में उन्होंने जो दो बड़े व्रत लिये, वे हैं पूर्ण मौन और स्त्रियों से हर प्रकार के ससंर्ग की समाप्ति।

'कामसूत्र' पर मेरी टीका अब लगभग पूरी हो चुकी है। मैंने इसे, साहित्यिक दायित्वों के लिए जरूरी, परंपरागत रूप में, लेखक या टीकाकार के बारे में सभी जीवनीपरक सूचनाओं को निकालते हुए लिखा है। जिस भोजपत्र पर मैं वात्स्यायन और उनके साथ किए गए काम के संस्मरण लिखता रहा हूँ उसकी नियति इस कमरे के एक कोने में अपठित पड़े रहना ही है। मेरे इन संस्मरणों को पूरा करने, भोजपत्रों के ढेर पर अंतिम पत्र की पट्टी लगाकर उन्हें एक डोरी से बाँध देने के बाद भी, वात्स्यायन की कहानी अपूर्ण रहेगी।

जब कुछ माह पहले, ग्रीष्म के आरंभ में, मैं वात्स्यायन की मौसी से मिलने गया तो मैंने किसी निष्कर्ष पर पहुँचने का प्रयास किया। मालविका लंबे समय से यह यात्रा करने के लिए जोर दे रही थी; अगर किसी को वात्स्यायन के बारे में जानकारी थी तो वह चंद्रिका ही हो सकती थी। गोशिताराम मठ के द्वारों के निकट पहुँचकर मेरे कदम हिचकिचाने लगे। मैं उस वृद्धा भिक्षुणी की असहमति से भयभीत था। मुझे चिंता करने की जरूरत नहीं थी। उसकी आँखों में निंदा नहीं, केवल ऊष्म समझदारी का भाव था, जिसे मैं भगवान बुद्ध के अनुयायियों से जोड़ने लगा हूँ जो करुणा की राह पर कुछ दूर चल चुके होते हैं। हाँ, सप्तपर्णी आश्रम से गायब होने के बाद वात्स्यायन गुप्त रूप से उससे मिलने आए थे।

"वो इस पीपल के वृक्ष के नीचे इसी जगह बैठा था, जहाँ तुम इस समय बैठे

हो'', चंद्रिका ने कहा, ''नहीं, उसने इस बारे में बात नहीं की कि क्या हुआ है और वह क्यों आया है। वह केवल इतना चाहता था कि मैं अतीत की बातें करूँ, उन दिनों की स्मृतियों को पुनः आमंत्रित करूँ जब मैं युवती थी और वह प्रत्येक अपराह्न सांध्यकालीन मनोरंजन के लिए मेरे तैयार होते समय मेरे आगे-पीछे मँडरानेवाला छोटा बच्चा था। वह काफी शांत लग रहा था, यद्यपि मैं उस बाहरी शांत स्वरूप के पीछे छिपी निराशा को भाँप सकती थी। उसकी मुद्रा ने मुझे उस समय की याद दिला दी जब वह छह वर्ष का था और हमारे रसोइए गणदास ने उसे हमारे भोजन के लिए पूरी तरह से अपने आप एक मिठाई बनाने की छूट दे दी थी। यद्यपि उसने अपने आँसुओं को नियंत्रित करने की पूरी कोशिश की, लेकिन वह अपनी निराशा से व्यथित दृष्टि को नहीं छिपा सका था, जब उसने पाया कि वह मिठाई खाने योग्य नहीं है, क्योंकि उसने इसके संघटक तत्त्वों को गलत अनुपात में मिला दिया है।''

''और उनके तपस्वी बन जाने की अफवाहें ?''

''मेरे लिए यह यकीन करना असंभव है कि वह तपश्चर्या के लिए किसी वन या किसी पहाड़ी गुफा में लौट गया है'', चंद्रिका ने कहा, ''क्या तुमने अनुभव नहीं किया कि वह बिलकुल अलग किस्म का योगी है ? कि वह ऐसा व्यक्ति है जो वन के किनारे पर रहता है, लेकिन कभी उसके अंदर नहीं जाता ? एक व्यक्ति जिसने काम देवता की भक्ति में अपना जीवन बिता दिया, लेकिन कभी उनका विषयी नहीं रहा ?''

हाँ, मैंने अपने आपसे कहा, वह ऐसा आदमी था जिसे एक पत्नी चाहिए थी जो स्त्री न हो; एक व्यक्ति जिसने अपने पूरे वयस्क जीवन में काम पर लिखा और चिंतन किया, पर इसके व्यवहार में संकोच कर गया।

''किसी सच्चे योगी की तरह, जिसका ध्यान उसके दैनिक जीवन से कटा हुआ नहीं है, बल्कि जो जीवन के हर क्षण को ध्यान में बदल देना चाहता है,'' चंद्रिका ने अपनी बात जारी रखी, ''वात्स्यायन के काम चिंतन को रत्यात्मक क्षेत्र में ही जगह बनानी चाहिए, इसके बाहर नहीं। अगर तुम मुझसे पूछते हो, वह संभवतः मध्य देशों के बाहर कहीं किसी शहर के एक शानदार वेश्यालय में रह रहा है। वासना की प्रकृति पर सतत ध्यान और विमर्श करते हुए, वह ऐसे किसी प्रतिष्ठान में माली या रसोइया भी हो सकता है।''

''क्या उन्होंने ऐसा कुछ कहा था जिसके आधार पर आप यह मानती हैं ?'' मैंने पूछा।

''सीधे नहीं'', उस वृद्धा भिक्षुणी ने कहा, ''लेकिन अंत में जब आगंतुकों के जाने का समय हो गया, हमारे विलगाव पर उसके मस्तिष्क में बढ़ती उदासी को मैंने हल्का करने की कोशिश की थी। उस समय मैं नहीं जानती थी कि यह बिछोह अंतिम है।

'' 'मल्ली, हम सभी बूढ़े लोगों के साथ, जो भगवान काम के अनुग्रह के योग्य नहीं रहते, क्या होता है ?' मैंने उससे पूछा, 'आखिरकार, वह देवता बिलकुल युवा है,

जिसके पास वृद्ध होते शरीरों पर पड़नेवाले अपने प्रभाव की न तो समझदारी है, न उसके लिए करुणा। तुम क्या सोचते हो, मल्ली ?'

" 'चंद्रिका मौसी', कामशास्त्र के अधिकारी विद्वान की अपनी भूमिका में वापस लौटकर स्पष्टतया प्रसन्न, उसने जवाब दिया, 'प्राचीन ऋषियों ने वृद्ध लोगों के काम के बारे में बहुत कम कहा है। कामशास्त्र के ग्रंथ गृहस्थ जीवन में प्रवेश करनेवालों को निर्देशित करना चाहते हैं, न कि इसके अंत के निकट आ रहे लोगों को। ग्रंथों से बाहर, पुरुषपुर के अभिरत ने अपनी कविता 'विलासका और मंजरी' में वृद्धतर-पुरुषों के यौन संबंधों के बारे में कुछ छंद रचे हैं। क्या तुम्हें वह जगह याद है, जब बूढ़ी कुटनी कामिनी-माता विलासका को समझाती है कि अगर किसी गणिका का आकर्षण मंद पड़ रहा है तो वह कैसे अब भी युवा प्रेमियों को आकर्षित कर सकती है और उन्हें कायम रख सकती है ?'

"मैंने हुँकारी भर दी, यद्यपि इस खास कविता की मेरी स्मृति धुँधली पड़ चुकी थी।"

" 'लेकिन अभिरत के छंद, यद्यपि कामशास्त्र के आर्य वृत्त में रचित, हास्यास्पद हैं, व्यंग्यात्मक भी,' उसने आगे कहा, 'कवि का इरादा वृद्धावस्था की यौनिकता का ज्ञान प्रदान करना नहीं बल्कि हम विद्वानों और हमारी विद्वतापूर्ण कृतियों, विशेषकर मेरी, का विद्रूपीकरण करना है। 'कामसूत्र' की मृगी, बड़वा और हस्तिनी स्त्रियों के सदृश अभिरत व्यंग्यात्मक रूप से वृद्धा स्त्रियों का त्रिस्तरीय वर्गीकरण मछली, कछुआ और मगरमच्छ के रूप में करता है। उस कुटनी के मुँह से वह हमें बताता है कि यह वर्गीकरण आकार पर नहीं, बल्कि बढ़ती उम्र की योनि की बनावट पर आधारित है—नम और चिकनी से लेकर शुष्क और पपड़ीदार तक। इसी प्रकार वह वृद्धतर पुरुषों को उनकी उत्तेजना की निरंतरता और अवधि के अनुसार वर्गीकृत करता है। ऐसे छंद विकृत आनंद तो प्रदान कर सकते हैं, लेकिन विवेक की अंतर्दृष्टि नहीं।'

" 'बढ़ती हुई आयु की कामुकता के बारे में हम जो थोड़ा-बहुत जानते हैं, उसे दत्तक वृद्ध गणिकाओं पर लिखे गए अपने अध्याय में उत्कृष्ट ढंग से संघनित किया है। दत्तक चिकित्सा ग्रंथों से इस आशय के उद्धरण देते हैं कि वृद्ध स्त्रियों के काम द्रव मधुर कम होते हैं, कठोर अधिक। वे पुरुष के पुंसत्व को बढ़ाने के बजाय घटाते हैं। वह हमें आगे बताता है कि परवर्ती वर्षों के यौन-अनुभव यौवन से अन्यथा बहुत भिन्न नहीं होते।'

"उम्र के लिए शरीर के अंतिम अंग योनि और लिंगम हैं; जाँघों के बाल सबसे अंत में पकते हैं।"

" 'पुरुष और नारी दोनों के यौनांग लचीले और तरुण बने रहते हैं, जबकि शेष शरीर की त्वचा ढीली और झुर्रीदार हो जाती है। संभोग का आनंद, जहाँ तक यह यौनांगों से फैलती शारीरिक संवेदनाओं से निर्मित होता है, वानप्रस्थ आश्रम तक अपरिवर्तित रहता है। अंतर यह है कि वयप्राप्त लोगों का शारीरिक आवेग युवकों की

तरह नहीं चढ़ता, न ही उसका अनुभव उन्हें उतना अभिभूत करनेवाला होता है। उनकी कामुकता अधिक सुविचारित होती है, किसी अनुभवी चित्रकार की तरह, जो अपनी संभावनाओं और सीमाओं को अच्छी तरह जानता है और अपनी खींची गई रेखाओं और प्रयोग किए गए रंगों के प्रति हमेशा सचेत रहता है।'

"नहीं, वात्स्यायन कभी संन्यासी नहीं हो सकता," चंद्रिका ने निष्कर्ष निकाला, "काम के साथ उसका संबंध मानसिक, शारीरिक नहीं—हमेशा इतना गहरा रहा है कि वह कामना के विद्यार्थी, प्रेम-देव के मंदिर में एक ऋषि के अलावा और कुछ हो ही नहीं सकता।"

गोशिताराम का घड़ियाल बज उठा, भिक्षुओं और भिक्षुणियों के लिए एक गहरा, गूँजता हुआ संकेत, ताकि वे बाहर सड़कों पर अपने सांध्यकालीन भोजन के लिए भिक्षा माँग सकें। गोधूलि हो रही थी। तोतों का एक झुंड पीपल के पेड़ की शाखाओं पर उतरा और रात के लिए कर्कश ढंग से व्यवस्थित होने लगा। मैंने चंद्रिका की ओर उसे खड़ा होने में सहायता के लिए अपना हाथ बढ़ाया। उसके हाथ का पिछला हिस्सा लसीला और चीमड़ था, लेकिन हथेली आश्चर्यजनक रूप से कोमल और चिकनी थी। उसके शिकन पड़े होंठों पर क्षीण-सी मुसकराहट आई, जिससे उसके चेहरे पर पड़ी रेखाएँ और गहरी हो गईं।

"लेकिन तुम यह जान लो कि मल्ली और श्रद्धेय दत्तक दोनों गलत थे," जाने के लिए मुड़ते समय उसने कहा, "शरीर में जो अंग सबसे अंत में वृद्ध होता है, वह है हृदय !"

आभार

मेरी आभार-सूची में सबसे पहले बर्लिन का इंस्टीट्यूट ऑफ एडवांस्ड स्टडी का नाम आता है जहाँ 1995 की गर्मियों में मैंने इस पुस्तक का श्रीगणेश किया और फिर 1997 की गर्मियों में अपने दूसरे प्रवास के दौरान इसे पूरा किया। मुझे आशा है कि मित्रवर वोल्फ लेपेनीज़ (इंस्टीट्यूट के रैक्टर) अपने उदार आतिथ्य के इस परिणाम पर विस्मित नहीं होंगे।

सत्रहवें अध्याय में प्रयुक्त कवितांश 'द इनर लैंडस्केप : लव पोएम्स फ्रॉम ए क्लासिकल तमिल एन्थोलोजी (ऑक्सफोर्ड यूनिवर्सिटी प्रेस) में संग्रहीत ए.के. रामानुजन द्वारा किए गए कुर 290 के अनुवाद से लिया गया है। वात्स्यायनकालीन भारत का मानचित्र जोज़ेफ़ श्वार्त्जबर्ग के 'ए हिस्टोरिकल एटलस ऑफ साउथ एशिया' (ऑ. यू. प्रे.) से उद्धृत है।

कामसूत्र के उद्धरणों के चयन में *कामसूत्र* के देवेन्द्र शास्त्री द्वारा किए गए हिंदी और ऐलेन डैनिलो द्वारा किए गए अंग्रेजी अनुवाद से सहायता ली गई है।

इनके अलावा इस सूची में वे असंख्य विद्वान भी आते हैं जिन्होंने गुप्त-काल के इतिहास, कला, साहित्य तथा आर्थिक व सामाजिक जीवन पर लिखा है और जिनके काम से मैंने भरपूर मदद ली है।

विशेष धन्यवाद मित्र वेंडी डोनिअर को उनके सतत प्रोत्साहन के लिए और कैथेरीन क्लेमेंट को जिनके आग्रह के चलते मैं यह रचनात्मक काम शुरू कर सका। मैं जवाहरलाल नेहरू विश्वविद्यालय में प्राचीन भारतीय इतिहास के प्रोफेसर कुणाल चक्रवर्ती का भी आभारी हूँ जिन्होंने ऐतिहासिक तथ्यों की शुद्धि के लिए इस पुस्तक की पांडुलिपि को देखा।

इसके अलावा पेंग्विन इंडिया के डेविड देविदार को उनके संपादकीय सहयोग के लिए और स्मृति वोहरा को उनके संपादन-कौशल के लिए मेरा धन्यवाद।

●●●